U0781716

南京海关年鉴

2023

《南京海关年鉴（2023）》编纂委员会　编

中国海关出版社有限公司
·北京·

图书在版编目（CIP）数据

南京海关年鉴．2023 /《南京海关年鉴（2023）》编纂委员会编．— 北京：中国海关出版社有限公司，2024.5
（中国海关史料丛书）
ISBN 978-7-5175-0809-0

Ⅰ．①南… Ⅱ．①南… Ⅲ．①海关—南京—2023—年鉴 Ⅳ．① F752.55-54

中国国家版本馆 CIP 数据核字（2024）第 108801 号

南京海关年鉴（2023）

NANJING HAIGUAN NIANJIAN （2023）

作　　者：《南京海关年鉴（2023）》编纂委员会
责任编辑：刘　婧
责任印制：王怡莎
出版发行：中国海关出版社有限公司
社　　址：北京市朝阳区东四环南路甲 1 号　　邮政编码：100023
编 辑 部：01065197544（电话）
发 行 部：01065194221/4238/4246/5127（电话）
社办书店：01065195616（电话）
https：//weidian.com/?userid=319526934（网址）
印　　刷：北京中科印刷有限公司　　经　　销：新华书店
开　　本：889mm × 1194mm　1/16
印　　张：27.5　　字　　数：662 千字
版　　次：2024 年 5 月第 1 版
印　　次：2024 年 5 月第 1 次印刷
书　　号：ISBN 978-7-5175-0809-0
地图审图号：GS 京（2022）1441 号
定　　价：280.00 元

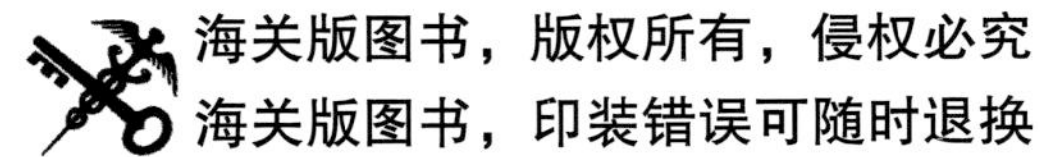

《南京海关年鉴（2023）》编纂委员会

《南京海关年鉴（2023）》编辑部

编辑说明

一、《南京海关年鉴》是根据海关总署关于海关年鉴编纂工作的要求，由南京海关编纂、南京海关关史办组织编辑的年度资料性文献，每年一卷，本卷为第二卷。

二、《南京海关年鉴（2023）》以马克思列宁主义、毛泽东思想、邓小平理论、“三个代表”重要思想、科学发展观、习近平新时代中国特色社会主义思想为指导，坚持辩证唯物主义和历史唯物主义的立场、观点、方法，全面、系统、准确地记述和反映2022年南京海关党的建设、口岸监管、检验检疫、业务改革、查缉走私、疫情防控、队伍管理、政务保障等方面的基本情况、重要事件，旨在为各级领导决策提供依据，为社会各界了解南京海关工作提供基本信息。

三、《南京海关年鉴（2023）》记述起讫时间为2022年1月1日至12月31日。为保持内容资料的完整性、连续性，部分图文资料根据需要上溯或下延。

四、《南京海关年鉴（2023）》采用分类编辑法，主体内容主要分为类目、分目、条目3个层次。有特载、专记、大事记、党的建设、业务建设、综合保障、隶属海关、直属事业单位及团体组织8个类目，条目为记述实体单元。

五、《南京海关年鉴（2023）》主体文字、统计资料、图片由南京海关机关各部门、各隶属海关单位、直属事业单位及团体组织提供，南京海关关史办补充编辑，并经各部门单位审核。署名一般为撰稿人或提供稿件者的姓名。

六、《南京海关年鉴（2023）》统计数据和单位名称以及标点符号均按照国家有关规定执行，计量单位采用国家法定计量单位和国际单位，技术规范、专业名词从规范要求。

图 例

符号	说明	符号	说明	符号	说明
	直属海关单位	◉廷布	外国首都		地级市界
	隶属海关		自治州行政中心 地区、盟行政公署驻地		县（区、市）界
	派出机构	⊙东城区	县（区、市）政府		铁路
	海关特殊监管区域	○庞各庄镇	乡（镇）政府、街道办事处	S30	高速公路及编号
	口岸	北京首都国际机场	机场		国道
	铁路口岸	青水尖 1528	山峰　高程		省道
	水运口岸		国界		其他道路
	航空口岸		未定国界		河流　湖泊
	公路口岸		地区界		沟渠
	境外口岸		军事分界线		桥梁　渡口
⊙北京市	首都		省界		港口　码头
◉石家庄市	省政府		未定省界		长城
◎廊坊市	地级市政府		特别行政区界		珊瑚礁

注：本书中的关境图，不包括香港，澳门，台湾、澎湖、金门、马祖单独关税区。

2022年
数说南京海关
货物贸易
进出口总值
25.4
万亿元
货运
监管总值
5323.6
亿美元
监管运输工具
数量
10.8
万辆/架/艘
监管邮、快递
总数
162.8
万件/票
海关税收
入库
1952.28
亿元
助企纾困
免征税款
30.6
亿元
检出植物
有害生物
15.37
万种次
监管进出口
危险化学品数量
3333.41
万吨
扣留
侵权货物
3892
批次
查获濒危禁限
管制类物品
34 656
件
立案侦办调查
行政刑事案件
2174
件
RCEP

南京海关口岸图

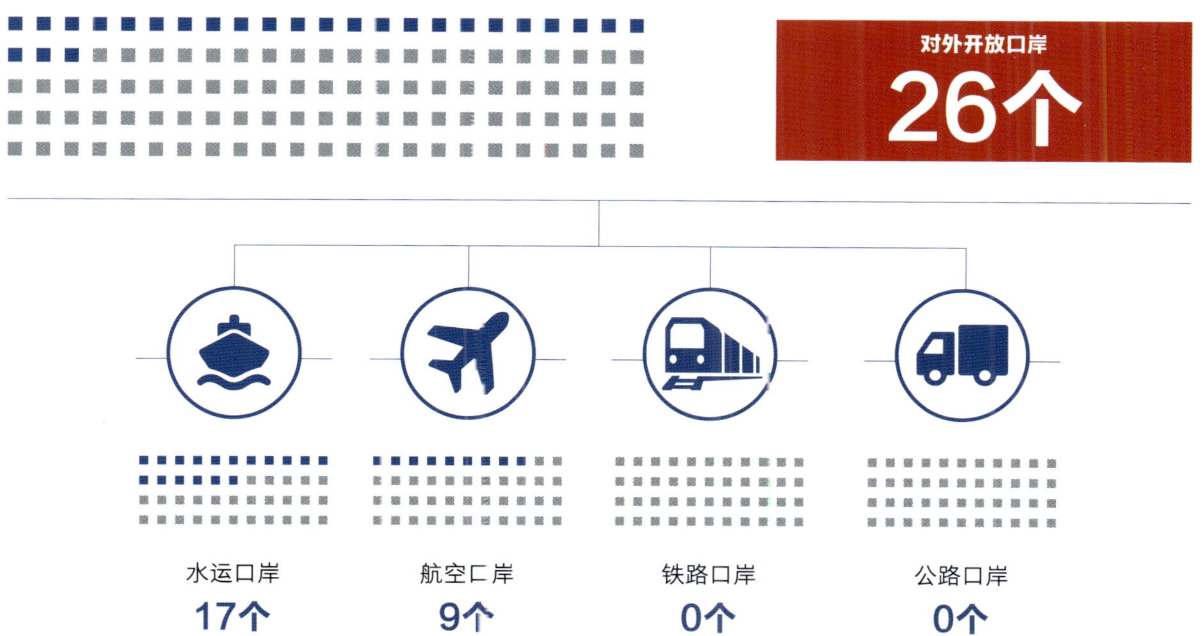

2013—2022 年南京海关税收入库总值图

单位：亿元（人民币）

年份	税收入库总值
2013年	1,339.71
2014年	1,382.26
2015年	1,328.29
2016年	1,367.34
2017年	1,702.60
2018年	1,703.95
2019年	1,563.82
2020年	1,549.63
2021年	1,770.28
2022年	1,952.28

2013—2022 年南京海关货运监管业务量统计图

单位：亿吨

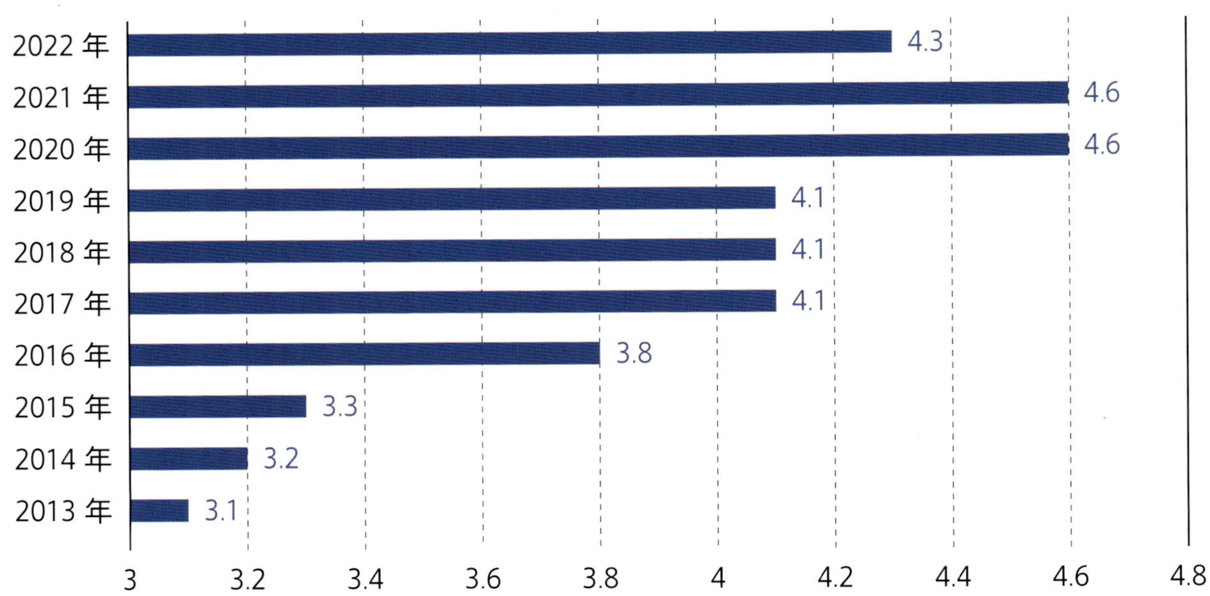

2013—2022 年南京海关进出口商品贸易总值图

单位：亿元（人民币）

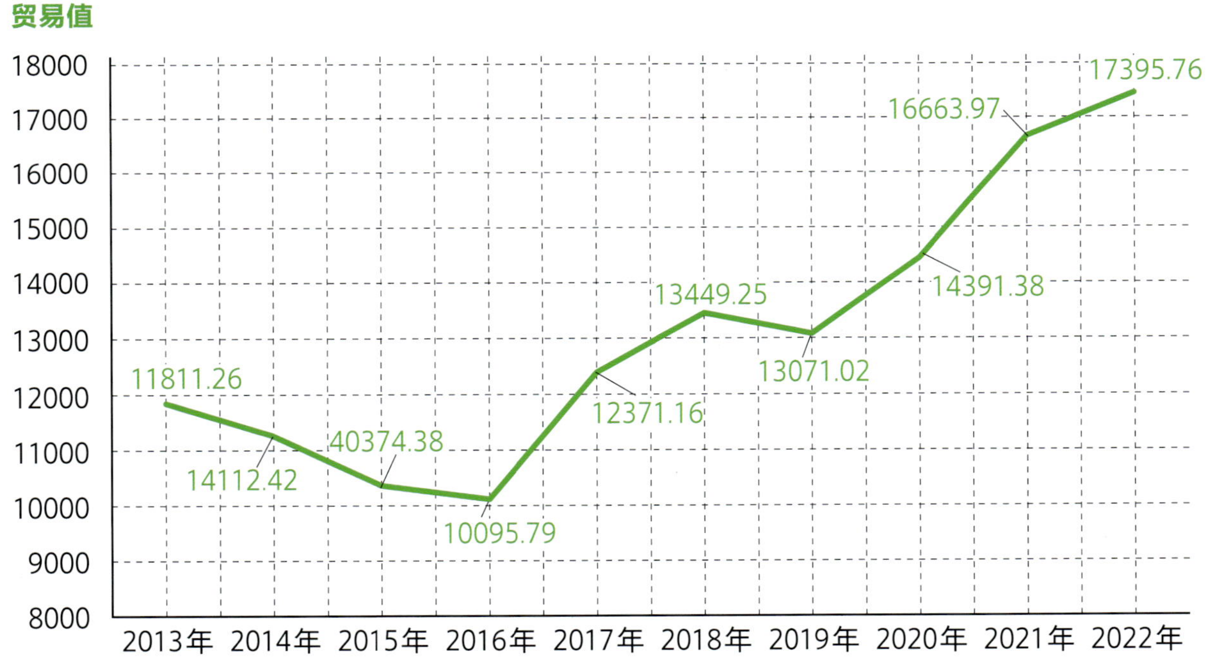

2013—2022 年南京海关办理刑事、行政案件统计图

单位：起（立案数）

刑事案件立案数

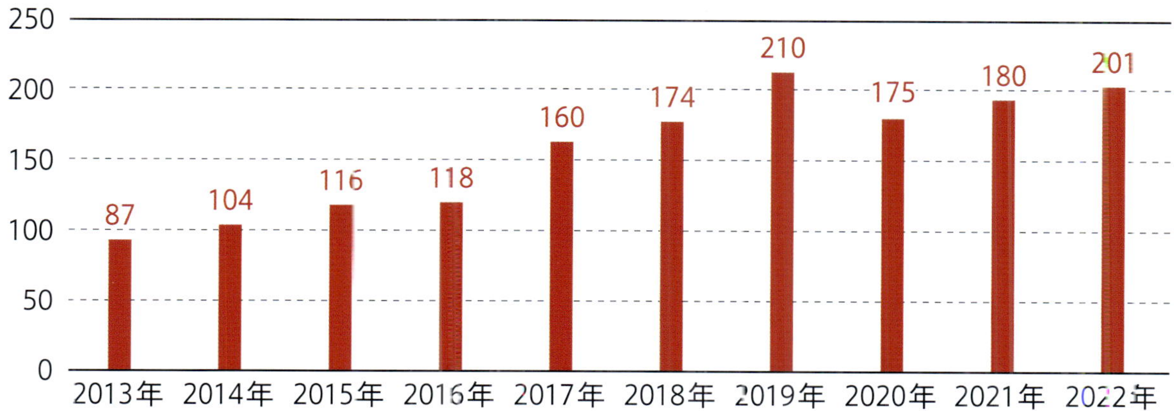

走私行为案件数

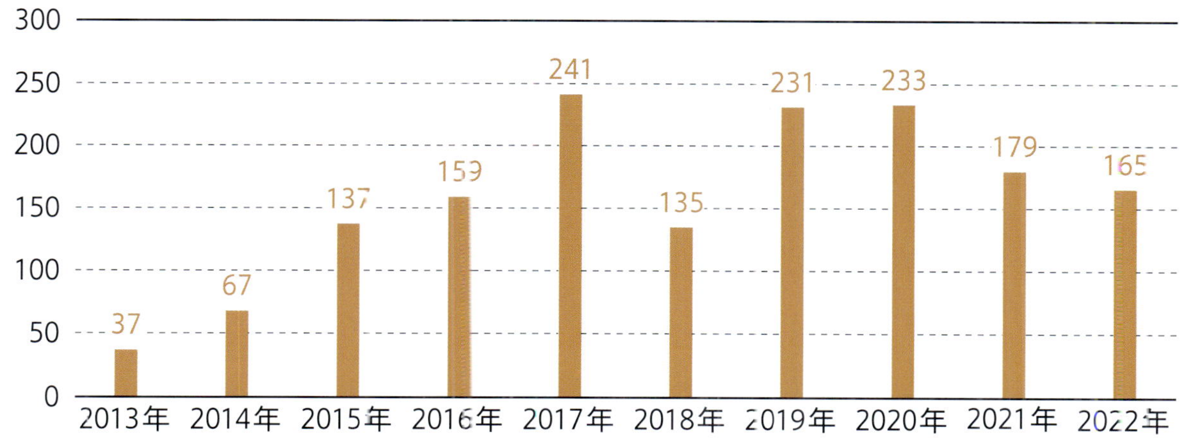

违规及其他违法行为案件数

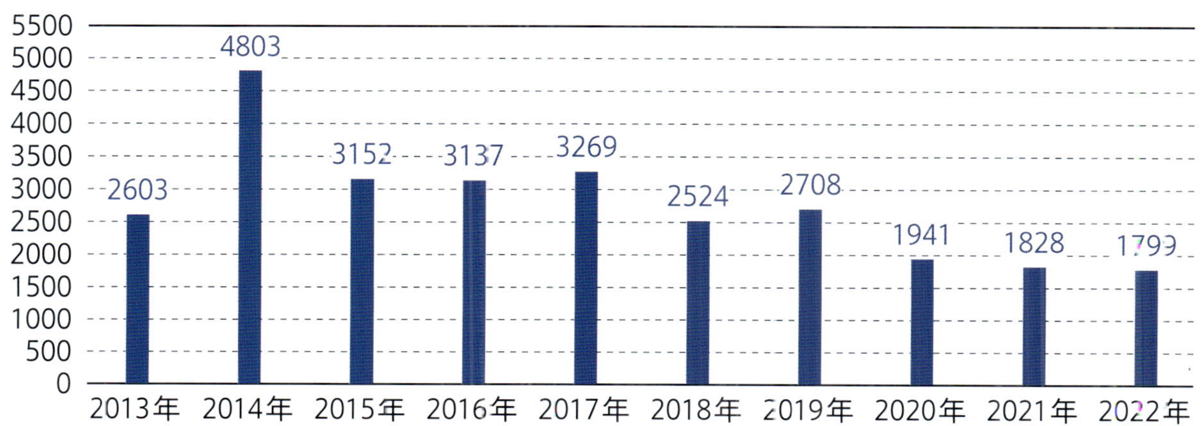

海关专题图片

领导活动

^ 2022 年 1 月 26 日，南京海关召开关区工作会议、全面从严治党工作会议，全体关党委委员出席 （高子健 摄）

^ 2022 年 10 月 31 日，南京海关关领导吴海平（前排中）、蒋原（前排右一）、葛燕峰（前排左一）、孙平（二排中）、陈海鸣（二排右一）、沈大为（二排左一）参加总署党委理论学习中心组（扩大）学习暨司局级主要负责同志培训班开班动员视频会议 （狄进进 摄）

> 2022 年 9 月 16 日，南京海关党委书记、关长吴海平（右三）在靖江开展企业外贸经营情况调研（龚亚波　摄）

< 2022 年 11 月 10 日，南京海关党委书记、关长吴海平（左三）在南京禄口机场调研（张珺　摄）

> 2022 年 1 月 6 日，南京海关党委副书记、副关长陈建东（左三）在宜兴海关执法一线科室联系点调研（刘欢欢　摄）

> 2022 年 7 月 26 日，南京海关党委委员、副关长蒋原（右三）在连云港海关调研 （林军　摄）

< 2022 年 2 月 17 日，南京海关党委委员、副关长王续刚（中）在监控指挥中心指导南京禄口机场海关开展航班检疫工作 （殷浩　摄）

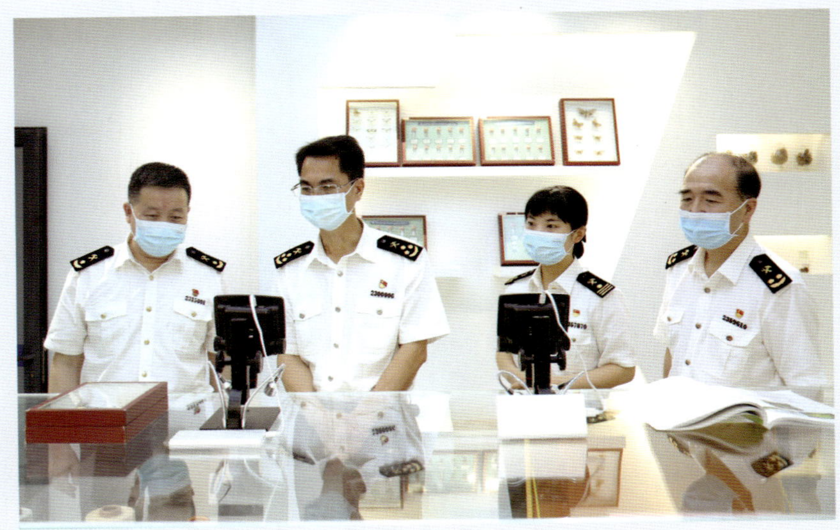

> 2022 年 6 月 17 日，南京海关党委委员、党委纪检组组长段青云（左二）在淮安海关调研 （张昆　摄）

2022年8月3日，南京海关党委委员、副关长葛燕峰（中）在常熟海关调研慰问 （陶纯　摄）

2022年1月10日，南京海关党委委员、缉私局局长孙平（中）出席关区缉私部门庆祝中国人民警察节视频会议 （郑惠丹　摄）

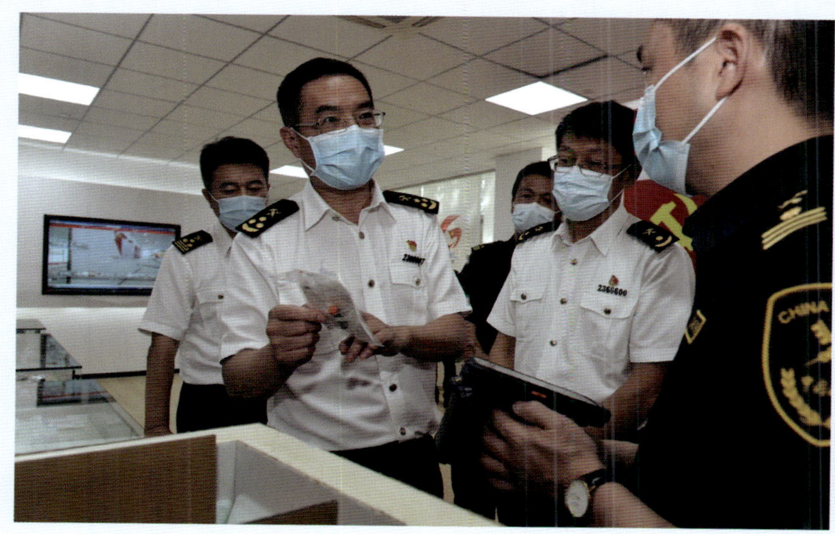

2022年7月19日，南京海关党委委员、政治部主任陈海鸣（左二）在苏州工业园区海关调研（李京天　摄）

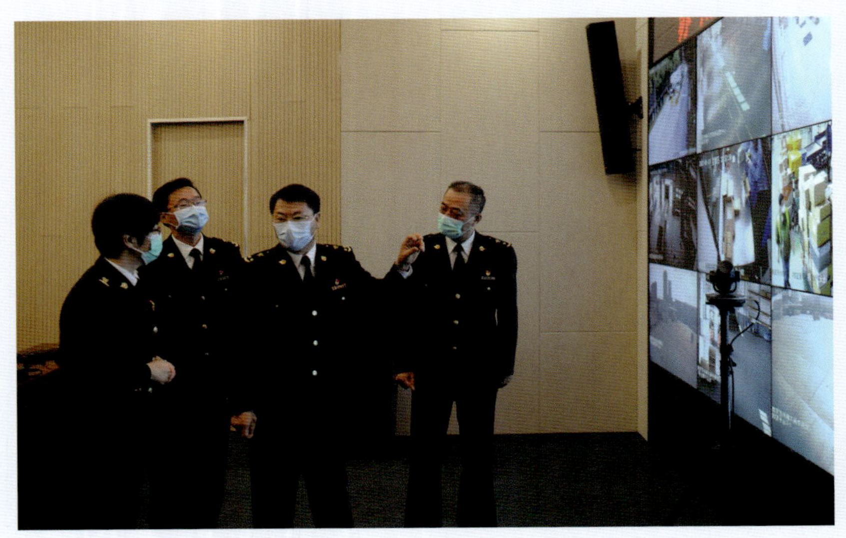

2022年1月13日，南京海关党委委员、副关长张亚平（右二）在苏州海关调研 （孙晋岩 摄）

2022年1月7日，南京海关党委委员、苏州海关关长谢斌（一排左）出席苏州海关晋升四级高级主办干部任前集体谈话会议（胡蓉榕 摄）

2022年1月13日，南京海关党委委员、副关长彭伟鹏（右三）在扬州海关调研 （黄玲 摄）

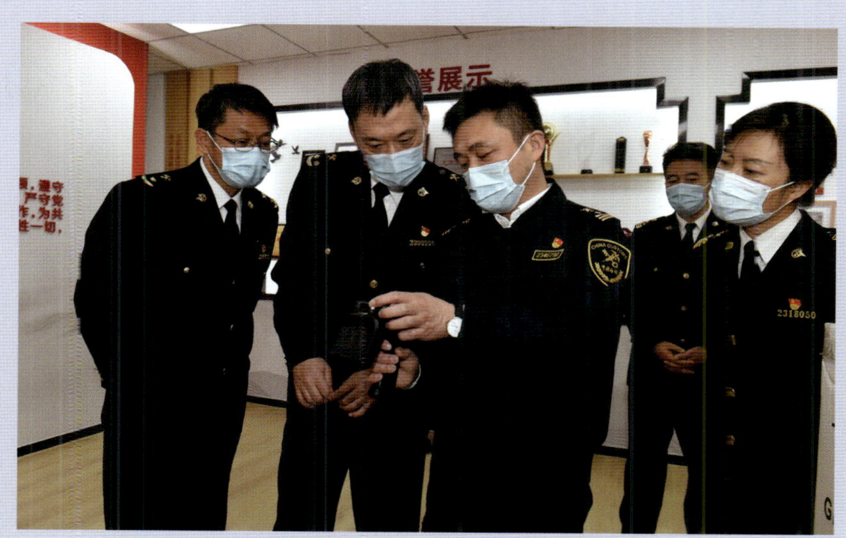

> 2022年12月1日，南京海关党委委员、党委纪检组组长张瑞宏（左二）在苏州工业园区海关调研（朱丰　摄）

< 2022年9月16日，南京海关党委委员、苏州海关关长沈大为（中）在驻虎丘办事处调研（胡蓉榕　摄）

> 南京海关党委委员、副关长毛雅君（中）在河西办公区开展安全检查（高子健　摄）

铸忠诚

^ 2022年6月29日，南京海关举办"喜迎二十大　忠诚守国门""七一"主题党日活动（高子健　摄）

v 2022年11月8日，南京海关党委举行理论学习中心组（扩大）学习暨关区各单位部门主要负责同志学习贯彻党的二十大精神专题培训班（高子健　摄）

^ 2022 年 6 月 16 日，常熟海关组织党员干部参观“喜迎二十大　王淦昌生平事迹展”（沈志杰　摄）

> 2022 年 6 月 26 日，南京海关轻工产品与儿童用品检测中心党支部在扬州党史文化公园开展“喜迎二十大，奋进新征程”主题党日活动（毛玮　摄）

> 2022 年 9 月 2 日，淮安海关关税科党支部在淮安市洪泽区洪泽水上百合党支部与党的二十大代表邓红（右）开展党建共建活动，并互赠书籍（问欣　摄）

2022年9月28日，张家港海关与张家港市政协联合举办“廉韵润国门　笔墨画清风”系列活动（戴雨轩　摄）

2022年10月19日，靖江海关组织开展党的二十大精神学习研讨交流（龚亚波　摄）

2022年10月31日，南通海关组织开展党的二十大精神专题学习会（杨阳　摄）

> 2022年12月7日，金港海关邀请党的二十大代表郁霞秋为关员做报告（何佳静　摄）

∨ 2022年12月22日，宿迁海关利用当地红色资源学习贯彻党的二十大精神，重温入党誓词（李莹莹　摄）

担使命

2022 年 10 月 28 日，江阴海关缉私分局结案一起查获枪支案。图为办案人员在清点枪支 （辛庆轩　摄）

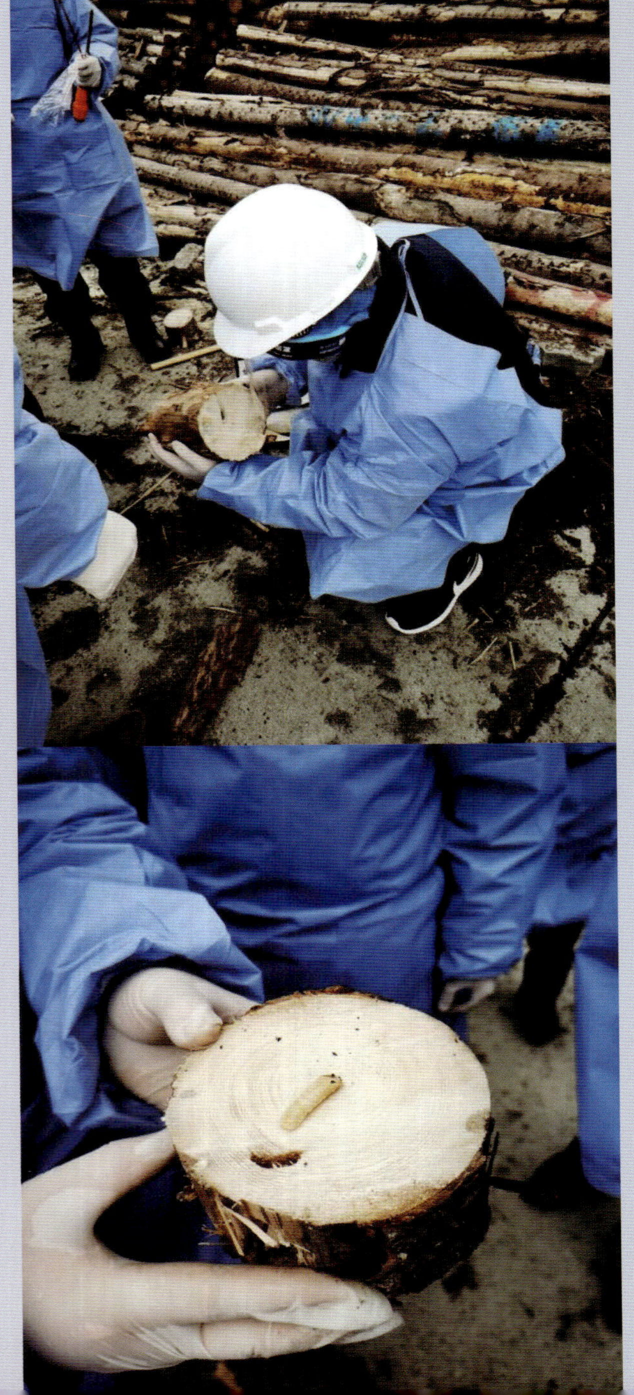

2022 年 2 月，南京海关动植物与食品检测中心专家在扬州口岸进境木材中发现云杉树蜂、密点墨天牛、樟子松木蠹象等多种检疫性有害生物 （李彬　摄）

^ 2022 年 3 月 1 日，南通海关查获 865 件“冰墩墩”“雪容融”形象钥匙扣、钥匙圈，属于侵犯北京冬奥会（冬残奥会）特殊标志专有权的商品 （杨阳 摄）

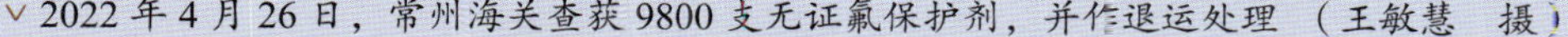

v 2022 年 4 月 26 日，常州海关查获 9800 支无证氟保护剂，并作退运处理 （王敏慧 摄）

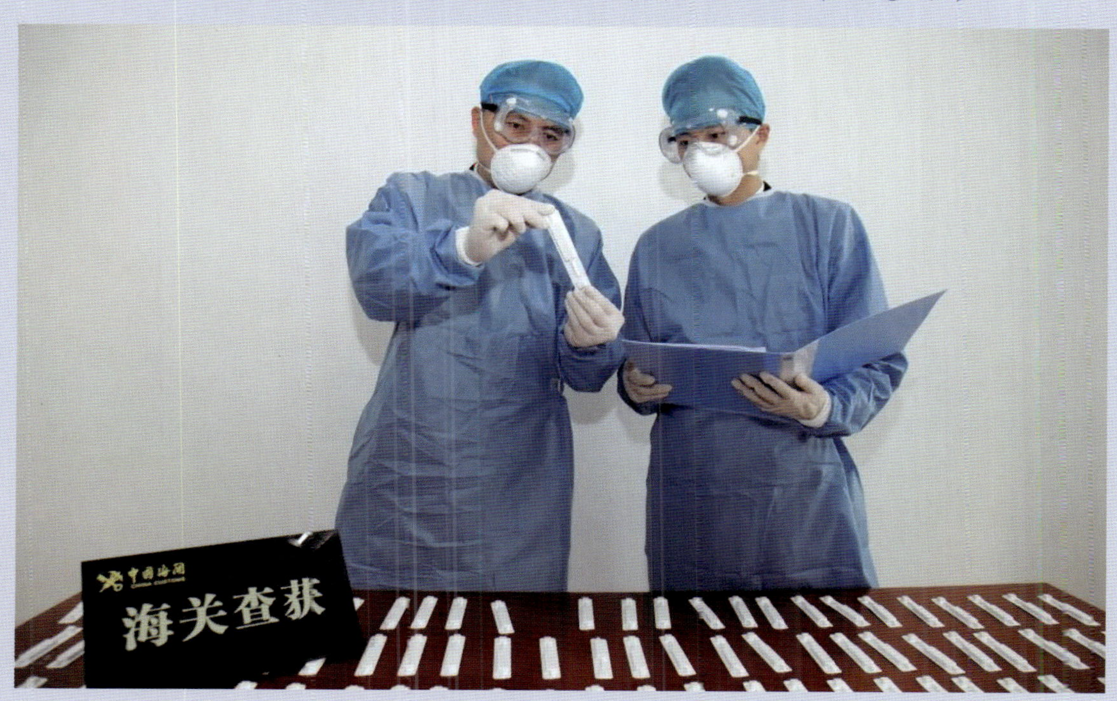

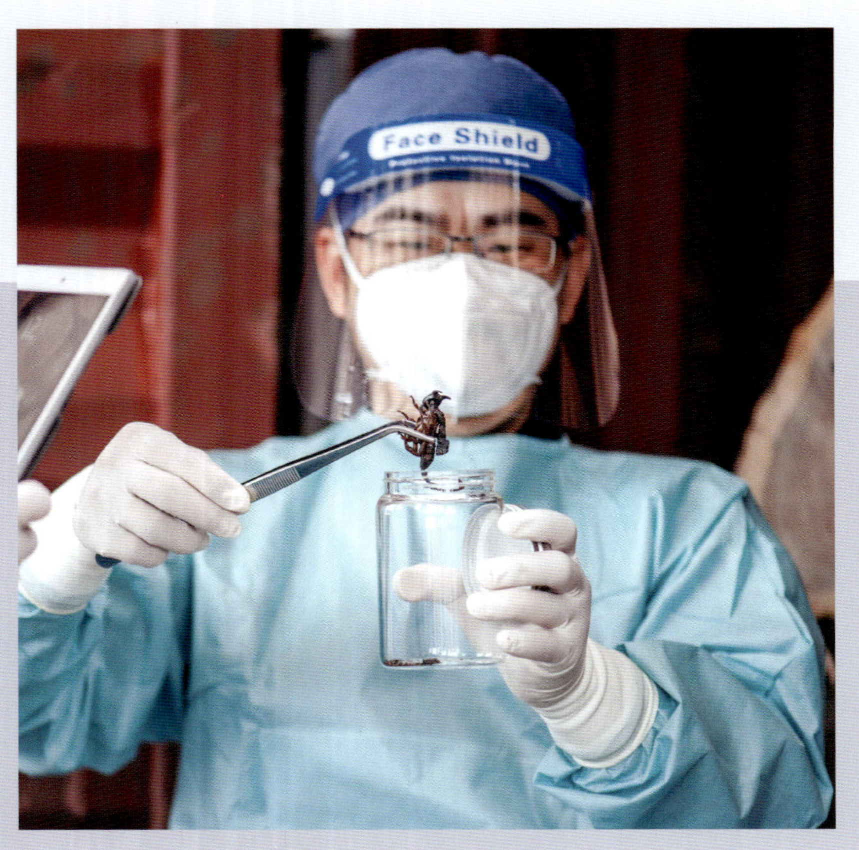

2022 年 6 月 13 日，昆山海关在进境木材中截获活体粗糙后棘蝎（张铮　摄）

2022 年 7 月 20 日，太仓海关查获 19796 个侵权保温杯，侵犯膳魔师有限责任公司在海关总署备案的商标权（杨泽浩　摄）

^ 2022 年 8 月 4 日，苏州海关驻邮局办事处关员在进境邮件中查获禁止寄递入境的蝴蝶标本 665 只（王国强　摄）

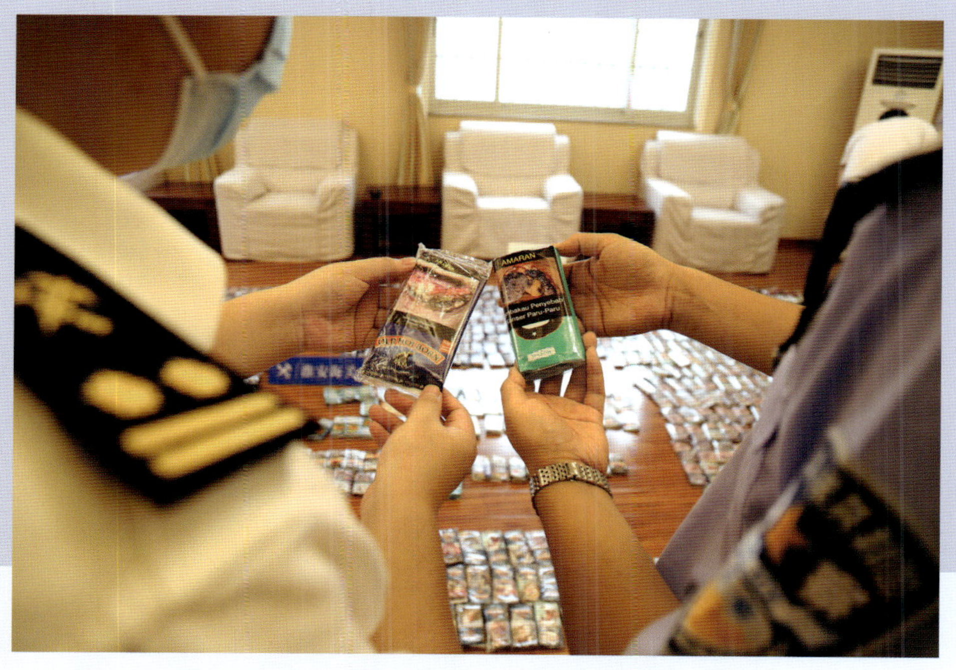

^ 2022 年 8 月 19 日，淮安海关查获江苏省首次烟丝走私非法经营案，查扣走私烟丝 3737 包（张昆　摄）

^ 2022 年 8 月 19 日，扬州海关查获一批块状再生纸浆，总重 498.58 吨，经鉴定为禁止进境的固体废物。图为关员在取样（胡文静　摄）

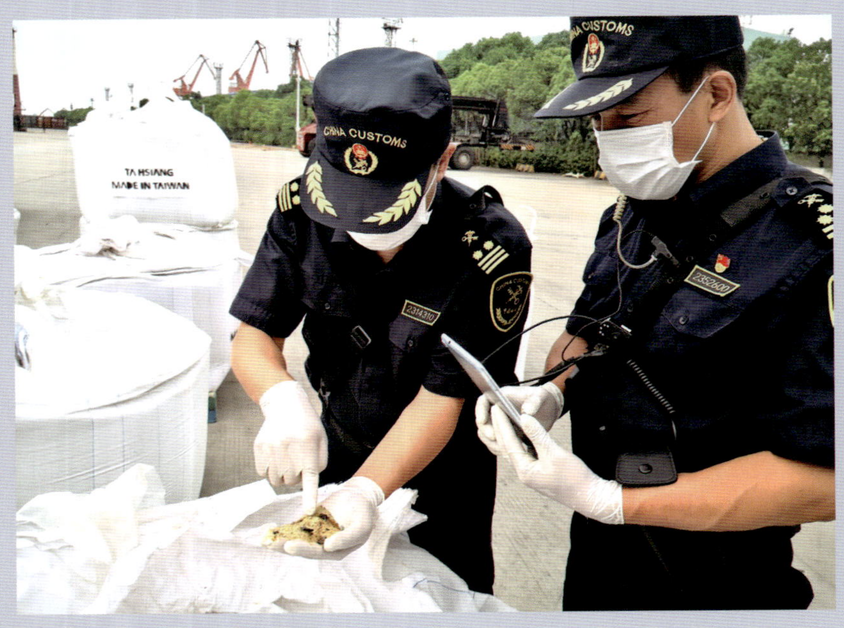

< 2022 年 9 月 7 日，镇江海关关员查获 22.3 吨禁止进口废玻璃（杨超　摄）

> 2022 年 9 月 26 日，南京禄口机场海关关员开展登临核验旅客申报信息（仲妮　摄）

∨ 2022 年 9 月 27 日，靖江海关关员在口岸现场利用林木害虫诱捕器开展国门生物安全监测（龚亚波　摄）

^ 2022 年 10 月 9 日，新生圩海关查获濒危物种黄檀木雕工艺品（蔡雪　摄）

∧ 2022年11月29日，金陵海关查获使用“UEFA（图形）”“UEFACHAMPIONS LEAGUE”标识的足球288件，涉嫌侵犯欧洲足球协会联盟在海关总署备案的商标权（张梦阳　摄）

> 2022年12月2日，江阴海关销毁26.88吨保税临期葡萄酒（邵冬琴　摄）

促发展

> 2022 年 1 月 20 日，宿迁海关关员在食品出口企业调研，助力产品开拓国际市场（杨文武 摄）

∨ 2022 年 4 月 25 日，徐州海关保障首班“铁路快速通关”班列开行（张尊斌 摄）

< 2022 年 5 月 1 日，常州海关签发南京关区首份输缅 RCEP 原产地证书（秦妍　摄）

∨ 2022 年 5 月 21 日，首票盐城大丰港和上海洋山港“联动接卸”监管模式下出口集装箱货物从盐城大丰港启运（徐为龙　摄）

^ 2022 年 5 月 31 日，如东海关关员在如东市岔河镇重点企业开展“同心协力谋发展”专题调研 （徐天　摄）

^ 2022 年 6 月 1 日，苏州海关关员现场监管 332 套（件）意大利进境特展文物 （徐茜　摄）

v 2022 年 6 月 19 日，无锡海关支持无锡—大阪定期货运航线开航 （刘子祎　摄）

< 2022年8月8日，常熟海关关员在辖区企业开展信用培育（陆焰　摄）

∨ 2022年8月10日，连云港海关关员在竹木草制品加工车间调研，助力小微农产品出口企业保订单稳市场（林军　摄）

^ 2022 年，启东海关保障全球首艘第四代风电安装船交付出口。图为 9 月 9 日，关员对安装船所用进境船用设备进行现场查验（季嘉栋　摄）

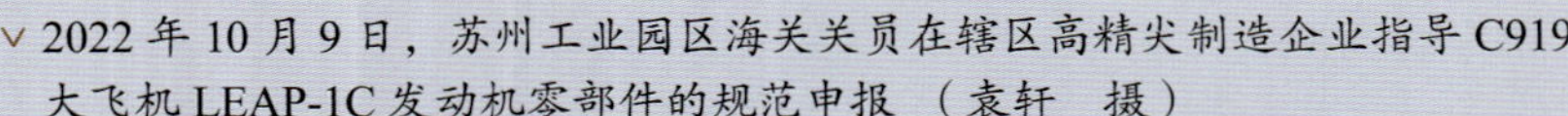

∨ 2022 年 10 月 9 日，苏州工业园区海关关员在辖区高精尖制造企业指导 C919 大飞机 LEAP-1C 发动机零部件的规范申报（袁轩　摄）

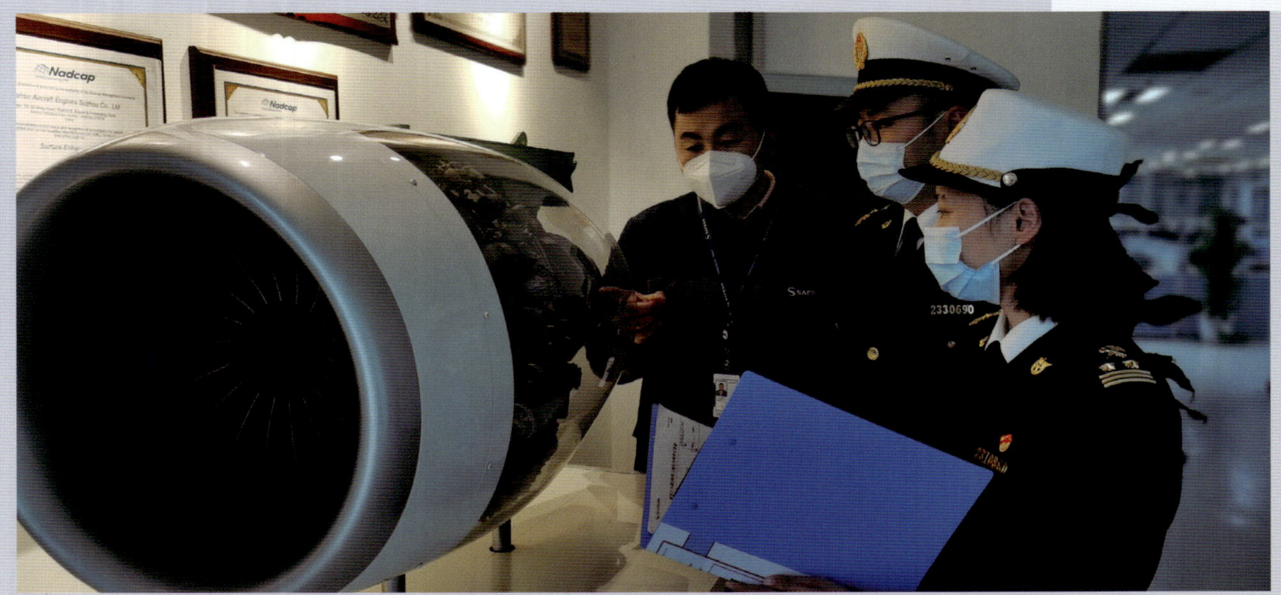

^ 2022 年 10 月 21 日，扬州海关关员助力风电设备出口 （胡文静 摄）

^ 2022 年 11 月 3 日，太仓海关关员在综合保税区对跨境电商货物进行监管 （杨泽浩 摄）

^ 2022 年 11 月 20 日，昆山海关助力亚洲最大中式意面生产基地产品在江苏省首次出口 （赵俊凌 摄）

展风采

^ 2022 年 3 月 2 日，金陵海关关员在红山森林动物园向市民展示邮递渠道查获的濒危动植物标本，进行国门生物安全科普宣传（施向辉　摄）

v 2022 年 4 月 12 日，无锡海关“金钥匙”普法志愿者连线新疆霍城县江阴初级中学学生开讲“云课堂”，学生们“足不出户”参观海关国门生物安全法治科普教育基地（无锡海关　供图）

> 2022年5月5日，新生圩海关关员整理爱心图书寄给贫困地区学生（蔡雪　摄）

> 2022年6月1日，如东海关开展“六一·守护童年”法治和科普同行活动（徐天　摄）

> 2022年7月13日，吴江海关在苏州市吴江区食品安全宣传周活动中向市民讲解进口食品知识（戴宇婷　摄）

^ 2022 年 7 月 18 日，宜兴海关志愿者赴宜兴市红十字会血站义务献血 （陈超　摄）

^ 2022 年 8 月 20 日，连云港海关组织开展“心连心、同心抗疫　手拉手、共享未来”家庭开放日主题活动，关员对防护服穿脱流程进行现场演示 （林军　摄）

^ 2022 年 10 月 28 日，泰州海关创建南京海关关区首批新时代“枫桥经验”实体工作室，多次化解各类分歧，受到企业好评 （刘志兵　摄）

^ 2022 年 12 月 6 日，如皋海关组织开展‘宪法宣传周”相关活动 （许世林　摄）

^ 2022 年 12 月 9 日，南京海关举办纪念现行宪法公布施行 40 周年线二展演活动 （陈翼　摄）

尚荣誉

^ 2022 年，南京海关办公室获评国务院办公厅 2021 年度全国信息工作先进单位 （高子健　摄）

v 2022 年 4 月 28 日，扬州海关驻扬州港办事处被中华全国总工会授予“全国工人先锋号” （韦昊云　摄）

> 2022年7月7日，连云港海关驻港区办事处运监一科、二科党支部“桥头堡卫士”品牌获全国海关党建示范品牌（汤伟　摄）

∨ 2022年，苏州海关驻虎丘办事处监管二科党支部“丝路卫士”品牌获全国海关党建培育品牌（蒋晓丹　摄）

2022 年，泰州海关驻泰兴办事处职工高玲获中共中央宣传部、中央精神文明建设指导委员会办公室表彰的 2021 年度全国学雷锋志愿服务“四个 100”先进典型之最美志愿者（泰州海关　供图）

2022 年 9 月，南京海关缉私局徐娟获中共中央宣传部、公安部表彰的 2022 全国“最美基层民警”（徐娟　供图）

2022 年 3 月，南通海关蒋政获中共中央宣传部表彰的第七批全国岗位学雷锋标兵（蒋政　供图）

^ 2022 年 7 月，南京海关保健中心朱军获国家卫生健康委、海关总署、国家中医药管理局表彰的全国消除疟疾工作先进个人（朱军　供图）

^ 2022 年，金陵海关施凌云获评海关总署 2021 年度“百名优秀执法一线科长”（施凌云　供图）

v 2022 年，南京海关口岸监管处王炜（前排左二）获全国“扫黄打非”工作小组表彰的“2021 年全国‘扫黄打非’先进个人”（王炜　供图）

< 2022 年，苏州海关陈树雷获评海关总署 2021 年度“百名优秀执法一线科长”（陈树雷　供图）

^ 2022 年，南通海关顾建华获评海关总署 2021 年度“百名优秀执法一线科长”（顾建华　供图）

> 2022年，连云港海关何剑获评海关总署2021年度“百名优秀执法一线科长”（何剑　供图）

^ 2022年，南京海关办公室杨榕获评国家档案局“全国档案工匠型人才”（杨榕　供图）

目　录

第五篇　业务建设

第六篇　综合保障

第七篇 隶属海关

第八篇　直属事业单位及团体组织

附　录

“中国海关史料丛书”编委会

第一篇

特载

南京海关概况和组织架构

一、概况

1978年9月23日，国务院批准设立南京海关。1979年1月1日，南京海关开关，对外办理海关业务。1980年2月，根据国务院《关于改革海关管理体制的决定》，南京海关由海关总署垂直领导。1984年6月，国务院批准南京海关升格为正厅（局）级机构。2018年4月14日，根据党中央关于党和国家机构改革的部署，原江苏出入境检验检疫局职责和队伍划入南京海关。

南京海关是负责指定口岸及相关区域范围内海关工作运行管理、监督监控的正厅级直属海关。南京海关管辖范围为江苏省的各项海关管理工作，主要负责本关区贯彻落实党中央、国务院关于海关工作的方针政策和决策部署，负责贯彻执行与海关管理相关的法律、法规、规章、规范性文件和相关技术规范，负责本关区征税、监管、缉私、出入境检验检疫、统计等工作，负责本关区基层党组织建设、队伍建设和日常管理工作。截至2022年12月31日，南京海关下辖金陵、苏州、苏州工业园区、无锡4个副厅级隶属海关，25个正处级隶属海关单位，8个直属事业单位；有20个正处级机关内设机构，2个团体组织。

2022年，南京海关坚持以习近平新时代中国特色社会主义思想为指导，深入学习贯彻党的二十大精神，不断推动全面从严治党向纵深发展。认真落实全国海关工作会议、全面从严治党工作会议、全国海关年中工作会议部署，紧紧围绕总署党委确立的“铸忠诚，担使命，守国门，促发展，齐奋斗”15字工作要求和“12个必”具体任务，立足海关“三实”文化建设新目标，完整、准确、全面贯彻新发展理念，加快构建新发展格局。坚决贯彻总体国家安全观，强化口岸疫情防控，加强实际监管，保持打击走私高压态势，有效维护口岸正常的进出口秩序；积极作为服务国家重大倡议或战略，助力“一带一路”建设再提速，助推长三角一体化加快发展；以促进江苏经济发展为己任，着力优化外贸营商环境，助推外贸保稳提质，为推动江苏省开放型经济高质量发展作出积极贡献。近年来各项工作成绩突出，监管进出口总值、货运量、征收税款、检验检疫、统计分析等主要业务指标均位居全国海关前列。

二、组织架构

南京海关

机关部门

- 离退休干部办公室
- 监察室（党委纪检组）
- 机关党委（思想政治工作办公室、党委宣传部、党委巡察办公室）
- 教育处
- 人事处（党委组织部）
- 督查内审处
- 科技处
- 财务处
- 企业管理和稽查处
- 统计分析处
- 口岸监管处
- 商品检验处
- 进出口食品安全处
- 动植物检疫处
- 卫生检疫处
- 关税处
- 自贸区和特殊区域发展处
- 综合业务处
- 法规处
- 办公室（党委办公室）

直属事业单位

- 南京海关危险货物与包装检测中心
- 南京海关轻工产品与儿童用品检测中心
- 南京海关纺织工业产品检测中心
- 中国电子口岸数据中心南京分中心
- 江苏国际旅行卫生保健中心（南京海关口岸门诊部）
- 南京海关动植物与食品检测中心
- 南京海关工业产品检测中心
- 南京海关后勤管理中心

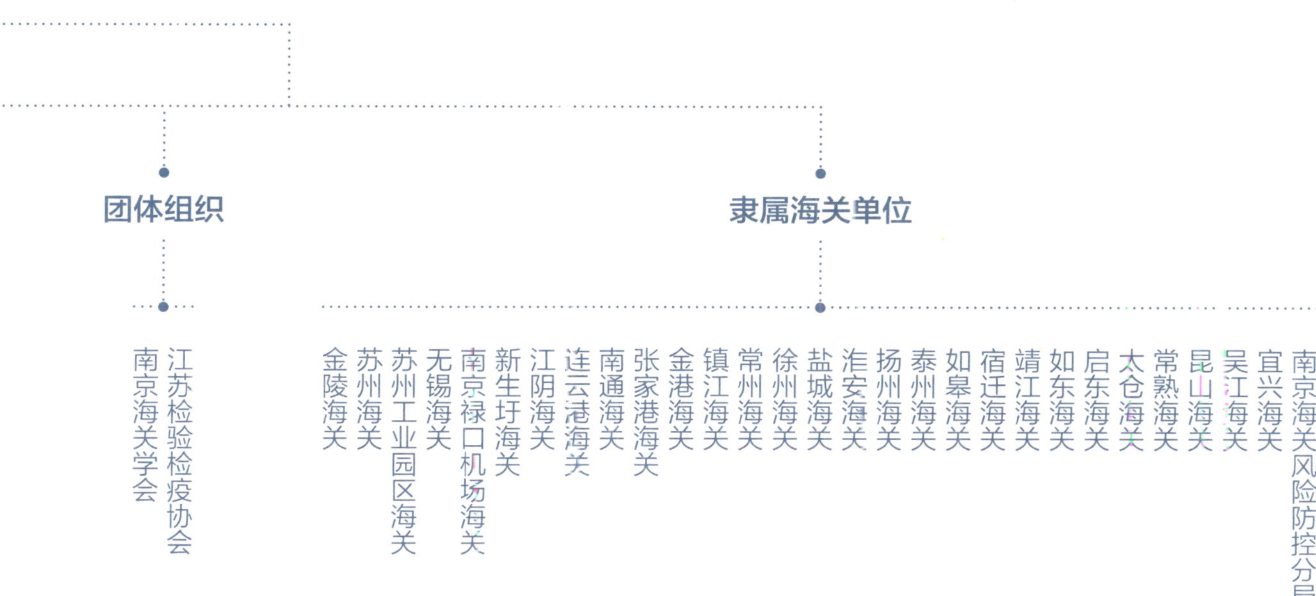
团体组织
江苏检验检疫协会
南京海关学会
隶属海关单位
南京海关风险防控分局
宜兴海关
吴江海关
昆山海关
常熟海关
太仓海关
启东海关
如东海关
靖江海关
宿迁海关
如皋海关
泰州海关
扬州海关
淮安海关
盐城海关
徐州海关
常州海关
镇江海关
金港海关
张家港海关
南通海关
连云港海关
江阴海关
新生圩海关
南京禄口机场海关
无锡海关
苏州工业园区海关
苏州海关
金陵海关

在 2022 年南京海关工作会议、全面从严治党工作会议上的讲话

南京海关党委书记、关长　吴海平

（2022 年 1 月 26 日）

一、2021 年关区工作回顾

2021 年是党和国家历史上具有重要里程碑意义的一年，也是关区发展历程中充满挑战的一年。面对百年变局与世纪疫情交织叠加的严峻形势，全关上下坚决听从习近平总书记和党中央号令，在海关总署党委的坚强领导和省委省政府的有力指导下，戮力同心、埋头苦干，在闯难关涉险滩中铸就非凡勇气、迸发澎湃动能，以实干迎接大战大考、用实绩践行初心使命，“再立新标杆、再创新辉煌”迈上新的台阶。

一年来，南京海关坚定历史自信、勇毅前行，坚决走好“两个维护”第一方阵。从党的百年奋斗历程中汲取智慧和力量，以关党委为“龙头”、上下一体的理论武装架构稳固成型，2600 余次专题党课扶志育心，千余场“百年辉煌雄关向党”系列庆祝活动激励初心，432 个“我为群众办实事”项目落地暖心，坚决做到“两个维护”成为广大党员干部的思想自觉、行动自觉。始终坚持把习近平总书记重要指示批示精神作为第一要义，“第一议题”制度层层压实、纵深推进；监管、打私联动出击，1.30 万余吨“洋垃圾”应退尽退，852 件濒危物种及其制品依法收缴；截获 1873 种、16.60 万种次有害生物，连年保持全国第一；梳理整治 16 个领域 88 项风险隐患，关区大安全体系做实做强；巩固扶贫成果助力乡村振兴，推动海关总署首个东西部产业扶贫项目在雪域高原开花结果。聚力同心提升职能掌控力、基层执行力，两级监控指挥中心实体化运作，职能部门专职监督监控科室建成见效，1697 次嵌入式监督和“不打招呼”检查扣紧抓落实的闭环。

一年来，南京海关坚信抗疫必胜、敢打敢拼，奋力夺取疫情防控“阻击战”阶段性胜利。毫不动摇落实“外防输入、内防反弹”总策略，坚持“人、物、环境”同防，防控指挥体系主脑作用有力发挥，2000 余名干部职工坚守一线，1145 名专班尖兵轮番向前，8 个检测实验室昼夜运转，7.60 万人次采样检测经地方回溯无一漏检漏放，2 批次冷链食品、3 批次高风险非冷链阳性货物妥善处置。对接地方联防联控机制，推动禄口机场全流程全封闭隔

离改造高标准完成，保障客运航班和“接返”包机有序复航。直面“7·20”严峻疫情，关党委坐镇指挥、果断决策，应急、执行、监督等六大铁律第一时间贯彻到位，“网格化盯管”等紧急措施不折不扣、一抓到底，关区上下众志成城、恪尽职守，牢牢守住“零感染”底线。主动开展全流程回溯，梳理落实30项优化改进措施，入境检疫各环节作业进一步完善。从严顶格做好安全防护，50项动态调整措施、预案落实落细，300余万条健康申报记录、24万次核酸检测、2.70万剂疫苗接种、1.80万人次防疫培训，以及全方位监督检查，绘就内部疫情防控“同心圆”。

一年来，南京海关狠抓实际监管、忠诚履职，牢牢守住国门安全防线。构建全链条业务风险防控体系，强化风险联合研判，人工分析和紧急布控查获率持续提升。紧盯建党百年庆典等重要节点，毫不放松加强口岸查缉，查获枪支及零配件119支/件，毒品、精神管制药品21.60千克；收缴反宣品1.10万件。“龙腾行动2021”扣留侵权货物数量增长69%。安全生产专项整治三年行动深入开展，18个危险化学品、危险包装典型案例被海关总署采用，安全监管成效获国务院安委会巡查组充分肯定。“零疏漏”防范埃博拉等传染病叠加输入。捕获活体眼镜王蛇登顶微博热搜，互联网阅读量突破3亿次。全力守护民生安全，阻截56.90万件不合格锂电池、刹车片以及494.40吨不合格食品流入市场。全力克服疫情影响，密切部门协作严防“跑冒滴漏”，全年税收入库1770.28亿元，圆满完成预算目标。加工贸易集中作业和参数管理“两中心”验证指令有效率提升1.70倍，专业化审核水平全国领先。

一年来，南京海关保持高压态势、重拳连击，不断开创反走私工作新局面。“国门利剑2021”专项行动捷报频传，侦办走私刑事案件180起、案值27.72亿元，大要案侦办成效保持全国第一方阵，3起涉疫、涉毒案件获省部级领导批示肯定。全员打私战果丰硕，“水客”集中收网、跨境电商走私“断链刨根”等专项行动成效显著，查发涉案保健品1.50亿元、手表化妆品3.30亿元、农产品39.90亿元。切实发挥“三导”作用，智慧缉私有力提升专业打击能力。反走私综合治理高效推进，侦办非设关地走私犯罪案件24起，香烟、成品油等走私势头得到明显遏制。深化教育整顿，坚决筑牢忠诚警魂。

一年来，南京海关坚持精准施策、攻坚克难，强力助推高水平开放高质量发展。胸怀“两个大局”、心系“国之大者”，“一带一路”枢纽建设高质量推进，中欧班列开行数、箱量分别增长32.80%、49.90%，“三智”实践推动沿线国家关际合作深化拓展。探索重构区域执法联动机制，“联动接卸”等举措助推长三角一体化协同发展。全力维护国家粮食安全与能源保供，滞港粮食率先清零，粮食、煤油气进口分别增长101.60%、21.30%。下准下好惠企纾困“先手棋”，“提前申报”“先放后检”助力进出口通关时间再压缩，79.20亿元对美加征排除助力相关产业逆势发展；集全关之力做好RCEP落地准备，集中辅导企业3700余家、重点帮扶150家，政策红利有效释放。打响打赢挖潜拓源“主动仗”，跨境电商B2B直接出口、出口海外仓监管模式全面推广，国家级技贸措施评议基地落户昆山填补江苏省空白；“精品慕课”等企业信用培育新形式助力AEO企业增长12%，311个企业问题及时清零。自贸试验区再添2项创新举措，“综保区21条”

持续发力，自贸试验区、特殊监管区域进出口分别增长13.50%、10%；企业集团加工贸易模式改革为11个集团33家企业节省成本1.60亿元，规模及成效均居全国第一。做精做优外贸统计分析，高质量完成2篇深度研究报告、18篇专题研究报告；52篇分析研究报告获得相关刊物采用。2021年，全省外贸进出口5.20万亿元、增长17.10%，再创历史新高。

一年来，南京海关弘扬改革精神、系统推进，创新引领加速释放内生动力。推进全业务领域一体化改革，“1+9”制度框架体系清晰建构，71类241项职责清单梳理成型，全要素风险控制、全领域专家支撑贯通“前、中、后”监管机制，隶属海关区域协调协作推动资源管理更加高效集约。聚力创新项目落地见效，属地查检、行邮税单无纸化改革先行先试，集约化验估多点突破，“互联网+稽核查”“依申请检验”促进关企双赢；危险包装全链条检验监管模式、浮游生物活体检测方法全国推广，归类检控模型、图谱可视化技术等39个“微创新”在基层开花结果。“智慧海关示范工程”建设深入推进，科技赋能释放“乘数效应”，智慧旅检、智慧邮快检、智慧综合保税区跑出通关监管“加速度”，“云擎系统”显著提升大数据实战能力，加贸保税监管标准化作业系统获海关总署肯定，稽查作业标准化控制模块全面植入海关总署系统；WCO地区实验室、国家防疫物资检测重点实验室充实高层次实验室集群，14项省部级以上科技立项和奖励保持系统前列。

一年来，南京海关锤炼政治品格、久久为功，全面从严治党治关纵深推进。关党委自觉强化全面从严治党责任担当，出台“23+15”项细化措施管住用好“关键少数”。紧扣“四个融入”，120条“不贰过”举措切实巩固巡视整改成效；对照“三个聚焦”，首次开展16个机关部门常规巡察，28个隶属海关全面覆盖。执法一线“支部建在科上”全面落实，“思政两专”、基层党建服务矩阵构建“大思政”格局；4个全国海关党建示范品牌、432个关区品牌持续放大热源，1项署级“书记项目”、5项典型做法系统推广。择优提拔使用处级领导干部77人，职级职数使用率达80%；“1+28青年两校”壮大年轻干部梯队，35岁左右执法一线科长占比升至14%；事业单位岗位设置聘任、人员归岗归位如期完成。线上线下培训2.10万人次，优秀教学成果数量列全国海关之首。准军建设与文明争创“两手抓、两促进”，全国文明单位数量保持系统第一，全关整体获评“江苏省文明行业”。个人事项不如实报告率“四连降”，3600余个干部职工问题及时清零。深化“四责协同”，“三不腐”一体推进，日常监督与巡察、纪律、督审、组织监督融合贯通。深入开展“现场监管与外勤执法权力寻租”专项整治，128项整改措施全面落实到位。中央八项规定及其实施细则精神一贯到底，“四风”问题整肃坚决有力，党风廉政警示教育全面覆盖，整治、预防酒驾醉驾驰而不息。主动运用“第一种形态”275人次，果断运用“第四种形态”4人，立案16起，对9人进行了党纪政纪处分，坚决维护风清气正政治生态。

一年来，南京海关突出以人为本、统筹兼顾，综合保障水平持续提升。行政执法“三项制度”全面落实，法治文化集群效应不断放大，法规处获评“2016—2020年全国依法治理创建活动先进单位”，为海关系统唯一。督察审计监督有力，154项问题整改推动决策部署落地落实。开源节流"过紧日子"，非重点项目支出压减45.50%，预算执行率达99.50%。12项"重量级"调研专报有力辅助领导决策，1039个工作问题清零获基层广泛认可。后勤保障用心用情，群众性理论研究成效保持系统前列，工青妇、老干部及协会工作有声有色，毕爱民同志荣膺"全国优秀老干部工作者"，并作为中央和国家机关唯一代表在全国表彰大会上发言。WCO绩效评估、中新关际合作等取得积极进展。《亲·密有间》代表海关系统荣获全国保密宣传领域最高奖项，南京海关摘得省首届保密技能竞赛桂冠。463篇次信息被海关总署和省委省政府采用，126次登上《人民日报》、新华社和中央电视台平台，再创历史新高，"两再"成果充分展现。

二、关区工作面临的形势和任务

2022年是党的二十大召开之年，党团结带领全国人民踏上了实现第二个百年奋斗目标新的赶考之路，社会主义现代化海关建设迈出新的步伐，"守住底线、追求卓越"面临新的课题和考验。面对复杂形势、繁重任务，南京海关必须立足新发展阶段、贯彻新发展理念、构建新发展格局，既要把困难估计得更充分、将挑战认识得更到位，更要坚定信心、保持定力，强化担当、履职尽责，走稳第一步、考出好成绩。

（一）深刻认识和把握政治机关建设的更大考验

当前改革发展稳定任务之重、矛盾风险挑战之多、治国理政考验之大前所未有，世界百年未有之大变局深刻变化前所未有。形势越复杂、考验越严峻，越要坚决维护党中央权威和集中统一领导。海关处于国内国际双循环的"交汇枢纽"，是对外开放安全防控的"一线前沿"，口岸疫情防控、税收和贸易管制等各项工作都与国家发展大局息息相关，强化政治意识、维护政治安全的标准更高、要求更严、责任更加重大。南京海关必须坚持把政治机关建设放在首位，把"两个确立"作为最根本的政治遵循，把讲政治的要求始终体现到忠诚履职、把好国门的具体实践中，一体推进政治建设与业务工作，以担当作为践行"两个维护"。

（二）深刻认识和把握统筹发展和安全的更大考验

中国开放的大门越开越大，国门安全面临的外部环境更为复杂，"黑天鹅"事件频发多发，传统与非传统安全威胁相互交织，跨部门跨领域风险隐蔽难测，海关维护安全稳定的压力前所未有，条块分割、人工现场执法为主的作业方式面临严峻考验。近年来，全国通关一体化改革、"海关改革2020"、全业务领域一体化改革接续推进，海关监管体制机制焕然一新，但一体化改革成效尚未充分体现、信息化数字化广度深度有待提升，海关制度创新和治理能力建设仍在路上。南京海关必须坚决落实海关总署党委要求，聚焦监管到位主目标，围绕"制度＋科技"主方向，以深化全业务领域一体化为牵引，把握数字化趋势增强开放监管能力，切实守住国门安全防线。

（三）深刻认识和把握经济发展"三重压力"的更大考验

需求收缩、供给冲击、预期转弱导致市场主体困境加剧，经济下行压力凸显；同时，经济发展的要素条件正在发生重大改变，做好跨周期调节，加速科技创新、加快高质量发展成为多重约束下的最优解决方案。海关总署党委提出要坚定不移推动制度型开放，促进贸易和投资自由化便利化。江苏作为开放大省、资源小省，出口替代效应减弱、延续动力不足，所受冲击更加直接明显；保障产业链供应链稳定畅通，拓展“一带一路”新兴市场，服务外贸业态模式创新，对海关工作提出更高要求。南京海关必须坚定不移推动高水平对外开放，对标高标准国际经贸规则创新监管模式，持续优化口岸营商环境，全力帮扶市场主体，助力开放型经济底盘稳、活力强、后劲足。

（四）深刻认识和把握关区高质量发展的更大考验

近年来，关区上下紧扣高质量发展的内在要求，围绕“五关”建设，勠力同心、奋勇争先，监管打私、改革创新、党的建设等诸多领域工作走在全国前列。但是，在疫情防控“大战大考”面前、在重点工作攻坚克难当中，还暴露出一些短板和不足：重大风险防控机制还不健全，运行监控和执行反馈的闭环管理还不严密，科技创新支撑海关管理变革、提升监管效能的能力还不够强，抓落实的责任链条还不完善，不敢、不善、不愿担当的问题仍然存在。南京海关必须创新职能管理机制，完善监督控制体系，不折不扣落实好上级决策部署，践行“守住底线”的根本要求；结合关区实际高标准、创造性抓好落实，在更多领域形成“南京海关经验”，“追求卓越”实现跨越发展。

（五）深刻认识和把握新时代党的自我革命的更大考验

党的百年奋斗正反两方面经验启示南京海关，只有勇于自我革命、全面从严治党，才能把党建设得更加坚强有力，推动各项事业行稳致远。当前，海关系统廉政形势依然严峻复杂，正风肃纪任务依然艰巨繁重，全面从严治党一刻也不能放松。海关总署党委要求把严的主基调长期坚持下去，坚定不移、一以贯之推进全面从严治党向纵深发展。近年来，关区上下持续加大正风肃纪反腐力度，成效有目共睹。但党建责任贯通仍不严实，“四风”顽疾仍存隐患，非职务违法问题依然突出，执法一线权力寻租和被“围猎”风险需要高度重视。南京海关必须增强全面从严治党永远在路上的坚定执着，保持全面从严治党政治定力，在“三不腐”一体推进上持续用力，坚决打好党风廉政建设和反腐败斗争攻坚战持久战，为建设社会主义现代化海关提供坚强政治保证。

2022 年将召开党的二十大，这是党和国家政治生活中的一件大事，需要保持平稳健康的经济环境、国泰民安的社会环境、风清气正的政治环境，做好各项工作意义重大。关党委研究认为，2022 年南京海关的总体工作思路是：以习近平新时代中国特色社会主义思想为指导，深入贯彻党的十九大和十九届历次全会精神，认真落实全国海关工作会议、全面从严治党工作会议部署，弘扬伟大建党精神，全面加强党的领导，增强“四个意识”、坚定“四个自信”、捍卫“两个确立”、做到“两个维护”，立足新发展阶段，完整、准确、全面贯彻新发展理念，加快构建新发展格局，稳字当头、稳中求进，统筹发展和安全，强化监管优化服务，统筹口岸疫情防控和促进外贸稳增长，持续推进“五关”建设，坚持“四个盯牢”，健全重大风险防控、闭环运行管理、治理能力提升、责任担当落实“四个机制”，守住底线、追求卓越，在社会主义现代化海关建设中再立新标杆、再创新辉煌，以优异成绩迎接党的二十大胜利召开。

落实好 2022 年总体工作思路，坚持稳字当头、稳中求进尤为重要。南京海关既要把“稳”作为根本和前提，正视困难、勇于面对变局，更要把“进”作为方向和目标，主动作为、全力攻坚克难。重点是牵住“四个机制”“牛鼻子”，带动全关工作质效整体提升。

一是突出习近平总书记重要指示批示精神和党中央重大决策部署落实第一要务，健全重大风险防控机制。“没有脱离政治的业务，也没有脱离业务的政治”，必须把落实政治要求、防好重大风险放在各项工作的首位。要强化政治机关意识。持续强化理论武装、时刻胸怀“国之大者”，自觉将海关具体工作放到国家大局中思考、定位和谋划，坚持从政治上推动业务工作，实现政治效果、业务效果、社会效果相统一。要守牢政治安全“基本盘”。紧盯重大政治任务落实，实施风险差别化防控，避免“眉毛胡子一把抓”；树牢“规定动作必须百分之百做到位，百分之九十九就是不及格”理念，逐条梳理“一失万无”的关键安全风险点，逐项细化、落实管用好用的防范措施，确保政治风险可知可控、精准防控。要强化风险综合防控。探索推进全风险要素防控、全链条协同监管和全业务流程运行监控，加强新政策措施的关联性分析，切实防范单领域风险上升为综合性风险、局部风险转化为系统风险、业务风险演化为政治风险。

二是突出职能部门运行监控和基层单位执行反馈核心职责，健全闭环运行管理机制。优化运行管控、狠抓工作落实是推动全关工作高质量发展的重要抓手。要完善闭环链条。坚持系统思维，综合运用“制度+科技”手段，围绕指令接收下达、现场执行、检查控制、反馈处置、评估完善，细化执行要求、措施规范、质量标准，打造环环相扣、首尾衔接、良性循环的全域运行管控体系。要完善监督控制。科技与人工并重，建立精准有效的监督控制“工具箱”，突出运用信息化系统筑牢事前事中风险“堤坝”，将质量控制贯穿于每项工作全过程，有效提升各层级业务掌控能力。要完善执行反馈。畅通执行反馈渠道，严肃问题请示报告和跟踪处置，推动3个“问题清零”横向融合贯通，聚焦闭环过程控制强化专业研判，加大跨部门疑难事项解决力度，将问题和风险清零在平时，确保各项工作要求落实落地落细。

三是突出科技赋能“关键变量”，健全治理能力提升机制。坚持创新驱动、实施科技兴关是推动海关制度创新和治理能力提升的必由之路。要加快推进探索数字监管。推进监管信息全面数字化、信息化，推动系统互联互通、集成应用，拓展大数据应用实效，实现进系统、标准化、留痕迹、可追溯、强控制，全面打造“智慧海关”。要加快推进科技装备应用。聚焦卫生检疫、国门生物安全等高风险领域，围绕现场快速筛查、“机器代人”、远程鉴别等主攻点，加强监管科技装备的配备、运用和联网集成，支撑口岸高效通关监管。要加快推进业务科技一体化。紧盯全业务领域一体化等重点领域，增强创新引领和技术支撑能力，业务出题、科技解题，打通事中事后各环节关联耦合“堵点”，融通国门安全防控链条，全面赋能海关监管创新生态。

四是突出扛稳政治责任根本任务，健全责任担当落实机制。敢于担当作为是党员干部必备的政治品质。要压实主体责任。紧盯政治责任、强化履职尽责，围绕“干什么”“谁来干”“怎么干”，全面梳理职能清单、明确岗位职责、厘清责任边界，“条块结合、职能兜底”杜绝模糊地带，从根本上解决业务结合部问题。要锤炼担当能力。严把业务岗位准入关，加大跨领域复合型专家培育力度；理论学习与实操演练结合，提升技能培训实效；常态化开展技能考核测评，与平时考核挂钩，推动关区上下敢于担当、善作善成。要激励担当作为。将疫情应急处置等重大政治任务作为各级领导干部的试金石，鲜明树立“能者上、庸者下”的用人导向，以考核评价倒逼责任落实，以实干实绩书写“再立新标杆、再创新辉煌”的新篇章。

三、高质量做好2022年重点工作

（一）坚决有力推进政治机关建设

深入学习贯彻习近平新时代中国特色社会主义思想。坚持作为各级党委、支部学习、教育培训的核心内容，持续学懂弄通做实。扎实开展捍卫“两个确立”、做到“两个维护”，强化政治机关建设专项教育活动，全员覆盖、全域查摆、全面整改，推动全关增强政治意识、优化制度机制、激励担当作为。推进党史学习教育常态化长效化，开展忠诚教育。抓好党的十九届六中全会精神处级及以上领导干部全员轮训，做好党员干部系统培训。开展“学习新思想、喜迎二十大、开启新征程”理论宣讲。

坚定做到“两个维护”。紧盯习近平总书记重要指示批示精神的贯彻落实，健全“第一议题”督办检查、跟踪问效、上下贯通的责任链条。出台“四个机制”工作方案，强化运行监控和执行反馈，防控各类重大风险，全面提升治理效能。强化政治监督，全覆盖开展督察巡察和纪检监督检查，确保党中央重大决策部署贯彻执行不偏向、不变通、不走样。

全面加强党的领导。落实意识形态等领域工作责任制，严格执行“三重一大”集体决策制度，充分发挥党委把方向、管大局、保落实的作用。严格执行重大事项请示报告制度。完善政治素质考察考核办法，突出政治标准选人育人、管人用人，始终保持各级干部队伍政治过硬。加强民主生活会和组织生活会监督检查，营造风清气正政治生态。严明政治纪律和政治规矩，做到“五个必须”、防止“七个有之”，坚决查处违反政治纪律、政治规矩的人和事。

（二）科学精准守牢疫情防线

持续加强“人、物、环境”同防。严格执行海关总署各项规范指引，“一机一案”“一船一案”做好转机包机入境人员、换班船员等高风险人群检疫。对冷链食品、农产品和高风险非冷链集装箱货物，按规范做好监测检测。全过程现场监督，压实企业主体责任，严格执行入境航空器、船舶终末消毒和废弃物处理要求，督促行邮快跨物品及口岸场所全面消毒。常态化开展视频检查、全覆盖抽查，发现问题后迅速采取措施整改，确保规定动作落实到位。

严密内部安全防护。严格执行专班封闭管理“四必须”“五件套”“六个不”等措施，“一人一档”关心关爱封闭管理人员。出台管理办法、同标准管理地方支援人员。结合航班复航、新开计划，督促口岸按照防疫标准改造现场区域和设施设备。细化现场管理，最大限度减少一线人员对外接触。坚持“四早”做好全员健康监测，严格出差出行审批，持续做好免疫接种。

提升应急处置和口岸支撑能力。保持指挥体系快速反应、高效运转，不断完善防控策略，健全平急转换工作机制，常态化开展应急演练。优化应急支援队伍统筹调配，严格执行培训“不合格不上岗”，及时支援禄口机场等重点口岸。参与联防联控，推进口岸公共卫生核心能力建设，防控埃博拉等烈性传染病，有效应对重大疫情和突发公共卫生事件。

（三）全面筑牢国门安全屏障

提升业务风险防控效能。充分运用联合研判机制，从政治层面开展主要业务风险分析研判，及时预警、提出对策建议。组建风险防控专家委员会，建设业务风险防控一体化平台，系统开展监测评估、预警处置。及时清理不合理布控指令，跨部门共享风险情报、充分发挥制导作用，组建专业建模队伍、研发应用大数据“云擎”模型，提升布控精准性。

严防动植物疫情和外来物种入侵。人病兽防、关口前移，“能力画像”分析现场监管态势，开展“国门绿盾2022”行动，严防非洲猪瘟等重大疫病和松材线虫等有害生物。严格实施隔离管控、放行前评估等措施，防范进境大中活动物疫病。健全检疫处理监督检查作业机制，严格落实海关总署技术标准。保障供港澳农产品食品安全。

强化进出口食品安全监管。坚持“四个最严”开展“国门守护行动”，严防疯牛病、非洲猪瘟等重大疫病通过进口食品传入。落实进出口食品安全管理办法等新规，参与境外体系评估、企业注册，强化源头治理。健全关区配套制度，提升进口水产品、肉类、食用植物油、乳品等把关成效。

严把进出口商品质量安全关。紧盯“零风险”目标，加强危险化学品和危险货物及其包装监管，严防伪瞒报、高危低报。聚焦“安卫健环”要求，加强“两高”产品、机动车、儿童用品质量安全监管。在进口汽车等领域稳步推进第三方检验结果采信。

高质量抓好税收征管。构建“六方协同”综合治税机制，依法科学征管，完成2022年税收预算目标。上线智慧征管2.0系统，监控征免退补、加贸内销、行邮快跨涉税要素，提高征管质量。推进属地纳税人管理，底账企业纳税比例完成40%目标。统筹有效征管与纳税便利，推动“预裁定+”、原产地签证等改革扩面增效。

切实加强口岸监管。规范口岸检查作业，推广智能审图，强化复查复验，提高主动查发能力。加强涉枪涉暴涉毒查缉，开展反恐维稳应急演练，认真落实“扫黄打非”要求，严格贸易禁限管控。完善两级监控指挥中心监控清单，细化工作规范，巩固视频监控和问题整改长效机制。执行海关总署监管作业场所（场地）设置规范，加强日常巡查管理。切实做好冬奥会、进博会等重大活动保障。

强化加工贸易保税和后续监管。建立加工贸易验证指令反馈核查机制，提升集中作业效能。落实海关总署“以查发为导向”稽查改革，以贸易调查为先导提升稽查精准性，提高大要案查发率；积极推动涉检业务纳入稽查范围；探索跨区域稽查新模式。推进核查分类改革，开展重点领域专项行动。

保持打击走私高压态势。开展“国门利剑2022”联合专项行动，全力打击“洋垃圾”、“水客”、象牙等濒危动植物及其制品走私，严厉打击成品油等重点涉税商品、冻品等农产品、毒品、武器弹药、反宣品走私，重拳打击非贸加贸等渠道走私和涉检违法犯罪行为。健全线索移交、查办反馈的闭环机制，提高刑事案件移交成案率。应用刑事执法新办案系统，推进规范执法。运用长江下游水域走私船舶监控系统，提升智慧缉私水平。深入推进反走私综合治理，密切与海警、税务等部门协作配合，全链条打击非设关地走私、骗取出口退税等违法犯罪行为。

（四）全力服务更高水平开放发展

聚焦“三智”深化国际合作。深入落实《加快“三智”建设、服务“一带一路”高质量发展工作方案》，推广6项智慧海关示范工程；建设多式联运智慧监管平台，试点连云港大宗散货“无感检验”。探索与韩国、俄罗斯海关共享监管信息，争取加入中新“单一窗口”联盟链试点。以“一带一路”、中东欧等国家为重点，高质量开展企业信用管理工作。依托WCO地区实验室，务实开展技术合作。建立“三智”常态化推进机制，推出特色示范项目进入署级项目库。

支持外贸稳增长、提质效。落实海关总署支持稳定外贸行动举措。引导应用“经核准出口商”等原产地新规，服务RCEP全面落地生效。落实重大技术装备、集成电路等进口优惠政策，围绕“绿色低碳”开展税政调研，服务先进制造业发展。用好随报随批、边卸边检、保税仓储等措施，支持粮食、油料油脂等产品扩大进口。参与海关总署技贸措施服务平台建设，开展知识产权行政执法专项行动，精准扶持企业“破冰筑篱”。落实跨境电商出口退货等创新举措，支持预包装食品开展市场采购，助力新型贸易业态规范健康发展。

服务重大战略和开放平台建设。推广“联动接卸”，争取扩大布控查验协同模式适用范围，优化物流监管支持苏州ICT项目“铁公水”出口转关，服务长三角一体化和长江经济带发展。复制推广“优化进口粮食品质检验模式”“船载货物联合查验”等自贸试验区监管创新，探索绿色再制造等CPTPP举措先行先试。落实“综保区21条”“两区统筹发展20条”，培育保税研发、全球维修等新兴业态，协助地方申建南京江北新区综保区、整合优化无锡等11个综保区。创新寄递物品智能监管，支持南京国际货邮综合核心口岸建设。立足职能积极服务徐州淮海陆港、南通通州湾开放发展。

优化口岸营商环境。深入落实“放管服”改革13项措施。实施税款总担保，推进“船边直提”“抵港直装”等试点，巩固压缩整体通关时间成效。继续严控进出口环节涉企收费。推广铁路口岸“快速通关”模式，支持铁海、内支线河海等联运发展，扩大企业集团加工贸易监管改革规模，支持内外循环畅通、内外贸一体发展。探索企业问题清零与工作问题清零贯通融合，持续提升清零效能。监测江苏重点产业链商品，开展多来源数据融合分析，提高对策建议精准性。

（五）“制度＋科技”推进改革创新

以全业务领域一体化改革为牵引增强改革协同。制定各条线风险职责、节点、要素三张清单，统筹管理各业务领域指令，形成统一的风险防控规则体系。实施“三分”查检作业制度，全面推进商品检验领域属地查检改革，与口岸监管、稽核查业务形成执法联动。优化基层执行岗位设置，充实各条线专家人才库，提升执法事项集约化、“现场执行＋后台专家”机制运行效能。在区域海关深入落实协调协作机制建设指导意见，健全业务运行、人员调配、综合保障等常态化协作机制。探索特殊物品、海关特殊监管区域食品监管等改革，鼓励“微创新”、推广“优创新”，推动各领域改革关联耦合、集成高效。

以数字监管为引擎加快科技创新。聚焦检验检疫等重点业务，推进业务统计指标体系建设，建立商检领域进出口重点商品统计模型。加强业务异动监测分析，提升统计监督水平。上线航空器终末消毒监督控制系统，升级数字动植检平台，全面应用加贸保税监管标准化作业系统，持续提升业务信息化水平。拓展口岸监管 3D 模拟应用，开发远程无接触卫生检疫系统，在更多领域探索远程视频监管。危化品监管等检验检疫领域，要探索开展更多远程无人监管，提高执法效能、加强监督控制、营造安全环境。建设云数据中心，启用数据服务平台，积极引入外部数据构建大数据湖。组建业务科技一体化创新攻关团队，开展 H986 特色商品采图制图，开发应用现场监管"小快灵"智能设备，研究商品识别码、ERP 工单直连等"循数监管"新模式。适应企业数字化智能化改造趋势，建设"单一窗口"数字中台。要确保在法治轨道内推进改革、实施创新。

充分发挥法治保障作用。参与《中华人民共和国海关法》等法律法规和规章制修订。编制权责清单，建立动态调整机制、确保持续有效。汇编执法文书，加强执法证件管理，规范开展重大决策合法性审查，提升行政执法"三项制度"落实水平。建设法律服务平台，为一线关员提供法律法规、业务制度等综合查询服务，促进严格规范公正文明执法。多元化举措预防化解职业索赔等行政争议。参与重大改革创新的法律论证，提前提示风险。落实"执法即普法"理念，深入开展"八五"普法。

（六）持续提升综合保障效能

扎实推进大安全建设。全面落实总体国家安全观，深入落实大安全建设指导意见，紧盯保密安全、数据安全、实验室安全等 16 个重点领域，梳理"一失万无"重大风险点，动态更新隐患清单，常态化以查促防、守住底线。推动建立省级口岸安全风险联合防控机制；推进跨部门信息互换、多方联动，共同筑牢检验检疫领域"三道防线"。完成安全生产专项整治三年行动任务，健全长效管理机制。

更好发挥科技支撑作用。应用 H2018 新一代通关管理系统，升级物流监控等关区业务系统，推进各系统互联互通。加快高水平实验室建设，启用实验室管理监控系统，促进规范运行。运用"流程机器人"跨系统疏通堵点，提升自动化运维水平。深入开展互联网出口及应用专项治理，推进国产化改造，建设主动防御平台，确保网络安全。

提升财务保障水平。牢固树立长期"过紧日子"思想，持续降低"三公"经费和一般性非刚性支出。完善多渠道预算保障机制，财力向民生保障、监管打私、改革创新等领域倾斜。全面推进预算绩效管理。落实海关总署涉案财物管理办法，严格规范处置。提高资产使用效益，解决公车"三难"问题。

提高督察审计效能。聚焦"三重一大"实施审计监督。探索数据分析中心建设，提高督审精准性。推进内控体系建设，打造内控科室"样板间"。落实督察审计问题整改长效机制意见，建立整改措施和效果清单，压实整改责任、刚性追踪问效，确保整改到位。

支持事业单位发展。落实国企改革三年行动方案，依法依规、稳妥有序推进所属企业脱钩。贯彻海关总署加强事业单位党建工作指导意见，更好发挥党组织政治引领、监督保障作用。争取海关总署资金支持和地方专项预算，提升财务保障水平。实施绩效工资、市场薪酬等管理制度，激活发展内生动力。

与此同时，定期评估、推动“十四五”实施方案有效落地；精文简会提升政务运行效能，充分发挥督查抓落实作用，持续提升调研、信息和新闻工作质效，高标准做好人大建议和政协提案办理、值班应急、机要保密、反间防谍、档案管理、政务公开、舆情信访等工作，推进海关史系统研究；精心组织机关大楼装修搬迁，提升后勤保障服务水平，优化上海关院苏州分校服务管理，强化学会群众性理论研究职能作用，进一步做好协会工作。

四、坚持不懈、纵深推进全面从严治党

全面贯彻十九届中央纪委六次全会精神，认真落实全国海关全面从严治党工作会议要求，自觉运用党的百年奋斗历史经验，坚持党要管党、全面从严治党，坚持严的主基调不动摇，高质量推进党的建设，不断实现不敢腐、不能腐、不想腐一体推进的战略目标，持续深化清廉海关建设，为“再立新标杆、再创新辉煌”提供坚强保证。

（一）推动党建工作高质量发展

深化拓展“强基提质工程”，落实海关总署强化支部政治功能的意见措施，建立推进党建工作高质量发展长效机制。好中选优培育“四强”示范党支部，上下一体推行“书记项目”，做强做亮党建特色品牌，探索实施支部分类管理，推动区域海关联学共建，持续推动党建业务深度融合发展。坚持运用“大思政”工作理念和方法，织密“心连心”管理细网，联动“思政两专”谈心谈话和“干部职工问题清零”机制，评选首届“思政两先”，全面提升思想政治工作质效。用好“智慧党建”系统，运行基层党建联系服务矩阵，提升党建工作标准化规范化水平。建立党章党规党纪必学必考制度，发挥党建实训基地作用，提高党务干部抓党建、管党务能力。2022 年党建工作要在上年推进“大思政”等工作基础上持续推进，着力提高实效。

（二）全方位提升干部队伍建设水平

深入贯彻落实中央人才工作会议精神，深化人才强关战略，完善干部工作“五大体系”建设，落实海关总署班子建设、人才发展、教育培训“三个规划”。树立重实干、重实绩、重基层的鲜明用人导向，加大干部调研力度精度准度，用好领导班子和领导干部综合分析研判成果，建立各级优秀干部人才库。切实抓好一线科长建设，加大交流培养力度，优化成长路径，努力建设一支数量充足、素质优良、充满活力的优秀年轻干部队伍。注重用好各年龄段干部，充分发挥职务职级并行红利效应，统筹抓好量化考核和“及时奖励、季度统筹、年终兜底”措施，向基层一线倾斜，深化荣誉体系建设，激励干部担当作为。全方位引进、培养、用好人才，丰富专业技术人才结构层次，持续优化人才评价和激励体系。开展机构改革“回头看”，优化机构设置，厘清职责事权。从严管理监督干部，严格选人用人监督检查，持续控降个人有关事项不如实报告率，聚焦公职人员投资企业、兼职管理等重点问题，加强日常管理监督。强化政治教育、用心用情服务，以南京海关先进获得国家荣誉为契机，进一步提升离退休干部工作水平。

（三）锻造准军事化纪律部队过硬作风

开展党性教育和海关职业操守教育，推动党员干部坚定理想信念，做对党忠诚的国门卫

士。拓展准军事化建设内涵，持续开展内务规范强化月活动，提升视频检查、关容风纪整肃等工作实效。常态化开展宪法宣誓、入关宣誓、干部荣退等活动，提振队伍精气神。探索开展经常性岗位练兵、实战性技能比武；完善线上线下、分级分类、衔接递进的培训体系，精准施训，提升岗位履职能力。开展窗口作风提升行动，推动海关政务服务“好差评”全事项、全渠道覆盖。挖掘宣传新时代海关榜样，讲好宁关故事、汇聚奋斗力量。塑造“理响国门”宣传品牌；丰富“多彩关韵”文化浸润形式，举办云展演、云传唱、云展览；优化工会阵地建设，争创省直机关“职工之家”。建立“暖心关爱”帮扶慰问服务矩阵，帮助干部职工排忧解难。探索建立青年工作委员会，开展庆祝建团百年系列活动，办好“青年党校”“青年学堂”，打造“宁好青年”青春品牌。做好定点帮扶，促进乡村振兴。遴选精神文明创建示范点和优秀案例，提质扩面增强整体水平。

（四）压紧压实管党治党政治责任

持续强化“一把手”和领导班子监督，定期开展政治生态分析研判，做到“用责任制管责任人、用责任人带一班人”，切实发挥“头雁效应”。深化运用“四责协同”，党委要落实全面从严治党主体责任，统筹抓好组织部署、检查推进，将管理和监督寓于实施领导的全过程；“一把手”要履行第一责任人职责，全面掌握本单位本部门作风建设和廉政情况，扛起责任、压实责任，管好班子、带好队伍，做到“四个亲自”；班子成员要落实“一岗双责”，认真抓好分管部门和领域的管党治党责任；纪检部门要强化自身建设，立足监督专责机关定位，盯住重点人重点事，充分发挥党委派驻纪检组监督“延长线”作用，提升工作规范化、法治化、正规化水平，形成全面覆盖、常态长效的监督合力。基层党组织要发挥管到人头优势和战斗堡垒作用，持续提升政治功能和组织力凝聚力，做好党员全方位管理和经常性监督，科长书记要提升抓党员、带群众的能力。要精准规范开展问责，抓好问责条例落实，依规依纪开展责任分析；坚持“三个区分开来”，激励干部担当作为。

（五）坚定不移正风肃纪反腐

坚持党风党纪一起抓，坚决杜绝厌倦情绪，加固中央八项规定堤坝，锲而不舍治“四风”树新风，破除顽瘴痼疾。对违规收受礼品礼金、接受吃请、公车私用、私车公养等问题，露头就打、反复敲打。严防形式主义、官僚主义，落实基层减负常态化机制，坚决纠治不担当不作为、简单化乱作为、推诿扯皮等问题，持续增强企业群众获得感。强化疫情防控责任追究，完善企事业单位管理监督机制，加强协管员队伍规范管理。完善责任体系，强化“八小时以外”监督管理，坚决整治、预防酒驾醉驾，净化干部职工社交圈、生活圈。深入规范领导干部配偶、子女及其配偶从业行为，加强离职管理。深化清廉海关建设，保持反腐败的强大力量常在，以零容忍态度惩治腐败，着力铲除腐败滋生土壤。坚持有腐必反、有贪必肃、有案必查，紧盯重点领域和基层一线，紧盯“关键少数”特别是“一把手”和领导班子，严肃惩治“政商旋转门”、利用影响力或职权谋私贪腐等问题。坚持打私反腐“一案双查”，强化“组地关”联系配合，提升线索处置和案件查办质效。巩固“现场监管与外勤执法权力寻租”专项整治成果，系统排查工程建设、信息化项目等非执法领域廉政风险隐患，深入开展专项整治。深化运用监督执纪“四种形态”，特别是规范精准、用足用好“第一种形态”。靶向开展警示教育，强化典型案例通报分析，推进以案促改、以案促治制度化规范化，深入剖析监管漏洞和制度短板，实现查处一案、警示一片、治理一域效果。深入推进家教家风建设，从严从实加强年轻干部教育管理监督，打造特色廉洁文化品牌，增强拒腐防变能力。

（六）全面加强权力制约和监督

坚持巡视巡察上下联动、同频共振，完成关区巡察全覆盖。严格落实巡视整改“不贰过”措施，推动党的十九大以来巡视巡察整改事项全部销账清零。坚持以巡促改、以巡促建、以巡促治，深化巡察成果运用，提高巡察工作质量。总结评估查验、稽查、缉私案管等领域监督制约成效，打造示范点。健全行政执法机制，拓展现场执法“选、查、处”分离，稳步推进执法评估，增强内外执法监督合力；深化“双随机、一公开”，从管理规则上管权限权。强化科技控权，加强内部控制和监督平台应用，实时防控执法风险；优化旅检、固定资产管理等领域信息化系统，推动权力行使标准统一、权力处置智能判定、权力运行流程可溯。推进业务改革和风险防控深度融合，紧跟加贸及保税监管、属地查检等改革进展，一体提升执法效能和风险防控能力。

在 2022 年南京海关年中工作会议上的讲话

南京海关党委书记、关长 吴海平

（2022 年 7 月 12 日）

一、上半年主要工作情况

2022 年以来，全关上下以习近平新时代中国特色社会主义思想为指导，全面落实海关总署党委工作部署，坚持“四个盯牢”、强化“四个机制”建设，统筹发展和安全，统筹疫情防控与促进外贸稳增长，锚定目标、狠抓落实，各项工作取得新进展。

（一）践行“两个维护”坚定坚决

深入学习贯彻习近平新时代中国特色社会主义思想。始终将学习贯彻习近平总书记重要讲话和重要指示批示精神摆在首位，关党委带头坚持“每周一学”，两级党委理论学习中心组开展专题学习 243 次，747 名处级干部接受党的十九届六中全会精神集中轮训；依托理论主课堂、初心红课堂等“五个课堂”，学习研讨 3000 余次，引领全关上下坚决听党话、跟党走。坚持“第一议题”制度，坚决落实习近平总书记重要指示批示精神。实施项目化推进、闭环式管理，现场查发固体废物 955.30 吨、退运 951.30 吨，查获疑似濒危物种及其制品 1544 件、6.80 吨，非贸渠道截获外来物种 206 批次；严厉打击“水客”、海南离岛免税“套代购”走私，案件数居系统前列。坚定走好“第一方阵”，强化政治机关建设。动真碰硬推进“学查改”，明确 42 项整改措施，37 项已整改到位；高标准开展政治机关专项教育活动，关区整改措施超过 1900 个，推动讲政治要求融入各领域、全过程。

（二）“四个机制”建设全面推进

出台指导意见，明确“任务书”“运行图”，机制体系“四梁八柱”构建成型，关区职能掌控力和基层执行力持续增强，防范化解重大风险能力得到提升。梳理重大风险。围绕扛稳政治责任，24 个部门单位梳理三大类 102 项重大风险。对照海关总署防范化解重大、系统性风险任务分工，逐条研究、补充完善，将涉及南京海关风险事项全部纳入“四个机制”防控体系，清单化、动态化管理。强化运行监控。对重大风险事项细化形成 158 个关键风险节点，立足“计划、执行、检查、改进”的闭环管理链条，聚焦事前事中防控，对应明确 580 项防范措施，出台各条线“四个机制”运行监控表，初步实现了系统性梳理、体制性预防、应急式处置。“科技+制度”赋能得到提升。口岸卫生检疫控制系统、终末消毒监督系统破除监管时空障碍，执法效率提升50%；推出公务用车实时定位管理、党建工作标准化手册2.0、建设实验室管理监控系统等系列措施，持续强化非执法领域管理，有效增强重大风险防控能力。

（三）慎终如始做好疫情防控

坚决筑牢口岸疫情防线。关领导带头进专班同吃、同住、同战斗，1033名专班人员奋战在一线，查验航班945架次、登临检疫出入境船舶近1.10万艘次。“一机一策”圆满保障国家重要外事活动，关地联动助力20架次接返包机、4245人次入境人员顺利通关。从严加强封闭专班管理，“制度+监督”推动“四必须”“五件套”“六个不”等刚性要求落实落细。抓实抓细高风险货物物品监管。进口冷链食品与高非冷货物阳性检出数增长3.50倍。强化终末消毒监督等重点领域监控检查，现场整改问题198项，完善管理闭环。审慎做好防疫物资出口监管，12亿人份检测试剂安全出口，居系统第二。从严就高抓好内部安全防护。完善“前指+专项工作组”疫情防控指挥体系，动态调整常态化防控方案，健全平急转换机制，将疫情对海关工作影响降至最低。第一时间做好风险排查处置，“一人一策”强化重点人员防护保障，有力维护干部职工生命健康安全。细化57项关心关爱举措，一线专班人员106项困难诉求及时解决，为打赢疫情防控攻坚战提供坚强保障。

（四）扎实有力维护国门安全

强化业务风险防控，应用风险大数据分析，优化危险化学品、海南离岛免税“套代购”等领域参数布控规则，人工分析布控查获率居紧密型海关前列。加强政治保卫，口岸截获枪支散件76件、麻精药品8.82千克、违禁影音制品近万件，移交政治类非法出版物线索94条。聚焦安全生产，71家危险化学品监管场所全部纳入监控预警，及时通报超30日滞港危险货物12批次；加大危险品监管力度，249批不合格危险品全部予以安全处置。筑牢国门生物安全防线，“国门绿盾2022”行动成效显著，检出植物有害生物7万种次，居系统首位。强化民生保障，严把进口食品商品安全关，阻截14批不合格食品、26.90万件消费品、5.80万件医疗器械流入国内市场。深化综合治税，坚持量质效并举，税款入库1010.60亿元，增长10.80%。强化后续监管，树牢查发导向，深化稽查业务改革，稽查作业有效率升至88.20%，查发“石脑油”行业性问题14起，强化加工贸易风险分析，验证指令有效率提升至65.80%。持续重拳打击走私，立案侦办走私犯罪案件128起，其中署局挂牌案件4起、涉税千万以上大案3起；加大重点商品走私打击力度，查证走私成品油7550吨、木材5069立方米、香烟5万余条；严厉打击毒品走私，1起查获案件获公安部通令嘉奖。深化反走私综合治理，查办非设关地走私等犯罪案件10起（含5起关联洗钱犯罪案件），案值1.46亿元。

（五）多措并举促进外贸保稳提质

细化落实海关总署促进外贸保稳提质10条措施，整合形成7个方面69项具体举措，一表见底、狠抓落实。全力以赴畅通跨境物流通道。在17个水运口岸全面推广“船边直提”“抵港直装”等便利化措施。合力长三角海关保通保畅，冷链专班24小时运作，实施“江海联运”“预约通关”“协同检疫”等便利化举措，有效化解冷链物流困局。积极拓展“陆转水”通道，“联动接卸”货物标箱数增长87.30%。出台助力“中欧班列”发展10项措施，班列数增长45%。千方百计保市场主体。聚焦企业享惠关切，签发RCEP原产地证书3.50万份，签证金额136.10亿元，列全国海关首位；积极落实重要设备、关键零部件进口减免税政策，免征税款18.20亿元、增长2倍。高效运行企业问题清零机制，解决通关、检疫等各类问题173个。上线首个报关单位备案场景式服务模块，备案时间压缩40%，开展企业信用培育5000余家，关区高级认证企业429家、列全国海关第3位。聚焦重点促进稳中提质。持续发挥开放平台聚集、引领作用，全力保障产业链供应链稳定，1—5月自贸试验区、综保区进出口分别增长11.80%、14.10%。“特殊物品集中查验监管”等措施持续发力，高新技术货物布控查验协同试点货值增长2.40倍。企业集团加工贸易监管模式改革规模和成效居全国首位。完成跨境电商海外仓备案97家，市场采购出口货值增长14%。此外，南京海关加强外贸形势分析，积极参与海关总署重大专项分析研究工作，在全国海关年中工作会议上受到点名表扬。

（六）从严从实加强准军事化纪律部队建设

党的建设质量稳步提升。深化“强基提质工程”，关区230个基层党组织建成“四强”党支部，新增1个全国海关党建示范品牌、1个培育品牌，600多名党务干部持续推动基层党建“双提升”。关党委委员深入基层联系点，讲授党课、交流思想，120余次指导基层党建工作，上下联动打造坚强战斗堡垒。“思政两专”开展谈心谈话超3万人次，推动解决问题2000余个。“初心如磐 强国兴关”喜迎党的二十大档案展成功举办，营造良好爱党爱国氛围。干部队伍建设全面加强。突出政治标准，优化干部调研工作机制，民主评议覆盖率99.40%，谈话覆盖率达80%；各级领导干部选优配强，用好“两条通道”、职级职数使用率达76.20%；青年干部能力素质提升工程深入推进，建团百年系列活动高质量开展；用心用情做好老干部工作。着力培树先进典型，南通海关蒋政获评全国岗位学雷锋标兵，无纸化平台项目组荣立海关总署集体二等功。党风廉政建设深入推进。强化“一把手”和领导班子监督，全面准确做好“画像式”报告。深入开展“海关重点项目和财物管理以权谋私”专项整治，明确16类86项监督要点，整改问题96个。严肃干部纪律，完成违规投资企业及在企业兼（任）职问题自查5831人次。持续开展酒驾醉驾问题专项整治。全面开展巡视巡察整改落实情况自查评估，压紧压实“不贰过”措施，有关做法被海关总署巡视办推广。加强执纪审查，对4人给予党政纪处分，对4名领导干部进行问责，典型案例在关区通报。

与此同时，法治海关建设深入推进，践行新时代“枫桥经验”妥善化解行政争议，南京海关获评系统首家“全国依法治理创建活动先进单位”。科技支撑作用充分发挥，网络安全管理、高水平实验室建设稳步推进，“智能审图＋大数据”等创新项目显著提升监管效能，“知识库平台”署级项目全国推广。“过紧日子”长效机制不断完善，确保有限资金向重点领域倾斜；涉案财物清理规范高效，濒危木材实现库存“清零”。督察审计、迎审自查扎实有力，全力以赴配合国家审计。后勤保障服务细致周到，机关搬迁顺利完成。深度参与 WCO 高级别会议积极为中国海关发声，坚持“三到位一处理”着力化解信访矛盾，有序推进办文办会、信息宣传、安全保密、关史编纂各项工作，政务服务效能不断提升。学会体制机制全面优化，群众性理论研究工作迈上新台阶。

二、当前形势和主要任务

全国海关年中工作会议，是在举国上下全力抓好防疫情、稳经济、保安全三大任务，在迎接党的二十大召开的关键时期，海关总署党委举行的一次重要会议，是落实党中央、国务院最新决策部署的具体行动，贯穿着“实”的导向和“新”的要求，精准分析了当前海关工作面临的形势和任务，用“七个坚持”“十个着力”，科学、有力回答了“怎么样”“怎么看”“怎么干”的“年中三问”，就做好下一阶段海关工作作出了宏观部署，也提出了具体要求。其中，在改革融合和重大、系统性风险防范等方面，关区已经先行开展了探索和实践。面对海关总署党委更高要求，南京海关作为系统内的大关，必须坚持求实、扎实、朴实的工作作风，主动思考、主动应变、主动作为；既要立足当下，不折不扣落实好“十个着力”，又要着眼长远，深入思考研究答好 6 个重大课题，在更高层次上谋划和推进重点工作，以更高标准提升监管服务质效，推动更多领域工作走在前列，在海关制度创新和治理能力建设中展现更大作为、作出更大贡献。

2022 年是政治大年，下半年将召开党的二十大，这是党和国家政治生活中的一件大事，要保持平稳健康的经济环境、国泰民安的社会环境、风清气正的政治环境，海关重任在肩；疫情还没有见底，海关外防输入、内防反弹压力还很大；促进外贸保稳提质面临严峻挑战，各级党政、进出口企业对海关抱有很高期盼。海关总署党委立足当前、着眼长远，要求全国海关聚焦习近平总书记“疫情要防住、经济要稳住、发展要安全”的重要指示，坚持稳字当头，完整、准确、全面贯彻新发展理念，高效统筹疫情防控和经济社会发展，统筹发展和安全，强化监管优化服务，全面履行好各项职责，当好“三个环境”的建设者、营造者、责任方，这是当前面临的重大政治任务。南京海关要进一步提高政治站位，把迎接宣传党的二十大作为头等大事，牢固树立“没有脱离政治的业务，也没有脱离业务的政治”的理念，认真贯彻以习近平同志为核心的党中央的决策部署，落实海关总署党委各项部署要求，从讲政治的高度扎实做好工作，以实际行动坚定捍卫“两个确立”，坚决做到“两个维护”有表达、有情感、有行动、有成效。重点把握好以下四个方面。

（一）深刻认识和把握防范风险重大考题

当前，国际环境形势复杂严峻，无论是把好国门履职尽责，还是内部管理平安有序，各类传统安全与非传统安全风险交织叠加，各种可以预见和难以预见的挑战日益增多，海关保安全、促稳定的责任更加重大、任务更加艰巨。海关总署党委提出，要以“时时放心不下”的责任感，瞪大眼睛、保持战斗状态，一体推进系统性梳理、体制性预防和应急式处置。上半年，关区上下以“四个机制”为抓手，逐项梳理“一失万无”的重大风险，逐一制订监督控制举措，在系统性防控方面迈出了坚实的第一步。但是从“百名科长百日督查”等方面的情况来看，南京海关的日常管理和监督控制仍然存在短板弱项，风险防控闭环管理还不够到位。南京海关要进一步健全“四个机制”，常态化开展重大风险分析研判和防控成效评估，紧盯事前防范、事中防控环节，动态完善“计划、执行、检查、改进”工作闭环，切实做到有预判、有预警、有预案、有预演；要持续强化日常监管控制，精益求精、细而又细抓好防范措施落实，守住底线、追求卓越。在防范风险重大考题面前，关区“四个机制”建设迈出了坚实的步伐，但这只是第一步，后续要进一步推进落实、扩面增效。工作专班要继续研究，提出下半年推进“四个机制”建设的工作措施。

（二）深刻认识和把握深化改革融合迫切问题

近年来特别是机构改革以来，海关监管资源不足与日益增长的任务、业务之间的矛盾越发尖锐，传统监管理念、模式、手段、方法越来越难以适应新的形势、任务和要求，尤其是关检融合一体化通关、全流程高效作业方面的矛盾仍然比较突出，既影响到海关履职尽责，也制约了企业通关效率，成为促进外贸保稳提质的掣肘。海关总署党委提出，要着力深化改革融合构建“三应”运行机制，建立更加集成优化的海关业务运行体系，打造先进的、在国际上最具竞争力的海关监管体制机制。2021年以来，针对业务运行中条块不够兼容、基层运转不畅、专业人员相对短缺等问题，南京海关坚持统分结合、条块结合、“平战”结合，在全国海关率先启动了全业务领域一体化改革。下一步，要继续坚持向改革要效率，充分发挥先发优势，全面审视、客观评估一年多来的改革实效，着力强化下对上的响应、左和右的呼应、上对下的反应，努力在全风险要素防控、全链条协同监管和全业务流程运行监控上取得突破；增强系统观念持续优化营商环境，着眼供应链产业链畅通探索推进顺势监管，提升监管效能和降低制度性交易成本结合，为全国海关深化改革融合贡献关区智慧。2021年以来，关党委探索全业务领域一体化改革，最初的本质就是深化改革融合，后根据海关总署意见，名称调整为“全业务领域一体化”改革。当前，南京海关要落实全国海关年中工作会议部署，把这项改革的核心牢牢聚焦在“深化改革融合”上，进一步思考研究、答好课题、纵深推进。

（三）深刻认识和把握智慧海关建设时代课题

智慧海关建设是国际海关规则竞争的“制高点”，也是统筹发展和安全、同步实现有效监管和高效通关的重要抓手。海关总署党委强调，科技是第一生产力，海关执法政务运行都要依靠科技，提出要以“智慧海关、智能边境、智享联通”为目标，探索形成供给侧、需求侧协同联动的科技管理体制，用科技代替人力、代替人脑，提升监管服务效率和精准性。2021年以来，南京海关6个智慧海关示范工程建设取得初步成果，科技创新成果在全国海关名列前茅，为口岸疫情防控等重大工作任务提供了有力支撑，但仍远远跟不上数字经济、信息技术快速迭代发展趋势，跟不上国际贸易方式变革和监管服务改革需求。下一步，要准确把握“三智”理念，加快推进数字海关建设，推动监管全域信息进系统、全联通；更大力度探索“机器代人”，将关员从高风险作业环境、简单重复性劳动中解放出来，减少人为误差和干扰；以实战为导向推进大数据“算力”模型应用，以数字化思维推动监管理念、模式、手段创新，实现从数字海关到智慧海关的跨越。

（四）深刻认识和把握严管厚爱辩证命题

海关廉政风险高、全面从严治党任务始终艰巨繁重，一些重点领域风险集聚，违纪违法案件时有发生；同时，疫情防控两年多来，一线干部职工长期承受较大压力，如何进一步凝心聚力、提振精气神成为各级海关面对的重要命题。海关总署党委提出，要坚持严管厚爱，强调严管就是厚爱、放任就是加害，要坚持严的主基调，做到“六个从严”；要加强干部关心关爱，真心实意为大家办实事、办好事。从关区来看，南京海关深化全面从严治党“四责协同”机制，构建“大思政”工作格局，队伍建设取得明显成效，但酒驾醉驾屡禁不止，违纪违规案件仍有发生，管理“宽松软”现象仍未杜绝，与准军事化纪律部队要求相比存在差距。下一步，要继续大力整治形式主义、官僚主义，培育求实、扎实、朴实的新时代海关文化，树正气、遏邪气、易俗气。“三个气”是海关总署党委针对海关队伍实际情况提出的要求，也非常契合南京海关队伍建设情况，政治部要认真研究思考，拿出有效措施推进落实，向关党委提出具体建议。坚持“一把尺”“一张单”“一盘棋”选拔使用干部，激励干部担当作为；坚持“三不腐”一体推进，让制度长牙、让责任到位，营造风清气正政治生态；优化问题清零机制，解决好干部职工思想和实际问题，增强队伍的归属感、获得感、自豪感。

三、扎实做好下半年重点工作

关区上下要将迎接党的二十大和学习宣传贯彻党的二十大精神作为首要工作，聚焦“守国门、促发展”，坚决履行好强化疫情防控、促进外贸保稳提质、守住安全防线等重大政治责任，重点要强化反恐应急演练，加强对政治类非法出版物、枪支弹药等敏感货物物品的查缉，严明纪律做好值班值守、机要保密、舆情应对等工作，以扎实的工作努力营造平稳健康的经济环境、国泰民安的社会环境、风清气正的政治环境。党的二十大召开后，要按照海关总署统一部署，迅速掀起学习热潮，切实把思想和行动统一到党的二十大精神上来。

（一）强化政治机关建设

旗帜鲜明讲政治，切实把党的领导贯彻落实到关区工作各方面、全过程。深入学习贯彻习近平新时代中国特色社会主义思想。通过党委理论学习中心组、“三会一课”、主题党日等形式，推动全员学习、深入学习、系统学习，专题学习《习近平经济思想学习纲要》等书籍，持续以党的创新理论武装头脑、指导实践、推动工作。知行合一走好“两个维护”第一方阵。坚决贯彻落实习近平总书记重要指示批示精神，完善上下贯通、执行有力的抓落实工作机制，持续强化严禁“洋垃圾”入境、打击濒危物种及其制品走私，重拳打击“水客”走私、坚决防范外来物种入侵，做到措施更有力、效果更明显。以政治建设为统领推进党的建设高质量发展。深入推进“学查改”专项工作和政治机关建设专项教育活动，完成全部42项整改措施落实，推动政治履职制度化、规范化、长效化。健全党史学习教育常态化长效化机制，持续做好“国门安全、便民利企、凝心聚力”三项工程。强化党建思政课题研究和难题攻坚，进一步提高党建工作的有效性和思想政治工作的针对性；巩固“强基提质工程”成果，深入开展基层党建“双提升”行动，在模范机关建设中争当表率、走在前列。

（二）从严从紧守牢口岸检疫防线

毫不动摇坚持“外防输入、内防反弹”总策略和“动态清零”总方针，坚持思想不松、压力不减、标准不降、责任不推，牢牢守住疫情防控成果。科学精准做好入境人员卫生检疫。不折不扣、严格落实海关总署最新版新冠疫情防控方案，推广应用口岸卫生检疫控制系统，推进防疫作业全程进系统、标准化、提效率。规范做好采样检测，严格落实移交转运、信息通报等要求，强化闭环管理。严防猴痘、埃博拉等烈性传染病传入，防止疫情叠加。毫不松懈做好“人、物、环境”同防。持续加强进口冷链食品防疫；对非冷链货物物品区分高低风险、分级分类采取预防性消毒或放行措施。用好航空器终末消毒监督系统，科学规范做好入境客运航空器终末消毒监督。规范实施监管作业现场及人员封闭管理场所管理，严格保证消毒效果。持续强化个人安全防护。落实优化调整后的“N+7”封闭管理措施，持续抓严“四必须”“五件套”“六个不”管理要求，发挥门磁报警系统和移动侦测摄像头的监控作用，强化封闭管理。关党委高度重视一线专班封闭管理，推动采取有效措施不断强化监督控制，现实情况充分证明了加强管理、不折不扣落实各项措施的必要性。各条线各领域都要充分借鉴，认真思考工作中最高效、最管用、最好用的方法，杜绝上下一般粗，确保上级要求百分百落实到位。同时，严格遵守属地防疫要求和工作纪律，加强内部安全防护。特别强调，要端正态度、认真反思，深入推进“百名科长百日督查”问题整改，查找深层次原因，举一反三推进问题清零，建立确保海关总署疫情防控工作要求100%落实的有效长效机制。对违反规定造成人员感染和不良影响的，依纪依规依法严肃问责，绝不护短。全国海关年中工作会议上海关总署党委特别强调，要切实扛起疫情防控的主体责任，不能麻痹大意，不能自以为是，不能自降标准，对于违反规定造成人员感染和不良影响的，一律追究相关领导的领导责任、一律追究当事人的直接责任、一律追究监督人员的连带责任。关区上下要严格落实海关总署党委要求，全方位履职尽责，保护好一线干部职工，决不能因为工作落实不到位导致人员感染；要进一步细化措施，强化监督控制，发现问题和研判风险并举，有效应急处置，防范可能发生的感染风险。

（三）织密织牢国门安全防护网

发扬斗争精神，夯实监管责任，“瞪大眼睛”筑牢国门安全屏障。全领域加强实际监管。深入开展“国门绿盾2022”行动，严格做好进境粮食、原木和大中动物等高风险产品监管，维护国门生物安全。持续开展进口食品“国门守护”行动，强化即决式风险布控，进一步提升“四个最严”把关成效。聚焦“安健卫环”，严格大宗资源性商品、重点敏感消费品安全监管。深化综合治税，升级应用智慧征管平台，加强税收要素的日常监控、专项监控，确保完成全年预算目标任务。提高稽查数据分析精准度，组织跨区域稽查，提升大要案的查发效能。全方位强化安全生产。严厉打击危险品伪瞒报等违法违规行为。紧盯海关监管作业场所、特殊监管区域、保税监管场所存储的危险品货物，及时清理、果断处理，严防滞留积压。聚焦业务数据使用等重点领域，以及实验室、涉案财物仓库等重点区域，强化安全防护，全面提升安全风险整体防范水平。用好“吹哨人”预警机制，及时拉响警报，消除风险隐患。推动健全涉危保税监管场所省级层面安全风险联防联控机制。全链条打击走私。持续开展“国门利剑 2022”联合专项行动，严厉打击成品油、农产品等重点涉税商品走私。强化打私保障，积极协调解决实际问题，切实做好财务、科技等方面的服务支撑。多方联动深化反走私综合治理，压实地方政府主体责任，与海警、税务等部门密切合作，加大非设关地走私打击力度，加强对走私“购运储销”全链条的打击治理。

（四）精准施策促进外贸保稳提质

充分认清当前经济和外贸面临的严峻挑战，落实海关总署促进外贸稳增长的系列措施，优化服务纾难解困，助力稳定外贸外资基本盘。持续畅通供应链、稳住产业链。落实好提前申报、汇总征税、先放后检等通关便利措施，扩大“船边直提”“抵港直装”业务适用商品和口岸范围，进一步压缩整体通关时间。支持企业应用海铁联运、联动接卸、铁路快速通关等便利模式，提高进出境物流效率，助力中欧班列扩面增效。稳步推进连云港自贸试验区粮食品质检验改革，支持玉米、大豆、小麦等粮食多元化进口。深入推进布控协同查验试点，服务高新技术产业发展。推广进境生物材料检疫便利化措施，扩大特殊物品行政审批下放范围，支持生物医药产业发展。深化“放管服”改革、优化口岸营商环境。编制关区权责清单，理清权责边界。持续应用 FTA 公共服务平台，加强宣传辅导进一步释放 RCEP 政策红利；实时监控涉企收费，扩大企业集团财务公司等多元化担保范围，多措并举助力企业降本增效。加强对专精特新等重点企业信用培育，提高 AEO 享惠覆盖面。落实主动披露新规，减少轻微违规行为对企业经营的影响。持续优化跨境电商和市场采购监管，助力中小企业发展。建立健全外贸形势分析会议机制，围绕江苏重点产业链、新旧动能转换，加强加密加深进出口分析和政策研究，扎扎实实提出管用实用好用的建议，进一步提升统计分析的含金量。加大创新探索力度，助力开放平台载体发展。持续落实“两区统筹发展 20 条”和“综保区 21 条”，加大力度培育保税研发、全球维修等新兴业态。复制推广自贸试验区海关监管制度创新和改革试点经验，积极争取绿色再制造等举措先行先试。按海关总署部署推进单耗管理改革试点，支持加工贸易稳定发展。

（五）推进改革攻坚促进深度融合

增强系统观念，加强集成创新，推动业务融合由“物理整合”向“化学反应”转变。深化全业务领域一体化改革。调研评估“三定”实施情况，优化职责、机构、编制设置和业务流程，提升执法集约化和区域协调协作效能。完善“条线主导、风控统筹、执行参与”的风险防控机制，推动风险管理委员会实体化、常态化运作，建立全领域风险“三张清单”，对单条线和全局性系统性重大风险，实施全要素一体化防控。围绕“通才＋专才”加强检验检疫岗位专业能力建设，扩大专业知识和基础技能培训覆盖面，提升“现场执行＋后台专家”运行实效。构建“三应”运行机制。围绕“中心—现场”作业模式，加强业务规范、质量标准等方面专业指导和监督控制，推动隶属海关在提高执行实效的基础上，反馈高质量专业化建议；优化关区执行指令的科学性和可执行性，健全即时反馈、定期评估和调整完善机制，形成指令下达、执行、反馈、评估、优化的闭环，保障下对上的响应更加精准。加强跨部门跨条线业务沟通协调，深入推进属地查检改革，加快推进与口岸监管、稽核查工作执法联动，强化重点业务领域跨关区协同管理；建立结合部清单化管理机制，内部打通职能部门和执行部门的耦合“堵点”，外部明晰部门间协同监管的职责边界，保障左和右的呼应更加顺畅。优化“三个问题清零机制”，推进知识库、案例库建设，完善考核评价；落实请示报告制度，联动工作问题清零机制，对反映请示问题推诿扯皮情况实施记录报告，加强下对上的监督，倒逼问题解决、政策完善、深化改革，确保上对下的反应及时到位。推进各领域工作一体联动、协同高效。组建工作专班，推动业务改革、“三应”运行机制等协调联动，一体推进；适时组织评估，不断优化机制、改进措施、拓展成效。

（六）更好发挥科技引领支撑作用

纵深推进智慧海关建设，提高监管服务效率和精准性，保障各项业务安全稳定运行。深入推进智慧海关建设。推广6个示范工程，扩大应用面，提高运转实效。推进水运口岸数字化监管建设，加快非接触式远程检疫实战应用。建设智慧后续监管平台四期、加贸保税管理标准化作业系统，升级特殊监管区域管理等系统，提升智慧监管效能。开发智慧教育培训平台，优化综合管理平台，提升智慧行政水平。启用南京海关数据服务平台，服务大数据应用，推进智慧决策建设。聚焦“三智”深化国际合作，推动关区改革创新和科技应用取得更多成果，纳入海关总署“三智”库。强化科技安全保障。落实海关总署网络攻防活动应急处置预案，开展网络攻防演练，强化党的二十大和公安部攻防演习期间关区网络安全保障。先行先试开展网络安全和数据安全巩固工程建设，提升监测响应技术能力。加快实验室管理监控系统建设和推广应用。优化科技支撑服务。推进信息系统“云化”进程，探索建设客户端集中管控平台，实施智能运维、综合运维，保障信息系统安全稳定。继续拓展实验室检测能力，提高法检项目自检率。常态化开展科技人员跟班作业，用好海关总署跟班作业系统等平台，迅速响应问题，及时有效解决。

（七）打造忠诚干净担当干部队伍

突出政治标准，着力锻造高素质专业化干部队伍，为关区发展提供坚强保障。树立正确选人用人导向，激发干事创业活力。深入贯彻新时代党的组织路线，坚持实干担当导向，科学精准选人用人，“一把尺”“一张单”“一盘棋”把能干事、干成事的干部选出来用起来。大力选拔培养优秀年轻干部，加强政治历练，优化成长路径，统筹用好各年龄段优秀干部。落实海关总署加强人才队伍建设的15条意见，深入做好专业执法人才、专业技术人才、专家型人才培养。发扬准军事化纪律作风，弘扬“求实、扎实、朴实”海关文化，让空喊口号、光表态不落实的行为没有市场，让拈轻怕重、左躲右闪的行为没有空间，树正气、遏邪气、易俗气，营造风清气正的政治生态。加大关心爱护力度，提升归属感凝聚力。严格落实意识形态工作责任制，做深做细思想政治工作，聚焦“5+1”类重点人员，加大全员关心关爱力度。持续深入开展“关长走进口岸封管区”活动，用心用情关心关爱一线人员，根据收集的意见建议，更大力度做好工作和生活保障。积极争取和拓展资金保障来源，优先保障民生。一体推进“三不腐”，持续建设清廉海关。近期，关党委将专题听取半年全面从严治党、党风廉政建设和反腐败工作汇报，研究提升一体推进“三不腐”能力和水平、深入推进党风廉政建设的重点工作。在此，我先简要强调几点。要坚持严的主基调不动摇，落实全面从严治党主体责任清单，深入开展纪律作风教育整顿，加大力度预防整治酒驾醉驾。深入开展“海关重点项目和财物管理以权谋私”专项整治，对账销号抓好问题整改，确保真到位、真落实。加强对“一把手”和领导班子监督，持续做好“画像式”报告，开展“一把手”和班子成员重点监督事项自查申报。持续用好“四种形态”，提高监督执纪精准性。精准识别新型腐败和隐形腐败等违纪行为，防止“四风”问题反弹回潮，关注“影子公司”“政商旋转门”，加大核查审查工作力度。开展集中警示教育月活动，深化以案为鉴、以案促改。

下半年工作要求更高、难度更大、挑战更多，需要全体干部职工共同努力，更需要各级领导干部扛起责任、真抓实干。“疫情要防住、经济要稳住、发展要安全”，这是以习近平同志为核心的党中央，面对复杂严峻的国内外形势，统筹国内国际两个大局、统筹发展安全两件大事，提出的明确要求，是南京海关的前进方向和根本遵循，南京海关务必把思想和认识统一到中央对当前形势的分析判断和决策部署上来，找准工作的切入点和着力点。坚持科学精准、不折不扣落实口岸疫情防控各项措施，毫不松懈防好疫情；增强系统观念、坚持问题导向，用足用好保稳提质各类惠企举措，千方百计稳住经济；保持“时时放心不下”的责任感，紧盯政治、业务、管理领域的重大、系统性风险，完善综合研判机制，健全系统完备、科学规范、运行有效的监管体系，坚决守牢安全底线、监管红线，坚决扛稳“守国门、促发展”的使命担当。昨天，吴政隆书记专程到南京海关调研，年初许昆林省长也到南京海关进行座谈交流，江苏省委、省政府主要领导都对南京海关工作予以充分肯定，同时也提出更大期盼，希望南京海关持续强化监管优化服务，特别要抓好口岸疫情防控“外防输入”、促进外贸稳增长及安全生产等工作。江苏省委省政府对海关工作的关注、期盼和要求，南京海关要高度重视，坚持疫情防控不松劲、维护安全不懈怠、服务发展不停步，在“强富美高”新江苏建设中展现海关新作为、作出海关新贡献。

“疫情要防住，经济要稳住，发展要安全”，这三句话是下半年工作的关键，与这三句话相关的所有工作都是关区下半年工作的重中之重。全关上下要充分认识“没有离开政治的业务，没有离开业务的政治”，结合实际抓好落实。特别强调的是，要高度重视疫情防控安全防护和安全生产的重要性，各级领导干部要紧盯这两个方面的工作，做到守住底线、追求卓越。

关于海关总署党委布置的6个重大课题，我再重点强调一下。这不仅是海关总署党委明确的硬任务，更是关区发展的内在需求，意义非同寻常，要举全关之力，集思广益、同题共答。“6个重大课题”意义重大，不只是简单的课题研究，而是海关工作的新目标、重要方向、全局性问题的具体体现。南京海关身处开放型经济发展前沿，作为系统业务大关，如何破题、答题，对关区未来的发展至关重要。这些课题，有些南京海关已经作了初步思考和积极探索，后续还要深度结合关区实际、继续进行深入分析研究，提前谋划关区下一步工作，紧密对接海关总署相关工作要求，第一时间贯彻落实。要立足南京海关实际，用改革的思维、改革的方法来共同破题、答题，提出有创造性、建设性的解决方案，努力为社会主义现代化海关建设贡献力量。海关总署已下发文件，明确要求南京海关参与“如何推动新时期海关特殊监管区域高质量发展”的课题研究，要选派最优秀的力量参加海关总署专班工作，积极反映企业需求、贡献关区智慧，为新一轮促进海关特殊监管区域发展政策制定发出南京海关声音、提出南京海关方案。关区层面，要围绕海关总署 6 大课题，成立专项研究团队，参照重点商品调研模式，由分管关领导挂帅，明确牵头和参与部门，制定时间表、路线图，进行集中攻关，务必按期形成高质量的调研成果，在解决自身实际问题的同时，探索打造先进的、在国际上最具竞争力的海关监管体制机制，体现南京海关应有的担当作为。

中共南京海关委员会关于强化“四个机制”建设的指导意见

（2022年4月19日）

为全面深入贯彻习近平总书记重要指示批示精神和党中央重大决策部署，推动海关总署党委要求不折不扣落实到位，南京海关党委立足直属海关运行监控和隶属海关执行反馈的职责定位，坚持系统观念、强化底线思维，建立健全关区重大风险防控、闭环运行管理、治理能力提升、责任担当落实“四个机制”，进一步强化监督控制、优化质量管理，以高质量的职能管理和执行落实实现关区工作高质量发展。

一、指导思想和总体目标

以习近平新时代中国特色社会主义思想为指导，旗帜鲜明讲政治，全面深入贯彻习近平总书记重要指示批示精神和党中央重大决策部署，推动海关总署党委要求不折不扣落实到位。突出习近平总书记重要指示批示精神和党中央重大决策部署落实第一要务，聚焦政治责任风险、重大安全风险、其他重大风险3大领域，健全重大风险防控机制；突出职能部门运行监控和基层单位执行反馈核心职责，围绕“PDCA”4个环节，健全闭环运行管理机制；突出科技赋能、创新驱动，运用“科技+制度”2种方法，健全治理能力提升机制；突出扛稳政治责任根本任务，按照“条线分工、职能兜底”的基本原则，健全责任担当落实机制。探索推进全风险要素防控、全链条协同监管和全业务流程运行监控，将精准有效的监督控制贯穿到各领域全过程，重点解决风险防控不精准、过程控制不到位、执行反馈不及时、责任落实不到底等问题，全面提升职能掌控力和基层执行力。

二、找准“一失万无”重大风险

立足海关职能定位和履职尽责要求，排查摸清各业务领域存在的问题，全面梳理各类风险隐患，突出重点、精准提炼“一失万无”、危难急迫的重大风险，集中力量和资源实施差别化防控，守牢重大风险底线。聚焦习近平总书记重要指示批示精神和党中央重大决策部署，深入把握涉及海关工作的各类要求，明晰政治责任风险事项。聚焦总体国家安全观，拓展“大安全”视野，明晰国门安全、生产安全、数据安全等各领域重大安全风险事项。聚焦海关总署党委部署，紧盯业务建设、队伍建设等各重点领域工作，明晰其他重大风险事项。建立三类重大风险事项清单，明确关键风险节点和监督控制举措，实施清单化管理、项目化管控、一体化防控。常态化开展重大风险分析研判和防控成效评估，及时体现上级最新部署要求和各类监督检查结果，关注新形态苗头性和跨条线综合性重大风险，举一反三、点面结合，动态更新重大风险事项。

三、完善“PDCA”管理闭环

针对重大风险关键节点逐项制定防控策略，下达防控指令，实施强有力的监督控制确保执行落实到位，通过执行评估不断改进防控指令，构建“明晰指令、执行落实、监督控制、持续改进”的“PDCA”工作环。明晰指令环节，细化执行标准。逐项研究重大风险事项执行要求，明确执行关键环节，归纳提炼规定动作、质量标准、新旧变化等关键要素，建立健全执行清单、质量表单和操作指引的执行指令“三件套”，形成内容清晰具体、简洁明了、能够在基层直接落地的指令体系，杜绝“模糊地带”。执行落实环节，指令直达一线。指令制定方要通过全面发布、“点对点”发送等方式，将执行指令及时、精准地下达至执行岗位；要以执行岗位便于理解、易于接受的方式同步进行指令解读，推动执行关员切实掌握。指令执行方要将不折不扣执行指令作为核心任务，确保各项指令准确进入执行关员的“神经末梢”，切实将规定动作落实到位、质量要求落实到底。监督控制环节，强化过程管控。将监督控制重心由事后转向事前事中，“嵌入”执行落实的业务流程，顺势监督、实时控制，提升先期、即时预防化解风险的能力。针对不同作业类型采用差别化监督控制方式：对标准化流程业务，通过信息系统提前设控、自动预警；对未实现标准化流程、但有明确规范性要求的人工作业，通过监控指挥中心视频实时监控、即时整改；对专业性强、现场因素复杂、自由裁量权较大的非标准化作业，统筹专业力量实地督导，进行“人盯人”管控。总关职能部门之间、职能部门和各隶属海关之间要加强协作配合，建立上下贯通、横向协同、到底到边的关区监督控制体系。持续改进环节，实时问题清零。改变“单向灌输”的职能管理方式，完善“形成指令—执行指令—反馈指令—完善指令”的工作流，紧固职能管理闭环。对隶属海关反馈的执行疑难和改进建议，职能部门迅速评估、回应，第一时间修正指令；疑难问题及时通过关办公会、关党委会等决策机制研究解决；属于海关总署事权范围的，第一时间形成执行建议对上请示报告。上下一体、紧密协同，实时解决闭环运行的各类堵点，确保闭环管理各环节有机互动、良性循环。

四、突出“科技＋制度”关键变量

适应数字技术发展趋势，科技赋能和制度完善并重，构建监督控制“工具箱”，破除执法监管、队伍管理时空障碍，全面提升履职效能。全面推进数字化。解构重大风险事项的工作流程、关键节点和风险要素，依托工作流程标准化、工作信息数据化、工作场景模型化，逐步推进全业务数字化，实现数字技术与业务活动的深度融合。建立健全标准化数据资源体系，构建关区数据湖，解决数据分散、源出多门、共享不畅等问题，形成高质量数据供给。全力推进信息化。工作运行能进系统的进系统，能联通的全部联通，推动数据、流程、监控“三位一体”整合共享，实现“进系统、标准化、留痕迹、可追溯、强控制”。建设云数据中心，拓展基础资源、持续提升算力，推进信息系统“云化”进程，强化全域信息化支撑能力。全方位推进智能化。深度挖掘数据业务内涵，全面掌握业务运行态势，研发智能分析预警功能，提升智慧决策水平。搭建智能技术支撑平台，开发各业务领域“智能作业”模型，在智慧行政、智慧监管、智慧服务、智慧监督等更多领域探索“机器代替人”，实现人为干预、人为因素、人为差错最小化。以科技为引领推进制度创新。坚持制度创新与科技应用协同推进，推进业务模式创新和流程再造。应用科技装备对监管对象、监管场景实时感知，远程遥控自动化作业，实施“身临其境”式远程视频监管、“非接触式”作业；完善“前台＋后台”技术支撑，建立后台专家连线指导、监督现场作业的常态化机制，实现即时、精准的“云支持”；推进各业务链条数字化、信息化、智能化，探索由数据驱动的全业务领域一体化，进一步推进制度创新、提升治理能力。

五、强化“担当落实”责任体系

厘清重大风险内外部防控责任边界和职责划分，明确执行落实和监督控制责任体系，确保关键环节事项“有人做、有人管、有人监督”。完善主体责任体系。紧盯任务落实和履职尽责，围绕“干什么、谁来干、怎么干”，全面梳理职能事项、明确岗位职责、明晰责任边界，条块结合、职能兜底，杜绝模糊地带，一件事由一个部门负主责，从根本上解决业务结合部问题。对于跨部门复杂事项，由主责职能部门牵头建立跨部门专班，常态化开展业务协调、推进风险联合防控，堵塞业务结合部漏洞。健全重大风险外部联防联控机制，明晰海关职责边界，强化协同监管合力。完善监督控制责任体系。区分职能部门、隶属海关两个层次，立足职能管理、现场执行两个维度，细化各环节监督控制的具体要求，逐项明确“盯什么、谁来盯、怎么盯”，明晰标准、刚性执行，确保事不漏人、人不漏事。统筹发挥统计监督、风险防控、督审、巡察、纪检监察等部门作用，加强各类数据异动分析、问题线索联动分析，强化对职能部门监督控制的再监督。完善考评激励体系。将职能部门监督控制、问题清零实效，以及隶属海关单位刚性落实、执行反馈效果纳入考核，对重大风险底线失守的单位和部门开展责任倒查、严肃追责问责。

六、推进“四个机制”动态完善、长效落实

各职能部门要尽快出台本条线“四个机制”运行监控表（格式详见附件1），明确重大风险事项、关键风险节点、具体防范措施和相关责任体系，制定监督控制作业规程，充分运用运行模式图（详见附件2）原理推进落实；因应形势任务变化、结合防控效果评估，

动态调整防控策略和具体措施，不断完善运行监控表；及时总结重大风险防控经验，逐步将“四个机制”运行模式和有效措施应用到各领域各环节。各隶属海关单位要全面落实本指导意见要求，结合自身实际整体谋划、系统推进“四个机制”建设；要对照总关运行监控表各要素，摸清本辖区重大风险、关键风险节点底数，健全本单位监督控制手段和业务、队伍的管理闭环，明确各环节责任落实主体，确保各项指令要求执行到位、各项重大风险防控到位。逐步扩大“四个机制”应用，实现对各领域各环节全覆盖。总关办公室牵头相关职能部门组建常态化工作专班，督促推动各部门建立完善、有效落实运行监控表，结合年度工作任务推进和形势分析例会机制协调联动、一体推进，实施常态化督查督办，适时组织评估，督促各部门及时更新重大风险事项，不断优化机制、拓展成效。风控分局健全纵向到底、横向到边的风险防控体系，加快推进全要素全链条风险防控。督审部门结合督察审计和内控工作，及时提出“四个机制”的动态完善建议，对各职能部门更新、执行“四个机制”运行监控表情况实施跟踪再监督。科技部门统筹各条线需求，推进各类监督控制系统建设，为关区数字化、信息化、智能化做好支撑保障。综合业务部门深化全业务领域一体化改革，推动各部门厘清重大风险防控“结合部”事项、相互间分工和前后道“接口”，建立健全与系统外联合防控机制，强化协同监管、协调合作。人事部门结合“三定”回头看，进一步优化职能配置与机构设置，同步健全专家管理制度，完善考核机制，强化组织保障。巡察部门、纪检监察部门将“四个机制”建设情况纳入重点监督范围，为各项工作落实落地落细提供坚强保障。

附件：1. 南京海关“四个机制”运行监控表（格式及填写说明）

2. 南京海关“四个机制”运行模式图

附件 1

南京海关“四个机制”运行监控表（格式及填写说明）

序号	风险领域	风险事项	关键风险节点	防范措施（闭环）	科技赋能模式创新	责任落实			
						责任部门	责任领导	责任人员	协办部门
	重大风险领域的名称。一般为一个名词，描述风险事项所处的业务领域。（示例：进出口食品监管中的新冠疫情防控）	写明具体内容及造成的后果。（示例：对进口冷链食品口岸环节的预防性消毒，如消毒不到位会造成病毒输入。）	执行落实中关键的风险节点（不面面俱到，只列出关键风险节点），写明节点名称及具体内容。（示例：消毒监督环节：实际消毒未做到货物外包装“六面消毒”。）	1. 要有明确、有效的事中监督控制和执行落实措施。 2. 要形成 PDCA 防控闭环。 3. 要突出对防控关键风险节点的针对性和实效性，内容应具体明确、好操作、可督办，避免“加强”“优化”等宽泛表述。	1. 在用或者需要开发建设、需要联通联动的信息化系统名称（或相关功能）。 2. 需要优化完善的业务流程，需要探索推进的改革创新等。	只能有 1 个主责部门	具体职位（不写人名）	具体的职位或岗位（不写人名）	

填写说明：1. 在 Excel 表格中，分“习近平总书记重要指示批示精神和党中央重大决策部署”“重大安全风险”“其他重大风险”3 个 Sheet 表，分别填写。2. 一个“风险领域”可有多个“风险事项”，一个“风险事项”可有多个“关键风险节点”。“关键风险节点”是“风险事项”的原因或环节。3. “风险事项”和“关键风险节点”应体现本领域特征，避免从职能管理共性层面表述，如制度不完善、人力资源不足、执法能力欠缺、教育培训有缺失、风险分析不到位、系统功能不完善等表述，一般不建议作为“风险事项”和“关键风险节点”填写。4. 每个“关键风险节点”均应单独明确各自的防范措施、“科技 + 制度”及责任落实内容。

附件 2

南京海关“四个机制”运行模式图

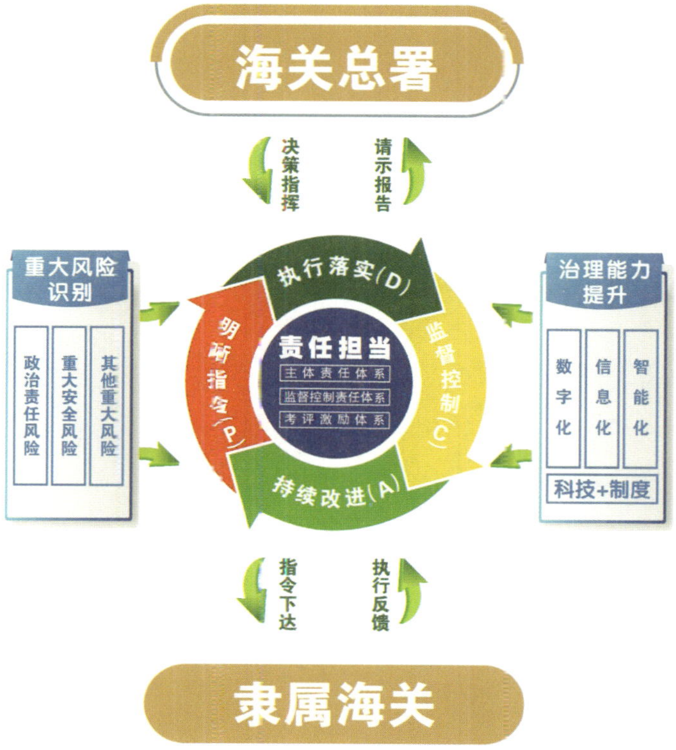

海关总署

决策指挥

请示报告

重大风险识别

政治责任风险

重大安全风险

其他重大风险

执行落实(D)

监督控制(C)

持续改进(A)

明晰指令(P)

责任担当

主体责任体系

监督控制责任体系

考评激励体系

治理能力提升

数字化

信息化

智能化

科技+制度

指令下达

执行反馈

隶属海关

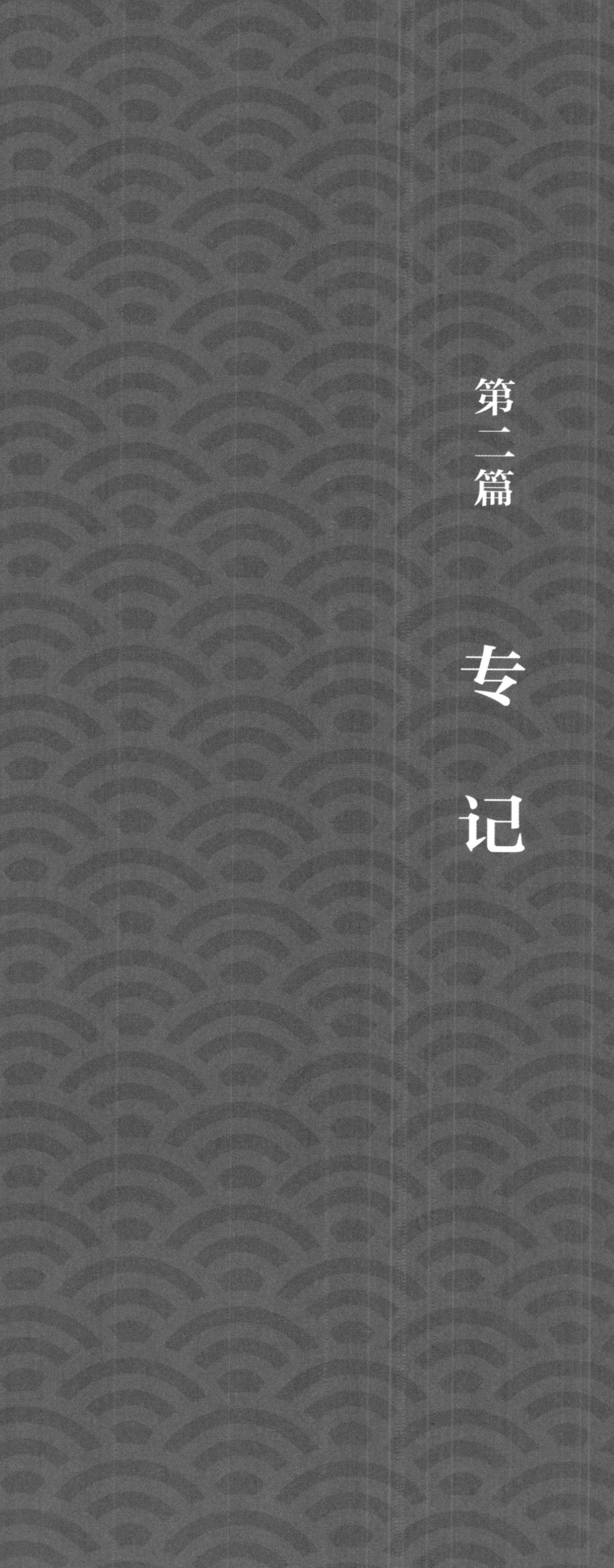

第二篇　专记

南京海关学习宣传贯彻中国共产党第二十次全国代表大会精神

2022年，南京海关把学习好、宣传好、贯彻好党的二十大精神作为年度工作主线，坚持全面学习、全面把握、全面落实，持续提升学习热度、拓展宣传广度、延伸阐释深度、加大落实力度，以实际行动推动党的二十大精神在关区落实落地、见行见效。

一、提高政治站位，在对标对表上走在前

坚持把牢政治方向，将旗帜鲜明讲政治作为第一要求，将对党忠诚作为第一标准，自觉在对标对表上走在前，推进学习贯彻党的二十大精神走向深入。

（一）认真组织收听收看大会盛况

南京海关党委书记、关长吴海平要求关区把学习宣传贯彻党的二十大精神作为首要政治任务，在全面系统深入学习上下功夫，完整准确全面领会党的二十大精神；在学思践悟党的创新理论上下功夫，指导推动关区事业高质量发展；在真抓实干全面落实上下功夫，以实际行动为中国式现代化海关建设作出关区贡献；在坚定不移推进全面从严治党上下功夫，深入推进新时代党的建设新的伟大工程。

南京海关关区两级党委班子成员在视频直播点集中收看，其他党员和干部职工以“集中+分散”形式通过电视、网络、电台等收听收看，确保全覆盖。坚持党委抓总、支部落实、党员带头、全员参与，组织各支部党员、“青年党校”学员等开展深入研讨交流，深化党员干部对党的二十大精神的理解把握，掀起党的二十大精神学习宣传贯彻热潮。

党的二十大报告在南京海关引起强烈反响，机关部门、隶属海关、事业单位、基层一线科室党组织负责人纷纷在政工宣传载体发表感言和体会。南京海关党委委员、苏州海关关长、党委书记沈大为说：“聆听了习近平总书记的报告，我为党过去5年的工作和新时代10年的伟大变革而深感自豪，为中华民族伟大复兴的光明图景而倍感振奋。作为苏州海关

▲2022年11月1日，南京海关党委召开党委会，专题学习研讨党的二十大精神（高子健 摄）

党委主要负责人，我将带领党委班子和全体干部职工，迅速掀起新热潮、勇于担当新使命、充分展现新形象，以实际行动谱写基层海关忠诚为党为民的新篇章”。南京海关机关党委党支部书记缪建军说：“机关党委作为党委宣传部，将大力学习宣传贯彻党的二十大精神，积极引导关区广大党员干部深刻领悟‘两个确立’的决定性意义，坚决做到‘两个维护’，深入推进新时代党的建设新的伟大工程，增强党组织政治功能和组织功能，带头践行‘三个表率’、建设模范机关，努力把关区各级党组织建设成为坚强战斗堡垒”。南京禄口机场海关旅检一科党支部书记高春杨说：“我们专班全体同志收看收听党的二十大开幕会后，倍受激励，深受鼓舞，纷纷表示，要进一步领会把握会议精神，擦亮‘全国抗击新冠肺炎疫情先进集体’和‘全国海关党建示范品牌’荣誉，向党和人民交上满意答卷”。

（二）第一时间学习领悟大会精神

南京海关党委发挥“头雁”效应，会后第一时间专题学习党的二十大报告，全面领会报告的丰富内涵、精神实质和核心要义，党委委员围绕大会精神，畅谈学习感悟，分享心得体会。关区各基层党组织通过支委会、党员大会、党小组会等形式，传达学习党的二十大精神。金陵海关坚持党委理论学习中心组先学一步、学深一层，组织专题学习研讨，党委委员深入联系支部和分管部门参加学习交流、带头宣讲；江阴海关及时通过微信群、内网转载党的二十大新闻发布、公报决议、评论解读等，编发《二十大时光简报》，以浸润式学习让党的二十大精神入脑入心；宿迁海关及时推送党的二十大报告图解、金句等文章，更新办公区域宣传展板，创建“学习贯彻党的二十大精神”内部交流平台，刊发支部活动情况、党员学习交流心得，营造浓厚学习氛围。

（三）专题研究部署

南京海关党委迅速制订学习宣传贯彻党的二十大精神实施方案，明确各级党委、基层党组织和相关部门必须扛起的政治责任，细化轮训培训、理论宣讲等10项措施。建立每周导学和党委会专题研究工作机制，时刻把准学习方向，加强统筹协调。强化分级分类指导，南京海关党委委员赴基层调研，重点检查学习贯彻情况；发挥5个党建联系服务组作用，对基层党组织以及倒班作业、防疫专班等特殊党员群体进行精准指导，并将学习宣传贯彻情况纳入巡察、考核范畴，确保责任到位、落实到位。

徐州海关制定12项30条学习宣传贯彻措施，以学习保持政治清醒，增强辩证分析复杂矛盾的洞察力、预见力、鉴别力。昆山海关通过党委会、党委理论学习中心组专题学习，对全关学习宣传贯彻党的二十大精神作出部署，坚持集体学与自主学交叉、比赛学与讨论学并行，开展集中学习研讨，撰写学习心得。

二、讲求学习效果，在学深悟透上下功夫

坚持示范引领，突出学习实效，紧扣党中央明确的“九个深刻领会”“七个聚焦”等主要内容和关键重点，深刻领会精髓要义，以上率下推进“学什么”“怎么学”。

（一）“关键少数”带头学

南京海关党委把“全方位学”和“分专题学”、“常态学”和“跟进学”、“集中学”和“自学”统一起来，2022年11月8—11日，

举办南京海关党委理论学习中心组（扩大）学习暨关区各单位部门主要负责同志学习贯彻党的二十大精神培训班，面向部门单位主要负责人安排线上课程、交流发言、分组讨论，紧扣党中央关于“九个深刻领会”的重要要求，原原本本、逐字逐句学习党的二十大报告和党章，自觉用党的创新理论武装头脑、指导实践、推动工作。

关区各级党委开展中心组学习60余次，从党员领导干部做起，深刻领悟“两个确立”的决定性意义，不断增强坚决做到“两个维护”的思想自觉、政治自觉、行动自觉。连云港海关聚焦“关键少数”，组织处级党员干部集中收看党的二十大盛况直播，学习精神、分享体会，将党的二十大精神学习纳入党委理论学习中心组、“第一议题”、党支部学习的重要内容，形成“一条主线”划到底、“横向贯通”推进学的良好开局。淮安海关强化党委理论学习中心组“龙头”引领作用及党员领导干部示范带动作用，党委班子成员通过党委会、“每周一学”等形式率先学、带头谈，各党支部利用“三会一课”、主题党日、“二十大精神学习问答”、“支部书记谈体会”等不同形式，组织党员干部深入开展学习研讨。

（二）“全员覆盖”自觉学

南京海关为全体党员配发《党的二十大报告辅导百问》等理论学习教材7000余套，将其作为干部教育培训重要内容和各类培训班次的必修课。在集中学习培训的同时，各级领导干部静心研读原著原文，用心参悟原义原理，做到知其言更知其义，知其然更知其所以然。

南京海关综合业务处党支部运用“上级组织带动学、支部例会周周学、丰富载体跟进学、书记党员党课学、红色基地见面学、微信党史定时学、体会精神领悟学”的党支部“七彩学习法”，通过联学共建、座谈交流等多种形式，引导党员干部深学细悟、入脑入心。苏州工业园区海关各党支部通过“三会一课”、主题党日等开展专题学习，围绕“三个务必”组织学习研讨，确保206名党员全程参与。无锡海关贯通“党委—机关党委—党总支—党支部”四级学习体系，确保学习全员覆盖。连云港海关针对居家办公、封闭管理等人员，采用“支部共建、云上联学”方式，通过“钉钉”“腾讯会议”线上交流等形式，分享党员的学习感悟和锚定未来的工作决心。

（三）“五个课堂”系统学

截至2022年年底，南京海关依托关区理论主课堂、讨论分课堂、初心红课堂、典型活课堂、身边微课堂等“五个课堂”学习体系，用好“三会一课”、主题党日等载体，开展专题党课、“班前一讲”等形式多样的宣贯活动2200余次。建好关区“1+28+N”的青年党校、青年学堂、青年理论学习小组三级青年理论学习体系，其中青年党校第二期学习班以学习宣传贯彻党的二十大精神为主线，开展专题授课研讨40余次；以“青春逢盛会　忠诚守国门”为主题，组织学习心得交流，南京海关政治部主任陈海鸣就青年关员如何学好用好党的二十大精神、努力成为堪当重任的栋梁之才讲授专题党课。积极发挥江苏省级机关部属片机关党建牵头作用，组织党的二十大精神集体学习，江苏省纪委监委省级机关纪检监察工委书记王洪连到会指导，15家单位交流分享经验做法。

南京海关科技处党支部组织开展“党的二十大精神20人讲”微党课，由党员代表分专题、全面深入解读大会精神，阐释新思想、解读新部署。扬州海关应用“扬帆青年学堂”阵地，开展“热议二十大·青年说”“党的二十大报告理论研讨会”等活动，组织青年党员干部开展线上研讨，编发青年学堂学习简报，撰写青年学习微感悟。张家港海关举办青年骨干学习分享会，开展系列知识问答，收集学习笔记和心得体会36份。南通海关以党的二十大精神为指引，围绕“如何当好一名科长”开展主题大讨论，通过树立标尺、对标找差，查摆工作短板，推动管理基础再夯实、举措再坚实、能力再提升。常熟海关以中心组学习、“三会一课”、科务会等形式组织集中学习，发动党员干部职工上讲台、唱主角，以思促学，撰写学习心得，提升学习实效。

三、创新方式方法，在宣传宣讲上求实效

坚持创新形式宣传宣讲，把党的二十大精神传递到基层一线、覆盖到每一个支部、每一个岗位、每一名党员群众，增强感召力、影响力，统一思想、凝聚力量。

（一）开展多种形式宣讲

南京海关党委书记、关长吴海平讲授专题党课，在《海关政研——学习宣传贯彻党的二十大精神专刊第9期》发表署名文章《深入学习贯彻党的二十大精神　真抓实干推动现代化海关事业高质量发展》，党委委员、直属机关党委委员、关区基层党建联系服务矩阵成员深入支部做好“第一棒”宣讲。各基层党支部以“微党课”“微宣讲”等形式开展宣传宣讲，推进党的二十大精神进基层、进一线、进岗位。打造“理响国门”宣讲品牌，遴选政治素质好、理论水平高、宣讲能力强的骨干力量组成宣讲团队，精心制作发布宣讲微视频，引导广大党员干部结合工作实际深学细悟，形成学习宣传贯彻的强大合力。

连云港海关邀请党的二十大代表、赣榆区柘汪镇党委副书记、西棘荡村党委书记钟佰均作党的二十大精神宣讲。常州海关邀请党的二十大代表“全国劳动模范”“全国五一劳动奖章”获得者邓建军分享参加大会的现场感受、对大会精神的体会并解读党的二十大报告；江阴海关持续办好理论课堂、业务课堂、实践课堂、道德课堂，推动党的二十大精神走进基层一线。金陵海关驻邮局办事处开展读一本理论书、说一个小故事、听一次宣讲会、开展一堂专题党课、一次“学习＋感悟”交流研讨、编写一期“学习宣传贯彻党的二十大精神”专刊、制作一篇微信推送、每人撰写一篇学习体会等“八个一”活动，全方位、多角度、深层次宣传党的二十大精神。

▲2022年11月25日，如东海关开展学习宣传贯彻党的二十大精神专题学习暨2022年第11期“我来讲一课”活动（徐天　摄）

（二）做好全媒体立体宣传

坚持总关基层同向发力、网上网下一体推进，讲好南京海关故事、发出南京海关声音。南京海关学习宣传贯彻党的二十大精神工

作情况被“学习强国”、江苏卫视等平台发布90余篇次。做精做优“青柠观海”微信公众号等新媒体展示平台，分类建强微信推送、短视频、VLOG等专业梯队，推出原创作品280余件，及时传递政策法规，为企业群众答疑解惑，树立可亲、可敬、可靠的海关形象，点击量近30万次。打造“多彩关韵”文化品牌，广泛开展“强国复兴有我”群众性主题宣传教育活动。

金陵海关组织退休党员围绕党的二十大精神，创作诗歌、书法等文化作品，并担任青年导师，与青年关员共同谈感悟、谈落实，10余篇次反映该关贯彻党的二十大精神成效的新闻被中央电视台、《新华日报》、《国际商报》等媒体报道。江阴海关举办学习宣传贯彻党的二十大精神书法摄影展，展示干部职工创作的116幅书法和摄影作品。淮安海关通过“淮关卫视”平台，录制发布党委成员和支部书记学习报告短视频8部。

（三）强化先进典型示范引领

持续推进精神文明创建，加大典型培树力度，12个集体和个人荣获全国工人先锋号、全国岗位学雷锋标兵、“江苏好人”等省级以上荣誉。坚持大抓基层的鲜明导向，推动基层党支部由“建在科上”向“强在科上”转变，1个项目获评全国海关优秀“书记项目”，2个项目列入江苏省“以高质量机关党建服务长三角一体化发展”创新项目，南京海关综合处党支部获评江苏省级机关“服务高质量发展先锋行动队”十佳党支部。

持续织密“心连心”思政工作管理细网，充分发挥37名思政专员、577名思政专委作用，年内开展谈心谈话超6万人次，3200余个实际问题和思想疙瘩解决在基层、化解在萌芽，为抓好学习宣传贯彻工作提供坚强政治保证。江阴海关通过“支部品牌重点培育、内联外拓共建联建”双轮驱动，以党课“联上”、业务“联动”、支部“联建”，增强为民服务的感召力。如东海关不断擦亮“如来如愿”服务品牌，征求企业意见、解决企业问题，助力地方特色产业稳中有进。如皋海关组织先进典型在总关平台、地方报刊互动谈学习心得体会。

四、突出学用结合，在知行合一上见真章

坚持学思用贯通，知信行统一，把学习贯彻党的二十大精神同贯彻落实习近平总书记对海关工作的重要指示精神结合起来，与做好当前重点工作、谋划之后一个时期的工作结合起来。

（一）开展前瞻性课题调研

聚焦党的二十大报告提出的新时代新征程党的使命任务，自觉提高政治站位，深入思考如何在以中国式现代化全面推进中华民族伟大复兴中贡献海关力量。要求各级领导干部走出机关、深入基层、下到一线，围绕综合保税区高质量发展、跨境电商新业态培育等事关江苏省开放发展的重要领域，开展前瞻性课题研究，积极向海关总署和江苏省委省政府建言献策。围绕海关总署党委“铸忠诚、担使命、守国门、促发展、齐奋斗”的工作要求，提出贯彻大会精神的重点任务、创新举措，形成包含60项工作要求的落实任务表。

金陵海关发挥理论研究和课题带动作用，紧扣“12个必”思考落实重点，组建8个课题专班开展研究攻关，结合实际破题解题。苏

州工业园区海关组织党员干部围绕贸易强国战略开展学习研讨和课题研究。金港海关运用座谈调研、理论研究、实地考察等方法开展“推动新时期海关特殊监管区域高质量发展”“提高一体推进‘三不腐’能力与水平”等重要课题研究。

（二）服务外向型经济发展

紧盯构建新发展格局、推动高质量发展，立足江苏省“一带一路”交汇点的区位优势以及制造业全国领先，产业链深度融入国际分工、两头在外的鲜明特点，多措并举提升产业链供应链韧性和安全水平。

大力优化营商环境，推广应用关铁通、铁快通、离港确认等通关模式，联动铁海联运、内支线河海联运、内外贸集装箱同船运输等物流模式，促进中欧班列多式联运通关便利，进、出口整体通关时间历史最优。年内，高质量推动 RCEP 政策落地见效，签发 RCEP 原产地证书 8 万份，出口货值超 400 亿元。“企业问题清零机制”解决企业疑难问题 781 个，AEO 企业扩容至 480 家，7 项监管创新举措助力自贸试验区企业进出口突破 5000 亿元，支持跨境电商进口货值增长 1.2 倍，市场采购“江苏模式”推动出口货值增长逾 5 成。优化加工贸易担保，对受疫情影响较大的企业免征担保超 1 亿元。

镇江海关立足岗位职责保障供应链产业链稳定，不断深化“船边直提”“抵港直装”等优惠措施应用，加快通关效率，高质量落实好海关促进外贸保稳提质各项举措。盐城海关精准服务汽车、钢铁、新能源、电子信息四大主导产业，支持 SK 新能源（江苏）有限公司 30GWh 车用锂电池项目、中国海油盐城“绿能港”LNG 项目建设发展。泰州海关持续扩大 RCEP 应用覆盖面，服务生物医药、船舶等优势产品扩大出口，助力大健康产业发展。启东海关立足海工装备产业，密切关注企业“急难愁盼”问题，“一企一策”对账销号，支持企业开拓新业务和新市场，让更多“中国造”驶向深海。太仓海关立足长江口岸，提升腹地经济产业链、供应链的韧性和安全水平，释放太仓开放型经济的潜力和增长幅度。宜兴海关多次走访地方职能部门、深入企业调研，联合宜兴市商务局为重点企业量身定制“最优享惠组合”，助推企业寻求外贸经济新的增长点，搭建开放型经济海关服务平台。

▲ 2022 年 6 月 14 日，泰州海关关员在生物医药企业调研（吉婧　摄）

（三）守牢国门安全

以“时时放心不下”的责任感“瞪大眼睛”筑牢国门安全防线。2022 年，南京海关坚持“人、物、环境”同防，科学精准实施检疫。深入开展“国门绿盾 2022”行动，检出植物有害生物 1733 种 15.01 万种次。严厉打击“洋垃圾”、象牙等濒危物种及其制品走私，查发固体废物 1741.1 吨，退运出境固体废物 1877.1 吨。查获疑似濒危物种及其制品 4573 件、总重 26.63 吨，其中象牙制品 84 件、3.8 千克。深入开展“国门勇士”“使命”“清邮”

等专项行动，查获违禁印刷音像制品 3 万余件，移交政治类非法出版物案件线索 231 条。强化民生保障责任担当，42 批不合格食品、26.8 万件不合格消费品退运、销毁，8 万余件不合格医疗器械监督技术整改。江阴海关瞄准国内入境船舶压载水管理空白，持续推动海关检测管理制度创设和软硬件建设，建成海关系统首家国家压载水检测重点实验室。靖江海关在全国口岸首次截获外来有害生物 5 种，其中检疫性有害生物 1 种。

（四）筑牢安全底线

坚定不移贯彻总体国家安全观，党的二十大召开前后，在全面梳理关区重大风险的基础上，针对重点领域制定强化版措施，实行提级管控；严格落实意识形态工作责任制，实现网格化、“小半径”管理，对关区实体化宣传阵地以及门户网站、“两微一端”传播平台等开展全覆盖检查；全面排查可能引发的政治风险隐患，圆满完成“防风险、保稳定”各项工作任务。连云港海关着力构建“大安全”治理格局，成立实体化运作的“安全生产和风险管理委员会办公室”，组织开展专项检查，建立健全“横向到边、纵向到底、条块结合”的重大风险防控工作机制。吴江海关优化落实“三应”“四个机制”建设实施方案，完善风险总清单和大安全建设方案机制，守住疫情防控、国门安全、安全生产等关键风险点。

突出全面从严治党这一关键，聚焦“科技赋能提升‘不能腐’能力和水平”，开展研究攻关，标本兼治规范权力运行；深化新时代海关廉洁文化建设，组织“清风国门”廉洁文化创意作品征集活动，发动干部职工和家属共同参与创作廉洁文化作品、家风家训和廉政家信，筑牢干部职工思想防线；开展“海关重点项目和财物管理以权谋私”以及酒驾醉驾、网络赌球等专项整治，推动“四种形态”运用，做到抓早抓小。苏州工业园区海关常态开展党风廉政和酒驾醉驾警示提醒，规范外勤执法作业操作规程，定期走访企业和海关特约监督员，为干部职工清廉打分。

撰稿人

郭亚飞 孟庆鸿

南京海关开展智慧海关“6个重大课题”研究为推进中国式现代化海关建设建言献策

2022年7月2日，在全国海关年中工作会议上，海关总署党委书记、署长俞建华部署开展6个重大课题研究工作，即“如何进一步深化改革融合”“如何更加精准高效开展常态化疫情防控”“如何推动新时期海关特殊监管区域高质量发展”“如何促进新贸易业态健康规范持续发展”“如何更好发挥海关科技的引领支撑作用”和“如何提高一体推进‘三不腐’能力和水平”，要求全国海关群策群力、同题共答。南京海关认真落实海关总署党委要求，坚持问题导向和目标导向相结合，立足世界格局、国家大局、海关全局，围绕“智慧海关是什么”“为什么要建设智慧海关”“怎样建设智慧海关”以及“如何以智慧海关一体破解6个重大课题”开展了系统性研究和集中攻关，形成了“1+6”研究成果，即1个总论《以中国式现代化为指引全面推进智慧海关建设》以及6个重大课题分项研究报告《关于创新跨境电商零售进口智慧监管模式的研究报告》《关于推进智慧卫检建设优化入境客运航班卫生检疫的研究报告》《关于建设智慧综保区促进综合保税区高质量发展的研究报告》《关于推进智慧海关建设深化改革融合的研究报告》《关于推进智慧清廉海关建设的研究报告》和《关于进一步发挥科技引领支撑作用推动智慧海关建设的研究报告》上报海关总署。6位署领导先后在7个报告中共批示19次予以肯定。

一、什么是智慧海关

党的二十大报告提出，从现在起，中国共产党的中心任务就是团结带领全国各族人民全面建成社会主义现代化强国、实现第二个百年奋斗目标，以中国式现代化全面推进中华民族伟大复兴。未来五年是全面建设社会主义现代化国家开局起步的关键时期，海关责任重大、任务艰巨，必须坚持守正创新，坚持问题导向，坚持系统观念，认真研究解决问题的新理念、新思路、新方法，前瞻性思考、全局性谋划、整体性推进海关工作。

科技是第一生产力。当前国际贸易正在发生以数字化为代表的深刻变革，与此同时，中国的大门越开越大，维护国门安全的风险挑战不断增大，传统海关监管模式持续受到冲击和挑战，数字化智能化自动化技术发展既深刻改变着海关监管的内涵和外延，也为海关监管方式变革提供了解决方案，智慧海关建设已成为海关现代化发展的必然趋势和世界海关监管制度竞争的制高点。海关要顺应国际贸易和数字化技术发展趋势，以建设智慧海关为抓手蹚出一条中国式现代化海关实践之路，从根本上解决海关履职目标和管理模式“谁适应谁”的深层次问题，实现监管方式的革命性变革，使守国门、促发展更加精准高效，推动企业制度性交易成本不断降低，形成监管制度优势更好推动高质量发展，同步实现中国海关由“跟跑”向“领跑”的根本性跨越。

随着数字经济和数字技术的发展，以数据驱动、智慧决策、智能作业为特征的智慧创新模式，已广泛渗透并深刻影响着经济运行、社会生活等各个领域。顺应数字化发展潮流，近年来，中国和世界主要经济体海关均围绕智能化监管、建设智慧海关进行了实践探索，但对于什么是智慧海关，目前尚没有权威和统一的定义。

结合前期科技兴关实践和近期的研究思考，在《以中国式现代化为指引全面推进智慧海关建设》总论中，南京海关认为，智慧海关就是围绕人民海关为人民，全面落实统筹发展与安全新理念，聚焦“守国门、促发展”中心任务，顺应时代之变，坚持理念转变、制度改革、技术创新，将数字化、智能化新技术广泛应用于海关监管服务，推进海关职能转变、流程优化、模式创新和能力提升，实现精准高效监管；构建网络化互联、数字化感知、智能化分析、自动化作业的海关监管服务新形态，推动现有“监管对象申报、海关人工验核”为主的“侵入式”监管模式，逐步向“自动采集数据、智能比对验核”为主的“嵌入式”监管模式转变，以智能机器代替人力、以智慧大脑代替人脑，实现全查监管、自动作业、无感通关；营造严密监管、便利通关、高效服务的海关治理新生态，一体解决监管不严密、通关不便利、作业效率低问题，使进出口各环节信息更加透明，违法违规行为无处隐藏，海关对生产经营的干预降至最低，国际贸易供应链物流链高效顺畅，实现海关治理体系和治理能力现代化，打造先进的、在国际上最具竞争力的海关监管体制机制。

二、为什么要建设智慧海关

南京海关认为，建设智慧海关，是适应新一轮科技革命和产业变革趋势，创新治理理念和方式、推进现代化海关建设的必由之路。

（一）智慧海关是世界海关发展的必然趋势和制高点

当前，数字经济高速发展，跨境电商等国际贸易新兴业态蓬勃发展，海关监管的内涵和外延正在发生显著而深刻的变化，基于传统贸易方式、自“大航海”时代延续至今的既有海关监管模式亟待变革。WCO倡议全球海关“拥抱数字文化、构建数据生态、促进数字转型”，世界主要经济体海关纷纷加快以数字技术为代表的智慧海关建设，将其作为海关监管制度的核心竞争因素。作为世界第一大货物贸易国的海关，有责任、也有条件抢抓机遇、先行探索，围绕智慧海关建设，将体量优势转化为制度优势，引领全球海关治理方向。

（二）智慧海关是中国式现代化建设不可或缺的重要一环

随着以数字经济为代表的新产业新业态的不断涌现，数据已经成为关键生产要素，数字技术也已逐渐成为关键性生产工具、管理工具，以数据为核心的智慧创新已成为现代化社会的一个重要特征。党的二十大明确将“数字中国”纳入中国式现代化建设体系，《国务院关于加强数字政府建设的指导意见》（国发〔2022〕14号）提出要以数字化改革助力政府职能转变，推动政府运行方式和治理模式的数字化、智能化。海关必须主动拥抱数字化发展潮流，强化数据治理、推进智慧创新，对监管体制机制、组织架构、方式流程进行全方位系统性重塑。

（三）智慧海关是精准高效“守国门、促发展”的迫切需要

现行海关监管模式是学习欧美海关监管制度的产物，基本依据是企业的申报内容，核心思路是围绕报关单进行风险研判，关键环节是验证单货相符，总体上实施的是在难以充分获取数据信息条件下的风险管理模式。面对世界第一的国际贸易监管量，面对日益突出的传统和非传统安全风险，面对统筹发展和安全目标，海关业务量增长与监管方式手段不适应、人力资源捉襟见肘等问题的关键症结就在于大数据和人工智能应用不足。只有以数字化转型驱动智慧海关建设，运用数字技术这一核心生产工具推动海关制度创新和治理能力建设，才能实现海关运行模式、治理方式的革命性变革，安全和便利相统一，提升维护国家安全能力、更加高效服务贸易强国建设。具体而言：

1. 智慧海关实施的是“穿透式”监管，通过风险动态感知、立体防控，能够有效解决风险防范不精准问题。现有监管模式以报关单为中心，监管信息主要依靠企业自行申报的报关单数据，数据有限且并非源头获取，数据不充分、可靠性不高；报关单信息只是某一时点的“静态”数据，而国际贸易要素瞬息万变，难以实现对风险的动态感知和实时把握；风险防控仍以单条线简单叠加为主，风险布控有效率总体较低，特别是“左和右的呼应”不到位，容易出现条线缝隙甚至“合成谬误”。智慧海关能够打破传统的“报关单依赖”，穿透海关与外贸各方主体之间的数据信息壁垒，面向国际贸易产业链供应链，最大限度地实时、自动获取监管所需的全要素数据，通过信息化系统和数字模型实施一体化智能分析、立体防控。

2. 智慧海关实施的是顺势监管，对企业生产经营的干预最小化，能够有效解决通关服务效率问题。现有监管模式的出发点是以海关为中心，企业在正常生产经营以外承担的额外义务偏多，既提高了企业制度性交易成本，也增加了海关的管理成本。智慧海关能够顺应数字产业化、产业数字化趋势，充分用好管理对象数据，解决好“谁适应谁”的根本性问题，以企业为中心设计监管制度，推动监管要求和作业流程的数字化转换，将海关监管最大程度顺势嵌入企业生产经营、国际贸易物流，融为一体、减少干预，“零距离、零等待”实现“无感通关”。

3. 智慧海关实施的是智能、自动监管，能够将人工作业环节压减到最少，有效化解人力资源不足矛盾，逐步实现全覆盖检查。目前海关监管方式还是以“劳动密集型”为主，一方面，各项业务政策尚未完全实现参数化，相关作业规范模型开发应用不足，监管作业系统外操作环节所占比重仍然较大；另一方面，各层级关员在监管中形成了大量工作经验，但仍停留在个人积累、案例指导等初级阶段，并未能转化为数据化知识经验，推动知识经验转化为智能化监管技术和监管设备更为不足，机器代替人仅在智能审图等个别领域试点应用。智慧海关能够充分运用数字技术和算法模型，将业务政策、监管知识经验、作业规范全面数字化，通过大数据智能校验比对、远程视频监管、非“侵入式”检查等，逐渐实现全覆盖检查、自动化处置，最大限度减少人工现场验放环节，解放一线关员，化解执法和廉政风险。

三、怎样建设智慧海关

南京海关认为，建设智慧海关，需要统筹推进业务运行体系和科技支撑体系建设，核心是建设“六化”业务运行体系和“三一”科技支撑体系，可按顶层设计、试点探索、全面实施路径有序推进。

（一）智慧海关业务运行体系

对海关现有业务流程进行数字化改造和重构，建立以获取数据、处理数据、使用数据为核心的监管新模式。

1. 业务工作全面信息化。所有业务工作“进系统、标准化、留痕迹、可追溯、强控制”，原始手工作业、纸质单证流转彻底退出历史舞台，为大数据、人工智能等先进技术全面应用，实现业务工作全面智能化创造条件、奠定基础。

2. 业务数据全面多源化。通过数据共享自动采集现成数据、智能终端自动采集实物数据、管理相对人补充申报无法自动获取的数据，多源化全方位获取业务工作需要的监管对象数据；同时通过多源数据交叉验证数据的真实性和完整性。破除“申报数据”依赖，对监管对象进行多源“数据画像”，为全面准确识别监管对象提供数据支撑。

3. 业务政策全面参数化。将业务政策全部数字化，转化为计算机系统参数，形成“业务政策数字标尺”，为自动准确识别监管对象是否合规提供业务政策数字化衡量标准，彻底解决人工理解执行文字政策错误差异问题。

4. 业务知识全面数据化。将业务工作需要的专业知识全面数字化，建设海关知识库，形成“业务知识数字标尺”，为智能识别监管对象“是什么”提供专业知识“数字图谱”，为监管对象数据和“业务政策数字标尺”之间架起智能识别桥梁，彻底解决个人专业知识使用效率低下、专业人才不足疲于应付问题。

5. 业务规范全面程式化。将业务流程、作业标准全面计算机程序化，为自动作业和辅助人工作业提供范式标准和系统控制，全面解决纯人工作业错误差异问题。

6. 业务工作全面智能化。依托业务数据全面多源化、业务政策全面参数化、业务知识全面数据化、业务规范全面程式化，对监管对象数据、业务知识数据、业务政策数据进行智能比对、自动处理，最大限度机器代替人、电脑代替人脑，大幅提升业务工作效率、效能，高效统筹有效监管、便利通关，彻底解决监管不到位、通关不便利问题，全面实现“管得住、通得快”。

（二）智慧海关科技支撑体系

逐步升级算力资源、优化骨干网络，搭建智慧海关技术体系。

1. 建设一个智慧平台。以海关监管场景为单元按统一标准要求建设监管系统，通过“云大脑”对汇聚数据进行智能分析比对，驱动业务规则化运行和终端自动化作业。所有监管系统集成一个智慧监管平台即智慧海关平台。

2. 建设一张泛在网络。融合互联网、5G移动网、物联网等构建海关泛在网络，实现人、设备和监管对象万物互联，传输汇聚业务工作需要的所有数据信息。

3. 建设一批智能终端。通过研发、装备各类智能化设备，实现信息自动采集、自动处理，机器代人、辅助人实现自动高效作业，包括在所有口岸现场装备充足智能查检设备，在管理对象正常生产活动过程中，对所有进出境货物、物品、运输工具、人员施行自动顺势查检，实现智能机器自动查检处理全覆盖，完成从“抽查”向“全查”转变。

（三）智慧海关建设路径

智慧海关建设是一项系统工程，需要举全国海关之力加强统筹谋划，进行顶层设计，明确目标、指明方向，绘好蓝图、制订计划。同时在顶层设计指导下，可围绕“6个重大课题”应用场景开展试点探索，通过试点探索不断总结完善并由点到面逐步推广、全面实施。

四、围绕海关总署“6个重大课题”推进智慧海关的思考和建议

（一）智慧跨境电商

在《关于创新跨境电商零售进口智慧监管模式的研究报告》中，南京海关认为，跨境电商业务单票金额小、批量频次高，每个自然人都可以网上交易、申报通关，在海量数据和庞大的交易主体面前，传统逐票监管、微观监管的模式难以为继。有利的因素是，跨境电商平台拥有全链条交易数据，是智慧海关最天然的应用场景，可以充分获取和利用数据资源，从根本上打破一般贸易监管的传统思路，探索实施智慧监管新模式。南京海关建议建设跨境电商智慧监管系统。构建自动分析模型，将商品正面清单、个人年度限额、征税、安全准入等业务政策转化为系统参数，建立自动分析“化整为零”“价格虚假”等违法行为数据模型。自动抓取网上交易数据，取消管理相对人订单、支付、物流信息申报，采用数据共享技术从跨境电商平台自动抓取订单、支付、物流等海关监管需要的数据。自动完成海关监管，将抓取数据与系统参数进行自动比对，用数据模型进行自动分析提示违法嫌疑并进行线下人工干预，其他货物无干预自动放行，实现“嵌入式”顺势监管。上述智慧跨境电商监管模式可将合法经营的管理相对人制度性交易成本降至为零，违法经营者难以“遁形”，海关人工干预大幅减少，从而一体实现有效监管、高效运作，以最具竞争力的智慧海关监管模式促进跨境电商新业态高速发展，为全球跨境电商海关监管树立标杆。

（二）智慧卫检（旅检）

在《关于推进智慧卫检建设优化入境客运航班卫生检疫的研究报告》中，南京海关认为，进境旅客的健康状况及其携带的行李物品，目前在海关监管对象中最缺乏数据透明度（即海关可事前掌握的可靠相关数据最少），但可以依托进境人流链、物流链，全面拓宽数据来源，进而通过智慧海关实现智慧卫检（旅检）监管。南京海关建议建设智慧卫检（旅检）监管系统。自动获取集成信息，通过数据共享采集旅客订票信息、航班“关舱门”信息，整合简化旅客健康申报和行李物品申报，优化旅客申报App，推动旅客下机前完成健康状况和行李物品电子申报，集成上述信息自动比对生成旅客通关码。智能判别自动验放实现准“无感通关”，旅客通关现场架设智能验核闸机、自动测温及其他非接触式检疫设备、托运行李前期机检设备、手提行李通道机检设备、行李与旅客自动配对设备等智能终端，旅客通关时自动完成健康状况和行李物品图像识别检查，实现旅客“一码通关”。对无法完成电子申报的旅客及健康状况异常、行李物品需

作合规处置的旅客实施人工干预，对健康状况正常、行李物品无须干预处置的旅客扫码即可通关。具备条件时取消申报实现全面"无感通关"，严重疫情结束，无须移交所有旅客及其健康信息、仅移交染疫嫌疑旅客及其信息时，可取消旅客电子申报，无感采集旅客监控及行李物品现场数据，通关现场智能终端对旅客健康状况、行李物品实施自动检查判别，合规旅客无障碍通过通关现场，实现"无阻滞通关"。上述智慧卫检（旅检）监管模式既可保证有效监管，又可一体实现旅客体验更优、通关速度更快、海关人工干预更少；在具备条件取消旅客电子申报、扫码通关时，将实现有效监管、便捷通关最优化。

（三）智慧综保区（海关特殊监管区域）

在《关于建设智慧综保区促进综合保税区高质量发展的研究报告》中，南京海关认为，新时期要实现综保区（海关特殊监管区域）高质量发展，突破当前发展瓶颈，必须调整定位、拓展功能、创新监管。把面向国际单向循环的"境内关外"平台调整为国内国际双循环相互促进的新发展格局标志性平台，将综保区传统的保税加工、保税物流功能向保税加工、保税物流、保税服务全功能拓展，使各类市场主体均能在综保区便利开展生产经营活动，并可根据国际国内市场变化便捷调整其生产经营策略和活动。要实现上述定位调整和功能拓展，必须创新海关监管模式，将综保区内纷繁复杂的各类市场主体、各种货物属性及其物流方向等分类梳理清楚并实现智慧监管。南京海关建议建设智慧综保区（海关特殊监管区域）监管系统。自动比对核算，对采用企业资源计划（ERP）、仓库管理系统（WMS）等信息化系统进行生产经营管理的企业，通过数据共享技术自动采集海关监管工作需要的企业生产经营数据（包括企业间保税货物流转数据），与进出口报关单数据、征税内销数据、边角料处置数据进行自动比对核算核销。自动验证核查，取消传统账册、备案、单耗核销、人工下厂盘库核查等传统监管方式，改为对企业的信息化管理系统和数据共享方式的可靠性进行"穿透式"验证核查，保障自动采集数据与企业生产经营实际相符、真实可靠，实现保税监管环节全数字化智能化监管（对未采用信息化管理系统进行生产经营管理的企业仍采用传统的监管方式），实物监管主要通过进出口环节查检比对完成。上述智慧监管模式可在"管得清"的基础上实现保税货物区内区外自由流转、国内货物自由进出区，在相关货物境内流转环节实现"无感通关""无感监管"，大量减少海关对企业生产经营的人工干预，大幅降低企业制度性交易成本，真正实现"通得快""管得住"，以最具竞争力的"智慧综保区"监管模式促进新时期综保区高质量发展，为全球"自由区"海关监管树立标杆。

（四）智慧融合模式

在《关于推进智慧海关建设深化改革融合的研究报告》中，南京海关认为，目前上对下的情况掌控和实时指导不够有力，业务职能部门和执行部门衔接不上，基层一线执行不到位，跨条线"合成谬误"风险较大，其重要原因是监管作业系统整合、兼容不够，导致监管流程、数据和风险研判割裂。要实现"三应"高效运行目标，必须坚持系统观念推进改革融合，以一体化系统支撑一体化监管，建立集成灵敏高效的智慧海关业务体系。南京海关建议把握科技发展趋势系统性重构监管业务流程，建设智慧海关一体化主干平台。推进监管作业逻辑融合，根据法律法规和业务实践，全面梳理、厘清本源，以实际监管服务场景为单元，推进关检业务制度、流程、要素“无排异”对接，全面优化制度流程。推进系统融合，集成“原关”规范标准和“原检”专业技术优势，以H2018新一代通关管理、新一代查验管理、新一代风险作业等系统为主干，整合、联通信息化系统，让关检业务信息在各个系统内自由流动共享，数据相互验证、风险综合研判、查检结果共享互用，真正实现“一体”“多维”监管。推进知识融合，建立知识库和数据资源库，纳入国内外法律法规、作业质量标准以及疫情疫病、有害生物等风险特征信息，将检验检疫的专家智慧、监管经验转换为数字化模型、嵌入系统，以融合的知识体系和数字化应用夯实智慧监管基础。推进“三应”规范运行，建立一体化职能管理平台，整合行政管理事项和跨部门职能，明确问题清零“一站式”流程作业规则，通过信息化系统规范办理流程、提升运行效能。上述智慧融合模式，可通过标准化建设，推进各业务系统与海关业务主干系统互联互通，倒逼业务环节相互对接、业务流程融为一体；同时将“三应”纳入信息化规范化的办理流程，通过系统集成优化，上下左右迅速响应、有效呼应、及时反应，推进海关业务运行体系更加安全高效、线面互补、上下贯通。

（五）智慧清廉海关

在《关于推进智慧清廉海关建设的研究报告》中，南京海关认为，“三不腐”中“不能腐”是关键，需要“制度+科技”同向发力。目前反腐败制度的“笼子”越扎越紧，但科技赋能应用不足，不少事项未进系统；信息系统流程未能环环相扣；对风险异常做不到精准发现，难以有效支撑制度落实。必须通过智慧海关建设，推进业务全面“进系统、标准化、留痕迹、可追溯、强控制”，源头、实时管控风险。南京海关建议以全面信息化推进智慧清廉海关建设。信息化全覆盖管理，推动尚未信息化的业务全面“进系统”，将制度的刚性要求转化为系统的管理模块，通过系统“开关”逐道环节把关，杜绝“体外循环”。高风险全要素管控，聚焦重点领域解构风险要素，针对自由裁量空间较大、权力寻租风险较高的关键节点设置管控参数，将主观人为因素降至最低，最大限度压缩不规范运行空间。全方位智能监督，构建跨业务领域大数据监督模型，对分散在各领域系统中的数据整合运算、关联分析、印证比对，防止局部领域失真导致廉政自动研判预警失准，实现对人对事的有效监督。上述智慧清廉海关措施，可以有效解决“人盯人”监督效能不高的问题，通过“进系统”“强控制”提前设控、自动预警、及时预判，将风险防范在事前；通过“标准化”最大程度压缩自由裁量空间，将风险防范在事中；通过“留痕迹、可追溯”强化事后监督，全面提升一体推进“三不腐”实效。

（六）智慧海关技术体系

在《关于进一步发挥科技引领支撑作用推动智慧海关建设的研究报告》中，南京海关认为，近年来海关科技应用取得长足进步，但业务与科技融合还不够深入，业务应用架构和技术支撑架构需迭代升级以适应新理念、新技术的发展；信息系统尚未做到工作领域全覆盖；数据资源不够丰富，各领域数据开放共享不足；算力资源较为分散，统筹利用度不高，科技第一生产力的作用发挥不充分，必须着眼海关发展全局，立足数字化智能化转型，从整体上谋划和推进智慧海关技术体系。南京海关建议围绕智慧海关目标、形态、架构、路径，统筹谋划构建智慧海关科技创新生态。优化科技赋能供需协同，充分认识和把握新科技带来的经济社会思维方式和运行方式的深刻变革，以智慧海关理念引领海关监管创新，立足数据驱动、协作共享、场景化系统设计、智能自动，系统性开展业务体系重构、业务流程再造，推动监管模式从“侵入式”监管、实物监管走向顺势监管和数据监管，实现海关职能实现方式的根本性转变。优化智慧海关总体架构，以业务流程重构为基础，引进企业架构方法（EA），以全局视角代替部门视角规划应用架构，以场景视角代替职能视角建设信息化系统，推动科技应用从职能化、“碎片化”走向大场景和全链条，全面构建“大平台、微服务、小终端、富生态”的智慧海关科技运行体系。优化智慧海关业务应用，围绕“云管端”推进集成性科技创新，建设智慧海关一体化、开放式平台，打造一体化智慧监管、内部运行管理、便捷高效公共服务、海关新型社会治理4类业务应用体系，在保持主干系统稳定的基础上，通过开放式应用终端架构，基于用户体验反馈即时优化系统应用，真正实现数字化感知、网络化互联、智能化决策、自动化作业和个性化服务。上述智慧海关技术体系，能够有效推进业务需求侧与新技术创新应用供给侧的对接，通过海关全系统数据聚合、算力耋合，数据驱动流程再造、模式创新，智慧云脑代替人脑，机器代替人力，实现智能自动监管，为建设智慧海关提供有力支撑。

五、启动探索试点，推动成果转化

署领导批示后，南京海关认为，作为海关系统综合性业务大关，又是智慧海关“1+6”课题的首创海关，推动成果转化、率先推进智慧海关建设责无旁贷。围绕署领导批示精神，南京海关对照研究报告相关建议措施逐条梳理，根据直属海关事权和实际情况分类分步推进实施，积极探索试点力争早出成效，为智慧海关建设贡献南京海关经验。经过研究后，初步明确36个成果转化的项目，其中争取海关总署同意后试点的项目16个，关区权限范围内具备条件的项目19个，虽属关区权限但暂时不具备条件的项目1个。南京海关逐项明确项目主办、协办部门，纳入关区重大事项督办，每月向关党委汇报进展情况，力争尽快落地实施、取得突破。各牵头部门加强和海关总署司局对接，争取将南京海关研究成果更多地纳入海关总署的研究报告，同时了解海关总署推进意向，并提出细化方案和工作建议，争取更多项目加快落地试点。在推动改革创新的同时，围绕智慧海关建设方向、目标路径、前期探索成效和下一步突破举措等，向南京海关关区全面深入介绍研究成果，推动关区凝聚共识、集中力量，加快智慧海关建设。

南京海关办公室提供资料
南京海关关史办整理

南京海关设立集中审像中心提升机检查验效能

南京海关关区江海岸线交汇，交通网络纵横。截至2022年年底，关区分布水运口岸17个、空运口岸9个、海关监管作业场所301个、特殊监管区域21个，进出口企业20余万家，每天对大量的进出口集装箱、运输工具、货物进行通关监管。

从2001年起，南京海关陆续在9个隶属海关安装了H986大型集装箱检查系统（简称“H986”）进行机检查验，采用X射线辐射成像技术，对进出境集装箱、运输工具、货物等扫描成像，通过分析机检图像判断货物与申报是否相符、是否有暗格及违禁品等。

2018年4月，原江苏出入境检验检疫局职责和队伍划入南京海关后，海关监管职责更多，监管范围更广，监管链条更长，全面深化改革、落实总体国家安全观、维护国门安全任重道远。集约化、智能化、专业化成为有效提高查发能力、提升监管效能的必由之路。面对新的形势和要求，南京海关党委提出实现集装箱/车辆检查设备充分应用与集约化管理，以进一步提升关区机检查验管理效能、提高审像作业风险防控能力。为此，2019年8月14日，南京海关成立集中审像中心，建立直属海关层面的集中审像专业人员队伍和机构，将关区9个海关的H986设备进行联网，以图像远程传输、远程分析和远程监控查验的方式，对机检图像实行专业化审像，实现关区机检图像的集中研判。通关过程中，只要在审像系统作出正常放行的结论，数据信息会立刻自动写入海关查验系统，触发放行指令。如通过审像发现疑点，在图像上作出标注，转人工查验。在H986设备配置现场及人工查验现场的查验人员，通过无线设备查阅机检图像和标注，依法开展人工查验作业，对进出口货物进行现场核查，确定商品的归类、价格、原产地等，既提高了查验精准度，又加快了放行速度，帮助企业节省了时间和资金成本。

南京海关集中审像中心（简称“集中审像中心”）成立之后，始终以“坚守国门安全，主动服务发展”为目标，贯彻落实党和国家的大政方针，执行海关总署和南京海关的各项政策、规定，在落实总体国家安全观、打击固体废物走私、抗击新冠疫情、保障进出口货物顺利通关、促进外贸发展等方面取得较好成绩。集中审像中心从成立到2022年年底的3年多时间，共审核关区机检图像32万幅、折算标箱超过54万箱，涉及报关单6.7万票。通过集中审像转现场人工查验，查获固体废物、危化品、濒危动植物及其制品、进出口夹藏等情事超过650票，金额超过3.92亿元人民币。

查获禁止进口固体废物共计3206.47吨，严厉打击了进口固体废物走私。介绍集中审像中心工作的稿件《科技赋能智慧监管，南京海关集中智能审像促进通关提效增速》分别被海关总署门户网站、“学习强国”和《中国国门时报》刊载。

▲2022年10月3日，南京海关集中审像中心关员加班核验口岸进出口集装箱机检查验图像（徐欣　摄）

一、建章立制　科学设岗

南京海关综合人才队伍、风险防控、地理交通、硬件网络、生活保障等多个因素，将集中审像中心设立在金陵海关。集中审像中心建成伊始，就将统一、规范关区的机检审像查验操作作为第一要务，制定了《南京海关集中审像中心运行工作机制》《南京海关集中审像中心工作规范》《南京海关集中审像中心岗位设置及工作职责》等规范性文件，优化关区集中审像作业流程、细化审像岗位职责。

集中审像中心设立多个岗位，涉及机检审像、协调处置等，主要负责以下几项工作：一是对南京海关的机检图像进行研判分析并出具结论；二是针对先期机检业务联系对接各现场并处置相关风险信息；三是协调关区H986设备系统运行管理、数据安全管理、授权管理、日常技术检查、维护以及与技术部门的联系配合；四是建设关区商品图像库、管理图像资料、承接创新研究课题等。

集中审像中心的成立，改变了之前关区各海关机检查验各自为战的局面，便于统一执法标准，提高审像作业规范性；便于集中讨论，共商会诊，提高查发能力和精准度；便于审像水平的整体提高，培养专业审像人才队伍；便于提高审像效率，节省业务一线人力资源，减少隶属海关的工作压力。

二、科技赋能　智慧监管

集中审像中心成立后，从以前关区机检审像工作完全依赖审图关员经验和技能的传统做法，转变为借助科技力量，向“智能审图”要效能，提高了审图作业效率。海关智能审图系统，是指基于人工审图历史经验，利用人工智能技术对海量机检历史图像及对应的货物、物品信息的自主学习，形成对H986、CT检查设备的机检扫描图像实施自动识别的智能化系统。该系统可独立或者结合货物、物品、运输工具等相关信息，对相应机检扫描图像进行自动识别和提示，辅助人工进行图像判别，并通过不断优化，逐步实现机检图像分析“机器代人”。

集中审像充分发挥了“智能审图”的高速、准确的优势，将每一幅机检图像均通过“智能审图”进行初判。南京海关关区目前“智能审图”初判平均用时在4秒以内，对“智能审图”有效识别和判断无误的图像，审像关员快速审核，实现查验现场无感“秒放”；对智能审图明确有嫌疑或无法判断的图像进行重点审核，充分发挥审像关员的工作经验和主观能动性，提升查发效能。

集中审像中心积极参与海关总署“智能审图”建设，推动关区机检审像智能化水平提升。2022年，参与海关总署智能审图扩大试点和“智能审图＋大数据”试点工作。通过试点测试，关区“智能审图”有效识别商品已覆盖关区85%以上的进出口机检查验货物。关区的纯机检直放率达到90%以上，平均审像时间压缩在100秒/幅以内。

至2022年年底，集中审像中心向海关总署报送南京关区常见有效识别商品38批次，共涉及关区常见商品62类，报送智能审图查获典型案例96起，上报海关总署典型查获案例3例，参与海关总署智能审图专家组集中工作3次，网上集中工作3次。2020年11月参加海关总署2021—2023“智能审图”发展规划的设计及“智能审图”已完成项目的评审工作。

三、先期机检　提速增效

2020年3月，南京海关进行进出口集装箱货物先期机检试点工作，将“过机查验”嵌入进出口货物正常的物流运转链条，实现“顺势监管”，从而减少口岸集装箱吊箱和短驳的频次，进一步降低企业的通关时间和经济成本，并于当年推广到关区所有配有H986的口岸。

传统模式下，进口货物到港后如需要查验，要将集装箱从前沿堆放区移动到查验区，查验放行后方能提离。在“先期机检”新模式下，进口货物有机检查验要求的，卸船后顺势经过码头前沿的先期机检设备进行大型集装箱检测设备过机留图，实行非侵入式筛查，通过“智能审图”系统快速研判，无风险即可迅速办理通关放行手续。这一过程可以压缩通关时间，降低企业成本，提升监管效率。

先期机检试点，平均每个集装箱减少吊箱2次、短驳2次，节约费用600元。2020年、2021年、2022年先期机检量分别为1.1万、1.3万、1.6万自然箱，合计减少企业物流成本、码头作业成本2400万元。该项举措被《中国国门时报》等媒体报道。

2021年1月，集中审像中心和常熟海关合作，探索扩大机检适用范围，充分利用大型集装箱检测设备检查货物夹藏、探测放射性的便利性，以少干预、不中断物流为原则，将部分散货纳入机检范围。查验前置的优势十分明显，一方面将“过机查验”嵌入企业物流运转链条，实现“顺势监管”，进一步压缩企业的通关时间和成本；另一方面通过“集中审像”进行提前研判，减少人货接触可能，降低外来物资传疫风险，同时进一步提升对散货的监管效率。

四、集约化作业　效能凸显

集中审像中心运作后，顺利承接了以前10个机检科的全部机检审像工作，年均审像量达10万幅。

从集中审像中心成立到2022年年底，通过集中审像转现场人工查验实现各类查获650票，包括无证到货废旧金属、杂质超标进口废纸、申报不实等。

2019年12月，连云港海关查获出口货物夹藏废旧摩托车6辆。

2020年，扬州海关查获品名为“玻璃纤

维”“玻璃碎丝”的固体废物，涉及持续2年在南京、重庆、成都等关区走私进口固体废物企业2家，涉嫌走私废物1500吨，移交案件线索形成海关总署挂牌案件；连云港海关查获申报普通货物及其他化学品中夹藏危险化学品情事；连云港海关、南通海关查获进口普通货物夹藏葡萄酒、刀具，出口旧服装、健身器材中夹藏金属模具、钢丝等多起；泰州海关查获关区首例出口普通货物中夹藏优质水稻种子违规情事。

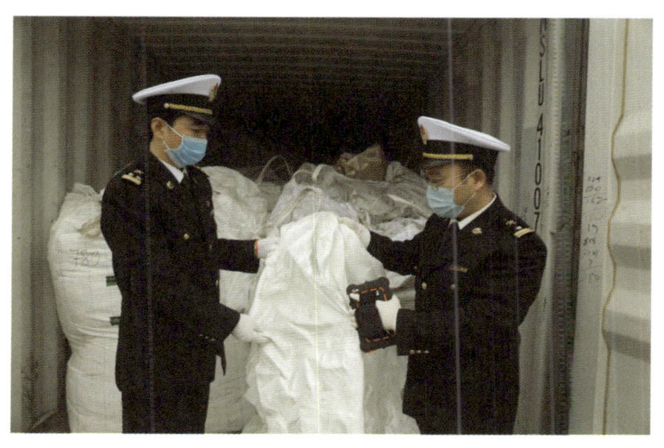

▲2020年3月13日，扬州海关查获品名为“玻璃纤维”“玻璃碎丝”的固体废物（葛天同 摄）

2021年1—3月，连云港、新生圩、扬州海关查获申报品名为电冰箱散件、洗衣机等家用电器散件，实际货物为塑料粒子、一般化学品、危险化学品、金属原材料及其他原材料形态货物，涉及4家企业3个口岸共715吨出口货物。集中审像中心经过总结分析，形成全国行业性预警报告，严格规范了进出境申报。连云港海关查获废旧面包车1辆；常熟海关查获关区首例进口再生纸浆中夹藏大量土壤情事。

2022年，新生圩海关查获玳瑁、海龟、鹦鹉螺等濒危野生动物及其制品。太仓海关查获品名为“硝酸”的货物，为目录内危险化学品，未向海关报检，涉嫌逃避检验，已做立案处理；太仓海关查获由锂电池驱动的电动自行车，属于9类危险货物，无法提供使用鉴定单，已做立案处理。扬州海关查获品名为“再生纸浆（块状）”的货物，经实验室检测为固体废物。

五、抗击疫情 高效保障

集中审像中心关员在做好自身防护的基础上，克服困难坚持每日上岗审像，集中审像不停、关区机检查验业务不断，确保口岸机检查验业务质量不打折扣，先期机检、机检辅助、辐射提示等业务均正常有序开展。努力提速增效，加班加点坚持机检图像当日审结，实现疫情期间物流顺畅、监管高效。2021南京禄口机场“720新冠疫情”及2022年四五月份江苏省新冠疫情最严重期间，集中审像中心共审核图像3.6万幅，涉及报关单6525票，折算标箱超过7万箱，有力支持了部分静默城市海关查验的顺利开展和物流正常运转。2022年，太仓、常州、南通、连云港等城市先后静默，通过集中审像，疫情发生地区海关95%以上的进出口机检查验集装箱实现直接放行，降低疫情发生地海关现场查验关员工作量，避免因疫情而产生集装箱滞港情况，有力支持疫情发生地海关的抗疫和外贸发展。

六、加强协作 提高效能

南京海关集中审像中心增强与南京海关职能部门沟通，及时学习掌握上级部门布控查验的重点和要求，不断迭代更新审像关员对于进出口货物风险尺度的把控。同时将现场的典型查获、高频次查获及时反馈上级职能部门，供上级部门及时调整布控策略，有效防控业务风险。

集中审像中心强化与各业务现场的紧密联系、高速响应，掌握查验现场的困难和需求，协助业务现场解决实际困难，实现审像中心与查验现场的“零距离”高效协作。集中审像中心成立后，帮助业务现场联系海关总署、南京海关零延时解决异常数据 5000 余条，排查嫌疑图像 6000 多幅，有效保障了口岸查获工作的高效运转。鼓励各查验现场提升对 H986 集装箱检查设备的使用效率，鼓励人工查验时遇到“掏箱难”、“有嫌疑”的集装箱时，通过“机检辅助”提升人工查验效率。同时通过 H986 自带的辐射探测数据对现场查验关员进行辐射超标提示。

集中审像中心通过建立图像资料库、组织关区审像人员“轮战”、集中讨论、交流学习等方式，轮训关区 19 批次 38 名机检查验人员，发现业务能手，培养新生力量，锻炼出一支专业力量较强的关区集中审像队伍，并向海关总署推荐 2 人成为全国海关机检查验智能审图青年专家。

集中审像中心完成南京关区机检查验培训班教材《基础知识、辐射防护及集中审像系统》《典型图像、查发案例及相关文件规定》的编撰工作，完成关区常见进出口货物图像搜集整理和关区典型查获图像库及查获实物的搜集整理，并编写成教材《常见货物典型图像集》供关区机检查验人员学习培训使用。

七、“制度＋科技” 防范风险

集中审像作为海关查验工作的重要一环，防范好业务风险和廉政风险是一切工作的基石。南京海关集中审像中心通过“制度＋科技”实现了集中审像工作的高效廉洁。集中审像中心接收到现场海关的机检图像完全随机派单，操作系统自动留痕。在此基础上，专门设立机检业务协调处置岗，专人专岗进行跟踪，负责审像质量，定期查询系统做好记录和统计。坚持机检图像随机复核和科长抽核制度，复核抽核图像 2.5 万幅，有效防范业务风险和廉政风险。同时建立重大查获反馈机制，要求各业务现场将查验重大查获结果第一时间及时反馈南京海关口岸监管处和集中审像中心，确保查验不打折扣要求有效落实。强化审像关员对重点企业、热点商品、敏感航线的认识和掌握，实现关员在做业务中多一份思考、少一点风险。通过建立现场海关与集中审像中心预约加班制度有效回避集中审像中心工作人员与企业的联系，有效降低廉政风险。企业要求加班审像等事项必须通过向现场海关申请，现场海关在接到企业申请同意后，向集中审像中心申请加班审像，回避集中审像中心工作人员与企业的直接接触。

撰稿人

徐　欣　宋　爽

第三篇

大事记

2022 年南京海关大事记

1月

1 日 苏州工业园区海关签发全国首份中柬自贸协定项下原产地证书。

5 日 南京海关工业产品检测中心论文《可分离纺织染整助剂中同分异构体的氯化苯与氯化甲苯的研究》获中国出入境检验检疫协会“第四届检验检测实验室分析仪器新技术研讨暨 2021 年度科技论文征集”一等奖。

南京海关全面启用海关总署核辐射探测应用系统升级版功能模块，常州海关完成南京海关关区首票海关总署核辐射探测应用系统核辐射报警数据处置。

6 日 南通海关法治文化基地、张家港海关科普基地获评“省级法治文化建设示范点”。

7 日 南京海关昆山自行车及童车技术性贸易措施研究评议基地正式获海关总署批准设立，该基地为江苏省首家国家级技术性贸易措施研究评议基地。

9 日 苏州海关驻虎丘办事处与苏州高新区枫桥街道共同打造的江苏省首个“关地合作网络化服务创新示范点——枫企心桥信息化平台”获评第十四届新华高峰会暨苏企担纲江苏经济高质量发展大会“我为群众办实事”优秀案例。

11 日 苏州海关保障首列“苏州—万象”中老国际货运班列开行。该班列自苏州始发，经磨憨口岸出境至老挝万象车站，装载集装箱 30 个，主要产品为液晶显示器、无线基站信道收发单元、汽车零配件等，货重 258.60 吨，货值 5000 万元。

12 日 南通海关蒋政获第二届“江苏最美退役军人”称号，苏州海关嵇世华获第二届“江苏最美退役军人”提名。

14 日 南京海关机关，金陵海关、苏州海关、无锡海关、南京禄口机场海关、新生圩海关、江阴海关、连云港海关、南通海关、张家港（金港）海关、镇江海关、常州海关、徐州海关、盐城海关、淮安海关、扬州海关、泰州海关、宿迁海关、靖江海关、如东海关、启东海关、太仓海关、常熟海关、昆山海关、吴江海关、宜兴海关，南通海关驻海门办事处、南京海关轻工产品与儿童用品检测中心等 29 家单位获评江苏省精神文明建设指导委员会“2019—2021 年度江苏省文明单位”。

18 日 南京海关特殊区域监管模式改革“联网管理标准化记账业务”试点正式落地徐州综合保税区。

19 日 常州海关完成 1 月 8 日我国对新型冠状病毒感染实施新政策后南京海关关区首艘

国际转国内航线运营船舶卫生检疫监管工作。

南京禄口机场海关完成首架“接返”包机入境保障工作，该包机来自俄罗斯符拉迪沃斯托克，19时40分落地，201名旅客和16名机组人员完成通关入境手续。

21日 南京海关“扫黄打非”工作获江苏省“扫黄打非”工作领导小组通报表扬。金陵海关驻邮局办事处获评“2021年江苏省‘扫黄打非’先进集体”，南京海关监管处韩师培、金陵海关陈鑫、苏州海关尤军、无锡海关张振宇获评2021年江苏省“扫黄打非”先进个人。

24日 南京海关全体党委委员参加2022年全国海关工作会议、全国海关全面从严治党工作会议。

25日 江苏省政府副秘书长黄澜在南京海关二级监控指挥中心连线指导南京禄口机场航班检疫工作。

南京海关党委纪检组组长段青云参加2022年全国海关纪检监察工作会议。

南通海关科普作品《拦截“隐形杀手”》获评全国优秀科普微视频。

26日 南京海关召开2022年关区工作会议、全面从严治党工作会议。南京海关党委书记、关长吴海平作题为“强化政治建关 坚持稳中求进 推动再立新标杆、再创新辉煌谱写新篇章”主题讲话。

南京海关副关长葛燕峰受邀通过视频连线方式参加驻华海关专员联络机制2022年度会议暨国际海关日活动。海关总署副署长王令浚致辞，并为在落实“三智”理念、深化海关国际合作中表现突出的中国海关关员代表颁发由WCO签发的年度特别贡献荣誉证书。南京海关办公室（党委办公室）主任胡克宏受到表彰。

27日 江苏省省长许昆林在南京海关调研。

2月

1日 《区域全面经济伙伴关系协定》（RCEP）对韩国生效实施。新生圩、扬州海关分别办理首票享惠进口和首份出口签证，盐城海关辖区企业出具首份原产地声明。

8日 江苏省政府副秘书长、省打私办主任黄澜在南京海关分会场参加全国海关缉私工作会议暨全国打击走私综合治理办公室主任会议。

10日 太仓海关保障全国首票RCEP项海运进口鲜活水产品进口。

13日 南京海关首次检出入境船员呼吸道标本中奥密克戎变异株，确认为新冠病毒VOC/Omicron变异株（BA.2进化分支）。

14日 连云港海关审核通过南京海关关区首票过境运输无纸化申报，该项改革正式落地南京海关。

17—18日 南京海关相关实验室代表中国RCL（WCO地区海关实验室）参加第17届WCO区域组织全球会议（视频会）。

22日 苏州工业园区海关通过新系统向海关总署数据中心发送2票单证并结关，成为全国首批应用2020版报关单系统的海关。

新生圩海关保障“江苏号”中老铁路（南京—万象）国际货运列车中粮专列开行。该班列自南京始发，经云南磨憨铁路口岸出境至老挝万象南站，货物主要为中粮集团生产、服务老挝地方企业的食品包装材料，货值约412万元。

23日 南京海关监管处王炜获评全国“扫黄打非”工作小组“2021年全国‘扫黄打非’先进个人”称号。

3月

1日 南京海关办公室获评国务院办公厅2021年度全国信息工作先进单位、海关总署办公厅2021年全国海关政务信息先进单位；苏州工业园区海关办公室获评海关总署办公厅2021年全国海关互联网信息先进单位；南京海关办公室张聪、南通海关缪培培获评全国海关政务信息先进个人，南京海关办公室蔡昕延获评全国海关互联网信息先进个人。

南京海关办公室获评“2021年度江苏省政务信息工作先进单位”，王茜获评“2021年江苏省政务信息工作先进个人”，南京海关政务信息稿件《南京海关反映国际船舶压港对企业和市场影响凸显》获江苏省办公厅通报表扬。

2日 南京海关办公室获评江苏省委办公厅“2021年度优秀信息工作单位”。南京海关统计处稿件“上半年我省外贸进出口增速低于全国原因分析”获评优秀信息；南京海关办公室邹殳葳获评“信息工作先进个人”。

4日 南京海关查办案件“金陵海关2021年在邮递出境渠道查获侵犯‘AKG’商标权的耳机案”入选2021年江苏省网络市场十大典型案例。

4—25日 南京海关派员参加世界海关组织协调制度委员会第69次会议。

7日 南通海关蒋政入选第七批全国岗位学雷锋标兵。

8日 苏州工业园区海关工作获江苏省委常委、苏州市委书记曹路宝批示。

10日 南京海关促进消费工作获江苏省主管部门通报肯定。

14日 南京海关获评江苏省禁毒委员会“2021年度禁毒工作优秀成员单位”。

16日 南京海关副关长葛燕峰在江苏省政府参加东盟—中日韩（10+3）产业链供应链合作论坛暨东亚企业家太湖论坛组委会会议。

17日 南京海关进出口食品安全处获江苏省“全省食品安全工作先进集体”称号，南京海关动植物与食品检测中心张晓燕、金陵海关驻江北办事处叶露、南通海关颜桂阜、镇江海关陈桐、盐城海关薛文杰5人获江苏省“全省食品安全工作先进个人”称号。

22—25日 南京海关组织关区参加世界贸易组织卫生与植物卫生措施（WTO/SPS）委员会第82次视频会议。

31日 南京禄口机场海关投入试运行“旅客自助扫码测温通行”系统。

4月

1日 南京海关通过出区焚烧方式，组织销毁《海关综合保税区管理办法》正式实施后首批综合保税区内因过期霉变等原因无法退运和内销的1.56万瓶葡萄酒、240份固体饮料、40千克马铃薯淀粉等货物。

8日 太仓海关签发《中国—新西兰自贸协定升级议定书》生效后南京海关关区首票中新原产地证书。

15日 国务委员、公安部部长赵克志签发嘉奖令，通令嘉奖苏州海关与苏州市公安局联合侦办的张某等走私贩卖麻精药品系列案件。

19日　南京海关起草的4项国家标准获江苏省首届标准创新贡献奖。分别为常州工业及消费品检验有限公司起草的《绿色产品评价　涂料》（GB/T 35602—2017）获项目奖二等奖，南京海关动植物与食品检测中心起草的《食品安全国家标准　除草剂残留量检测方法　第4部分：气相色谱—质谱/质谱法测定　食品中芳氧苯氧丙酸酯类除草剂残留量》（GB 23200.4—2016）等3项标准获项目奖三等奖。

24日　“苏州海关邮递渠道查获多品牌侵权物品案”入选2021年中国海关知识产权保护典型案例，为南京海关连续第八年获评海关总署典型案例。

南京海关发运首票“铁路快速通关”模式出口货物，搭乘徐州中欧班列在霍尔果斯口岸通关出境，发往哈萨克斯坦，货物为塑料画框线条，价值35.88万元，货重18.40吨。

27日　泰州海关才洪美获评江苏省妇女联合会“2021年度江苏省三八红旗手”。

28日　扬州海关驻扬州港办事处获评全国总工会“全国工人先锋号”。

南京海关动植物与食品检测中心牵头承担的“十三五”国家重点研发计划“国家质量基础的共性技术研究与应用”重点专项“兽用生物制品及检测试剂质量评价标准研究”项目通过综合绩效评价。

29日　海关总署政治部主任、党委委员许大纯视频连线基层党支部联系点苏州海关驻虎丘办事处监管二科党支部。

5月

5日　金陵海关团委获评“江苏省五四红旗团委”，新生圩海关朱非获评“江苏省优秀共青团干部——团支部书记专项”，苏州海关柳承熙获评“江苏省优秀共青团员”。

6日　南通海关团委获评江苏省“省级机关五四红旗团委”，太仓海关团支部获评“省级机关五四红旗团支部”，南京海关缉私局胡一楠获评“省级机关优秀团干部”，徐州海关关天婧、苏州海关缉私分局孙文秀获评“省级机关优秀共青团员”。

7日　金港海关完成南京海关关区首票特殊监管区域“口岸直提”业务。

10日　“南京海关缉私局成功从越南缉捕一名外逃走私犯罪嫌疑人”等信息获海关总署党委书记、署长俞建华和副署长王令浚批示。

13日　泰州海关高玲获2021年度全国学雷锋志愿服务“最美志愿者”称号。

16—19日　南京海关牵头完成海关总署动植物检疫能力提升工程相关工作，广州海关、上海海关、宁波海关、深圳海关等相关专家参与。

19日　南京海关动植物与食品检测中心正式挂牌江苏省体育局青少年训练与反兴奋剂管理中心“食品检测指定实验室”。

20日　南京海关保障关区首列铁路“快速通关”专列出境。班列自徐州货运中心铜山站发出，从霍尔果斯口岸出境，目的地乌兹别克斯坦，装载徐工集团挖掘机、压路机等工程机械，货重978.37吨，货值约2841万元。

21日　盐城大丰港和上海洋山港开通“联动接卸”监管模式，首票“联动接卸”监管模式下出口集装箱货物从盐城大丰港启运。

23日　南京海关动植物与食品检测中心杨晓军家庭、吴江海关闫自庚家庭分别获评江苏省妇女联合会江苏省“五好家庭”、2021年度江苏省“最美家庭”。

镇江海关张帆获评江苏省精神文明建设指导委员会办公室“抗疫中的江苏好人”。

24日　南京海关关区首票“离港确认”联运中转货物完成转关。该票货物目的港为南京龙潭港，货物从宁波北仑港进境，“离港确认”模式转关申报，经系统审核后自动放行，转关办理时间压缩至1小时以内。

25日　南京海关在常州承办非洲法语国家市场监管和知识产权官员线上研修班，突尼斯和马里16名知识产权官员参训。

28日　南京海关关区首票市场采购中欧班列开行。该班列自徐州启运发往乌兹别克斯坦，开辟市场采购贸易新业态“一带一路”物流新通道、“中欧班列+”新业态取得新发展。

31日　南京海关在入境交通工具上截获输入性活鼠3只。

6月

1—2日　无锡海关完成南京海关关区首次监管作业场所新冠病毒环境监测。

6日　南京海关缉私局联合地方公安开展打击走私、骗取出口退税、洗钱专项打击行动。

7日　南京海关综合处党支部获评2021年度江苏省级机关“服务高质量发展先锋行动队”十佳党支部。

南京综合保税区（龙潭片）完成南京海关关区首票跨境电商网购保税进口（1210）商品与国内货物同包同车集拼出区。

南京海关关区首票“非保税转保税”货物不过卡直转业务在徐州落地。

9日　南京海关获省部级科技奖励12项。获评海关总署首次科技成果评定10项，其中主持获得二级成果3项，三级成果5项，参与获得一级成果1项，二级成果1项。获系统外省部级奖励2项，其中主持获得公安部优秀奖1项，参与新疆维吾尔自治区科技进步二等奖1项。

10日　南京海关关区19人获评江苏省“333高层次人才培养工程”第三层次培养对象。

太仓海关保障江苏口岸首票“离港确认”模式进口货物放行。

13日　江阴海关开具5月31日《海关总署关于规范出具企业信用状况证明有关事项的通知》实施以来南京海关关区首票企业信用状况证明。

15日　南京海关在常州承办“发展中国家进出口食品安全监管官员研修班”和“发展中国家动植物检疫官员研修班”，均采用线上培训方式，蒙古国、埃塞俄比亚、斯里兰卡、老挝、乌拉圭、牙买加、柬埔寨、约旦等发展中国家13名食品安全监管官员和18名动植物检疫官员参训。

南京海关联合江苏省商务厅、中国国际贸易促进委员会江苏省分会共同打造的“FTA智慧应用公共服务平台”正式上线。

23日　南京海关无纸化应用支撑平台项目组获海关总署2021年度工作表现突出集体二等功。

7月

1日　南京海关动植物与食品检测中心申报的“船舶压载水管理系统生物性能测试指示性微生物检测规程”获2022年度江苏省地方

标准项目立项。

4日 南京海关整体通关时间实时查询系统正式上线。

6日 南京海关承办海关总署主办的澜湄国家海关通关效能提升线上培训班和澜湄国家农产品贸易发展能力提升线上培训班，为期14天，中国、越南、柬埔寨、缅甸、泰国113名代表参加培训和研讨。

南京海关参数中心申报署级加贸参数获批，成为除海关总署托管的黄浦海关外，全国首个为金关二期系统提供署级风险参数的直属海关。

南京海关动植物与食品检测中心科研项目“基于新型纳米材料的口岸检疫重要疫病的阻断防控技术研究”获2022年度江苏省重点研发计划现代农业项目立项。

7日 南京海关在常州承办商务部主办的发展中国家食品安全和健康研修班。埃塞俄比亚、斯里兰卡、柬埔寨、老挝、牙买加、乌拉圭、蒙古国21名学员参加为期14天的培训和研讨。

8日 苏州海关人事政工处组织宣传科科长杨星辉获评海关系统“党务之星”。

无锡、昆山、张家港、苏州、连云港、泰州、金陵海关7家单位获评江苏省科普教育基地，有效期2022—2026年。

11日 江苏省委书记吴政隆在南京海关调研。

南京海关关区多个党支部获评2022年度全国海关党建示范（培育）品牌。连云港海关驻港区办事处运输工具监管一科、二科党支部“桥头堡卫士”获评全国海关党建示范品牌，苏州海关驻虎丘办事处监管二科党支部“丝路卫士”获评全国海关党建培育品牌；镇江海关物流管理科党支部“七民”支部、无锡海关驻机场办事处党总支“翼展党建平台”、南通海关特殊区域管理二科党支部“江海保税先锋号”、南京禄口机场海关旅检一科党支部“建‘三同’支部 做忠诚卫士”通过全国海关党建示范品牌复核，苏州工业园区海关驻唯亭办事处查检科党支部“查检先锋”通过全国海关党建培育品牌复核。

南京海关起草的《出口食品中食源性致病菌快速检测方法 PCR—试纸条》等22项SN标准经海关总署审核通过后正式发布。

12日 南京海关召开2022年关区年中工作会议。南京海关关长、党委书记吴海平作讲话。

13日 南京海关联合深圳海关破获1起走私半成品笔记本电脑大案，案值3.10亿元。

14日 苏州工业园区海关驻娄葑办事处统计分析科获“2022年度江苏省巾帼文明岗”称号，扬州海关陈洁获“2022年度江苏省巾帼建功标兵”称号。

18日 南京海关关区首起行政诉讼督办案件一审胜诉，该案涉及海关固体废物执法。

20日 南京海关保密宣传作品获全国“保密故事大家讲”主题讲述活动“保密故事优秀讲述人”奖项。

昆山海关完成南京海关关区首批综合保税区内外企业集团成员间设备结转业务通关。

22日 南京海关副关长蒋原参加动植物与食品检测中心“江苏省重点研发计划”项目启动会暨该中心与南京农业大学动物医学院研究生联合培养基地授牌仪式。

25日—8月8日 南京海关完成2022年网络安全攻防实战演习任务。

26日 徐州海关保障“徐州—蒙古国乌

兰巴托”中欧班列线路首次开行，装载100标箱，货重440吨，主要商品为摩托车、铝制易拉罐等，该线路全程约2540千米。

28日 南京海关2022年首起再审案件胜诉。

29日 徐州海关保障“江苏号”班列新增徐州至越南河内出口新线路首次开行，装载72标箱、货重103.36吨，主要商品为玻璃制品、花泥、母婴用品等，该线路全程约2980千米。

8月

2日 南京海关洪颖研究员专利项目“一种便携式重金属离子快速检测装置及应用方法”获第二十三届中国专利奖优秀奖，为海关系统唯一获奖专利。

3日 海关总署政治部主任、党委委员许大纯在南京海关调研。

4日 海关总署政治部主任、党委委员许大纯在金陵、南京禄口机场海关调研。

8日 南京海关获海关总署“中国入世20周年：全球经贸治理与中国海关贡献”征文一等奖2个、二等奖3个、三等奖2个，并获评优秀组织奖。

9日 江苏省副省长方伟在南京海关调研。

10日 海关总署缉私局副局长、全国打击走私办公室副主任李云龙在南通出席1101缉私艇入列暨首航巡查仪式。

盐城海关联合地方公安部门在盐城市滨海县开展打击毒品走私查缉行动，抓获犯罪嫌疑人1名，查明犯罪嫌疑人王某为实施猥亵他人非法目的，走私进境含有γ-羟基丁酸的液体13.85克、阿普唑仑片剂1.31克。

嘉兴海关、青浦海关、吴江海关、嘉善县人民政府联合举办首届长三角生态绿色一体化示范区国门生物安全科普展。

南京海关常州承办“发展中国家原产地管理研修班”，线上方式，为期14天，厄瓜多尔、埃塞俄比亚、冈比亚、约旦、塞舌尔、乌兹别克斯坦6个发展中国家43名官员参训。

昆山海关借助南京海关辅助系统完成南京海关关区首票生产型企业工单账册核销。

18日 连云港海关立案侦办唐某某走私新型合成毒品γ-羟基丁酸案，抓获犯罪嫌疑人1名，现场查扣γ-羟基丁酸7瓶，其他迷药7片，电脑1台。

镇江海关立案侦办河北某科技有限公司伪报价格走私美瞳镜片案，案值约500万元。

南京海关在常州承办发展中国家进出口农产品检验检疫技术人员研修班，线上方式，为期30天，埃塞俄比亚、斐济、肯尼亚、南非、乌兹别克斯坦等11个发展中国家27名官员参训。

19日 苏州海关完成南京海关关区首本工单核销账册（金关二期版）核销作业。

22日 泰州海关办结稽查改革以来南京海关关区首起涉检主动披露作业。

23—24日 海关总署副署长王令浚在南通海关调研，其间，会见南通市委、市政府主要负责同志。

24—25日 海关总署副署长王令浚在张家港海关调研，其间，会见张家港市委、市政府主要负责同志。

25日 南京海关缉私局开展打击逃避商品检验出口肥料用氯化铵专项行动，截获出口法定检验检疫商品肥料用氯化铵225吨，初步查证涉案货物数量6万余吨，案值约1.20亿元。

太仓海关在入境船舶携带病媒生物中检出沙门氏菌，为南京海关关区近5年来首次在入境船舶携带蝇类中检出致病菌。

9月

8日 南京海关营商环境改革事项推进情况获江苏省主管部门通报肯定。

9日 江苏省政协副主席、民建江苏省委主任委员洪慧民在南京海关数据分中心考察调研。

南京海关派员参加WCO协调制度委员会第70次会议，常州海关刘静作为中国海关代表之一参会。

15日 连云港海关取得南京海关关区复查复验工作首例查获成效。连云港海关在连云港口岸货运渠道复查复验1批出口日本桐木拼板货物，开展未布控商品随机检查，发现部分“桐木拼板”宽度、厚度不符合归类标准。经确认，该部分商品为桐木板，共计25.30立方米。

南京海关在常州承办发展中国家海关贸易便利化研修班，线上方式，为期14天，博茨瓦纳、古巴、埃塞俄比亚等11个发展中国家36名官员参训。

16日 南京海关参加2022年江苏省“全国科普日”启动及颁奖仪式。4部科普视频获优秀影视作品类一二三等奖，其中：一等奖《国门安全无小事》（无锡海关）、《绿色的脉动》（南通海关）；二等奖《“蚊”所未闻的事儿》（南京海关）；三等奖《保健食品知多少》（宿迁海关）。

盐城海关侦办的“DM”走私国家禁止进出口货物案大幅扩案，由立案时氢氧化钠135吨扩至氢氧化钠644吨、硫化钠4.10万吨。

19日 昆山海关实施海关总署稽查改革以来南京海关关区首个跨关区稽查行动。

20—21日 南京海关参加江苏省第五届科普讲解大赛，7名选手全部获奖。昆山海关刘慧获一等奖，并获2023年全国科普讲解大赛参赛资格；苏州海关夏振邦获二等奖；如皋海关丁伟、张家港海关刘彦获三等奖；泰州海关王晓萍、金陵海关吴明明、连云港海关李雁宁获优秀奖。

22日 南京海关首次查获大批量违规邮寄进境的台湾邮票，没收违禁邮票8545张。

23日 南京海关缉私局情报技术处获公安部新一轮“全国公安机关执法示范单位”荣誉称号。

27日 南京海关缉私局侦查处徐娟作为海关缉私系统唯一代表获评2022年“最美基层民警”。

27—29日 南京海关党委召开理论学习中心组（扩大）学习会，专题学习习近平总书记在省部级主要领导干部“学习习近平总书记重要讲话精神，迎接党的二十大”专题研讨班上重要讲话精神。

29日 靖江海关开展南京海关关区首次入境船舶登临检疫无接触检疫模式试点工作。

30日 江阴海关立案侦查1起涉嫌走私普通货物案，现场查获涉案船舶2艘，查扣走私入境煤炭4000余吨，抓获犯罪嫌疑人20余人，案值1350万元。

10月

1日 南京海关17个水运口岸、5个内河口岸和上海海关全面开通转关“离港确认”模式。该模式可大幅缩短转关办理时间，优化口岸营商环境。

9日　徐州淮海国际陆港内河港双楼作业片区进境肉类指定监管场地获海关总署正式批复并对外公告。

10日　南京海关落地实施市场采购贸易小额小批量出口检验检疫自动审单、快速签发电子底账模式。

12—13日　南京海关在常州承办“发展中国家出入境卫生检疫官员研修班”和“‘一带一路’沿线国家生物安全防控能力建设官员研修班”，均线上方式、为期14天，埃塞俄比亚、赞比亚、南苏丹共和国、埃及、柬埔寨、老挝、斯里兰卡7个国家38名官员参训。

13日　苏州海关在跨境电商寄递“异宠”综合治理专项行动中首次截获活体异宠，查获活体蚂蚁1017只。

16日　南京海关江苏国际旅行卫生保健中心在入境人员中首次检出奥密克戎新变异株BQ.1.1。

17日　南京海关2项SPS特别贸易关注议题获欧盟有效回应，同意我国出口明胶类复合食品无须再提供农药残留监控信息，并可向欧洲食品安全局提出蜂蜜中苦参碱和氧化苦参碱进口容许限量评估申请。

20日　盐城海关联合地方公安禁毒、刑侦部门在盐城市亭湖区开展打击毒品走私查缉行动，抓获犯罪嫌疑人1名，查明犯罪嫌疑人邹某为实施强奸他人非法目的，走私进境含有三唑仑片剂药物1.96克。

25日　南京海关在常州承办约旦标准化合作官员研修班，线上方式，为期21天，约旦标准计量局28名官员参训。

南京禄口机场海关在入境航班中检出1例输入性甲型H3N2流感病毒核酸阳性案例，为南京海关关区2022年首次检出输入性流感病毒。

27日　南京海关29件作品在海关总署“清风国门”廉洁文化创意作品征集活动中获奖。获奖作品数位列全国海关第一，其中一等奖3件，二等奖11件，三等奖13件，特别奖2件。南京海关获优秀组织奖。

无锡海关开展南京海关关区首次旅客人脸信息自动化采集，保障复航国际客运包机入境。

31日　南京海关参与的海关总署统计系统青年理论学习小组“关键小事”调研成果获中央和国家机关青年理论学习小组“关键小事”调研攻关活动一等奖。

11月

1日　“南京海关智慧教育培训平台”（一期）上线应用。

南京海关法治文化基地（扬州馆）获评扬州市委宣传部扬州市爱国主义教育基地。

2日　苏州海关侦办的1起走私出口资源性货物案大幅扩案，查证涉嫌走私出口锯材由21余吨扩案至1662余吨，案值约741.30万元。

7日　南京海关政治部主任陈海鸣通过视频形式参加亚欧会议“智慧海关、智能边境、智享联通”国际研讨会。

8日　南京海关举办理论学习中心组（扩大）学习暨各单位部门主要负责同志学习贯彻党的二十大精神专题培训班。党委书记、关长吴海平作开班动员讲话，党委委员、副关长葛燕峰主持会议。

南京海关副关长蒋原参加第五届中国国际进口博览会“非关税贸易措施高质量论坛”，代表南京海关与海关总署、昆山市政府签订《共建中华人民共和国 WTO/TBT—SPS 国家通报咨询中心自行车及童车技术性贸易措施研究评议基地（昆山）协议》，该基地正式运作。

南京海关 2 名选手参加 2022 年全国海关科普讲解大赛，常州海关徐佳一、苏州海关夏振邦获“全国海关十佳科普讲解员”称号。

9 日 南京海关在常州承办 发展中国家进出口食品检验及食品安全官员研修班，线上方式，为期 21 天，斯里兰卡、约旦、尼日利亚、埃塞俄比亚等 9 个发展中国家 90 名官员参训。

10 日 南京海关参加“2022 年侵权假冒伪劣商品全国统一销毁行动江苏分会场”活动。现场销毁苏州海关近年来在出境邮递渠道查获的侵犯耐克、古驰等品牌知识产权物品 2 万余件，货值近 40 万元。

12 日 南京海关派员参加 2022 年南京市科普讲解大赛，如皋海关丁伟获一等奖，张家港海关刘彦、常州海关徐佳一获二等奖，金陵海关吴明明获三等奖。南京海关获“优秀组织奖”。

14 日 无锡海关李雪娇文章《光辉，闪耀在红色档案上》获国家档案局“喜迎二十大，档案颂辉煌”档案故事征文大赛全国二等奖。

26 日 无锡海关保障江苏省内首个 DHL 欧洲线试航快速通关。

28 日 南京海关在常州承办柬埔寨食品安全检测海外研修班，线上方式，为期 15 天，柬埔寨 30 名食品安全官员参训。

12月

1 日 南京海关初筛鉴定室接受海关总署专家组能力核定，为全国海关第一批申请海关总署能力核定的初筛实验室，南京海关申请实验室数量和申请鉴定范围均位居海关系统首位。

7 日 太仓海关完成全国海关首票“产权移交、委托保管”模式下涉案濒危木材实物移交。

9 日 南京海关卫检处叶珣、苏州工业园区海关王军获江苏省精神文明建设指导委员会“江苏好人”荣誉称号。

14 日 江苏国际旅行卫生保健中心在南京海关关区首次检出奥密克戎 XBB.1 型变异株。

南京海关纺织工业产品检测中心获批工业和信息化部“国家中小企业公共服务示范平台”，为 2022 年度全国海关系统唯一获批单位。

15 日 南京海关“优机制　提实效　促发展　南京海关深化‘企业问题清零’机制建设”案例入选全国海关促进外贸保稳提质典型案例。

南京海关在中国海关学会“服务新发展格局，更好发挥海关在国内国际双循环交汇枢纽作用”主题征文活动中，获奖论文数量位于首位。其中，党委书记、关长吴海平论文《铸忠诚、担使命、守国门、促发展、齐奋斗——学习贯彻党的二十大精神》获特别表彰，苏州海关蒋小冬、江阴海关陈解平、扬州海关黄玲、南通海关凌微子 4 篇论文获评优秀论文，江阴海关李志刚、苏州海关孙锋锋 2 篇论文获评入选论文。

16日　南京海关在江苏省公职律师优秀履职案例评选活动中获评多个奖项，其中一等奖1篇、二等奖1篇、三等奖3篇。南京海关获最佳组织奖。

21日　如皋海关丁伟在2022年第九届全国科普讲解大赛中获三等奖，常州海关吴星星获优秀奖。

23日　如皋海关丁伟在2022年全国青年科学脱口秀创作大赛中获得一等奖。

撰稿人

荣　荣

第四篇

党的建设

党建工作

【概况】2022年，南京海关以习近平新时代中国特色社会主义思想为指导，深入学习宣传贯彻党的二十大精神，落实全国海关工作会议、全面从严治党工作会议部署，持续推进“五关”建设，坚持“四个盯牢”，健全重大风险防控、闭环运行管理、治理能力提升、责任担当落实“四个机制”，纵深推进全面从严治党，以迎接宣传党的二十大为主题主线，统筹政治机关建设、基层党组织建设、精神文明建设、清廉海关建设，推动党史学习教育常态化长效化，打造新时代准军事化纪律部队，以党建高质量发展为“再立新标杆、再创新辉煌”提供坚强政治保证。

截至12月底，南京海关共有中国共产党党员5714名，设有基层党委30个，基层纪委30个，党总支22个，党支部584个。年内发展党员66名，其中研究生以上学历12名，占比18.18%。

2022年，南京海关2个集体、6名个人获全国工人先锋号、全国岗位学雷锋标兵、全国学雷锋志愿服务“四个100”先进典型之最美志愿者等省部级及以上荣誉。121个支部获评南京海关第二批“四强”党支部。“两优一先”年度表彰，评选南京海关优秀共产党员116名，优秀党务工作者60名，先进基层党组织42个；评选南京海关机关优秀共产党员67名，优秀党务工作者16名，先进基层党组织5个。南京海关系统首次获评“2019—2021年度江苏省文明行业”。具体情况见表4–1、表4–2。

表4–1　2022年南京海关国家级、省部级先进集体一览表

序号	获奖集体	荣誉名称	授予单位（部门）
1	南京海关办公室	2021年度全国信息工作先进单位	国务院办公厅
2	扬州海关驻扬州港办事处	2022年全国工人先锋号	中华全国总工会
3	连云港海关驻港区办事处运监一、二科党支部——桥头堡卫士	全国海关党建示范品牌	海关总署党委
4	苏州海关驻虎丘办事处监管二科党支部——丝路卫士	全国海关党建培育品牌	海关总署党委
5	金陵海关团委	江苏省五四红旗团委	共青团江苏省委

表 4–1 续

序号	获奖集体	荣誉名称	授予单位（部门）
6	苏州工业园区海关驻娄葑办事处统计分析科	江苏省巾帼文明岗	江苏省妇女联合会
7	金陵海关邮局办事处	2021 年江苏省“扫黄打非”先进集体	江苏省“扫黄打非”工作小组
8	南通海关团委	省级机关五四红旗团委	共青团江苏省省级机关工作委员会
9	太仓海关团支部	省级机关五四红旗团支部	共青团江苏省省级机关工作委员会

表 4–2　2022 年南京海关国家级、省部级先进个人一览表

序号	获奖者	所在单位	荣誉名称	授予单位（部门）
1	高玲	泰州海关	2021 年度全国学雷锋志愿服务“四个 100”先进典型之最美志愿者	中共中央宣传部、中央精神文明建设指导委员会办公室
2	徐娟	南京海关缉私局	最美基层民警	中共中央宣传部、公安部
3	蒋政	南通海关	第七批全国岗位学雷锋标兵	中共中央宣传部
4	朱军	南京海关保健中心	全国消除疟疾工作先进个人	国家卫生健康委、海关总署、国家中医药管理局
5	王炜	南京海关口岸监管处	“2021 年全国‘扫黄打非’先进个人”	全国“扫黄打非”工作小组
6	施凌云	金陵海关	2022 年度全国海关“百名优秀执法一线科长”	海关总署
7	陈树雷	苏州海关	2022 年度全国海关“百名优秀执法一线科长”	海关总署
8	何剑	连云港海关	2022 年度全国海关“百名优秀执法一线科长”	海关总署
9	顾建华	南通海关	2022 年度全国海关“百名优秀执法一线科长”	海关总署
10	杨榕	南京海关办公室	全国档案工匠型人才	国家档案局
11	叶珣	南京海关卫生处	2022 年“江苏好人”	江苏省精神文明建设指导委员会办公室
12	王军	苏州工业园区海关	2022 年“江苏好人”	江苏省精神文明建设指导委员会办公室
13	张帆	镇江海关	抗疫中的江苏好人	江苏省精神文明建设指导委员会办公室
14	蒋政	南通海关	江苏最美退役军人	江苏省退役军人事务厅
15	柳承熙	苏州海关	江苏省优秀共青团员	共青团江苏省委
16	朱非	新生圩海关	江苏省优秀共青团干部	共青团江苏省委

表 4-2 续

序号	获奖者	所在单位	荣誉名称	授予单位（部门）
17	杨晓军家庭	南京海关动植物与食品检测中心	江苏省五好家庭	江苏省妇女联合会
18	闫自庚家庭	吴江海关	2021 年度江苏省最美家庭	江苏省妇女联合会
19	才洪美	泰州海关	江苏省三八红旗手	江苏省妇女联合会
20	陈洁	扬州海关	江苏省巾帼建功标兵	江苏省妇女联合会
21	韩师培	南京海关口岸监管处	2021 年江苏省“扫黄打非”先进个人	江苏省“扫黄打非”工作小组
22	陈鑫	金陵海关	2021 年江苏省“扫黄打非”先进个人	江苏省“扫黄打非”工作小组
23	尤军	苏州海关	2021 年江苏省“扫黄打非”先进个人	江苏省“扫黄打非”工作小组
24	叶露	金陵海关	全省食品安全工作先进个人	江苏省食品安全委员会
25	关天靖	徐州海关	省级机关优秀共青团员	共青团江苏省省级机关工作委员会

【学习贯彻习近平新时代中国特色社会主义思想】2022 年，南京海关抓好党员干部思想教育和党的创新理论武装，采取主题党课、专题培训等形式学习习近平新时代中国特色社会主义思想，关党委理论学习中心组学习 48 次，集体研讨 6 次，两级党委理论学习中心组学习 400 余次。打造理论主课堂、讨论分课堂、初心红课堂、典型活课堂、身边微课堂“五个课堂”，引导党员干部学深学透学实党的创新理论，各基层党组织开展集中学习研讨 2200 余次。

【贯彻落实习近平总书记重要指示批示精神】2022 年，南京海关转化“两个确立”决定性意义的深刻领悟为“两个维护”的政治自觉，研究“第一议题”45 项次，部署专题工作 79 项。对标“7+21”项重大风险，强化重大风险防控、闭环运行管理、治理能力提升、责任担当落实“四个机制”建设，梳理形成 638 项控制措施，防范化解重大、系统性风险。健全党委抓总、项目化督办闭环，现场查发固体废物 1741.10 吨，截获疑似濒危物种及其制品 4573 件、总重 26.63 吨；重拳打击海南离岛免税“套代购”走私，刑事立案 19 起、案值 2519 万元。落实定点帮扶政治责任，选派 2 名年轻干部赴宿迁沭阳、苏州灵湖开展驻村帮促工作，拨付到位帮促资金 50 万元。助力乡村振兴，统筹帮扶项目 107 个，消费帮扶 350 余万元。

【思想政治工作】2022 年，南京海关压紧压实各级党组织政治责任，严格落实意识形态责任制，每季度调研干部职工思想动态，开展网络意识形态风险点排查和干部职工使用自媒体情况自查，编发《思想政治工作专报》12 期。织密“心连心”思政管理细网，完善响应、呼应、反应和“一把手”直报、会商研判机制。组建专班摸排“5+1”类重点关心关爱关注人员，化解历史遗留疑难问题。举办4期思想政治工作培训交流会，15家单位部门分享经验做法，2400人次参训。关区开展谈心谈话超6万人次，3200余个实际问题和思想疙瘩解决在基层、化解在萌芽，相关做法被海关总署相关载体刊发。

【基层党组织建设】2022年，南京海关深化“强基提质工程”，编发2022版党建工作标准化手册，推动5个联系服务组列席指导基层党支部组织生活500余次，维护新版“智慧党建”系统。明确基层党建“双提升”行动10条举措，600余名党支部书记、党务干部参加岗位练兵，推报学习研讨成果、党建培训课程、基层党建案例等80余篇，被海关总署“双提升”行动专刊刊发4次。苏州海关杨星辉获评海关系统“党务之星”；南京海关“突出‘三应’做深做实思想政治工作，为中心工作提供有力政治和思想保障”获评全国海关优秀“书记项目”；常州海关“开展党员‘岗队区’建设，推进党建与业务深度融合”项目获评全国海关基层党建创新案例。新增全国海关党建示范品牌1个，即连云港海关驻港区办事处港办运监一科和运监二科党支部——桥头堡卫士；新增培育品牌1个，即苏州海关驻虎丘办事处监管二科党支部——丝路卫士。南京海关综合业务处“创新构思海关布控查验协同改革助力长三角一体化发展”、南京海关企业管理和稽查处“示范区特殊关联企业海关信用管理创新”2个项目列入“以高质量机关党建服务长三角一体化发展”创新项目；南京海关综合业务处党支部获评江苏省级机关“服务高质量发展先锋行动队”十佳党支部。

【海关文化建设】2022年，南京海关组织开展“强国复兴有我”群众性主题宣传教育活动，牵头华东片海关文化协作区活动，向海关总署报送视频节目7部，开展年度群众性文化创作成果“云展演”，展播汇聚关区各部门单位创作的音乐类、舞蹈类、其他类节目12部。

【政治工作宣传】2022年，南京海关网上网下一体推进，围绕党的二十大精神宣传贯彻及防疫情、稳外贸、保安全等重点领域深入挖掘素材，在《人民日报》、新华社、《中国国门时报》等省部级及以上媒体刊发政治工作稿件309篇，苏州海关陈树雷先进事迹被《人民日报》刊载。规范“青柠观海”等展示平台和培养阵地，分类建强微信推送、短视频、VLOG（视频日志、视频博客）等专业梯队，推出原创作品448件，点击量30万次。

【党风廉政建设】2022年，南京海关纵深推进全面从严治党，落实主体责任清单，开展隶属海关党委书记述责述廉述党建和党组织书记述职评议，推动“四责”协同贯通。聚焦“科技赋能提升‘不能腐’能力和水平”开展课题研究。召开关区警示教育大会，组织“清风国门”廉洁文化创意作品征集活动，获评海关总署优秀组织奖，获奖作品数量位列全国海关第一。抓好领导干部亲属从业规范，组织关区干部职工配偶、子女及其配偶从业情况自查申报和抽查核查。落实加强“一把手”和领导班子监督要求，开展重点监督事项自查报告。推动“四种形态”运用，全年“第一种形态”运用302人次。专项整治酒驾醉驾，升级饮酒报备系统，梳理重点人员，压实科长、支部书记盯管责任，

▲2022年9月1日，南京海关召开加强新时代廉洁文化建设暨警示教育大会（高子健 摄）

实地督促酒驾案发单位以案促改。梳理分析十九大以来关区作风投诉情况，整改问题改进作风。南京海关关区政务服务“好差评”系统办件3043件，好评率100%。

【准军事化纪律部队建设】2022年，南京海关丰富拓展准军时代内涵，组织“坚持实战实训，强化结合融合，进一步拓展准军事化纪律建设内涵——口岸一线岗位能力提升路径初探”课题研究，常态化开展窗口日常纪律作风视频检查、会务督察，落实落细科长早点名、窗口值班科长巡查制度。开展内务规范强化月活动，组织《海关内务规范》学习和应知应会测试，灵活开展队列训练，打造机关内务规范样板间，在《宁关信息快报》开辟专栏登载专题信息21篇，《关于内务规范，我有几个不成熟的想法》《海关萌新的准军“取经之路”》等3篇新媒体作品被海关总署“金钥匙杂志”微信公众号录用，其中《海关萌新的准军“取经之路”》获评“2022年度《金钥匙》十佳新媒体作品”。指导基层海关打造空港口岸卫生检疫实训点，防护服脱卸等岗位技能在标准化、规范化基础上口令化、科目化、课程化。立项开发“督察监控可视化分析平台”。

【机关工会工作】截至2022年年底，南京海关共有基层工会34个，工会会员6900名。南京海关机关工会优化长效工作机制措施，提出缓解心理压力对策建议23条，组织开展短期休养50人，帮助解决问题困难190多个，夏季高温期间慰问一线专班队员650余人，发放应急防暑药品、饮料等慰问物资约20万元。组织参加江苏省直属机关单位全民健身系列竞赛，开展“健康管理主题月”“激情冬奥AI尚运动”云端健身等文体活动。定制职工体检套餐，推出三甲医院专家系列讲座，2000余人次收听收看。组织6873名职工参加江苏省直属机关工会第八期特困医疗互助活动，帮助60名职工申请“关爱月月送”、大病医疗特困互助金50万元。

【共青团工作】截至2022年年底，南京海关共有团组织55个、团员452人，其中基层团委6个、团总支7个、团支部42个。组织开展庆祝建团100周年活动，推动青年干部理论学习交流，建强用好关区“青年党校—青年学堂—青年理论学习小组”3级青年理论学习体系，70名学员参加青年党校第二期学习班。举办“青年跟党走 建功新时代”“青年理论学用讲坛”等一系列学习交流活动，打造“宁好青年”青春品牌。以“学习二十大、永远跟党走、奋进新征程”为主题，举办主题团日活动、座谈交流、征文演讲、知识竞赛等120余场次，组织团员青年人人谈体会，刊发优秀学习心得50篇。全面梳理完善关区青年荣誉图谱，6个集体和个人获评江苏省和省级机关“两优两红”，15名优秀团员、15名优秀团干部和9个“五四”红旗团组织获关区表彰。

【妇联工作】2022年，南京海关制定下发关区妇联组织建设指导意见，关区成立基层妇联组织29个，实现基层妇联组织全覆盖。推荐2件作品参加“巾帼心向党 喜迎二十大”第四届江苏女性融媒体创意大赛，1件作品获三等奖。

【政治机关建设专项教育】2022年，南京海关强化政治机关专项教育活动，一体开展“学查改”（学习研讨、查摆问题、改进提高）专项工作，组织各单位部门、各项业务、各个岗位梳理制定政治要求责任清单，巡回指导组全覆盖督促指导5个关区，查摆问题1200多个，落实整改措施2100多项。推出党史学习教育常态化长效化举措25项，推动432个“我为群众办实事”项目落地见效。

【海关史研究机构成立】2022年2月15日，南京海关下发《南京海关关于加强海关史研究工作的实施方案》，将南京海关“关志、年鉴编纂委员会”更名为南京海关“海关史研究工作领导小组”，负责对关区海关史研究进行统筹规划、组织推动，确定海关史研究工作重要事项。领导小组下设办公室，成员从关区抽调，为实体运作的虚拟机构。负责领导小组日常工作，推进关史研究、关志编修、年鉴编写等各项工作。

【年鉴编纂】2022年，根据编纂《南京海关年鉴（2022）》工作需要，在关区各海关单位指定1人负责本单位年鉴撰写及联络工作，建立74人的年鉴撰稿人队伍；组织撰稿人参加海关总署线上培训3次，参加江苏省地方志办公室专家在线授课1次。关史办、关区各海关单位对101份年鉴材料进行反复修改、层层把关，邀请江苏省地方志办公室等系统内外10名专家对年鉴初稿进行评审。经南京海关保密委员会专项保密审查、南京海关年鉴编纂委员会审核，形成50万字的《南京海关年鉴（2022）》报中国海关出版社有限公司出版。完成《中国海关年鉴（2022）》《江苏年鉴》《中国口岸年鉴》中部分稿件供稿任务。

【署级课题申报】2022年，南京海关根据海关总署办公厅关于开展署级课题“中国海关史”专项研究申报工作的通知，南京海关申报的“中国海关史”专项研究项目“民国时期海关历史资料整理与研究”“共产党领导下的红色海关资料挖掘与研究”“中国海关特殊监管区域和自贸区监管制度沿革研究”3个署级课题6月获海关总署批准立项；12月，完成3个署级课题第一阶段研究任务。

【参与国家社科基金特别委托项目“中国海关史”研究工作】2022年，南京海关面向关区选拔、向海关总署推荐3人参加国家社科基金特别委托项目“中国海关史”研究工作，并被纳入研究团队。南京海关进出口食品安全处王传斌参加第三子课题组新中国海关卷并任课题研究专家成员，苏州工业园区海关余建明参加第二子课题组近代海关卷并任课题研究专家成员，镇江海关余明参加第一子课题组古代海关卷。推荐文史研究者、二级调研员赵非参与相关工作。2021年12月17日，全国哲学社会科学工作办公室将“中国海关史”以国家社会科学基金特别委托项目方式交海关总署承办。“中国海关史”项目研究总体框架初步分5卷，分别为古代海关卷、近代海关卷、新中国海关卷上（新中国成立至改革开放）、新中国海关卷中（改革开放至十八大）、新中国海关卷下（十八大至今），对应设立5个子课题。

【海关史研究征文】2022年，南京海关关史办联合南京海关学会开展海关史研究专题征文，收到论文65篇，评出一等奖5篇、二等奖6篇、三等奖10篇，向海关总署关史办、中国海关学会推荐优秀论文11篇。

【大事记整理】2022年，南京海关为完成海关总署关史办要求上报南京海关大事记的工作任务，成立大事记翻译整理工作专班，翻阅档案文献，识别、录入资料，完成自公元1145年江苏境内有明确历史记载成立海关机构以来至2021年的大事记（包括1999年“三检合一”前商品检验、动植物检疫、卫生检疫部分）总计70多万字上报海关总署关史办。

撰稿人

郭亚飞　孟庆鸿

巡视整改和巡察

【概况】2022年，南京海关党委将巡视整改和巡察列入党委年度重点工作，细化制定7个方面19项落实措施，按季度进行任务分解和督办落实。关党委会议听取、研究部署相关工作9次，党委书记指示、批示20余次；通过南京海关关区月度形势分析暨工作督查例会、巡察工作领导小组会议、关区政治工作推进会等，研究部署相关工作4次。顺利完成党的十九大期间巡察全覆盖任务。按照海关总署统一部署在全关范围组织开展中央巡视整改自查评估、巡视巡察整改集中清查以及海关总署巡视发现共性问题自查自改。3月21日，海关总署巡视办主页刊登《南京海关守正创新、多措并举，持续深化巡视整改和成果运用》工作简报。

【巡视整改】2022年，南京海关贯彻落实习近平总书记关于巡视整改“四个融入”重要指示，印发《中共南京海关委员会关于加强2022年巡视巡察整改工作的通知》，持续压紧压实整改责任。南京海关关区范围开展对2018年中央巡视整改落实情况自查评估，收集汇总整改工作机制和制度机制，更新完善整改工作台账。按照海关总署统一部署在南京海关关区范围组织开展巡视巡察整改集中清查，完善集中整改、持续整改、“不贰过”措施落实、巡视反馈点名隶属海关问题整改等各类台账，排查巡视移交问题线索处置、选人用人巡视检查反馈问题整改等情况，推动党的十九大以来巡视巡察整改事项全部销账清零。根据海关总署审核意见组织开展巡视整改集中清查专项整改工作。组织南京海关关区开展海关总署巡视发现共性问题自查整改工作，查找存在共性问题7项，查摆具体表现形式、分析主要原因，提出整改措施。在南京海关内网综合管理平台设立“巡视整改专栏”，摘编习近平总书记关于巡视工作重要论述，动态维护上传巡视工作法规文件、巡视整改落实和工作动态等相关材料。

【巡察工作】2022年，南京海关根据关党委委员及干部岗位调整情况，2次调整关党委巡察工作领导小组成员。印发《南京海关党委巡视巡察干部选派管理考核办法（试行）》，加强对巡视巡察干部选派管理、奖惩考核。印发《中共南京海关委员会关于强化巡察整改和成果运用责任的实施意见》，进一步明确相关责任和实施保障要求。向全关通报巡察南京海关机关部门（含风险防控分局）发现的19类42项主要问题，组织机关各部门结合职能职责对照开展类比自查整改。8月，组织对南京海关8个直属事业单位开展常规巡察。结合南京海关关区实际制定14类108个“是否”巡察检视要点，发现并推动解决“三个聚焦”方面问题85个，移交信访举报1件。其间开展巡察谈话299人次，内部问卷调查544人，南京海关关区48名干部参加此轮巡察。通报巡察直属事业单位发现主要问题13类33项，从南京海关机关部门、隶属海关党委、直属事业单位3个层面，组织开展巡察直属事业单位发现问题联动整改工作。10月13日，党委书记、关长、党委巡察工作领导小组组长集体约谈8个直属事业单位主要负责同志，指出事业单位存在主要问题30项，运用“第一种形态”推动落实整改责任。提炼总结党的十九大以来南京海关党委巡察的经验做法、工作成效和认识体会，深化巡察工作规律性认识。

【完成关区巡察全覆盖】2022年，南京海关按照海关总署党委部署要求，完成关区巡察覆盖。2018—2022年，南京海关党委开展28个隶属海关、16个机关部门和8个直属事业单位常规巡察，开展27个隶属海关单位专项巡察和“机动式”巡察，谈话1903人次，发放调查问卷5316份，发现问题742个，形成巡察报告等材料242份，向监察室、人事处、机关党委等部门移交问题线索7件。南京海关关区248名同志（368人次）参加党委巡察。

撰稿人

朱海波

纪检监察

【概况】2022年，南京海关深入贯彻全面从严治党战略方针，推进党风廉政建设和反腐败斗争，构建“一体推进不敢腐、不能腐、不想腐”体制机制。强化政治监督，组织各派驻纪检组紧盯全面禁止“洋垃圾”进境、疫情防控、推动外贸保稳提质、巡视巡察整改、“防风险、保稳定、迎二十大”等重点工作，清单化管理、常态化落实政治监督。开展“海关重点项目和财物管理以权谋私”专项整治，全面排查问题，形成问题清单及廉政风险清单，推动落实整改措施。坚持严的基调不动摇，在精准执纪、严格执纪、有效执纪上下功夫，聚焦主责主业，严肃查处违纪违法案件。

【政治监督】2022年，南京海关紧盯全面禁止“洋垃圾”进境、打击象牙等濒危动植物及其制品走私等重点任务，制定年度监督重点清单24项，发现问题30个，推动问题整改30个。围绕2018年中央巡视整改落实情况，开展全面自查评估，确保各项整改措施全部完成到位。紧盯海关总署2020年巡视反馈问题，整改事项全部清零。紧盯意识形态、安全管控、酒驾醉驾等重点领域、关键环节，形成监督清单，组织人员到基层科室，持续开展“四不两直”检查抽查，向党委专题报告3次。统筹做好疫情防控和促进外贸保稳提质监督，开展视频监督3048次，数据监督797次，提出意见建议488条，制发监督建议书30份，整理防疫监督要情32期，向驻海关总署纪检监察组报送监督情况39份。

【管党治党主体责任】2022年，南京海关党委书记听取重点案件汇报2次，批示《监督要情》10次。党委委员定期听取分管和联系部门单位党风廉政建设情况汇报，利用形势分析会、关区相关年度工作部署会等点评部署分管领域党风廉政建设工作7次，对处级干部运用“第一种形态”21人次，督导检查隶属海关非执法领域专项整治风险排查工作，听取派驻纪检组有关情况报告。党委纪检组和各派驻纪检组发挥协助作用，聚焦“关键少数”，突出问题导向，强化问题整改。采取嵌入式跟踪监督、沉下去发现问题、个性化开展工作，监督隶属海关“一把手”和领导班子，开展“画像式”报告；定期开展廉政工作谈话，主动约谈502人次；派驻纪检组赴一线开展调研787次，参加民主生活会36次，制发监督建议书107份，回复党风廉政意见469人次。

【“四责协同”机制】2022年，

南京海关持续推进全面从严治党“四责协同”机制。优化会商通报、联合研判、季度分析、以案促改等工作体系，不断推动“两个责任”贯通协同。加强廉政形势联合研判，党委每半年专题听取纪检组、机关党委工作汇报，集体研究全面从严治党重点工作；关区纪检机构会同人事、政工等部门召开党风廉政建设专题会议65次，上报关党委综合分析报告3篇，提出突出风险问题和意见建议159个。制订防范化解重大风险强化监督工作实施方案、内部疫情防控“四级监督体系”工作规范，明确主体监督、职能监督、专责监督三大监督责任主体，细化各级领导盯管监督、各单位主责监督、派驻纪检组专责监督和党委纪检组监督控制具体内容和要求，开展联合验证抽查5336人次。

【“四风”纠治】2022年，南京海关聚焦节假日、重大活动等节点，开展实地检查、视频巡查、明察暗访等监督检查615次，推动立行立改问题10个。年内查处违反中央八项规定问题13人，其中1人涉嫌参与走私被缉私部门采取强制措施。提醒谈话隶属海关党委书记1名。

【执纪审查】2022年，南京海关坚持问题线索集中统一管理、集体分析、综合研判、分类处置。处置信访举报100件，受理问题线索51件。与缉私部门联合研判、共享信息，处置“一案双查”移交问题线索7件，其中转立案5件。克服疫情影响，利用疫情平稳窗口期，组织抽调154人次组成核查审查组47个，办结问题线索46件，立案8起，完成海关总署驻署纪检监察组交办事项5件。加强与地方纪委监委协作配合，选派骨干开展联合办案，移送涉嫌职务违法案件线索1起。坚持“惩前毖后、治病救人”的方针，用好监督执纪“四种形态”，年内纪检机构运用“第一种形态”112人次、“第二种形态”7人次、“第三种形态”2人次，对1名涉嫌犯罪人员运用第四种形态。

【以案促改与严肃问责】2022年，南京海关聚焦系统施治，做好执纪审查“后半篇文章”。坚持“一案一警示、一案一剖析”，督促5起案件开展以案促改，排查8个方面问题，细化健全规章制度、完善监督体系等方面整改措施12个。准确把握“三个区分开来”，精准规范开展问责工作，问责案件5起，责任追究1个处级领导班子、4名处级干部和1名科级干部。开展警示教育，通报2021年关区典型案件7起。

【“海关重点项目和财物管理以权谋私”专项整治】2022年，南京海关制定专项整治实施方案，推动关区各级通过召开党委会、动员部署会、联席会等进行部署安排，党委委员到28个隶属海关单位开展督导检查。派驻纪检组开展督导检查4轮次，全面排查关区重点项目和财物管理领域825个，组织核查组31个，开展重点项目核查89个，形成问题及廉政风险清单88项。关区各海关单位细化形成整改措施356项，关区各隶属海关、直属事业单位建立、修订规章制度94个，制定操作指引、完善作业流程26个。

【派驻监督工作机制】2022年，南京海关加强派驻纪检组工作管理、指导和调研，修订完善重要事项直报、季度监督报告、季度分送呈报、监督闭环管理、重点工作考核、分析点评通报、全员学习培训等7项工作体系。优化教育培训工作机制，创设“宁关纪课堂”，每周选择 1 个主题，开展关区所有纪检干部线上培训，举办 37 期，参加培训 3005 人次。强化日常管理考核机制，建立派驻监督工作日志和日常工作统计表制度，每季度对派驻纪检组开展量化考核、召开工作例会通报存在突出问题。

撰稿人

赵　非

干部队伍建设

【概况】2022年，南京海关践行新时代党的组织路线，树立重政治、重品行、重基层、重担当、重实绩选人用人导向，选优配强各级领导班子，加大优秀年轻干部培养选拔力度，培养、引进、用好人才，抓好干部个人有关事项报告、违规投资企业及在企业兼职问题等专项整治，将考核优秀向基层和疫情防控一线倾斜。南京海关无纸化应用支撑平台项目组获海关总署集体二等功，13个集体、151名个人获南京海关三等功（记功），92个集体、1460名个人获南京海关嘉奖。开展集中授衔仪式1次、荣誉退休仪式49次，关衔调整847人次。

【干部"育选管用"全链条机制】2022年，南京海关选派调研组15个，对关区57个处级以上领导班子及干部政治素质、业务能力、工作实绩、廉洁自律等方面开展全面深入调研，民主测评和谈话调研群众覆盖率分别达99.40%和80%。派驻纪检组配备率88.60%，事业单位五级职员配备率91%，六级职员配备率80%，职级职数使用率80.70%，选人用人"一报告两评议"好评率93.15%，正、副处级领导干部平均年龄与2020年海关总署巡视时相比分别下降1.4岁和2.2岁，35岁左右执法一线科长保持1/8。贯彻《关于区域海关协调协作机制建设的指导意见》《南京海关领导干部交流实施细则》，交流处级干部47人、科级干部172人。

【机构设置】2022年，南京海关设正处级内设机构20个；下设隶属海关单位29个，含副厅级隶属海关4个（内设正处级机构18个、下设正处级机构12个）、正处级隶属海关24个（下设副处级办事处12个）和风险防控分局1个；南京海关党委派驻隶属海关纪检组22个。南京海关机关设正科级机构116个，隶属海关单位设正科级机构541个。所属中央机构编制委员会办公室（简称"中编办"）批复事业单位31个；代管海关总署所属中编办批复事业单位1个（中国电子口岸数据中心南京分中心）。

【人才队伍建设】2022年，南京海关落实海关总署要求，制订出台《中共南京海关委员会学习贯彻习近平总书记重要讲话精神加强关区人才队伍建设的实施方案》，细化年度落实措施28项；20人入选江苏省第六期"333高层次人才培养工程"第三层次人才培养对象，其中1人获2022年培养支持资助，晋升正高级职称15人、副高级职称 19 人，获评中级及以下职称 8 人，取得高级技师专业技术资格 4 人。分级分类建设优秀干部人才库 20 个，汇集各业务领域专家骨干 1600 余人。

【执法一线科长培养】2022 年，南京海关动态梳理关区执法一线科长年龄分布及未来发展态势，将年轻干部培育使用及执法一线科长队伍建设情况纳入隶属海关量化考核。2022 年关区新提任执法一线科长 63 人，其中 35 岁左右 11 人（含 1990 年以后出生 1 人），占比 17.50%。加强新提任干部培养锻炼，培训 225 人次，严格按要求在半年内完成培训；参加“百名科长百日督查”及获评“百名优秀执法一线科长”的 6 名科长全部提任或晋升职级，新选任 1 名执法一线科长兼任党委委员。新提任副处级领导干部中 8 人具有执法一线科长经历、占比 50%，5 名执法一线科长提任隶属海关领导岗位。

【干部职级晋升】2022 年，南京海关启动职级晋升 14 批次，审核 23 个隶属海关上报四级高级主办晋升工作方案 57 份，完成关区一至四级调研员及相应层次职级晋升 250 人次，职级职数使用率超 80%。

【人员调配】2022 年，南京海关新录用公务员 68 人，外关区调入 23 人、调出关区 9 人，机关从隶属海关单位遴选 31 人，隶属海关单位之间调动 8 人。

【干部监督】2022 年，南京海关组织关区 603 名干部（含 17 名署管干部）完成领导干部个人有关事项集中填报。年内查核干部 150 人，其中如实报告或基本一致 140 人，给予批评教育并规范补报处理 9 人，给予批评教育并责令作出检查及以上处理 1 人。领导干部个人有关事项如实报告率 99.33%，连续 5 年提升。

【干部挂职】2022 年，南京海关派出 5 名优秀执法一线科长参加海关总署“百名科长百日督查”，新选派援藏干部 3 名、赴河北雄安新区挂职干部 1 名、参加外交部援外干部 1 名、参加海关总署支教干部 1 名、参加江苏省科技镇长团干部 4 名、任村第一书记干部 2 名、参加连云港自贸区建设干部 1 名。

【疫情防控人力资源保障】2022 年，南京海关根据新冠疫情防控工作需要，制订《南京海关口岸疫情防控人力资源保障应急工作预案》《南京海关Ⅲ级响应人力资源保障工作方案》，年内统筹调配 7 个批次 46 人次支援关区重点口岸和重点实验室；建立保护关心爱护疫情防控一线人员长效机制、细化工作措施 57 项。

撰稿人

蒋　犁

教育培训

【概况】2022年，南京海关贯彻落实《"十四五"海关干部教育培训规划》，坚持创新驱动、靶向发力，强化政治、业务、执法"三训练"，推动"培根铸魂""体系优化""亮点品牌"3项工程。年内举办各类培训班81期，培训关员1.66万人次。

【习近平新时代中国特色社会主义思想教育培训】2022年，南京海关坚持把学习贯彻习近平新时代中国特色社会主义思想作为干部教育培训的首课、主课、必修课，深化政治忠诚教育和党性教育。落实"领导干部上讲台"要求，南京海关党委委员上讲台授课13人次，各级党委书记、党组织书记讲授相关课程602次。组织7期747名处级领导干部集中轮训，选编成册交流文章1494篇；处级以下干部线下集中学习人均超过24学时。制订关区学习宣传贯彻党的二十大精神方案，结合荣誉体系建设，推出先进典型领学党的二十大精神微课程8期，自制课程视频浏览量3万余人次。

【分级分类培训】2022年，南京海关举办处科级领导干部任职培训2期、参训389人，晋衔培训2期、参训119人。开展直播教学和研讨，组织线上队列考核。首次举办处级领导干部专业化能力网上专题培训班，参训281人。225名执法一线科长（基层党支部书记）参加海关总署网上专题培训。聚焦维护国门生物安全、口岸疫情防控、确保产业链供应链安全等重点任务，开展专项业务培训66期、参训1.46万人次。

【初任培训】2022年，南京海关受海关总署委托，在上海海关学院苏州分校组织上海、南京、杭州、南昌4个直属海关184名新录用公务员开展为期28天初任培训。组织南京海关66名新录用公务员开展5天的自主培训、入关教育、参加中共中央组织部统一组织的初任培训。海关总署初任培训专刊5期专题介绍南京海关经验做法。

【实训体系建设】2022年，南京海关出台《南京海关业务实训教学点创建工作指引（试行）》，动态调整关区实训教学点11个。注重"科技+实训"提升实训质效，利用VR（虚拟现实）、三维投影等技术，建成"木材AI（人工智能）初筛识别远程支持系统""全程模拟海关稽查作业程序"等实训实战演练平台。后续监管实训教学点通过海关总署专家组线上评估；口岸卫生检疫实训教学点突出"全流程、全要素、全链条"，1∶1复制口岸卫生检疫现场实景，配备实战装备，分批次组织辐射全关区空港口岸卫生检疫人员现场实际操作。开展疫情防控重点岗位实际操作演练947期，培训在岗人员3772人次，新上岗519人。

【“智慧教育平台”建设】2022年11月1日，“南京海关智慧教育平台”（一期）上线应用。平台实现培训计划管理、师资与课程管理、实训基地与红色资源管理、教育培训信息展示以及量化考核监控等功能“五位一体”。

【线上培训管理】2022年，南京海关发展线上培训，创新采取“线下培训管理模式组织线上培训学习”方式，举办管理网络培训班。优化直播间功能，丰富直播互动、案例研讨、模拟实际操作等教学方法，组织线上培训71期、参训1.60万人次。与海关总署教培中心联合开展“抓好关键小事，提升网络满意度”调研攻关，形成专题报告，获“献礼二十大　奋进新征程”中央和国家机关工会联合会东长安街片区干部职工调研能力大赛“服务大局”优秀调研成果奖。

【培训保障体系建设】2022年，南京海关修订完善《南京海关教育培训管理办法》。推动“四个机制”在教育培训条线落地生效，完善风险防范措施，实现全年培训管理“零遗漏”、参训师生“零感染”、培训安全“零事故”。

【兼职教师队伍建设】2022年，南京海关修订《南京海关兼职教师管理办法》，规定兼职教师6项权利、5项义务及3条纪律清单，坚持分类分级和日常考评，优化“准入与退出”机制，动态调整教师67名；选聘新一轮关区兼职教师232名，实现业务领域全覆盖；举办专题网络培训班，邀请署级兼职教师示范授课，联合其他直属海关开展兼职教师技能比武等专题活动。安排兼职教师承担学习党的二十大精神、政治机关建设、疫情防控等教学任务，举办“科长关键词”系列云讲堂，年内授课500余人次，协助海关总署录制精品课程11个、海关e课堂视频3次。

【支教志愿活动】2022年10月—2023年1月，南京海关人事处陈玲玲作为海关总署第十二批支教志愿者赴河南省卢氏县支教。

【涉外培训】2022年，南京海关所属江苏检验检疫质量研究中心聚焦贸易便利化、原产地管理、AEO、生物安全防控、食品安全、动植物检疫等重点领域，组织“澜沧江—湄公河国家农产品贸易发展能力提升线上培训班”“澜沧江—湄公河国家海关效能提升建设网上培训班”“RCEP成员国、中东欧国家海关AEO网上培训班”“柬埔寨食品安全监测海外研修班”等专题培训30期，53个国家941名官员参加培训，承办项目数较2021年增长25%。具体情况见表4–3。

表4–3　2022年南京海关承办涉外培训一览表

序号	项目名称	开班时间	结业时间	参训国家及国际组织	参训人数
1	非洲法语国家市场监管和知识产权官员研修班	5月25日	6月7日	突尼斯、马里	16
2	发展中国家动植物检疫官员研修班	6月5日	7月5日	蒙古国、老挝、约旦、乌拉圭、埃塞俄比亚	18

表 4-3 续 1

序号	项目名称	开班时间	结业时间	参训国家及国际组织	参训人数
3	发展中国家进出口食品安全监管合作官员研修班	6 月 15 日	7 月 5 日	埃塞俄比亚、斯里兰卡、柬埔寨、老挝、牙买加、乌拉圭、蒙古国	13
4	发展中国家质量安全与监管官员研修班	7 月 6 日	7 月 19 日	蒙古国、埃塞俄比亚、肯尼亚、乌兹别克斯坦	22
5	澜湄国家农产品贸易发展能力提升线上培训班	7 月 6 日	7 月 19 日	中国、泰国、缅甸、越南、柬埔寨	58
6	澜湄国家海关效能提升建设线上培训班	7 月 6 日	7 月 19 日	中国、泰国、缅甸、越南、柬埔寨	61
7	发展中国家食品安全与健康研修班	7 月 7 日	7 月 13 日	肯尼亚、牙买加、蒙古国、柬埔寨、埃塞俄比亚、约旦、老挝	21
8	“一带一路”国家标准化合作研修班	7 月 13 日	8 月 2 日	蒙古国、老挝、利比亚、卢旺达、斯里兰卡	33
9	发展中国家农产品质量安全合作研修班	7 月 19 日	8 月 1 日	埃塞俄比亚、南非、乌兹别克斯坦、斯里兰卡	12
10	发展中国家传染病防治卫生检疫官员研修班	7 月 21 日	8 月 3 日	博茨瓦纳、南苏丹共和国、埃塞俄比亚、肯尼亚	20
11	发展中国家原产地管理研修班	8 月 10 日	8 月 23 日	埃塞俄比亚、厄瓜多尔、冈比亚、约旦、乌兹别克斯坦、塞舌尔	43
12	非洲国家计量官员研修班	8 月 11 日	8 月 24 日	埃塞俄比亚、塞舌尔、卢旺达、肯尼亚、利比亚	25
13	发展中国家进出口农产品检验检疫技术人员培训班	8 月 18 日	9 月 16 日	埃塞俄比亚、斐济、肯尼亚、老挝、缅甸、莱索托、斯里兰卡、南非、乌干达、乌兹别克斯坦、赞比亚	27
14	发展中国家食品和农产品标准化研修班	8 月 19 日	9 月 8 日	博茨瓦纳、柬埔寨、哥伦比亚、埃塞、斐济、印度尼西亚、马拉维、缅甸、北马其顿、斯里兰卡、突尼斯、土耳其	43
15	中国与“一带一路”沿线国家合作打击假冒伪劣产品官员研修班	8 月 31 日	9 月 13 日	埃塞俄比亚、老挝、肯尼亚、委内瑞拉、缅甸、土耳其、乌兹别克斯坦	43
16	蒙古国口岸与边检研修班	9 月 2 日	9 月 15 日	蒙古国	20
17	发展中国家计量基础设施体系建设高级官员研修班	9 月 15 日	9 月 28 日	菲律宾、柬埔寨、哈萨克斯坦、老挝、蒙古国、肯尼亚、土耳其	36
18	发展中国家海关贸易便利化研修班	9 月 15 日	9 月 28 日	尼日利亚、老挝、古巴、埃塞俄比亚、厄瓜多尔、肯尼亚、摩洛哥、约旦、赞比亚、蒙古国、博茨瓦纳	36

表 4-3　续 2

序号	项目名称	开班时间	结业时间	参训国家及国际组织	参训人数
19	泰国农产品检验检疫监管研修班	9 月 16 日	9 月 29 日	泰国	11
20	发展中国家知识产权保护与发展研修班	10 月 11 日	10 月 24 日	海合会、埃及、约旦、突尼斯、摩洛哥、伊拉克库区	57
21	发展中国家出入境卫生检疫官员研修班	10 月 12 日	11 月 1 日	赞比亚、埃塞俄比亚、南苏丹共和国	15
22	“一带一路”沿线国家生物安全防控能力建设官员研修班	10 月 13 日	11 月 2 日	老挝、柬埔寨、斯里兰卡、埃及	23
23	RCEP 成员国、中东欧国家海关 AEO 网上培训班	10 月 17 日	10 月 21 日	阿尔巴尼亚、斯洛伐克、日本、马来西亚、泰国、缅甸、斯洛文尼亚、塞尔维亚、波兰、克罗地亚	16
24	巴基斯坦检验检疫合作研修班	10 月 20 日	11 月 2 日	巴基斯坦	28
25	约旦标准化合作官员研修班	10 月 25 日	11 月 14 日	约旦	30
26	中国与“一带一路”沿线国家认证认可合作官员研修班	10 月 26 日	11 月 8 日	摩洛哥、尼日利亚、玻利维亚、厄瓜多尔、柬埔寨、突尼斯、哈萨克斯坦	44
27	发展中国家口岸公共卫生体系建设官员研修班	11 月 8 日	11 月 28 日	埃塞俄比亚、赞比亚、摩洛哥、土耳其	20
28	发展中国家进出口食品检验及食品安全官员研修班	11 月 9 日	11 月 29 日	尼日利亚、斯里兰卡、约旦、埃塞俄比亚、牙买加、南非、缅甸、巴基斯坦、乌兹别克斯坦	90
29	发展中国家国际产能和装备制造标准化合作研修班	11 月 10 日	11 月 30 日	哈萨克斯坦、老挝、蒙古国、菲律宾	30
30	柬埔寨食品安全检测海外研修班	11 月 28 日	12 月 12 日	柬埔寨	30

撰稿人

王晓星

离退休干部管理

【概况】2022年，南京海关离退休干部工作以学习宣传党的二十大精神为主线，全面加强离退休干部党的建设，将信息化、精准化、规范化理念贯穿始终，打造“爱民工作室”，凝聚“毕生奉献、爱民无悔”思想共识。南京海关机关离退休干部第六党支部被江苏省委老干部局评为“六好”离退休干部示范党支部。

【离退休干部思想政治工作】2022年，南京海关利用“微平台+云课堂”等载体，组织关区离退休人员开展线上专题学习752次，参学超过6644人次，撰写学习体会435篇。组织离退休干部开展“纪法宣传月”主题教育活动，利用专题学习会、专题党课、主题党日等多种形式线上线下集体学习活动39场次，通过“智慧银海”系统平台，组织专项问卷答题1200余人次，收到离退休人员感悟20余篇、感言380多条。为39名离退休干部党员颁发“光荣在党50年”纪念章，具体情况见表4-4。

表4-4　2022年南京海关“光荣在党50年”纪念章获得者

1	姜振安	南京海关离退休干部第一党支部
2	李海根	南京海关离退休干部第二党支部
3	许　滨	南京海关离退休干部第四党支部
4	董夫亮	南京海关离退休干部第九党支部
5	龚建国	南京海关离退休干部第四党支部
6	许建国	南京海关离退休干部第一党支部
7	周　荣	南京海关离退休干部第九党支部
8	倪　杰	南京海关离退休干部第一党支部
9	丁根宝	南京海关离退休干部第七党支部
10	吴喜林	南京海关离退休干部第八党支部
11	刘峰霞	南京海关离退休干部第九党支部
12	周长军	南京海关离退休干部第七党支部

表 4–4 续

13	展　望	南京海关离退休干部第六党支部
14	彭国民	南京海关离退休干部第八党支部
15	顾觉群	南京海关离退休干部第六党支部
16	王秋良	南京海关离退休干部第三党支部
17	岳　民	南京海关离退休干部第一党支部
18	卢战生	金陵海关退休人员党支部
19	李　军	金陵海关退休人员党支部
20	蔡锦和	苏州海关离退休第二党支部
21	邓玉仙	苏州海关离退休第二党支部
22	沈金荣	无锡海关离退休第二党支部
23	张学礼	连云港海关离退休第一党支部
24	钟川东	连云港海关离退休第二党支部
25	张凤旺	连云港海关离退休第二党支部
26	方晓定	连云港海关离退休第一党支部
27	周立明	南通海关老干部第一党支部
28	冯道泉	南通海关老干部第一党支部
29	张其友	张家港海关退休第二党支部
30	秦桂兴	张家港海关退休第一党支部
31	丁国志	张家港海关退休第一党支部
32	胡初洪	镇江海关离退休党支部
33	孙凤英	徐州海关退休党员党支部
34	孙正佩	盐城海关离退休党支部
35	包毅飚	淮安海关离退休干部党支部
36	黄复成	扬州海关离退休干部党支部
37	张益生	启东海关退休干部党支部
38	陈松涛	启东海关退休干部党支部
39	刘建新	南京海关离退休干部第一党支部

【离退休干部党支部建设】 2022年，南京海关围绕“组织设置好、班子建设好、党员队伍好、学习活动好、作用发挥好、制度坚持好”标准，开展示范型离退休干部党支部创建活动，打造离退休干部党建品牌。截至2022年年底，创建“金秋枫叶”“银辉耀党”等离退休干部党支部党建品牌38个。组织召开关区离退休干部工作会议，开展“加强新时代海关离退休干部党的建设工作”线上调研，收集意见建议28

条，摸清关区党建工作现状，梳理薄弱环节3方面10项，在此基础上制定出台《中共南京海关委员会关于加强新时代离退休干部党的建设工作的实施办法》，围绕“五个突出、五个完善”（突出政治统领，完善加强离退休干部党员思想政治引领的制度机制；突出政治功能，完善离退休干部党组织有形有效覆盖的制度机制；突出从严要求，完善离退休干部党员监督管理的制度机制；突出服务大局，完善离退休干部党员作用发挥的制度机制；突出统筹协调，完善离退休干部党建工作组织领导的制度机制），提出建立健全离退休干部党建工作制度机制具体措施5方面20项。

【迎接宣传党的二十大】2022年，南京海关组织关区离退休人员开展“建言二十大”和“我看中国特色社会主义新时代”主题调研活动，通过召开线上座谈会、研讨会、个人专访等方式，听取离退休人员建议意见，参与率76%，向海关总署离退休干部局选送优秀建言181条。组织开展参与“喜迎二十大　争做新时代银发先锋”系列主题活动、“清风国门”主题书画摄影展览，“喜迎二十大　奋进新征程”线上文艺汇演等。依托“智慧银海”平台，推出《党的二十大精神学习专栏》。开展“机关离退休干部学习党的二十大精神知识竞答”活动，参与351人次。灵活运用党支部学习、参观见学、送学上门等方式，推动学习教育全覆盖，关区组织离退休干部党支部开展专题学习86次，专题研讨51次，配发学习书籍4944册。南京海关作为离退休干部工作唯一代表，在全国海关政治部门学习宣传贯彻党的二十大精神学习宣讲视频会议上做交流发言。

【“三化”建设】2022年，南京海关持续加强离退休干部工作信息化、精准化、规范化“三化”建设。

作为“智慧银海”平台全国试点单位，结合南京关区特点，总结提炼“一表一册、专人包联”工作经验，制定任务分工表和操作手册，组建隶属海关“协作组”、划分“责任田”，实现南京关区9万余项离退休干部管理信息电子化、进系统、可查询；严把信息安全，制定信息安全“严格授权、严密审批、严控导出、严禁外传”“四严”工作标准，明确“谁使用、谁负责”，严防数据泄露。

建立覆盖离休干部、特困帮扶等4类人员400余人精准服务数据库，实现“动态管理、实时更新”；对离休干部落实“一人一策”服务管理；建立“青年志愿服务队”，开展“青老互助”志愿服务活动38场次；完善问题清零机制，依托“智慧银海”实现问题诉求“接诉即办”，关区全年办理离退休人员实事1452件。

研究制定《离退休干部“心连心网格式”思想政治工作管理细则》及配套工作机制，创新“思政专委＋网格长”“1+N”网格化管理模式，以离退休干部党支部为基本单位，推进38名离退休干部思政专委、157名网格长上岗履职。疫情防控期间，依托管理网格进行健康申报和人员盯管，将群防群控落实到网格，实现“人在网格管、事在网格办”。7月，南京海关作为5个直属海关单位代表之一在全国海关离退休干部工作视频会议上，作题为“以‘三化’促‘三效’推动老干部工作再上新台阶”的经验交流。

【“爱民”工作室】2022年，南京海关发扬传承“全国优秀老干部工作者”毕爱民奉献精神和专业特长，培育创建“毕生奉献　爱民无悔”支部党建品牌，打造“爱民”工作室，总结提炼工作室“8项制度”和“爱民”党建工作法，将党建工作同“爱民”工作室相融合、相促进，在关区常态化开展“理论微学习、难题微会诊、经验微研讨、技能微竞赛”活动。

撰稿人

陈　希

第五篇

业务建设

法治建设

【概况】2022年，南京海关制发《南京海关重大行政诉讼案件挂牌督办工作规程》《南京海关关于践行新时代“枫桥经验”推进行政争议实质性化解的实施意见》《南京海关法治宣传教育阵地管理办法》3个文件，修订《南京海关案件审理委员会工作规程》。践行新时代“枫桥经验”，建立“枫桥经验”实体工作室7个；贯彻落实国务院深化“放管服”改革要求，制发南京海关7个方面重点任务分工方案；参加海关系统权责清单编制工作，报送意见建议85项。推行行政执法“三项制度”，协助海关总署建立完善相关清单、目录，推进建设执法文书库和法制审核人才库，创设“图说制度”栏目。开展关党委理论中心组集体学法4次，关领导批示法治工作8次，法治专题授课2次；召开南京海关普法依法行政领导小组会议，审议南京海关业务制度清理结果并通报2022年度南京海关普法责任清单和南京海关法治建设指标体系有关情况。开展“八五”普法，举办纪念现行宪法公布施行四十周年线上展演活动，钉钉平台录制执法能力课程3期，参训4.90万余人次。召开案审会2次、案件研讨会23次，解答各类执法问题51件，行政争议化解率92.85%。与地方法院、地方司法机关开展部门间协作，交流宣传海关立法、执法、业务改革等做法成效。

2022年，南京海关法规处党支部入选江苏省级机关党支部争创“服务高质量发展先锋行动队”重点培育对象。

【规范性文件和业务制度完善】2022年，南京海关通报2021年业务制度集中清理结果，制订年度业务制度制修订计划，公布南京海关现行有效业务制度159件，废止业务文件244件。开展规范性文件、业务制度、自贸区改革创新举措等审查22件，实现制度全链条闭环管理。反馈江苏省人民代表大会法律工作委员会、江苏省司法厅等单位各类文件征求意见45件。

【行政执法“三项制度”】2022年，南京海关落实行政执法公示制度、全过程记录制度、重大执法决定法制审核制度“三项制度”。组织开展南京关区2021年度行政执法统计年报、执法情况数据统计工作，向海关总署政策法规司和江苏省司法厅报送南京海关2021年度行政执法统计年报、南京关区2021年度行政执法情况数据，并在南京海关门户网站对外公示。推进执法文书库建设，制定规范稽查执法、固体废物属性鉴别、行政许可等文书示范参考文本。对海关重要业务制度和规范性文件进行"一图读懂"解读。

【审批改革推进和权责清单编制】2022年，南京海关印发《南京海关贯彻落实第十次全国深化"放管服"改革电视电话会议精神重点任务分工方案》，确定重点工作任务7项（见表5-1），逐项明确责任单位和完成时限。根据《国务院办公厅关于全面实行行政许可事项清单管理的通知》《海关总署关于全面实行行政许可事项清单管理的意见》，修改南京海关行政许可目录、指南，并在南京海关门户网站对外公布。根据海关总署部署，对《海关系统权责清单》提出修改建议85项。

表5-1　2022年南京海关深化"放管服"改革重点任务

序号	重点任务
1	深化通关便利化改革
2	落实完善行政许可事项清单制度
3	依法严厉打击进出口货物假冒伪劣、侵犯知识产权等违法行为
4	加大对跨境电商、海外仓等外贸新业态支持力度
5	保障粮食、能源安全稳定供应
6	助力培育壮大市场主体
7	加快释放政策效能，推动各项政策尽快落到市场主体

【行政复议应诉】2022年，南京海关制发《南京海关重大行政诉讼案件挂牌督办工作规程》，指导、协调、监督南京关区办理重大行政诉讼案件，2起诉讼案件列为南京关区挂牌督办案件。办理行政复议案件15起，其中新发生行政复议案件13起。年内应对行政诉讼案件7起，其中新发生行政诉讼案件6起，审结案件海关无一败诉。复议应诉案件类型主要集中在纳税争议、投诉举报、信息公开、行政处罚、稽查结论争议等领域。

【行政争议化解】2022年，南京海关制定《南京海关关于践行新时代"枫桥经验"推进行政争议实质性化解的实施意见》，注重源头预防、突出事中解纷、巩固事后"反哺"，持续性推进预防和实质性化解行政争议，全力促进外贸保稳提质和助企纾困。建立扬州海关、连云港海关、无锡海关、泰州海关、常州海关、苏州海关、淮安海关7个隶属海关"枫桥经验"实体工作室，面对面回应群众关切问题，把矛盾纠纷化解在基层。通过自我纠偏、指导涉诉海关积极参与行政诉讼诉前调解、和解等方式推动争议化解，行政复议案件化解率87%。开展行政诉讼繁简分流改革调研，走访行政诉讼管辖法院、诉前调解主管法院，构建合作共建机制。开展案后回访，跟进了解企业后续诉求及困难，回访企业95家。

【法治疑难问题解决】2022年，南京海关修订制发《南京海关案件审理委员会工作规程》，优化执法疑难问题解决机制。召开案审会2次、案件研讨会20余次，解决纳税争议、企业降级、特殊监管区域、涉检处罚等各类执法问题51项。加强案件总结，报送海关总署政策法规司案件总结7篇、海关行政执法典型案例4篇，针对基层实际需求，开展更加精准的专题式“以案释法”，编发《海关政府信息公开案例法律风险提示》《海关投诉举报案例法律风险提示》，提升案件反哺效能。

【法治宣传】2022年，南京海关坚持关党委理论学习中心组学法、领导干部学法用法等制度，南京海关关区各级党委理论中心组学法77次、主要负责人听取法治工作汇报59次、隶属海关关领导法治专题授课32次。开展“学习贯彻习近平法治思想”专题征文，征集77篇，获奖20篇。在“8·8”海关法治宣传日、“12·4”国家宪法日等重要节点，创新开展“八五”普法工作。组织纪念现行宪法公布施行四十周年线上展演活动，500人次观看。钉钉平台录制“贯彻习近平法治思想 践行新时代枫桥经验”“治理体系和能力建设视野下的新海关法律风险及防控”“海关综合保税区管理办法”解读等法治课程3期。向海关总署政策法规司报送普法创新项目6个（见表5–2）。省级及以上媒体发表普法文章172篇。普法覆盖3万余人次。

表5–2 2022年南京海关报海关总署政策法规司普法创新项目

序号	案例名称	报送单位
1	关长为您讲政策	淮安海关
2	推动“嵌入式”普法智慧升级	昆山海关
3	以公职律师“介入式”精准普法践行新时代“枫桥经验”	扬州海关
4	讲好三堂法治课发挥普法引领保障作用	江阴海关
5	打造基层“金沙驿站”沉浸式普法平台	常州海关
6	构建多元矩阵打造立体式普法阵地	泰州海关

【法治文化建设】2022年，南京海关制定出台《南京海关法治宣传教育阵地管理办法》。更新完善南京海关法治文化基地扬州馆、泰州馆，接待地方各级政府部门、人大代表、政协委员及社会公众、青少年等参观（含线上直播、VR云游等形式）4000余人次。拍摄普法微视频微动漫7部，录制法治情景剧2部。南京海关法治文化展示基地扬州馆及南通海关法治阵地获评当地“爱国主义教育基地”。

【法治工作信息化建设】2022年，南京海关上线法治云平台，发布法治建设基础数据小程序，系统梳理和动态监测法治工作指标50个，核心数据18组。更新维护南京海关执法依据查询系统，维护现行有效文件5048份、典型案例38个，总访问量16.83万次。

【公职律师管理】2022年，南京海关关区公职律师105人。出台公职律师分类管理和统筹使用制度，完善公职律师准入退出、分类管理、任务分配及量化考核机制。建立涉外法治、海关监管、复议应诉、法律保障、民商

▲2022年4月13日，泰州海关关员在南京海关法治文化基地（泰州馆）直播国门生物安全课（吉婧　摄）

事务、缉私执法等专业小组6个，构建专业化、团队化工作模式。牵头组织江苏省公职律师优秀履职案例评选，南京关区公职律师提交履职案例16件，5篇案例获奖，南京海关获组织推动奖。录制《公职律师有约》视频7期、编发《至臻·律视界》电子期刊5期。江阴海关缉私分局陶宏、新生圩海关魏佳佳荣获“全国海关优秀公职律师”称号。南京海关法规处胡涛立、综合业务处叶倩、江阴海关李晶、常熟海关仲柯峄等入选江苏省涉外律师人才库。南京海关法规处孔晶、陈翼，综合业务处叶倩，进出口食品安全处王传斌，金陵海关徐羚晶，连云港海关林立波，张家港海关刘南翔，常州海关朱小立，宿迁海关温华蕾，金陵海关缉私分局蔡永良荣获“南京关区优秀公职律师”称号。公职律师管理工作特色做法被海关总署在海关系统转发。

【参与海关总署法律规范体系建设】2022年，南京海关参与《中华人民共和国海关法》《中华人民共和国进出境动植物检疫法》重大法律修订法2项，法规处刘娟、肖春、孙飞镝，进出口食品安全处王传斌为海关总署立法专班、专家团队成员。协助总署政策法规司法制审查《海关过境货物监管办法（征求意见稿）》《进境动植物检疫准入管理办法（征求意见稿）》《进境动植物检疫审批管理办法（征求意见稿）》《进出境旅客行李物品监管办法（征求意见稿）》《关于综合保税区检验检疫监督管理的公告（征求意见稿）》规章、公告5部。牵头开展《中华人民共和国海关法》重大问题

"如何在海关法修订中进一步完善进出境运输工具舱单管理制度"研究。作为海关法治协作区第二组牵头单位，参加《出入境检验检疫封识管理办法》《沙头角边境特别管理区进出物品检验检疫管理规定》《国际航行船舶出入境检疫管理办法》《保税区检验检疫监督管理办法》《进出境集装箱检验检疫管理办法》5部规章立法后评估工作。协助总署政策法规司草拟《海关重大执法决定法治审核目录清单》《海关出示执法证件事项清单》《海关年度行政执法统计年报》（2022年版）及相关填报指南。起草年度普法工作要点、《海关重点法律法规宣传教育实施办法》等文件。

撰稿人

陈　翼

业务改革与发展

【概况】2022年，南京海关聚焦发展大局，“关铁通”等改革项目助力“一带一路”建设再提速，中欧班列班次、货值持续增长；“联动接卸”“离港确认”等新改革措施扩面增效，助力长三角一体化加快发展。维护产业链供应链安全，多领域措施保障粮食、能源等重要资源商品高效通关，联动长三角五地海关打通物流堵点。深化全业务领域一体化改革，加强改革协同，健全“三应”运行机制。改革与制度建设协同推进，确保依法依规职能履行、改革创新。

【全业务领域一体化改革】2022年，南京海关落实一体化改革推进工作月报制度，掌握一体化改革进展，强化指导反馈。开展各条线专业人员资质情况摸底调研，梳理海关一线岗位资质2大类8项，掌握各隶属海关相关人员资质基本数据，汇总形成各业务条线专业人员资质岗位名称列表和具有相应资质人员名单。优化执行岗位设置，加强职能部门间协同配合，充实关区各领域业务专家团队。开展专业知识和基础技能培训及资质考核，提升“现场执行+后台专家”执法支持机制运行效能。

【业务改革机制】2022年，南京海关鼓励基层创新，健全改革项目月报机制，完善《基层海关重点自主创新项目表》，掌握隶属海关50项“微创新”改革项目进展情况，指导苏州工业园区海关“人工智能规范申报”系统、昆山海关“视频监控+远程交互”远程验核系统和无锡海关通关窗口咨询答疑标准化系统等建设。深化改革问题清零机制，加强海关总署改革问题信息化系统应用，提炼上报基层海关业务改革问题和建议22个，“优化完善检验检疫证书的签发模式”“完善H2018-RCEP原产地管理信息化应用签证审核功能”“推进保证金企业自主打印改革”等建议入选海关总署《业务改革问题收集反馈案例汇编》，被纳入海关下一步改革工作计划。推荐1个基层科室、1家重点企业成为综合业务司“问题直通车”联系点。

【江苏口岸开放布局优化】2022年，南京海关支持连云港水运口岸、如东洋口港、启东港扩大开放，指导盐城港射阳港区、响水港区做好国家验收准备。年内，参与省级验收开放码头5个，办理临时启用2个、延期临时启用6个，临时开放1个、延期临时开放4个，进一步促进江苏地区扩大开放。

【支持长三角一体化、长江经济带区域重大发展战略】2022年，南京海关拓展“联动接卸”模式至江苏大丰及安徽芜湖、浙江安吉等长三角、长江沿线港口，保障该模式进出口标箱8.30万，同比增长23%。真空包装等货物布控查验协同模式改革扩面增效，江苏省39家企业、806项商品参加试点，开展协同查验171票，监管货值1.47亿元。深化大宗资源产品检验监管模式改革，扩大“先放后检”、保税“混矿”等模式适用商品种类，实施“先放后检”进口矿产品及原油3321批、1.62亿吨，连云港“保税混矿”项目进口铜精矿7.94万吨；推进进口铁矿“依申请检验”改革，依据企业申请不实施进口铁矿品质检验1027批、5351.11万吨，现场检验检疫合格后直接放行。复制推广《海关支持长三角区域一体化发展重点举措》“多部门联合监管机制”，试点入境特殊物品联合监管机制，为生物医药等特色产业快速发展创造有利条件。开展海关高质量支持区域协调发展工作成效宣传，向海关总署长三角海关一体化办公室选报亮点动态及新闻信息21条；参加江苏省“先锋直播间”助企纾困政策辅导外贸企业专场直播，宣传长三角等区域通关政策，直播收看量111万人次。

【助力优化江苏省区域经济布局】2022年，南京海关优化配套监管服务措施，全力支持苏州工业园区、昆山、张家港、无锡新吴区4个国家进口贸易促进创新示范区建设，实现进口7813.3亿元，同比增长2.80%。建立长三角区域海关协同工作机制，落实区域内产业链供应链重点企业“白名单”互认机制，保障江苏1.80万家企业从上海口岸及时提货2.20万批，货值29.40亿元，支持企业复工复产。开展出口“一带一路”重点国家（地区）技术性贸易措施分析研究，18项TBT/SPS通报评议和7项特别贸易关注议题，得到世界贸易组织（WTO）成员方积极回应，助力江苏省对“一带一路”共建国家（地区）进出口1.35万亿元，增长13.80%。

【技术性贸易措施帮扶】2022年，南京海关18项SPS通报评议被海关总署采用并向对方国家反馈；10项特别贸易关注议题被列入WTO/TBT-SPS例会期间双边磋商议题，其中2项议题得到欧盟反馈并修订。开展技术性贸易措施企业影响调查，覆盖关区出口企业2217家，撰写专项调查报告7篇，收集并解决企业反映的技术性贸易问题10余个。在“南京海关12360服务热线”微信公众号开设“技贸通”专栏，“云课堂”开设技术性贸易专题课堂；通过各类媒体发布技术性贸易解读预警信息80余篇，多方渠道为企业提供国外技贸解读预警等信息。

【知识产权海关保护】2022年，南京海关创新区域知识产权协作模式，组建关区风险布控、案件查办、前瞻研究3个协作组，强化侵权风险研判布控、重大案件集体会商、热难点问题专题研究等手段，推动知识产权海关保护执法效能大幅提升。年内，关区海关扣留侵权货物3392批次，涉案货物62.86万件，同比分别持平和增长1%。

【“双随机、一公开”】2022年，南京海关制定下发行政执法检查事项“双随机、一公开”监管实施细则，细化和统一“双随机、一公开”工作开展、公开等要求，实施不定期检查督促。配合开展国务院双随机督查自查，参与江苏省政府部门联合抽查工作，对接江苏省“双随机、一公开”监管联席会议

▲2022年6月22日，镇江海关关员查获一批侵犯知识产权的汽车中网（杨超　摄）

办公室，规范开展核查领域部门间联合抽查51起，全部按期保质完成。

【“深化改革融合”重大课题研究】2022年，南京海关立足全国海关年中工作会议关于“如何深化改革融合”思考题，面向职能部门、基层一线、进出口企业、政府管理部门等多方面开展立体式调研，收集基层问题和企业诉求800个。组织课题组成员召开线上、线下研讨会12次，再回顾、再梳理2018年机构改革以来海关工作，提出将建设智慧海关作为推进海关职能转变、流程优化、模式创新和能力提升的关键，构建“制度+科技”深度融合的智慧海关业务运行体系，推进新海关业务融合创新和治理能力整体性建设，高效统筹有效监管、便利通关。承担海关总署综合业务司“如何进一步深化改革融合”水运货物专班任务，围绕“属地查检”和“大宗散货监管”2个专题成立研究专班，开展书面调研和专家研讨，形成专题研究报告，提出改革意见建议。

【署级重点改革任务】2022年，南京海关牵头承担进出境货物取样送检操作规范化工作，研究制定《海关进出口货物取样送检操作规程（试行）》及起草说明，全国海关首批试运行，组织常州海关等6个隶属海关，结合取样送检货物类型、特点，开展全流程、各环节文件规定与业务实操对比、研究、归纳，呈报试行工作总结，提出可行性意见建议。参与综合业务司出口证书模板绘制，牵头开展24种证书模板绘制和依据文件整理工作。推广应用新一代检查异常处置系统，开展业务培训和指导，组织14个业务现场有序推进系统应用，建立“点对点”联系协调机制，跟踪了解应用情况，及时收集业务现场问题并上报海关总署综合司和技术专家协调解决；与上海、深圳、黄埔等海关横向协同，协调处置跨关区异常单证、口岸属地分工等问题。

【“三应”运行机制】2022年，南京海关对照海关总署《防范化解海关重大、系统性风险任务分工》，围绕“业务流程响应、呼应、反应失灵风险”事项，在职能部门和隶属海关开展防范“三应”失灵风险书面调研，逐一梳理排查、研判辨别综合业务风险领域4个，关键风险节点7个。按照闭环管理模式，运用科技赋能手段，制定具体防范措施28项，强化监督控制，落实防范化解重大、系统性风险工作。

【促稳工作机制】2022年，南京海关创新构建“3个1加零”促稳工作机制，即采用“一表见底”方式，系统推出细化措施18条和措施清单69项；采用“一体推进”方式，研究建立专门综合协调机构及5个专项工作组，统筹推进各项工作；采用“一关一表”方式，指导28个隶属海关制定差异化重点任务推进表，确保落实到位。叠加实施“企业问题清零”机制，运用“制度+科技”手段，升级完善11项系统功能，实时响应企业问题诉求。

撰稿人

宋　磊

自贸试验区创新和海关特殊监管区域管理

【概况】2022 年，南京海关围绕加工贸易保税监管改革创新、自贸试验区和海关特殊监管区域高水平开放高质量发展，统筹疫情防控和促进外贸保稳提质，服务江苏省开放型经济高质量发展，助力国内国际双循环。2022 年，南京海关辖区自贸试验区进出口总值 5629.86 亿元，同比下降 3.70%；海关特殊监管区域进出口货值 1.12 万亿元，同比增长 1.30%；加工贸易进出口 1.69 万亿元，同比增长 2.70%。

【自贸试验区创新发展】2022 年，南京海关紧扣“开放型经济发展先行区、实体经济创新发展和产业转型升级示范区”发展目标，落实《中国（江苏）自贸试验区建设实施方案》，聚焦制度创新核心，加强制度创新“首创性”探索，促进贸易投资自由便利、重点产业做优做强和对外贸易高质量发展。涉及海关 35 个事项中 34 项落地，其中“自贸试验区与海关特殊监管区域联动发展”等 24 项任务取得明显成效。推出“特殊监管区域进境货物木质包装检疫监管新模式”等监管创新举措 7 条，上报海关总署创新举措 2 条，均通过海关总署备案；落实自贸试验区发展任务，协力推动中国（江苏）自贸试验区高质量发展，加快推进生物医药等重点产业开放创新发展试点，推动“两头在外”保税维修等贸易新业态新模式，加强与长三角区域其他直属海关协作配合，复制推广其他自贸试验区改革试点经验 4 条。

【自贸试验区进出口情况】2022 年，南京海关关区内自贸试验区注册企业 7057 家、其中连云港片区 772 家、南京片区 1045 家、苏州片区 5240 家。自贸试验区进出口总值 5629.86 亿元，同比增长

表 5–3　2022 年中国（江苏）自贸试验区外贸发展情况统计表

自贸片区	外贸企业数量（家）	进出口值（亿元）	进出口同比（%）
南京片区	1045	139.19	–14.8%
苏州片区	5240	5294.49	–3.3%
连云港片区	772	196.18	–5.1%
合计	7057	5629.86	–3.7%

注：南京片区、苏州片区、连云港片区所在地区分别为南京市、苏州市、连云港市，合计所在地区为江苏省。

13.50%，占同期江苏外贸进出口总额10.30%。其中，苏州片区进出口总值5294.49亿元，南京片区进出口总值139.19亿元，连云港片区进出口总值196.18亿元。具体情况见表5-3。

【自贸试验区改革试点经验复制推广】2022年，国务院下发可复制推广自贸试验区改革试点经验6批143项，涉及海关业务58项，南京海关复制推广其中48项。签发转口证明书36份，加工装配证书167份；实施进口汽车第三方检验结果采信65批次、406辆；加强与宁波海关、杭州海关隶属舟山海关江海联运合作，采取进境粮食船边检疫、边卸边检措施216艘。

【综合保税区外贸发展】2022年，关区综合保税区内开展检测维修企业19家，进出口货值17.89亿元，区外开展保税维修业务企业6家，进出口货值6.90亿元；放行跨境电商423.70万票，进口货值7亿元，办理退货中心仓退货业务8158票；二手车出口858辆，货值1.37亿元；监管用于保税混矿的铜精矿入区10.30万吨，货值16.80亿元；办理融资租赁业务7票，租赁货值4409.21万元；支持综合保税区内20家企业开展委内加工业务，进出区货值48.17亿元。

【支持生物医药、集成电路产业发展】2022年，南京海关按照中国（江苏）自贸试验区发展规划要求，支持生物医药、集成电路产业发展。下放关区11个隶属海关低风险（D级）生物医药特殊物品审批权限。完成特殊物品卫生检疫审批1.31万批次；与上海海关合作开展集成电路等高新技术货物协同查验，查验货物45票，监管货值8226.88万元。

【海关特殊监管区域空间分布】2022年，南京关区有海关特殊监管区域21个。除宿迁市外，江苏省内其他设区市均设有至少1个海关特殊监管区域，其中苏州市设有8个，无锡和常州各设有2个。具体包括南京、苏州高新区、苏州工业园、昆山、吴江、常熟、太仓港、吴中、无锡高新区、江阴、常州、武进、镇江、连云港、南通、盐城、淮安、徐州、泰州、扬州20个综合保税区，以及张家港保税港区（张家港保税区）。

【海关特殊监管区域进出口】2022年，南京关区海关特殊监管区域进出口货值1.12万亿元，同比增长1.30%，占同期江苏外贸进出口总

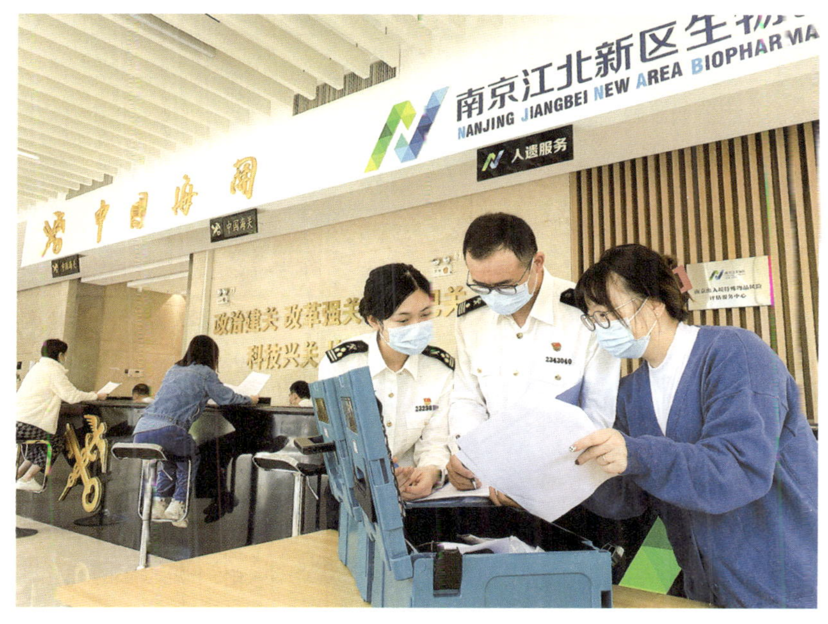

▲2022年10月19日，金陵海关关员在中国（江苏）自贸试验区（南京片区）海关集中查验监管点验放生物医药制品（启欣　摄）

额20.60%。其中，进口货值3801.02亿元，同比增长0.30%；出口货值7413.31亿元，同比增长1.80%。

2022年，南京关区14个特殊监管区域实现进出口值正增长，镇江、常熟、吴中和南通等4个综合保税区实现70%以上增长，徐州、常州等2个综合保税区实现30%以上增长，具体情况见表5–4。2022年，海关特殊监管区域内注册企业2988家，同比上升7.50%，其中综合保税区注册企业1463家，同比上升16.70%。

【综合保税区贸易便利化】2022年，南京海关贯彻落实《国务院关于促进综合保税区高水平开放高质量发展的若干意见》，推广一般纳税人资格试点、“四自一简”（综合保税区内企业自主备案、合理自定核销周期、自主核报、自主补缴税款，海关简化业务核准手续）、简化进出区管理和便利货物流转等制度，实现江苏省20个综合保税区全覆盖，提升综合保税区贸易便利化水平，助推综合保

表5–4　2022年江苏省特殊监管区域进出口值统计表

地区	进出口		出口		进口	
	人民币值（亿元）	同比（%）	人民币值（亿元）	同比（%）	人民币值（亿元）	同比（%）
南京综合保税区	545.0	–6.62	348.87	17.90	98.85	–28.00
无锡高新区综合保税区	1469.5	–2.57	947.45	8.40	642.71	9.35
徐州综合保税区	213.57	37.91	169.2	38.55	44.4	35.53
常州综合保税区	77.01	34.09	53.5	62.39	23.5	–4.00
苏州工业园综合保税区	2022.85	1.38	1306.1	–2.17	716.8	8.58
苏州高新区综合保税区	1284.19	1.73	791.6	7.31	492.6	–6.12
吴中综合保税区	35.35	81.39	13.4	89.69	21.9	76.65
南通综合保税区	179.03	71.79	120.8	98.39	58.2	34.38
连云港综合保税区	82.39	11.67	15.8	–33.63	66.6	33.26
淮安综合保税区	42.50	1.01	23.6	–11.50	18.9	22.67
盐城综合保税区	84.19	20.67	22.1	–33.30	62.1	69.38
扬州综合保税区	39.55	–15.90	24.3	–46.00	15.2	659.59
镇江综合保税区	99.09	104.81	43.1	266.92	56.0	52.90
泰州综合保税区	32.24	–53.99	24.1	–44.05	8.1	–69.86
常熟综合保税区	27.57	84.92	17.7	79.11	9.8	96.39
江阴综合保税区	37.98	12.83	18.4	–17.94	19.6	74.46
昆山综合保税区	3911.00	–1.15	2849.3	0.89	1061.7	–6.24
吴江综合保税区	416.41	0.17	394.96	0.80	21.44	–10.21
太仓港综合保税区	71.62	–0.17	23.65	–11.94	47.97	6.88
武进综合保税区	68.87	5.82	40.30	38.17	28.57	–20.46
张家港保税港区	474.35	–0.15	164.92	13.65	309.43	–6.22
合计	11214.33	1.30	7413.31	1.83	3801.01	0.29

税区区内企业由“两头在外”传统业务模式向统筹国际国内两个市场资源的“X型”模式转型。

【综合保税区多业态融合发展】2022年，南京海关加强政策宣讲和业务咨询，支持各地强化综合保税区保税加工和保税物流业务基础优势，培育保税研发、保税维修、跨境电商网购保税、委内加工等新兴业态。南京、南通、连云港、常州、吴江、苏州高新区、太仓港、泰州、盐城、江阴、无锡高新区、苏州工业园、吴中、徐州、镇江15个综保区开展跨境电商网购保税业务，南京、苏州高新区、苏州工业园、昆山、无锡高新区、连云港、徐州、盐城、吴江、南通、扬州、常熟12个综合保税区开展保税维修业务或保税研发业务，苏州高新区、苏州工业园、盐城、江阴、连云港5个综合保税区开展委内加工业务。

【保税物流】2022年，南京关区共有保税监管场所123个。其中，批准设立保税物流中心（B型）8个——连云港市、如皋港、徐州市、大丰港、海安市、新沂市、靖江市、南京市空港，具体情况见表5-5；保税物流中心（A型）1个——如东县。保税仓库109个，出口监管仓库5个。

表5-5　2022年江苏省保税物流中心（B型）进出口值统计表

特定经济地区	进出口		出口		进口	
	美元值（万美元）	同比（%）	美元值（万美元）	同比（%）	美元值（万美元）	同比（%）
南京空港保税物流中心	27527.96	13.3	20743.81	150.50	6784.15	-57.7
江苏新沂保税物流中心	33414.97	-24.7	2028.10	-35.4	31386.87	3.0
徐州保税物流中心	11658.74	1.5	10981.60	214.1	677.15	-91.5
如皋港保税物流中心	10800.61	-2.6	5109.30	-1.7	5691.31	-3.4
连云港保税物流中心	70878.90	99.7	9360.34	41.7	61518.56	112.9
大丰港保税物流中心	29584.91	373.9	3716.64	469.9	25868.27	362.7
靖江保税物流中心	45397.74	688286.9	6802.81	103054.2	38594.92	—
江苏海安保税物流中心	17885.63	32.8	5023.23	239.9	12862.42	7.3
合计	247149.49	68.76	63765.84	61.02	183383.65	71.64

注：自2021年起，保税物流中心统计方法按照《海关保税物流中心统计办法》（海关总署公告2021年3号）执行，同比相应调整。

【加工贸易进出口】2022年，南京海关开展加工贸易经营企业3902家（不含综合保税区内企业）。其中，纸质手册与电子化手册企业3477家，加工贸易联网监管企业425家。加工贸易进出口1.69万亿元，同比上升2.70%，占同期江苏外贸进出口总额31.00%。其中，区外加工贸易进出口1.16万亿元，占比68.30%。

【加工贸易作业中心建设】2022年，南京海关加工贸易作业中心深化优化加工贸易集中作业专业化审核，推动全行业、全过程、全要素监管，提升风险查发覆盖面和精准性。以行业为监管“颗粒度”开展分类审核，将关区加工贸易企业划分为化工、电子、机械、纺织、食品、杂项6大行业22个子行业，继续开展实地调研，形成行业作业指导书22篇，细化建设“专业化审核知识库”，统一规范行业审核标准，促进“分行业、分类别、分小组”审核。以创新工作法为支撑保障审核质效，汇智总结优化“备案八法”“手册核销十法”等4个环节28个工作法。巩固优化风险集中研判机制，专题研究外轮船舶改造、出口皮革、再生料等风险点14个，通过指令下达、执行、反馈、评估、优化闭环，开展风险点实货验证，验证指令线索转化率54.64%，单耗管理、进出口日期倒挂、禁止类商品等方面成效明显。年内，江苏省内企业集团开展保税料件及不作价设备结转、外发加工、料件串换、货物自主存放等业务8260票，加工贸易进出口值3256.91亿元，减免保证金（保函）约1.98亿元，节省企业物流、报关等费用7309.74万元。改革规模及成效居全国各直属海关首位。

【加工贸易保税监管风险防控】2022年，南京海关制发《南京海关自贸处强化关区加工贸易保税监管领域风险防控工作方案》，构建自贸处、南京海关加工贸易作业中心和参数管理中心、现场海关“一体两翼多点”上下联动体系，配套制定覆盖加工贸易、特殊区域、保税监管场所三大业务领域一般性风险运行监控表，明确141个监控项目监督要点、文件依据、实施主体、监督措施和实施频次，形成“事前预控、事中管控、事后监控”“现场自控、中心监控、职能监督”三横三纵防控网络。及时召开联防联控会议，加强联防联控机制。

【“加工贸易及保税业务日常管理标准化作业系统”运用】2022年，南京海关全面运用“加工贸易及保税业务日常管理标准化作业系统”，将标准化系统作为强化“四个机制”重要抓手。规范化、标准化风险防控指令，通过现场自控和职能监控发挥合力；开发批量复核岗位“双随机”作业模块，形成动态录入检查对象名录库，系统随机生成抽查对象、抽查内容，自动制发复核处置单，随机指派人员处置，限期反馈处置结果，汇总统计并公开处置结果等“双随机、一公开”监管完整链条。年内，制发标准化作业3292份，依托系统开展区外加工贸易日常管理2331次，开展特殊监管区域巡查、视频监控、政策宣讲、安全检查等657次，保税仓库巡查等223次。

撰稿人

张佳佳　熊晓洁

风险管理

【概况】2022年，南京海关强化风险防控“三应”闭环，增强工作协同，化解布控指令理解难、执行难等痛点堵点，以“一会两机制”为抓手，以“职能主导、风控统筹、现场主战”为定位，以“职能部门专业技术驱动、风控部门情报数据驱动、隶属海关前端感知驱动”为路径，以“横向协作紧密、纵向联动顺畅、闭环高效有序”为目标，探索构建关区业务风险立体防控体系。优化政策性布控指令，实现ECIQ（中国电子检验检疫主干系统）来源政策性布控2.25万票，同比降幅52.41%。组织跨部门业务联合研判，收集职能部门和隶属海关议题21个，解决规章制度不完善、系统功能缺失、职能部门监控等方面问题18个。聚焦国门安全、围绕保供稳链，布控查发化肥出口伪瞒报5529吨，其中涉及逃检3809吨。布控查获侵权货物物品14批次、36.45万件，案值250.9万元；侵权物品3353批，1.06万件。查发废纸浆、废塑料等16起，1700余吨，实现关区废玻璃、废羊毛首起查发。

【风险联防情报共享机制】2022年，南京海关推进长三角区域一体化海关风险防控，牵头或参与区域海关5个专项工作组常态化工作，与长三角地区直属海关联防联控，开展线上研讨7次；结合长三角一体化实际挖掘分析潜在风险点，提出风险预警2条并全国发布。完善口岸安全风险跨部门联合研判机制，与江苏省有关部门开展联防联控，签署联系配合办法，召开部门联席会议2次，对涉政治类书籍团伙性违法活动立案2起。建立跨渠道风险情报收集应用机制，搭建口岸安全信息情报合作桥梁，跨渠道搜集加工风险情报快报、专报，被海关总署采纳15份，其中通报至国家部委4份，形成全国一级布控规则7份，被海关总署相关司局开展处置4份。

【风险分析研判机制】2022年，南京海关收集职能部门和隶属海关议题21个，涉及卫生检疫、动植物检疫、食品安全、商品检验、禁限、税收、特殊区域等业务领域，解决规章制度不完善、系统功能缺失、职能部门监控等方面问题18个。张家港海关、金陵海关解决查验指令解控、区内流转货物布控等痛点问题，其中“损耗货物形式报关查验指令解控问题”被关区“工作问题清零机制”专刊典型案例采用。围绕涉税重点商品开展专项分析，下达直接开展高风险企业稽核查作业指令23家。

【人工分析布控查验】2022年，南京海关动态优化、修改、调整存量规则1300余条，加强紧急布控手段运用，科学随机抽查与人工分析布控协同互补、点面结合，推动布控选查工作稳中有升。关区人工分析布控检查报关单1.41万票，查获率同比增长2.75%。

【现场即决布控试点】2022年，南京海关选取关区19个有代表性隶属海关参与现场即决布控试点工作。截至12月31日，试点海关实施现场即决式布控报关单156票，主要布控商品为电子产品及其零部件、大豆、木材等，查获90票。试点期间，查发“云石胶”夹藏未申报固化剂涉危风险，被海关总署采纳为全国风险预警。

【高新技术货物布控查验试点】2022年，南京海关参加扩大试点企业41家商品892项，货物包装形式包含真空包装、防光包装、温控包装3种类型，涉及生物医药、半导体、汽车制造等产业，货物涵盖电子、生物、医药、原材料等种类。试点企业物流效率显著提升，常温货物平均通关时效1.5个工作日，冷链货物约3个工作日，通关效率高于直接在口岸完成查验货物，整体查验时间缩短约40%~50%。进口货物安全性和稳定性显著提升，真空、防光、恒温等高新技术货物在口岸普通环境下开拆查验影响产品品质问题得到解决，降低货损比例，平均节省企业成本约10%。开展协同查验234票，监管货值约1.53亿元。审核杭州、合肥、重庆、石家庄、成都、武汉等海关10家试点企业在南京关区入境通关，助力更多企业享受改革红利。

【“清邮”专项行动】2022年，南京海关开展邮递渠道“清邮”专项行动，研究制定3方面10项强化措施，更新维护非贸渠道数据库5个，启动建立关区“异宠”相关数据库，累计数据近4万条。依托“云擎”系统建立一体化防控模型，通过要素关联打通贸易、邮件、跨境电商、旅检等多个业务领域，各业务渠道同步实施针对性布控指令200余条。根据布控指令及相关风险线索，各业务现场查获毒品及精神类管制药物案件150起10.90千克；查获枪支及配件案件18起112件；查获濒危动植物及其制品1085起3587件，其中疑似象牙及其制品54起79件；查获违禁印刷品及音像制品30083件；卫生特殊物品166批8718件；查获寄递渠道“异宠”类活体动物4批1535只。

【危险品风险防控】2022年，南京海关在全国海关系统率先开发基于舱单申报信息、CAS号申报信息及ECIQ与通关数据联动比对3个模型，查获伪瞒报、申报不实和包装、标签等不合规定危险品122票，6.70万吨。

【打击海南离岛免税“套代购”走私专项行动】2022年，南京海关开展打击海南离岛免税“套代购”走私专项行动，向缉私部门移交线索，立案调查行政案件30起，立案侦办刑事案件19起，抓获犯罪嫌疑人23人，案值2519万元。

【“一会两机制”】2022年，南京海关根据《全国海关风险管理委员会运行机制实施细则》《海关业务风险跨部门联合研判机制工作方案》《海关风控部门与业务现场联动工作机制》，制定南京关区风险管理委员会、关区业务风险防控协同联动等工作制

▲2022年6月27日，无锡海关缉私分局侦办“水客”走私案件（范新星 摄）

度，联合业务现场、职能部门，商讨解决业务风险防控，建立“一会两机制”，明确贯穿上下、融通左右风险防控路径，推动各类业务风险排查处置全面覆盖、双向互通、错位互补，筑牢国门安全防线，促进外贸稳增长，防范化解关区重大、系统性业务风险。

撰稿人

张 磊

税收征管

【概况】2022年，南京海关落实国家促进外贸稳定增长及“十四五”期间减税降费各项措施，推进《区域全面经济伙伴关系协定》（RCEP）等各项优惠贸易协定实施，深化“FTA惠苏企”品牌合作，针对关区重点产业研究、RCEP实施影响和专精特新行业深化与RCEP成员国产业合作开展调研。制定关区税收工作要点和工作任务清单16项，完善税收征管闭环管理链条，加强重大税收风险防控。深化税收征管改革，推进智慧征管平台升级建设。编发《关税工作动态》8期。

【税款征收】2022年，南京海关征收入库税款1952.28亿元，同比增长10.28%，征税额创历史新高。其中，关税224.35亿元，同比下降2.47%，进口环节税1727.93亿元（增值税1697.65亿元，消费税30.28亿元），同比增长12.19%，另征收船舶吨税3.61亿元，同比下降13.43%；监管进境国际邮件75.10万件，其中征税26.70万件，征收税款5171.70万元。核批减免滞纳金税单925票，减免滞纳金5170.50万元。办理天然气进口环节增值税先征后返3批次，涉及税款17.10亿元；办理石脑油进口环节消费税先征后退1批次，涉及税款6946万元。

关区主要税源商品种类前3位为机电产品、矿产品和化工品，征税额分别为495.61亿元、441.68亿元和249.52亿元，占比分别为25.86%、23.04%和13.02%，合计占比61.92%。关区前20位税源商品（10位税号）合计征税769.36亿元，占比39.41%。

【减税降费】2022年，南京海关审核出具《征免税确认通知书》4.67万份，实际减免进口货值61.50亿美元，同比增长85.40%，免征税款30.58亿元，同比增长1.16倍。落实各项优惠贸易原产地政策，进口优惠贸易协定货物总值231.69亿美元，同比下降3.08%，减征

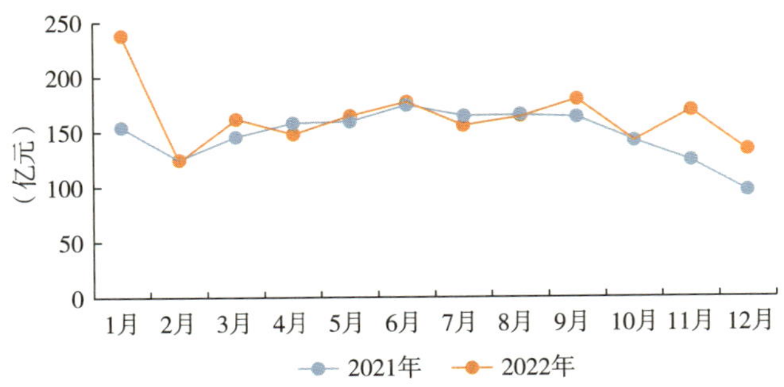

▲2022年南京海关入库税收情况

关税94.85亿元，同比增长5.89%，具体情况见表5-6。首次办理京东货运航空进口飞机免税，助力民用航空运输业持续稳定发展。落实暂免征收加贸内销缓税利息政策，减免关区2600余家企业内销缓税利息2403.03万元。开展帮扶企业措施调研，同意5家企业延期缴税，减免1家企业由此产生的滞纳金3.64万元。

表5-6　2022年南京海关主要优惠贸易安排享惠进口数据统计表

优惠贸易安排	享惠进口值（万美元）	关税优惠值（万元）	享惠进口值同比（%）	关税优惠值同比（%）
中国—东盟自贸协定	1129063.73	515111.94	-17.78	-0.48
中国—韩国自贸协定	678466.91	195301.59	10.58	36.25
ECFA	200542.79	79974.81	-15.17	-15.81
RCEP	145009.19	17369.35	—	—
中国—澳大利亚自贸协定	60695.35	89555.00	21.18	22.825
中国—瑞士自贸协定	21653.82	10054.91	-1.05	2.42
中国—新西兰自贸协定	18228.22	16317.19	-14.67	442.95
最不发达国家特别优惠关税待遇	15523.06	5191.70	-12.94	1.46
亚太贸易协定	14024.51	2360.16	-17.56	-86.43
中国—智利自贸协定	10527.85	5678.22	8.82	45.43
总值	2316922.91	948533.91	-3.08	5.39

【税收优惠政策】2022年，南京海关开展"十四五"科技创新税收优惠政策宣传，组织专题宣介57次，覆盖企业749家；联合江苏省发改委等部门发布享惠主体名单，梳理优惠政策退税时间表。对接江苏省科技厅、文化和旅游厅研讨"十四五"享惠主体名单印发事宜，协调督促"十四五"进口税收优惠政策尽早落地生效；加强联系沟通江苏省发展和改革委员会、工业和信息化厅等投资主管部门，协调解决重点投资项目免税确认问题12个，确保进口设备免税手续顺利办理。制发《南京海关减免税快速审核操作指南》，助力江苏省信息产业走上高速发展"快车道"；推动关区3家集成电路、新型显示器件企业开展"ERP联网+减免税快速审核模式"试点，加快实现进口关键原材料快速通关。根据H2018减免税管理系统填制规范要求，统一关区科技创新政策项目信息申报模式；动态更新133家集成电路、新型显示器件享惠企业名录及享惠商品目录，梳理政策执行要点和退税时间节点，指导关区及时准确落实税收政策。

【税收征管改革】2022年，南京海关稳步推进自报自缴、汇总征税、关税保证保险、原产地证书自助打印等便利化措施，提升担保应用多元化。为属地企业核批税款总担保备案1366份，批准新增企业集团财务公司开展担保试点1家，累计担保额度120.49亿元，压缩通关时间，降低担保成本。落实以企业为单元的海关税款总担保改革要求，修订完善《南京海关通关作业环节税款担保操作指引》，梳理海关保证金管理和操作制度，加强对现场海关培训指导。汇总征税使用率43.09%。推进关区属地纳税人管理，制发《南京海关属地纳税人工作实施方案》，完成企业底账建立225家，“双特”价格管理台账19家，新建和完善重点企业“一企一策”规范服务方案114家。

【完善预裁定审】2022年，南京海关制定《南京海关归类预裁定操作指引》，建立归类预裁定专家审核机制，与重点企业开展归类问题研讨，年内受理江苏地区企业归类预裁定申请425份，正式签发归类预裁定决定115份。关区开展首批价格“预裁定+”试点企业2家，受理价格“预裁定+”1票，货值7000万元，税款909万元。

【科技赋能丰富征管手段】2022年，南京海关开展报关单随附单证识别比对模型试运用，推进跨境电商税收风险识别模型、铜精矿知识图谱应用项目开发。完成署级科研项目“基于商品实体标识的税收征管特定垂直领域知识图谱研究”报告及研发应用，通过税管局（京津）专家组预验收。推动全国“单一窗口”全面运行条码申报及跨境电商零售进口中试点应用，从源头规范企业申报。开展“南京海关智慧征管平台2.0”建设，构建核心功能模块13个。

【原产地业务效能提升】2022年，南京海关结合RCEP实施热点，扩大输日原产地证书自助打印覆盖面，打通便企服务“最后一公里”。自助打印原产地证书58.02万份，自助打印率92.06%。推进原产地证书“智能审核”系统应用，实现原产地证书“7×24小时”不间断审核，叠加原产地证书无纸化申报、自助打印等惠企措施，签证流程进一步缩短，实现数据“多跑路”，企业“少跑腿”。推进“集中作业+多点通签”原产地签证集约化改革，优化资源配置，提升服务效能，处置效率提高30%。聚焦地方外贸服务，运用大数据开展应享惠未享惠进口货物分析，覆盖未享惠税额较大报关单、不同行业和产品、大中小等多种类型企业，筛选比对应享惠未享惠报关记录近2.4万条，选取200余家典型企业“点对点”调研未享惠原因，总结出口国（地区）签证相关问题因素并报海关总署。

【税政调研】2022年，南京海关围绕新能源汽车、食用油脂等专项商品推进税政调研。与江苏省财政厅等部门加强合作，征集意见。牵头开展收集整理南京协作区税政调研建议，向海关总署报送生物医药、金属原料等商品税政调整建议121项（其中南京海关33项）。针对关区重点产业研究提出《产业结构调整指导目录》修订意见33条，被海关总署采纳4条，惠及医药开发生产、集成电路封装测试、新型显示器件生产设备和新能源汽车关键零部件四大产业领域。

【税收风险防控】2022年，南京海关完善税收征管闭环管理链条，形成并下发《南京海关“四个机制”运行监控表（关税条线）》，梳理“4+N”风险，明确各风险事项监督控制和风险排查手段。制度化、常态化核查关区退运货物、已计税未开征、已计税未退税、担保处理不及时性等业务风险，定期下发风险数据要求现场海关开展核查。协助税管局开展铁矿粉、成品油、锂辉石、旧机电设备等重点商品价格核查，处置事后验估指令2617条，处置有效率97.97%，风险排查处置率100%。优化金关二期加工贸易系统保税通关与核注系统（以下简称“金二系统”）内销审价参数模型，2022年金二系统设置内销审价参数57条（其中新增54条，2021年延续3条），捕中核注清单316份。

▲2022年6月21日，淮安海关关员在某制帽有限公司开展RCEP政策解读（张昆 摄）

【RCEP落地见效】2022年是RCEP落地实施首年，南京海关签发RCEP原产地证书8.75万份，出口货值46.95亿美元，企业享惠2.60亿元。江苏省企业享惠进口RCEP货值135.36亿元，享受关税优惠2.30亿元。审核认定经核准出口商企业26家，出具RCEP原产地声明273份。开展企业RCEP专题培训90余场，覆盖人数超1.70万，帮扶企业开展关税筹划，用足用好政策红利。深化“FTA惠苏企”品牌合作，协同开发“FTA智慧应用公共服务平台”，提供企业RCEP等自贸协定关税税率及原产地规则查询判定服务，惠及江苏省企业2万家。撰写《关于2022年上半年江苏省自贸协定实施情况的报告》《我省纺织服装行业RCEP享惠情况及对策建议》等工作专报，获多位省领导批示。RCEP等各项税收政策实施情况在中央电视台新闻、《人民日报》、《中国国门时报》等中央级载体、省内主流媒体宣传报道超400篇次。充分运用企业问题清零机制，开设RCEP等协定货物通关咨询专窗热线，及时搜集了解企业问题诉求，保障日本等协定成员方进口光刻机、芯片研发等先进技术设备和零部件快速通关，助力“专精特新”企业纾困增效，累计协调解决企业享惠受阻问题50余次。跟踪问效RCEP实施对地方经济影响，调研专精特新行业深化与RCEP成员方产业合作情况并提出政策建议，助力江苏省高水平开放、高质量发展。

【参与海关总署税收研究工作】2022年，南海关牵头全国海关开展2019版内资产业目录修订意见审核，撰写2021年司级减免税研究课题转化报告，组织开展2022年度司级课题研究，完成民生消费无纺布行业、绿色低碳循环发展和国内外税收政策对比研究等报告；协助海关总署开展政策研究，解读《鼓励外商投资产业目录（2022年版）》海关执行公告；研提减免税管理工作制度、H2018减免税管理系统填制规范意见建议；参与“十四五”科普用品免税清单、2022版外商投资产业目录、无偿援助、救灾捐赠、外商投资企业报告回执制度等税收政策研究和拟定，参与海关总署H2018减免税监控分析系统完善任务书编写、减免税后续管理系统开发和测试工作。

【“关邮缴税信息互联互通”系统试点】2022年，南京海关所属苏州海关驻邮局办事处、金陵海关驻邮局办事处分别于9月21日、9月27日上线“关邮缴税信息互联互通”系统。无缝对接海关邮件系统与邮政系统，实现海关端、银行端、邮政端等多渠道无纸化缴税方式，丰富收件人缴税渠道，无纸化查询缴纳证，税款实时对账入库。

撰稿人

李　俐　张　睿

卫生检疫

【概述】2022年，南京海关查验出入境船舶2.35万艘次，其中出境1.25万艘次、入境1.10万艘次；飞机2966架次，其中出境1623架次、入境1343架次；人员63.31万人次，其中出境32.22万人次、入境31.09万人次；截获输入性病媒生物117批次，334只；开展口岸卫生监督1270次，发现问题17个；受理口岸卫生许可98件，逾期0件；开展卫生处理现场监管321次，抽查涉及卫生处理的检疫处理通知书320份、卫生处理报告40份、其他单证17份，均未发现问题。开展出入境人员传染病监测体检3.86万人次，艾滋病监测3.72万人次，传染病检出总数120人次，其中检出HIV-1抗体阳性23例、梅毒70例、病毒性肝炎22例（乙肝13例、丙肝9例）、肺结核5例。完成特殊物品卫生检疫审批1.31万批次，主要为金陵海关、苏州海关查获未办理特殊物品审批的新冠病毒检测试剂盒、人胎素、胎盘素针剂等物品。

【疫情监测】2022年，南京海关落实海关总署要求，更新关区全球疫情监测方案，充实监测小组工作人员并开展线下培训，按时完成承担麻疹等6种传染病审核工作，收集整理全球疫情信息200余份。强化多病共防，规范开展猴痘重点国家入境人员采样检测工作，开展猴痘、登革热、呼吸道合胞病毒等重点传染病专项风险评估，做好鼠疫、霍乱和黄热病3种甲类传染病防控。加强疫情监测，每日收集整理全球重点国家及瑞典等北欧5国疫情信息，按时完成每周口岸防控保障前方指挥机构例会汇报内容，每月撰写全球传染病疫情监测分析报告及前方指挥机构口岸形势分析会材料。

【“智慧卫检”建设】2022年，南京海关因地制宜研发“口岸卫生检疫控制系统”，对接海关旅客通关系统、地方联防联控机制“宁搏疫”系统、实验室信息管理系统等信息化系统，消除现场智能验核闸机系统、自动测温系统等智能终端界限，自动完成测温、人脸识别及信息记录等工作，实现各类信息流、数据流顺畅交换，入境旅客无感通关，效率大幅提升。

【水运口岸新冠疫情防控】2022年，南京海关针对上半年关区水运口岸新冠疫情陡增情况，开展针对性风险分析，制发水运口岸警示通报，明确重点国家（地区）和重点人员，规范开展船员聚集性发病的轮船后续处置工作；强化培训和指导水运口岸疫情数据上报工作，确保数据报送无差错。组织关区5个隶属海关参与海关总署水运口岸无接触卫生检疫试点工作，制发关区试点工作方案组织相关人员开展培训，完成相关试点任务，按时开展试点总结和建议报送。根据海关总署做好海关系统入境人员卫生检疫岗位封闭管理要求，设置关区封闭管理场所15个，全面安装具有移动侦测功能摄像设备和门磁管理系统，隶属海关全面履行监督责任，总关职能部门开展监控检查，关区封闭管理措施落地落实。

【入境客运航空器终末消毒监督监控】2022年，南京海关通过系统自动校验、逻辑比对和流程控制，紧盯消毒剂种类、浓度配比、消毒方法、作用时间等关键环节，全程、实时数字化监督监控近100架次入境客运航空器终末消毒监督工作。

【入境船舶截获输入性活鼠】2022年5月31日，南京海关隶属镇江海关登临检疫越南宜山入境船舶，截获活鼠3只。活鼠样本经江苏国际旅行保健中心鉴定检测，为黄胸鼠。

【入境船舶携带蝇类中检出沙门氏菌】2022年8月4日，南京海关隶属太仓海关登临检疫监督日本入境船舶，截获活体黄腹家蝇2只，实验室病原体检测出其中1只沙门氏菌阳性。

【重大外事活动保障】2022年，南京海关保障外交部部长王毅与海湾阿拉伯国家合作委

▲2022年5月31日，镇江海关关员在入境船舶截获活鼠（陈国涛　摄）

员会和有关欧洲国家外交使团任务，派卫生检疫专家组成“重大活动外场指挥中心”，参与现场指挥，对接海关总署及地方政府，“即决式”解决现场各类问题，高质高效完成保障任务。与无锡海关保障入出境航班15架次，检疫入出境人员275人次。

【新冠病毒疫苗、新冠病毒检测试剂出口保障】2022年，南京海关贯彻落实海关总署促进外贸保稳提质十条措施，加快新冠病毒疫苗试剂审批速度。开展特殊物品卫生检疫审批，提供辖区疫苗出口企业政策咨询、业务指导，平均审批时长压缩在24小时内；安排专人指导企业系统注册、审批申报，建立新冠病毒检测试剂盒出口绿色通道，平均审批时长压缩在2个工作日内。快速审批出口新冠病毒检测试剂17亿人份，出口100多个国家和地区。

【D级特殊物品审批权限下放】2022年，南京海关持续推进D级特殊物品卫生检疫审批权限下放试点，加快企业通关效率，促进江苏生物医药产业高质量发展。11月30日，金陵海关、苏州海关、苏州工业园区海关、无锡海关、连云港海关、南通海关、泰州海关、常州海关、镇江海关、吴江海关、昆山海关11个隶属海关完成D级特殊物品卫生检疫审批权限下放工作，江苏生物医药企业享受政策红利。

【监管作业场所新冠病毒环境监测】2022年6月1日—2日，在无锡海关苏南硕放机场口岸高非冷货物查验监管区域、无锡综合保税区口岸入境一般性货物查验监管区开展关区首次新冠病毒环境监测工作，采样查验监管区域、防护脱卸区域、移动监管设备监测点位16个，采集样本56份，经无锡海关保健中心实验室检测，均为阴性。关区20个口岸隶属海关开展环境核酸监测1740次，采集环境核酸样本9557个。

【口岸疫情防控全流程暨突发事件应急处置演练】2022年9月30日，在南通海关举行“2022年南京海关口岸疫情防控全流程暨突发事件应急处置演练”，南通市卫健委、南通边防检查站、南通兴东国际机场集团、南通市急救中心等联防联控部门共同参与。全流程演练入境航班新冠疫情防控，重点展示入境旅检检疫现场发现有症状人员处置、旅客晕厥和工作人员职业暴露处置，同时以输入性猴痘为例展示“多病共防”现场检疫和应急处置，海关总署督察组评估点评。关区各海关单位口岸疫情防控相关人员628人通过线上直播观摩演练。

【派员参加海关总署新冠疫情防控实地督查】2022年，南京海关按照海关总署关于开展国庆前后海关新冠疫情防控派驻实地督查工作要求，9月19日—10月22日，南京海关推荐二级调研员罗海亮任组长，包卫东、郭亚飞、史永强任组员的工作组前往上海参加海关总署组织的国庆前后海关新冠疫情防控派驻实地督查，围绕督查重点内容的15个方面，通过听取汇报、现场检查、查阅记录台账、视频督查、实操演练等方式，完成对上海特派办、上海海关、上海海关学院的疫情防控督查。

【卫生检疫业务培训】2022年，南京海关举办入境物品查检人员个人安全防护培训、《新型冠状病毒疫情口岸防控技术方案（第八版修订版）》解读培训、常态化内部疫情防控流调工作组人员流行病学调查线上专业指导、卫生检疫实训点首期空港口岸卫生检疫实训、新冠病毒疫情及猴痘疫情防控知识培训等线上培训9次，参训3400多人次。

【卫生检疫主题宣传】2022年4月26日，南京海关参加地方卫生行政部门牵头的全国疟疾日主题宣传活动，开展出入非洲、东南亚等疟疾高发地区人员健康教育，提高群体疟疾防治意识，活动期间发放疟疾防治知识宣传折页2000余　份。12月1日，关区各海关围绕“生命至上　终结艾滋　健康平等”宣传主题，开展第34个“世界艾滋病日”主题宣传活动，向社区人员、学生及口岸从业人员等群体发放宣传折页4万多份，抽纸盒、晴雨伞等宣传用品3000多个，接受咨询4000多人次。《中国国门时报》《江南时报》等媒体宣传报道。

撰稿人

刘　洋

动植物检疫

【概况】2022年，南京海关聚焦总体国家安全观，制定动植物检疫“四个机制”运行监控表，提炼“一失万无”重大风险5项，明确关键风险节点8个，制定针对性风险防范措施29条；牵头完成全国海关进境粮食、木材国门生物安全风险调研报告。开展“国门绿盾2022”行动，全力维护国门生物安全，检出进境种牛动物疫病4项次；检出植物有害生物15.37万种次，发现进境木材随附假证书10份；优化口岸营商环境，争取海关总署批复同意在南京市复制推广进境生物材料检疫改革便利化措施，承接海关总署进境粮食、水生动物等11类动植物及其产品授权检疫审批工作；有序推进自贸试验区进口粮食品质检验模式改革，免于进口粮食品质检验37批；设立属地查检绿色通道，促进枇杷、大闸蟹、淡水鱼等生鲜农产品扩大出口。

【动植物检疫作业现场监管】2022年，南京海关全过程视频监控进境粮食、木材、活动物等检疫作业现场87次，发现、处置问题37项；强化进出境动植物检疫除害处理安全管理及现场监管，编制标准化除害处理监管表单8个，开展监督检查4次，视频巡检检疫处理单位药品库19家；组织开展进境非食用动物产品下脚料处置、进境粮食、进境木材、外来物种普查等专项业务督查，发现问题23项。

【动植物检疫监测】2022年，南京海关构建完善“境外、口岸、境内”三位一体、多点触发的动植物检疫监测预警体系，防范动植物疫情疫病传入传出和外来物种入侵。组织专班跟踪收集整理境外动植物疫情疫病信息、政策动态，采编信息被海关总署录用392篇。强化国门生物安全监测，全面实施猴痘、高致病性禽流感等人畜共患病和重要动物疫病监测工作，进出境监测检出动物疫病33项次；完成国门生物安全监测布点917个，监测发现中国新记录种和江苏新记录种各1种；牵头组织宁波、广州海关共同完成2022年度全国进境船舶压舱水监测试点。根据监测监控结果和海关总署禁令公告要求，对进境羊毛、饲料、木材等加载风险布控指令8条，阻截不合格动植物产品流入。

【动植物安全风险监控】2022年，南京海关完成进出境食用水生动物、粮谷、水果和饲料安全风险监控工作。年内抽取货物727批次，监测项目9887个，检出不合格10项次，项目合格率99.90%。其中进出境饲料抽取234批次，监控项目1539个，检出不合格1项次，项目合格率99.93%；进出境食用水生动物抽取245批次，监控3244个项目，检出不合格9次，项目合格率99.72%；进境粮食抽取244批次，监控项目4903个，未检出不合格；出境水果抽取4批次，监控项目201个，未检出不合格。

【动植物检疫能力建设】2022年，南京海关推进进出境动植物检疫能力提升工程建设，配备口岸现场查验执法装备、口岸动植物检疫鉴定设备、口岸查验智能化设施设备217台（套）；为建设南京海关植物检疫菌种及毒种保存和标准物质研发中心配备荧光定量PCR仪等设备8台。年内建成初筛实验室6个并通过验收，为口岸一线执法查验提供技术保障。推进智慧动植物检疫建设，“木材树种AI智能识别系统”“进境动物重要人畜共患病口岸风险评估及检测技术研究”入围海关总署“智慧海关”揭榜挂帅项目；升级改造“南京海关数字动植检平台”，新增数据分析、检测预警等功能15项。牵头制定全国海关木材、木质包装、种禽等检疫监管工作指引，参与编写国门生物安全丛书2册。

【动物疫病监测】2022年，南京海关制订国门生物安全监测实施方案（动物检疫部分），结合布控指令要求组织实施进境陆生动物、水生动物、非食用动物产品、动物源性饲料、生物材料及出境水生动物等动物疫病监测。其中监测进境反刍动物样本9637个，检出不合格样本28个；监测进境禽鸟样本1906个，未检出不合格；监测进境动物源性饲料样本19个，未检出不合格；监测进境非食用动物产品样本240个，检出不合格样本1个；监测进境生物材料样本4个，未检出不合格；监测出境水生动物样本257个，检出不合格样本3个。

【重大动物疫情防控】2022年，南京海关扑杀无害化处理进境种牛中检出疫病阳性动物；落实海关总署、农业农村部各项禁令公告要求，撤销93份南非原羊毛和56份西班牙原羊毛检疫许可证，实施紧急布控原羊毛、宠物食品等相关动物产品5次，退运不符合检疫准入要求原羊毛8批，退运货证不符宠物食品2批。

【优质种质资源进口】2022年，南京海关聚焦提升风险识别能力，建立动物检疫专家团队，通过“师徒”结对培养、“理论学习＋驻场带教”等形式，解决因岗位调整造成专业人员不足问题；以远程交互、线上线下联动方式开展进境动物隔离场考核，统筹协调专业力量，保障进境活动物隔离检疫工作顺利开展；全程配合海关总署实施远程督导，通过驻场关员每日报告、视频检查、放行前专家评估等方式全面监督落实隔离检疫监管要求。年内安全引进种牛9637头、种鸡8.90万羽、信鸽3299只、种虾1960尾。

【进境生物材料检疫改革措施复制推广】2022年，南京海关回应生物医药企业和地方政府需求，开展专题调研、风险评估和研究论证，推动南京市成为继杭州市、广州市之后，海关总署批准第3个复制推广进境生物材料检疫改革措施的省会城市。措施落地后，有关企业可享受缩短隔离期、免于提供检疫证书、隔离场使用证一次办理多次使用等3项便利化措施。

【植物疫情防控】2022年，南京海关检出植物有害生物1672种、15.37万种次，同比分别下降9.87%和7.24%，其中，检疫性有害生物123种、1.82万种次。截获有害生物以杂草和昆虫为主，两者合占有害生物种次数86.18%，其中杂草占比62.65%，昆虫占比23.53%，真菌占比12.56%，其他种类（病毒、线虫等）截获种次占比较少。

【进境粮食产业链供应链安全保障】2022年，南京海关有序推进自贸试验区进口粮食品质检验模式改革，免于进口粮食品质检验37批，大幅压缩通关时长；为进口粮食报关、检查、放行等开辟绿色通道，提供预约式查验服务，提升口岸验放效率；符合条件的检疫审批申请即来即办，全面实施进境粮食流向更改电子化作业。年内关区进口粮食3413.08万吨，货值187.54亿美元。

【外来入侵物种普查】2022年，南京海关印发江苏口岸外来入侵物种普查方案和普查工作指引，制定《江苏口岸外来入侵物种普查清单》（86种）和《江苏口岸外来入侵物种普查参考清单》（531种），邀请现场普查专家、鉴定技术专家进行培训授课和一线指导，加强普查技术学习交流。各隶属海关4—11月开展现场踏查港口、机场、车站及进口货物存放点117次，覆盖踏查点数225个，综合采用平行线、三线法、对角线法、Z字形法等多种踏查方法，覆盖江苏大宗农产品进境口岸、进境指定监管场地、集中查验场站、进境货物集散地、进境粮食储存加工企业等相关区域，共发现各类生物921种，其中外来入侵物种59种。

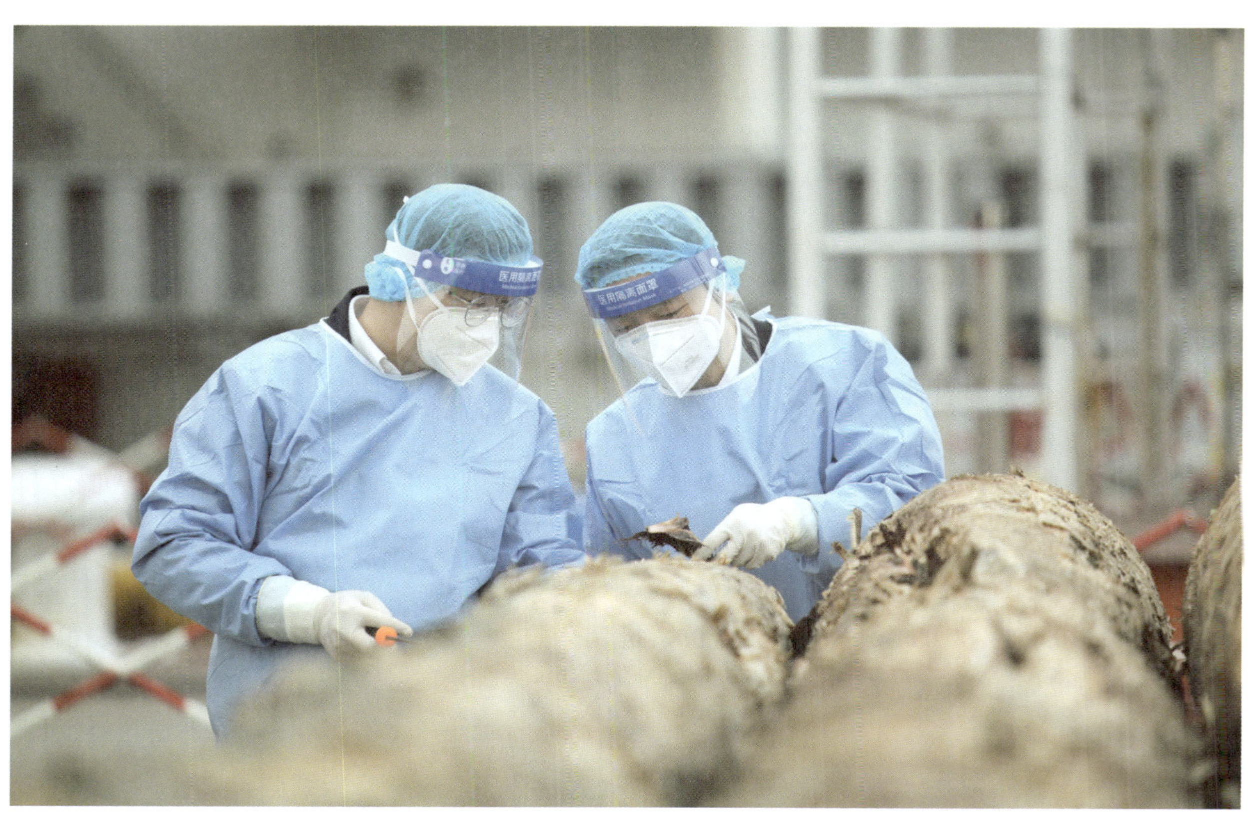

▲2022年8月25日，太仓海关在进境云杉原木截获活体检疫性有害生物暗褐断眼天牛（太仓海关 供图）

【寄递渠道外来入侵物种防控】2022年，南京海关开展跨境电商寄递“异宠”综合治理专项行动，强化跨境电商平台及寄递运营企业主体责任，制作《“邮”里有“拒”》科普视频开展“异宠”潜在危害宣传教育；加强跨境电商寄递“异宠”风险监测，建立非贸渠道“两单三库”（高风险重点来源国家和地区清单、布控关键词清单和高风险影子商品库、高频收寄件人信息库、重点收寄件地址库），提高系统布控精准性；强化科技赋能，完善邮寄渠道动植物检疫辅助管理功能模块，升级数字动植检数据库功能，编辑昆虫、种子等外来物种实物机检对照图百余种，开发邮递物品“智慧查验系统”，实现进境邮件同屏比对、监控异常提醒；强化“存疑邮包”二次复查机制，细查细验高风险、存疑邮件，寄递渠道截获外来物种138种239批次，主要为植物种子、苗木、活体昆虫，分别占截获总批次87.87%、10.04%、2.09%，撰写工作经验、成效信息被海关总署简报刊用22条。

【国门生物安全宣传】2022年，南京海关开展“全民国家安全教育日”宣传教育和“异宠”潜在危害宣传教育，利用标本展示室、工作现场及特色资源等，综合运用线上“云课堂”、张贴海报、微信公众号等多种形式，聚焦入境旅客、入境船员、进出口企业等重点群体宣传海关国门生物安全，国门生物安全进校园、进社区等“六进”活动累计受众4万余人次。在《中国国门时报》、《新华日报》、“学习强国”等媒体发表《筑牢口岸国门生物安全“铜墙铁壁”》等新闻宣传报道4篇。

【联防联控机制建设】2022年，南京海关与江苏省农业农村厅、江苏省林业局签署三方合作备忘录，围绕动植物疫情防控和应急处置、农林畜渔产品优进优出等内容构建政策、信息、技术协作平台，健全重大风险外部联防联控机制，强化协同监管合力。联合出台松材线虫、“加拿大一枝黄花”等重大动植物疫病疫情和外来物种防控工作要求；畅通长江流域直属海关沟通联系机制，与上海、杭州、长沙等海关实施进境粮食调运联合监管、有害生物联合监测，处置检测不合格粮食4船次。

【优质农产品准入】2022年，南京海关牵头开展进境老挝屠宰牛检疫相关工作方案评估，视频检查加拿大输华食用水生动物注册申请企业，协助海关总署完成波兰莱豆、玻利维亚奇亚籽和芬兰栽培介质风险评估工作，完成境外栽培介质供应商备案2家。

【行政审批便利化改革】2022年，南京海关申请承接海关总署进境粮食、水生动物等11类动植物及其产品授权检疫审批工作，推广使用新版检疫审批系统，进一步提高审批效率，办结进境动植物检疫审批3543项；帮助企业提升自检自控与优质农产品供给能力，加快出口注册和对外推荐，新增出境动植物及其产品企业注册登记214项，推荐6家企业对欧盟、英国注册，政务服务好差评满意率100%。

【监管措施改革】2022年，南京海关全面推进粮食、种苗监管应用“两段准入附条件提离”，享受便利化进境措施批次80%；评估船边检疫经验成果，推动关区散装粮食、木材100%实施船边检疫，分级分类管理疫区运输工具，降低登临检疫比例，解决专班人员不足问题。

表 5-7　南京海关 2022 年度截获外来物种典型案例

类别	名称	图片	截获情况	危害性	国外分布
动物类	粗糙后棘蝎		5 月 30 日，张家港海关在对一批来自莫桑比克的集装箱运原木实施开箱查验时截获一只活体蝎子。经实验室鉴定为粗糙后棘蝎（*Opisthacanthus asper*）	蝎对人或动物具有一定的攻击性。不同蝎种携带的毒力强度不一样，毒性较弱的仅有局部麻痹作用，毒力强的可相当于眼镜蛇蛇毒，对呼吸中枢有麻痹作用，对心血管有兴奋作用，中毒严重者会出现死亡	主要分布在南非东部、津巴布韦和莫桑比克
	巨渴蛇		12 月 14 日，张家港海关在对一批来自莫桑比克的进境集装箱运原木实施现场查验时，在其中一个集装箱内地板上角落处发现一条小型活蛇。经实验室鉴定为巨渴蛇属的一种（*Dipsadoboa sp.*）	活体蛇类容易携带寄生虫或病毒，部分种类本身就带有毒性，一旦传入我国，将会对我国的人民安全和生态环境带来一定的风险	遍布了东半球，主要分布于撒哈拉以南的热带雨林和开阔林地
	红带步行蛙		9 月 20 日，张家港海关在对一批集装箱运载的进口赞比亚原木进行开箱查验时，在原木缝隙间截获一只活蛙。经实验室鉴定为红带步行蛙(*rynomantis bifasciatus*)	该种蛙皮肤可分泌出有毒性的分泌物，若以手碰触会令人感到痛感，如碰到伤口会轻微中毒，基本症状包括肿痛，呼吸困难、头痛、心跳加速、恶心等	

表 5-7 续 1

类别	名称	图片	截获情况	危害性	国外分布
动物类	拟苔藓枯叶螳和戴安娜丽矛螳		12 月 13 日，江阴海关在来自秘鲁的申报品名为“视频转换器”的邮件中，查获藏匿进境的 3 个螳螂卵鞘以及孵化出的 62 只活体螳螂。经实验室鉴定为拟苔藓枯叶螳 (*eudacanthops lobipes*) 和戴安娜丽矛螳（*Callibia diana*）	拟苔藓枯叶螳和戴安娜丽矛螳国内均未见报道，属于外来生物，进入国内可能会破坏生物多样性和生态平衡，螳螂体内也会携带一些细菌、病毒、寄生虫等有害的微生物	拟苔藓枯叶螳原产于北美洲哥斯达黎加，分布区域较窄。 戴安娜丽矛螳原产于法属圭亚那、秘鲁、玻利维亚、委内瑞拉、哥伦比亚等南美洲地区
	暗褐断眼天牛		8 月 25 日，太仓海关在对进境来自拉脱维亚云杉原木进行现场查验时，查验关员在云杉原木上发现活体昆虫。经实验室鉴定为暗褐断眼天牛（*Tetropium fuscum*）	主要侵害衰弱木和伐倒木，但在种群密度增加时也危害活立木	欧洲、西伯利亚西部及乌拉尔山中纬度地带、日本、土耳其、加拿大等地
	拉克德雷异胫长小蠹		10 月 20 日，靖江海关在对一批进口巴布亚新几内亚原木开展查验时，截获活虫 6 头。经实验室鉴定为拉克德雷异胫长小蠹（*Crossotarsus lacordairei*），属检疫性有害生物，为全国首次截获的外来物种	钻蛀性害虫，可寄生在新鲜或腐烂的木材上，个体较大，造成较深较大的孔洞，严重影响木材品质	巴布亚新几内亚、新爱尔兰岛、俾斯麦岛、阿鲁巴岛等地

表 5-7　续 2

类别	名称	图片	截获情况	危害性	国外分布
动物类	日本大锹甲		9 月 28 日，金陵海关驻邮局办事处现场关员在对进境邮件进行 X 光机例行检查时，发现一个来自日本申报为“塑料玩具”的邮件，图像显示异常，有疑似大型昆虫活动迹象，随即开箱查验，发现实际内容为一大一小 2 个包装完好、内有湿润木屑的长方体塑料盒，每个盒子内各有活体甲虫 1 头。经实验室鉴定为日本大锹甲（*Dorcus hopei binodulosus*）（一雌一雄）	如果人为弃养，在适宜的环境条件下扩散定殖，污染本土甲虫的基因库，与当地生物竞争食物资源和生存空间，打破原有的生物链平衡，影响生物多样性，而且外来物种极易携带动植物疫情和有害生物传入，会对当地的生态环境和农林业生产造成威胁	主要产自日本，韩国亦有分布
	野蛮收获蚁		10 月，苏州海关邮件监管现场关员在监管入境邮件时，发现由法国入境的 3 个邮件机检图像异常，遂重点查验。经人工开箱查验，发现该 3 个邮件内均有大量微型离心管分装的活体蚂蚁，每管 1 只，体长约 1 厘米，3 批活体蚂蚁合计 1533 只。经实验室鉴定为野蛮收获蚁（*Messor barbarus*）	野蛮收获蚁在原产地被定义为害虫。具有非常强的生命力，并且繁殖能力强，一旦进入我国，非常可能因为缺少天敌而出现种群泛滥现象	北非和欧洲南部
杂草类	齿裂大戟		泰州海关在对进境大豆进行查验时，截获多种检疫性有害生物，其中从巴西、阿根廷和美国大豆中分别截获检疫性有害生物齿裂大戟 (*phorbia dentate*)90 种次、42 种次和 25 种次	对园林绿地、花圃等有一定的危害。容易形成优势群落，破坏当地生态系统	原产北美

表 5-7　续 3

类别	名称	图片	截获情况	危害性	国外分布
杂草类	刺果瓜		2月18日，泰州海关在对进境美国大豆进行岸边查验时，在大豆筛下物中发现多种杂草，其中一种经鉴定为外来恶性杂草刺果瓜（*Sicyos angulat*）	刺果瓜通过竞争或占据本地物种生存空间、直接扼杀当地物种、分泌释放化学物质以抑制其他生物的生长。其生命力强、生长极为迅速，且覆盖面积非常大，一旦入侵将减少本地物种的种类和数量，甚至导致物种濒危或灭绝	原产北美洲，后作为观赏植物引入欧洲，因逃逸成为杂草，目前亚洲、欧洲均有分布
	假高粱		泰州海关在对进境大豆进行查验时，截获多种检疫性有害生物，其中从美国、巴西和阿根廷大豆中分别截获假高粱（*Sorghum halepense*）185 种次、428 次和 49 次	假高粱是“世界十大恶草”之一，能对谷类、棉花、苜蓿、甘蔗、麻类等 30 多种作物构成危害，不仅造成作物大幅减产，还可作为高粱属作物许多害虫和病毒的寄主。其花粉易与留种的高粱属作物杂交，使产量降低、品种变劣；根分泌物或腐烂的叶、茎、根，能抑制作物种子萌发和籽苗生长。假高粱中所含氰化物远高于其他栽培高粱，尤其嫩芽聚积量高，以第二期生长时最盛，牲畜误食可引起中毒甚至死亡	地中海地区；现广布于世界热带和亚热带地区，以及加拿大、阿根廷等高纬国家
	三裂叶豚草		泰州海关在对进境大豆进行查验时，截获多种检疫性有害生物，其中从美国和巴西大豆中分别截获三裂叶豚草（*Ambrosia trifida*）177 种次和 30 种。	三裂叶豚草吸肥能力和再生能力极强，造成土壤干旱贫瘠、遮挡阳光，降低农作物产量，而且豚草花粉是人类“枯草热”又称“花粉病”的主要病源，引发过敏性鼻炎和支气管哮喘等变态反应症。在美国，在豚草花粉传播的季节，大量人员因过敏反应而丧失劳动能力	原产北美，现分于美国、加拿大、墨西哥、瑞士、瑞典、澳大利亚、埃及、毛里求斯

表 5-7　续 4

类别	名称	图片	截获情况	危害性	国外分布
杂草类	硬雀麦		泰州海关在对进境大豆进行查验时，截获多种检疫性有害生物，其中从巴西大豆中截获硬雀麦（*Bromus rigidus*）11 种次	硬雀麦根系发达，与小麦争夺养分和水分，造成小麦严重减产。硬雀麦根系发达，繁殖速度快，与其他植物在水分、阳光、空间的竞争中优势明显，抑制了其他植物的生长，严重破坏生物多样性	分布于英国、美国、澳大利亚、土耳其沿海地区、塞浦路斯、叙利亚共和国、以色列、约旦、埃及、希腊、高加索、里海沿岸、北非地区、摩洛哥、阿尔及利亚、葡萄牙、西班牙等地
传染病原类	小麦线条花叶病毒		南通海关连续 2 次从进口玉米截获检疫性病害—小麦线条花叶病毒（Wheat streak mosaic virus，WSMV）	该病毒自然寄主主要为麦类作物，可危害小麦、玉米、燕麦、大麦、黑麦等作物，造成作物减产 30%~50%，严重的甚至绝收。小麦感病越早发病愈重，冬前发病不能拔节抽穗，提早枯死造成绝收；拔节期感病植株严重矮化，仅主穗和个别分蘖抽穗，穗小粒少，有 40% 植株无收；拔节后感病结实小穗减少，千粒重降低，造成很大的经济损失	该病毒首次发生于美国中部，后蔓延至加拿大、约旦、罗马尼亚等地
	麦类壳多胞斑点病菌		南通海关从进口加拿大大麦截获检疫性病害—麦类壳多胞斑点病菌 (*tagonospora avenaef sp. triticea*）	受害植株穗粒数减少，籽粒皱缩干枇，出粉率降低，早期受害还可影响成穗率，能引起高达 53%的减产	美国、欧洲、加拿大、阿根廷、巴西

【鲜活农产品出口绿色通道建设】2022年，南京海关进一步优化出口农产品检疫监管流程，设立属地查检绿色通道，全面推行优先查检和“5+2”预约查检，开展“风险前置，即报即检”，年内出口泥鳅、文蛤等鲜活水生动物8097.80吨、货值4386.80万美元。

【大闸蟹出口监管】2022年，南京海关监控扣蟹投苗、成蟹养殖、投入品管理等关键环节，适时开展疫病监测和安全风险监控，全程跟踪分析监测监控不合格原因，指导企业提升优质农产品供给能力；组织人员收集境外检疫法规和农残限量标准，针对韩国新增螯虾瘟疫病检测要求，将其列入企业自检自控、海关出口前抽检范围，化解潜在风险；开辟鲜活易腐农产品“5+2”预约查检绿色通道，及时响应企业需求，优先开展检验、检疫等工作，减少企业等待时间。年内监管出口大闸蟹250.92吨、货值953.03万美元，同比分别增长8.70%和11.07%。

【助推食用菌产业发展】2022年，南京海关针对食用菌种植企业对进口肥料迫切需求，启动“一企一品一案”机制，组织专家开展拟进口植物源性肥料风险评估，推动完成境外供应商备案工作，解决食用菌企业原料停供问题。充分释放改革红利，联合上海海关全面推行进境种苗“附条件提离”便利化措施，该举措可为辖区内企业降低冷藏运输物流成本1500万元/年，压缩通关时间60%以上，保证优质菌种资源第一时间投入生产。创新企业分类管理，实施“企业分类、货物分级、监管分等”“三分监管”工作制度，结合产品检疫风险状况和企业日常监管情况，实施科学化、差异化监管，助力7家企业入围粤港澳大湾区“菜篮子”生产基地认定名单。

撰稿人

王晓丰

进出口食品安全监管

【概况】2022年，南京海关完善进出口食品安全领导工作机制，持续做好新冠疫情防控，开展进口食品“国门守护”行动，强化风险分析评估，加强督查，优化服务助力经济保稳提质。进出口食品安全处荣获江苏省食品安全委员会“食品安全工作先进集体”称号。

【进出口食品监管】2022年，南京海关开展出口食品境外通报事件调查23批。针对媒体曝光的酸菜制品安全问题，开展腌制蔬菜企业排查49家，启动备案企业风险类核查7家，提出不符合项31条，全部完成整改。排查关区输非洲地区茶叶贸易情况，将相关备案企业和种植基地纳入年度定期管理类核查。针对槟榔相关舆情，实施风险布控，禁止相关产品进口。参与完成H2018系统对进口食品境外生产企业注册编号校验逻辑技术测试，帮扶18家企业78批产品解决因境外企业注册编码或启运日期不符时限要求导致作业系统不受理申报等问题。开展加工食品签证官资质认定，组织年度加工食品签证官考试，新认定签证官66人，注销签证官资质4人。处理信访、投诉举报和转办案件7起。

【进出口食品安全风险监测】2022年，南京海关开展出口动物源性食品残留监控，采样432个，检测结果均为阴性。开展供港蔬菜专项检查和进口食品安全风险监测，涉及8个样品，合格率100%。开展进出口食用水生动物安全风险监测，其中出境水生动物监控样品242个，出具检测结果3220个，进境水生动物监控样品3个，出具检测结果24个。根据海关总署新一代查验管理系统中布控指令对进口食品化妆品实施安全风险监测，采集进口食品监测样品114个，进口化妆品监测样品9个，全部完成检测。

【进口冷链食品疫情防控】2022年，南京海关开展进口冷链食品新冠病毒核酸监测检测，取样153批，检测3450个样品，口岸环节预防性消毒监管集装箱170个，货物3251.70吨。成立专班常态化开展视频监控，年度视频监控运行时长累计700多小时。建立外部参与联防联控机制、内部业务培训机制、阳性及突发事件处置机制、监控运行机制，完善一线作业技术指引，细化要点至第七版，更新发布《南京海关进口冷链货物新型冠状病毒风险监测疑似阳性结果应急处置预案》，组织关区开展进口冷链食品新冠疫情防控突发事件应急处置演练，对接江苏省联防联控机制，

▲2022 年 6 月 20 日，南京海关关员对供港澳蛋制品开展出口申报前监管（张学军　摄）

牵头做好江苏省进口物品疫情防控协调组相关工作。

【进出口食品风险防控】2022 年，南京海关建立健全关区食品领域重大风险防控、闭环运行管理、治理能力提升、责任担当落实“四个机制”，强化监督控制，全链条、各环节，全面梳理、深入排查重大安全风险事项 6 项，涉及关键风险节点 7 个，制定具体防范措施 29 项。关区范围印发食品监管“四个机制”运行监控表，明确责任分工，压实工作责任。强化科技赋能，联合科技、风险防控部门，整合 H2018 系统、新一代查验管理系统、进出口食品安全监督抽检系统数据，实现指令执行情况自动批量比对与异常预警，实施季度通报，切实强化运行监控和执行反馈。加强大数据、人工智能风险模型应用，以云擎系统为依托，结合业务运行具体场景，在进口食品准入、检疫许可证申报及核销等方面开发数据模型 4 个，实时监控隶属海关相关指令落实情况，提升风险自动甄别与预警能力。完善关区监管制度体系，制定关区进口食品目的地查检场地技术要求，规范进口食品目的地查检工作，防范因仓储因素或管理不善造成进口食品在海关监管过程中出现保存不当、污染等安全风险。

【进口食品检疫审批】2022 年，南京海关实施全程“不见面”审批，完成进口食品检疫审批 243 批。帮扶 18 家企业 78 批产品解决因境外企业注册编码或启运日期不符时限要求，导致作业系统不受理企业申报等问题。联合江苏省农业农村厅开展第十三批省级出口农产品示范基地

（区）认定工作，完成出口农产品示范基地（区）认定18家。

【进口食品“国门守护”行动】2022年，南京海关落实年度进出口食品监督抽检和风险监测计划，抽取进口食品化妆品样品6136个，检测35783项次，出口食品化妆品样品2641个，检测10013项次，检出不合格进口食品31批。其中，在进口复合调味料中检出超范围使用食品添加剂，在压片糖果中检出标签不合格或超范围使用添加剂，在进口水产品及日本食品中查发未获检疫准入、货证不符以及多批进口化妆品与备案信息不符，均按规定作退运销毁处理。严厉打击各类食品走私犯罪活动，移交立案侦办食品走私刑事案件11起（含走私食品关联洗钱案件1起），案值2653万元，其中查证走私白糖1300吨、蛋白粉130余吨、洋酒1009件、中草药材500吨、植物发酵饮料42120盒、燕窝50千克。推动召开江苏省反走私综合治理领导小组会议暨全省打击走私工作电视电话会议，深入开展反走私综合治理，推动江苏省打击走私综合治理办公室印发《关于进一步加强打击治理沿海区域走私工作的通知》。

【“全国食品安全宣传周”活动】2022年4月22日，南京海关进出口食品安全工作会议暨进出口食品安全工作领导小组工作会议召开。组织参加海关总署2022年“全国食品安全宣传周”主题日活动。举办食品检验检疫实验室开放日、食品安全口岸行、食品安全“云科普”、食品安全知识网络有奖竞答等系列活动。组织宣传活动（含线上）180场次，举办讲座（含线上）76场次，发放宣传材料4770册，解答咨询3035人次，18家省部级以上主流媒体报道海关食品安全宣传活动，活动内容被网站、微信公众号等媒体平台报道百余次。

【参与海关总署专项工作】2022年，南京海关派员参加境外食品生产企业视频检查58人次，境外体系评估和企业评估27次。参与境外生产企业注册评审工作，协助完成境外食品生产企业注册评审数位居全国前列。评估分析口岸查验模式改革、进出口食品取样送检、进口植物油合格证明材料、保税区内流转货物解除政策性布控等改革事项；完成雅培公司阪崎杆菌污染事件、含肉加工食品进口检疫风险评估工作；组织参与梳理特殊监管区域生产加工酒类产品、乳品准入及进口鱼肝油原料监管要求。持续开展南美洲6国食品安全管理体系评估，加强相关国家限制性贸易措施研究和评估，完成研究报告6份。参与起草蒙古国、伊朗输华乳品检验检疫要求公告与解读，智利输华扁桃仁检验检疫要求议定书，完成境外企业整改评估报告10份。参加海关总署《中华人民共和国进出境动植物检疫法》修订工作专班，主持起草修订意见，多次代表海关总署参加与农业农村部会谈。细化进口植物源性食品议定书及检验检疫要求48个，整理相关产品熏蒸要求和官方证书模板。制订输韩胶原蛋白和明胶兽医卫生证书样本，完成出口巴西、欧盟肠衣证书及西班牙等4国输华肠衣证书样本制订，拟制进出口肠衣查验表单及出口动物源性食品属地查检系统相关布控规则，组织制定进出口肠衣海关监管作业指导书。参与完成新西兰输华冷冻羊肠衣风险分析报告。跟踪食用植物油供需形势和进口贸易情况，研提推动扩大食用植物油进口建议。

【课题研究】2022年，南京海关根据海关总署要求，联合全国14个直属海关单位开展进出口食品安全监管史课题研究，起草并组织讨论课题研究内容框架，细化内容提纲，承办海关总署课题工作推进会议，系统梳理中华人民共和国成立后中国进出口食品安全监管历史沿革。参与海关总署综合保税区检验检疫管理措施课题研究，梳理特殊监管区域生产加工酒类产品、乳品准入要求及进口鱼肝油原料监管要求，构建关区“食品安全+特殊区域管理”工作机制，明确食品、监管、稽查、自贸和风险防控等相关部门特殊监管区域食品安全监管职责，制定特殊监管区域进出口食品安全一体化监管措施。参加海关总署专题视频研讨会，提出优化监管措施建议。

撰稿人

张学军

商品检验

【概况】2022年，南京海关进出口商品检验业务以进口机电产品、大宗资源类商品及进出口危险化学品为主，业务类别齐全、业务量大。管辖范围内命中布控进出口法定检验商品8.53万批，同比减少15.36%，检出各类进出口法定检验商品不合格5412批，同比增加10.56%；实施退运、销毁或禁止出口法定检验商品510批，同比增加62.94%。

【进口工业品检验】2022年，南京海关落实“外防输入，内防扩散”疫情防控工作要求，指导、协调主管产品新冠病毒核酸监测，实施进口高风险非冷链工业品新冠病毒核酸监测83批，未发现阳性。实施儿童用品、食品接触产品等消费品质量安全风险监测164批，发现不合格9批。9月协助海关总署商品检验司组织全国海关系统机电产品检验监管培训，约7000人参训。

【进口消费品检验】2022年，南京海关退运或销毁锂电池、牙刷、玩具、轮胎等质量安全不合格消费品7批26.82万件；监督整改进口服装及玩具标签不合格12批22.97万件。组织关区开展进口轻纺产品检验监管能力培训，参训人员288人。

【进口固体废物风险排查及属性鉴别】2022年，南京海关组织开展进口货物固体废物属性鉴别和再生金属原料检验监管培训。建立固体废物鉴别专家组，赴口岸一线现场鉴别和指导10余次。发挥关区固废属性鉴别实验室技术能力优势，优化鉴别流程。10月17日，连云港海关查获进口铜矿石放射超标45.60倍。年内，完成固体废物属性鉴别439批，检出固体废

▲2022年10月17日，连云港海关关员查获放射超标45.60倍的进口铜矿石（林军 摄）

物19批。

【进口大宗资源类商品安卫环项目检验】2022年，南京海关检出进口大宗资源类商品安卫环项目不合格29批、57.01万吨、8353.45万美元，涉及煤炭、铜精矿、涂料等产品。打击贸易欺诈，出具棉花重量、品质证书1318份，协助企业对外索赔，挽回境内收货企业经济损失685.07万美元。

【进口再生金属原料检验监管】2022年，南京海关建立并动态更新再生金属原料标准文件库，组建关区进口再生金属原料检验监管专家组，做好重点口岸业务指导和企业宣传，组织业务培训2次，培训人员468人次。检验进口再生金属原料153批、12.54万 吨、6509.81万美元，同比分别增加80%、6.96%、2.01%，检出不合格5批、7971.93吨、385.04万美元，同比分别增加25%、131.04%、113.32%。

【进口机电产品安全监管】2022年，南京海关参与海关总署商品检验业务管理机制改革，协助海关总署优化联网核查、布控检验规则，为完善维修/再制造用途进口机电料件管理制度、保税区检验检疫监督管理办法、出口协议国家装运前检验制度等建言献策。建立重点商品检验监管数据统计模型，开展月度工作质量抽查，发现并督促隶属海关整改问题3个。强化培训指导，举办培训班2期。强化现场检验监管，排查维修/再制造用途进口机电料件违法风险、制定禁止进口及“以废充旧”产品入境风险防范措施，退运销毁机电类固体废物2批1.64万件，非维修/再制造用途进口机电料件4批33台；实施检验旧机电8154批，退运/销毁87批1058件不合格进口旧机电，监督技术整改791批1.31万件，不合格批次检出率10.77 %。检验进口医疗器械2730批，退运/销毁不合格医疗器械10批375件，监督技术整改45批8.05万件，不合格批次检出率2%。查发禁止进口旧螺旋断层放疗系统、未获证进口骨科矫形器械等55个不合格查发案例被海关总署纳入典型案例在全国海关系统发布通报。

【出口商品检验】2022年，南京海关加强疫情形势分析研判，强化出口防疫物资口岸查验，禁止“三无”、霉变、残损、受污及质量安全项目不合格防疫物资出口，查获不合格出口口罩351万只。持续开展“清风行动”，严厉打击假冒伪劣，查获出口硫酸铵成分与申报不符涉嫌掺杂掺假4批，1285吨42.53万美元。

【进出口危险化学品及其包装检验】2022年，南京海关落实“口岸危险品综合治理”百日专项行动要求，检验进出口危险化学品48144批，检出不合格830批，不合格批次同比增长119%，10个案例被海关总署商品检验司通报全国海关系统。组织编制关区进出口危险品及包装检验手册，推进进口危险化学品检验模式改革。组织上岗资质培训2期，参加考核340人，通过考核279人，通过率82.10%。组织危险品及包装检验实操培训、进口涂料和出口危险货物包装检验新规程培训各1期，参训374人。制定关区进口涂料检验作业指导书，解决《涂料检验管理办法》废止后取样送检批次过多问题。修订完善关区出口危险货物包装生产企业代码及自检事项公告，推动企业落实质量安全主体责任，保障出口危险货物运输安全。

【法定检验商品以外进出口商品抽查检验】2022年，南京海关按照海关总署开展2022年法定检验商品以外进出口商品抽查检验工作要求，组织实施关区本年度法定检验商品以外进出口商品抽查检验工作。根据布控指令，对13批进口文具类产品进行检验，发现不合格12批次，不合格率92.30%。

【风险预警监管体系建设】2022年，南京海关推进“进出口商品质量安全风险管理系统”应用，培训系统应用人员146人，录入风险信息5526条。整合关区署级风险监测点资源，推行风险信息协作化采集，建设关区风险信息库，采集国内外商品质量安全相关信息1.30万条。组织署级风险监测点梳理重点商品风险监测要素70项，编制重点商品风险监测实施细则13份，针对进出口建材、婴童用品、出口危险货物包装开展专项风险监测，完成实验室专项检测114批，撰写专项监测报告8份。

【跨境电商渠道进出口消费品风险监测】2022年，南京海关落实海关总署跨境电商进口消费品风险监测任务，组织实施跨境电商进口消费品风险监测抽查31批，检出不合格16批，不合格率51.60%。

【进出口商品检验采信管理】2022年，南京海关协助海关总署起草《海关进出口商品检验采信机构监督管理工作细则》，承担海关总署第三方采信信息化系统上线测试、采信报关单通关工作指引制订及监管人员培训。对65批次406辆进口汽车实施第三方检验结果采信。落实《海关总署关于进口服装采信要求的公告》（海关总署公告2022年第120号），对列入《实施采信的进口服装商品编号清单》的进口服装商品实施采信。

【进口矿产品和原油“先放后检”改革】2022年，南京海关持续推进落实海关总署进口矿产品和原油“先放后检”改革举措。关区“先放后检”进口矿产品及原油3935批1.89亿吨，货值227.15亿美元，通关时长压缩85.16%，减少企业费用3.38亿元。

【“依申请检验”改革】2022年，南京海关持续落实海关总署关于进口铁矿“依申请检验”改革举措。实施“依申请检验”进口铁矿1313批6832.58万吨，货值71.92亿美元，同比分别增长78.64%、72.75%和28.33%。未申请检验进口棉花196批，占进口总批次19.29%，较去年同期占比提升6.98%。

【“保税混矿”业务试点】2022年，南京海关继续推动关区铜精矿“保税混矿”业务试点。通过加强日常监督管理，强化全过程监管要求落实，指导督促企业依法依规开展铜精矿混配作业。中国五矿铜精矿“保税混矿”项目（连云港）累计完成铜精矿进口10.14万吨、货值2.01亿美元。

【商品检验领域“四个机制”建设】2022年，南京海关开展商品检验领域风险排查，提升风险防控能力。紧盯打击“洋垃圾”入境、安全生产、国家宏观调控政策等党中央重大决策部署，逐项排查商品检验领域重大风险，识别风险事项4项、关键风险点4个，制定具体防范措施23项，科技赋能措施4项，印发商品检验领域“四个机制”运行监控表。

【商品检验职能监控】2022年，南京海关完善商品检验职能监控工作机制，针对重点商品质量安全风险和工作质量重点风险隐患开展监控分析。专项监控 14 项，调阅报告报表 84 份，分析电子数据 2.10 万条，抽查进出口商品检验记录 348 批次，形成专项报告 11 份。

【智慧商品检验建设】2022 年，南京海关以加强进出口危险品常态化综合治理为切入点，借助科技赋能，立足全面提升关区进出口危险品检验监管工作智慧化、规范化管理水平和商品检验职能掌控能力，申报开发“商品检验职能管理平台”并获得立项。

撰稿人

武　超

口岸监管

【概述】2022年，南京海关加强固体废物、濒危物种及其制品、野生动物及其产品监管，筑牢国门安全防线；落实口岸监管领域疫情防控措施；强化智慧监管，优化升级“智慧旅检”，强化寄递渠道智能化监管，推广智能审图应用，改造应用“安全智能化管理系统”2.0加强版，全面提升口岸监管效能。

【货物监管】2022年，南京海关优化H986机检作业模式，完成机检查验11.05万自然箱，关区10台设备日均机检量均超20自然箱。采取“以点带面”和“因地制宜”方式，集中审像中心与业务现场高效衔接联动，推进先期机检工作，完成先期机检1.14万自然箱，同比增长33.25%。其中7台设备参与先期机检作业模式，部分设备先期机检量占总机检量比例超50%。通过机检发现异常转现场查获72票。

【行邮监管】2022年，南京海关监管进出境客货航班3238架次，同比下降25.60%；监管邮递物品（不含各类快件）56.60万件，同比下降80.10%；监管邮政快件75.70万件，同比下降52.20%；监管非邮政快件0.20万件，同比下降99.90%。办理非居民长期旅客进出境自用物品验核1035票，同比增长12.90%；留学回国人员免税购车业务1434票，同比下降52.30%；分离运输行李通关业务873票，同比下降43.80%。查获麻醉及精神类管制药物案件150起；疑似濒危物种及其制品4573件26.63吨，其中象牙制品84件3.80千克；仿真枪7支、非成套枪支散件112件、BB弹1.60万发、管制刀具182把。查获各类违禁印刷品及音像制品30083件，同比增长72.70%，其中政治类2.13万件、淫秽类6478件、非法出版物565件、其他类1750件；移交查获政治类非法出版物线索231条，创建省级“扫黄打非”先进基层示范点2个、设立多个“护苗”工作站。

【“智慧旅检”建设】2022年，南京海关监管进出境人员75.70万人次，同比下降10.50%。优化升级“智慧旅检”系统，启动“智慧旅检”2.0版建设，融合“智慧卫检”，叠加进境托运行李“先期机检”和出境行李“一次过检”相关功能，结合各地新机场建设、新航站楼改造同步推进。10月底开展测试，至年底，验放入境航班18架次、行李3866件，拦截风险托运行李122件、随身行李71件，风险旅客拦截率94.15%，结合人工跟踪拦截，实现风险旅客及行李

▲2022年9月30日，新生圩海关查获象牙制胎毛笔　（蔡雪　摄）

“一个不漏”。

【寄递渠道智能化监管】2022年，南京海关开展“智慧邮快检”2.0版研发建设，实现“顺势监管、嵌入式监管”；自主研发应用南京海关物流管理系统邮件监管模块，建设邮件、快件、跨境电商“三场合一”监管场地智能卡口；升级改造快件现场智能化管理系统，为后续关区快件业务量快速增长提供强有力支撑。

【场所场地监管】2022年，南京海关强化关区300家监管作业场所（场地），包括70家涉危场所（场地）规范管理。高标准开展监管作业场所（场地）审核验收，压减涉危场所数量。规范审核申报和预验收工作，新申报立项指定监管场地3家。徐州淮海国际陆港内河港双楼作业片区进境肉类指定监管场地通过海关总署验收。

【物流监管】2022年，南京海关支持服务长三角一体化国家发展战略，协同推进联动接卸、离港确认等监管模式，助力企业降本增效、保障重点区域产业链供应链循环畅通。年内联动接卸模式监管货物9.47万标箱，同比增长15%；与上海、宁波、武汉等长三角区域海关90个水运业务现场开通离港确认模式，办理转关单3.22万票。推进“船边直提”“抵港直装”模式，探索扩大业务适用商品和企业范围，开展“船边直提”6528票，涉及货物4082.59万吨；“抵港直装”5013票，涉及货物507.93万吨。进口“船边直提”基本实现船边秒放，整体流程压缩至1~2天；出口“抵港直装”由提前3天以上传统预期压缩至1天左右。

【中欧班列监管】2022年，南

京海关大力推进中欧班列开行，推进实施“关铁通”合作，通过中欧班列出口至哈萨克斯坦货物的舱单数据、机检图像、查验结果等信息均已实现信息交换；推广应用铁路“快速通关”业务模式，支持江苏省中欧班列拓展线路、拓宽范围。年内关区23条中欧班列（见表5–8）开行1973列、货值280.02亿元，同比分别增长9.60%、9.50%；铁路“快速通关”模式监管货物640标箱5243.95吨。

表5–8 2022年南京关区开行中欧班列一览表

序号	境内出发（到达）地	边境口岸	境外到达（出发）地
1	连云港	阿拉山口（霍尔果斯）	阿拉木图（哈萨克斯坦）等
2		阿拉山口（霍尔果斯）	伊斯坦布尔（土耳其）等
3		二连浩特	乌兰巴托（蒙古国）
4		二连浩特	莫斯科（俄罗斯）
5	苏州	满洲里	华沙（波兰）等
6		二连浩特	莫斯科（俄罗斯）
7		霍尔果斯	哈萨克斯坦、德国、波兰
8		阿拉山口	德国
9		绥芬河	莫斯科（俄罗斯）
10	南京	阿拉山口（霍尔果斯）	阿拉木图（哈萨克斯坦）等
11		满洲里	莫斯科（俄罗斯）
12		阿拉山口	蒂尔堡（荷兰）
13		磨憨	万象（老挝）
14	徐州	霍尔果斯	阿拉木图（哈萨克斯坦）、塔什干（乌兹别克斯坦）等
15		二连浩特	莫斯科（俄罗斯）
16		满洲里	莫斯科（俄罗斯）
17		二连浩特	欧洲（汉堡等）
18		阿拉山口	汉堡（德国）
19		绥芬河	克列西哈（俄罗斯）
20		二连浩特	乌兰巴托（蒙古国）
21		凭祥	河内（越南）
22		二连浩特	明斯克（白俄罗斯）
23	南通	凭祥	河内（越南）

【新型贸易业态监管】2022年，南京海关推进B2B出口改革，120余家企业完成海外仓模式备案。参与“海外仓离境融”平台试点，解决企业退税时长问题，缓解企业资金压力；建立进口跨境商品退货通关预约机制，开展出口商品退运进口税收政策研究，大幅提升退货效率，完成进口清单退货5.50万余份；完善跨境电商零售出口

转关模式，拓展国际物流通道，突破性实现“9610”出口转关数字化信息实时共享，提升“苏沪跨境电商转关通道”信息化水平和转关运行效率。跨境电商进口（1210）清单423.8万份、货值7亿元，同比分别增长175%、116%；出口清单报关单768.70万份、货值109.40亿元，同比分别下降24.90%、3.60%。推进市场采购联网监管平台优化完善、推动小额小批量出口检疫自动审单、快速签发底账模式落地实施；细化预包装食品开展市场采购监管要求、支持市场采购贸易开展预包装食品、扩大业务范围；完善市场采购贸易地方综合监管、联合惩戒等机制，提升综合管理能力和水平；统筹推进市场采购贸易简化申报、通关一体化等通关便利措施，支持打造市场采购贸易“江苏模式”。年内关区市场采购贸易受理出口报关单4.35万票、货值259.60亿元，同比分别增长67.44%、67.02%。

【智能审图应用推广】2022年，南京海关承接海关总署全业务领域智能审图算法分类部署试点任务，在货运、行邮、跨境电商、快件、旅检5大业务领域、6个试点现场的9台设备上先后完成试点算法部署安装，试点期间算法整体误报率下降近3%，个别算法下降超10%，较为低级的误报大幅减少；推动智能审图标图制图工作开展，完成培训30人次，完成图像初标6738幅；做好应用保障，完成邮局现场CT设备与分拣线海关管理网接入，实现金关工程二期邮包信息直接读取，有效解决效率和风险等问题；查获查发案例90起，同比增长275%，查发商（物）品类别明显增多。

【口岸监管疫情防控监督检查】2022年，南京海关坚持“外防输入、内防反弹”总策略和“动态清零”总方针，严格执行口岸疫情防控各项措施规定。完善管理闭环，开展口岸疫情防控“常态化”监控检查，完善检查清单、明确检查要点，全年对疫情防控作业现场开展监控检查3000余次，制发通报356份，督促现场做好安全防护、规范采样消毒作业、合理设置检疫作业区域等方面整改优化160余次。

撰稿人

王文君

统计分析及政策研究

【概况】2022年，南京海关落实海关总署党委对统计分析工作“首报、首发、首用”和“加强、加密、加深”要求，聚焦国内国际经贸形势及江苏省外贸高水平开放高质量发展，加强服务力度；夯实统计工作基础，强化统计监督监控职能，守住统计数据质量和报关单数据安全底线；巩固政策研究阵地，推动南京海关政策理论研究工作深入开展。

【贸易统计】2022年，南京海关严格执行海关总署《维护海关统计真实准确工作责任制规定（试行）》，加强数据审核和统计监督，强化统计数据质量闭环管理。健全统计部门与业务职能管理部门数据质量联合管控机制。优化设置关区统计数据质量检控参数，大数量、大金额数据差错预警实现当天发现、当天处理。推进海关与地方相关部门合作，确保统计数据真实准确。年内，纠正大金额差错超330起，实现统计数据无重大、较大差错。参与海关总署统计数据质量控制中心机制建设，协助海关总署研究提炼高质量检控参数。

【业务统计】2022年，南京海关加强业务统计数据审核，完善审核工作机制，业务统计数据全年无差错。协助海关总署开展统计业务改革项目建设、业务统计系统项目建设书编写、业务统计指标体系梳理。

【政策理论研究】2022年，南京海关组织开展政策研究，形成政策研究报告33篇，通过相关载体刊发30篇，被海关总署相关载体采用3篇。牵头完成署级课题研究7项，参与署级课题研究10项，组织开展关级课题研究40项。参与海关总署外贸形势分析会机制工作。参与撰写海关总署重要宏观经济研究报告6篇。组建关区青年理论学习小组，参与完成的海关总署“强化海关统计线上服务能力，释放海关数据资源大价值”课题报告获评中央和国家机关青年理论学习小组“关键小事”调研攻关活动一等奖。

【统计分析与监测预警】2022年，南京海关围绕江苏省进出口重点商品和重点行业，多层次、多角度监测进出口贸易动态，40余篇专题分析报告获江苏省委省政府相关载体采用。深化省情研究，报送海关工作专报15期。协助海关总署加强宏观经济和外贸形势研究，高质量完成专题研究报告41篇，60篇分析研究报告获相关刊物采用。作为海关总署全球贸易监测分析中心（南京）主任单位，与太原、宁波和西宁海关通力协作，研究国际数据资料，开展全球贸易动态分析。

【政策和产业研究专家组】2022年，南京海关为进一步提高政策研究水平，提升服务宏观决策和地方经济发展能力。12月8日，南京海关组建政策和产业研究专家组，建设基础资料库，开展专题研究。

【统计调查】2022年，南京海关协助海关总署开展中国外贸出口先导指数调查方案设计与数据测算，参与调查企业替换工作，每月组织469家样本企业参加出口先导指数调查，撰写调查报告12期。组织开展跨境电商调查2次。48篇调查调研报告获海关总署统计分析司采用。

【统计制度方法研究】2022年，南京海关完成海关总署科研项目“数据融合在海关贸易统计与业务统计关联分析中的应用研究”和关级科研项目“海关统计数据脱敏处理研究”“海关业务数据分类分级实践研究”。参加海关总署《海关统计国家（地区）名称代码》行业标准立项与专家评审。协助海关总署修订《海关统计实务手册（2022年版）》第三、四章。

【外贸形势分析会议机制】2022年，南京海关建立外贸形势分析会议工作机制，组织统计、综合、加贸、监管、稽查、风险等部门（单位）多视角、多领域、多维度分析研判江苏省外贸形势，提出针对性措施。

【政策研究和统计工作推进会】2022年8月12日，南京海关视频形式召开关区政策研究和统计工作推进会，强调深入贯彻两级年中工作会议精神和全国海关政策研究工作专题会议精神，做好下半年统计工作，从夯实统计数据基础、擦亮南京海关统计分析研究品牌、服务地方外贸保稳提质、发挥政研调研在推动各项改革中先导作用、加大统计队伍培训培养等方面提出具体要求。苏州工业园区海关、镇江海关、苏州海关、常熟海关、扬州海关、南通海关、连云港海关、张家港海关分别作经验交流发言。

撰稿人

阚未然

企业管理和稽（核）查

【概况】2022年，南京海关报关单位登记备案新增企业2.05万家，备案企业总数20.99万家。高级认证企业480家（含分支机构），约占全国高级认证企业的9.30%。办结稽查作业1220.50起（含主动披露作业），稽查查发问题作业653起；办结核查作业3624起，核查查发问题作业2712起。

【企业信用管理】2022年，南京海关修订《南京海关企业信用管理操作细则》《南京海关企业认证管理办法》，规范信用管理工作程序。自主开发上线运行“企业信用管理标准化控制”系统，运用该系统对企业信用培育、企业认证工作进行过程化控制，实现分析决策数字化、监管结果共享化、风险防控智能化，运用“制度+科技”手段实施精准高效监管，提升风险防控整体效能。开展企业信用培育5800余家，开展重点企业实地认证培育171家。聚焦重点培育对象，优先开展与“一带一路”共建国家和“中东欧”国家贸易往来105家企业及83家中小企业信用培育工作。助推69家企业获得海关高级认证资质。动态管理企业信用等级，甄别企业信用信息221条，调整企业信用等级150家。出具江苏省拟上市企业海关信用证明1706家次。

【企业备案】2022年，南京海关助力企业快速备案，压缩备案时间40%。发布备案办事指南，开发报关单位备案场景化模块，当场办结或跟进指导，实现“企业备案当日回应”服务承诺。推进“全程网办、全国通办”，通过内部数据转办，减少企业备案时间成本。

【稽查】2022年，南京海关持续深化稽查业务改革，稽查有效作业数同比增长13%。组织进出口货物价格、归类、危险化学品逃漏检3个专项稽查行动，涉及企业约100家，查发各类走私违法问题70起；开展跨境电商仓储企业盘库核查14起。向海关总署报送进口货物、危险化学品逃漏检等2项行业性稽查建议，形成2次全国专项稽查行动。消费税专项稽查行动中，稽查查发情事16起；危险化学品逃漏检专项行动中，稽查查发企业68家，涉及漏报检农药类危险化学品522.50吨、货值6059万元。对接南京海关加工贸易作业中心、加工贸易保税监管参数管理中心指令，跟踪指令实施情况，定期反馈海关总署税收征管局。受理海关总署税管局指令72条，完成指令处置51条。推进主动披露广泛实施，接收企业主动披露申请872起，办结主动披露作业889起。

【核查】2022年，南京海关办结核查作业3624起，同比增长12.58%；查发问题2721起，查发率75.08%。充分发挥加工贸易集约化优势，加强联合研判，共同参与构建大数据模型，实现选查协同动态优化模型，智能筛选涉嫌低报内销价格企业，开展针对内销保税货物价格核查行动。开展内销保税核查作业137起，有效率96.60%，涉税470.41万元。

【属地查检】2022年，南京海关属地查检部门接收查检指令21.49万批次，完成查检21.57万批次，查检完成率100.35%。查发进口不合格3013批次，查发率8.23%，其中整改合格后进口2612批次，退运98批次，销毁171批次，转其他部门处理132批次。查发出口不合格2296批次，查发率1.28%，其中整改合格后出口1879批次，不予出口417批次。加强属地查检典型案例编报，“南京海关进口儿童牙刷不合格案例”入选海关总署企业管理和稽查司2022年首批公布的7个属地查检典型案例之一。

【“属地查检与稽核查执法联动”试点】2022年，南京海关属地查检部门与稽核查部门实施执法联动114次，信息互通136次，移交案件20起，案值5701.76万元。深入推进南京海关进出口商品属地查检“三分监管”改革，年内属地查检部门接收一般工业品查检指令7.68万批次，其中采用新查检模式3.91万批次，比例为50.86%。

【业务运行监控】2022年，南京海关统筹推进企业管理稽查领域执行监督、系统管控、职能监控，持续发挥“三位一体”监控体系作用。综合开展稽查审核、定期自查、分级复核，复核重大稽查、主动披露单独追补税作业67起。跟踪处理海关总署企业管理和稽查司业务运行可视化监控平台自动预警处置单1215项、监控处置单187项，制发人工预警监控单48份，“制度+科技”实现对关区稽核查执法行为过程控制。编印《海关稽查法律法规选编》（2022版），增补法规文件170件约50万字。细化完善日常监控清单，加强业务运行态势分析，全年监控督办776次。组织关区企业管理、稽核查、属地查检业务执法自查，关区检验检疫行政处罚案件执法自查，年度稽核查执法检查抽查作业752个。

【跨部门联合抽查】2022年，南京海关对接江苏省“双随机、一公开”监管联席会议

▲2022年10月27日，吴江海关关员对原产地签证企业开展现场核查（张依　摄）

办公室（简称“联席办”）向其提供检查对象库名单。参加江苏省联席办统一组织的随机抽取检查对象活动，选定金陵海关、无锡海关辖区内各2家企业开展部门间联合抽查；25个隶属海关联合地方市场监管部门开展部门间联合抽查工作，利用“江苏省双随机监管工作平台”完成联合抽查作业51起，抽查结果统一通过“国家企业信用信息公示系统”对外公示。

【帮扶食品企业开拓海外市场】2022年，南京海关发布《出口食品企业境外注册办理指南》，制作《企业自查评估表》；依托肠衣、肉类、蛋制品、水产4个“特色工作组”，持续提升评审人员专业能力，统筹关区专家资源，实时跟踪境外法规和技术标准最新要求，精准开展中小企业技术帮扶，助力企业应对技术贸易措施。成功帮扶江苏省内7家企业取得境外注册。组织关区骨干力量，对关区输美肠衣企业和对韩出口水产品企业开展技术帮扶。

【参与海关总署稽查工作】2022年，南京海关参与海关总署海关法、稽查条例、主动披露、快办案件等多项制度建设。参与海关总署企业管理和稽查司法规汇编专班工作，牵头完成搜集整理涉税行政处罚相关法规文件119件。参与海关总署执法监督常态化专项工作及执法监督疑难业务处置常态化专项工作，协助梳理分析稽查部门自主办理简快案件过程中疑难问题。协助海关总署开展企业“获得感”评估指标体系建设，参与《跨境电商平台企业海关信用管理模式》署级课题研究。聚焦“关检融合、多查合一”改革后核查工作中重难点问题，牵头撰写“深化改革背景下海关核查服务新发展格局路径探析”课题研究。牵头开展“探索建立全国海关‘属地查检’能手评比机制”专题研究，形成《全国海关“查检能手”评比办法（草案）》《“查检能手”成效评选标准》。

撰稿人

包黎黎

查缉走私

【概况】2022年，南京海关深入推进“国门利剑2022”联合行动，严打各类走私违法犯罪。立案侦办刑事案件201起，案值8.81亿元；立案调查行政违法案件1964起，案值9.66亿元；查办公安部通令嘉奖案件1起，公安部目标案件1起，江苏省高级人民法院典型案例1起，立案侦办涉税千万元以上刑事大要案4起。

南京海关缉私局徐娟获评2022年全国“最美基层民警”。2人次获省部级以上单位授予荣誉称号，9人次获得厅级以上单位授予荣誉称号，1个处室获评“全国公安机关执法示范单位”，3名民警记个人二等功，3个集体分获集体一等功、二等功。

【重点商品和重点领域走私查缉】2022年，南京海关缉私局立案侦办走私重点涉税商品案件72起，案值5.81亿元，查证大理石3801吨、高速精密自动机床2255台、化工品600吨、隐形眼镜片807万片、手表及鞋服箱包若干等；立案侦办走私农产品案件18起，案值1.21亿元，查证蛋白粉130余吨、木材5069.05立方米、洋酒1009件、中草药材500吨等；立案侦办洗钱犯罪案件8起、逃避商检犯罪案件5起；开展专项工作，立案侦办骗取出口退税案件1起、虚开增值税专用发票和虚开发票案件1起。

【粤港澳海上跨境走私协同查缉】2022年，南京海关缉私局严厉打击涉海走私犯罪，严防粤港澳海上走私北漂。立案侦办粤港澳海上跨境走私犯罪案件7起、洗钱犯罪案件4起，案值1.79亿元。查证走私成品油7150吨、白糖1300吨、香烟5万余条、煤炭1万余吨等。

【“水客”、海南岛离岛免税“套代购”走私查缉】2022年，南京海关缉私局立案侦办“水客”走私案件14起，案值1335万元。组织开展打击海南岛离岛免税“套代购”走私化妆品、洋酒专项行动，刑事立案19起，案值2519万元。

【濒危野生动植物及其制品走私查缉】2022年，南京海关联合林业、农业农村等多部门部署开展专项行动，推进全链条打击破坏野生动植物资源违法犯罪活动。刑事立案1起，查证走私泰国仙人球100余株；行政立案19起，查证各类濒危野生动植物及其制品28件。

【“洋垃圾”走私查缉】2022年，南京海关组织实施专项打击行动，推进“中国海关打击消耗臭氧层物质非法贸易执法能力加强项目（三期）”建设，立案侦办走私“洋垃圾”案件4起，查证废玻璃、尾矿渣等走私废物 325.69 吨。

【涉毒等违禁品走私查缉】2022 年，南京海关缉私局立案侦办走私毒品案件 38 起，查证走私甲基苯丙胺 9.82 千克、麻精药品片剂 1087 粒、γ-羟基丁酸 332.08 克、LSD 邮票 220 张等。深挖走私淫秽书刊案件线索，刑事立案 5 起，查扣淫秽书刊 3380 本。

【反走私综合治理】2022 年 3 月，南京海关推动召开江苏省打击走私综合治理领导小组会议暨全省打击走私工作电视电话会议。密切与各执法部门沟通交流，合成作战，提升打击治理成效。开展“五进”反走私宣传活动，组织专场宣传 107 场，覆盖人群 2 万余人，签订责任书 2300 余份，发放宣传册 2700 余本，悬挂标语横幅 117 处。

【反走私国际合作】2022 年，南京海关开展国际执法合作，高度重视走私源头清查治理，积极提请国际合作协查 4 起，受理处置海关总署缉私局交办的境外海关协查 3 起。

【智慧缉私】2022 年，南京海关推进海关总署缉私局相关系统落地。升级完善“防脱逃辅助预警系统”和“行政案件我知道微服务平台”。进一步强化电子取证数据管理提高取证效率。

【执法工作基础】2022 年，南京海关深入推进新缉私刑事执法办案系统应用，经验做法被海关总署缉私局在全国海关缉私系统推广运用，智慧现勘系统同步升级。组织开展境外追逃工作，全年抓获、劝返外逃人员 8 名。积极探索疫情防控条件下战法创新，试行行政案件远程办理，推行行政案件法律文书“不见面”电子送达服务；实施“定点支援、多点开花”新战法；多方协调沟通，探索解决涉案货物“交保取货”先行处置等执法疑难问题。

【执法规范化建设】2022 年，南京海关落实“两统一”工作机制，重点执法节点加强审核，履行监督把关职能。强化与检法机关沟通协调，做好重大敏感案件诉讼保障工作。适应《中华人民共和国行政处罚法》修订，参与多项规范性文件和实施细则编纂，推动关区行政处罚工作调整与重塑。重点调研涉洗钱犯罪案件、涉检案件，制作新法规导读，发布《缉私执法重点环节、重要措施风险防控工作指引》。完善行政案件日常管控机制，扩大监控范围、强化实时督办。加强现场办理简易程序和快速办理案件职能监控，按期办结率 100%。

撰稿人

郑惠丹

外事工作

【概况】2022年，南京海关保障关区外事骨干参加海关总署涉外工作，先后派出60批次108人次专家人才远程执行海关检验检疫有关国际规则、标准制定，输华产品企业检查评估，涉外技术交流等任务；向海关总署报送世界卫生组织疫情周报、全球奥密克戎毒株传播态势周报等超30万字；在相关刊物上刊发专题类文章21篇，其中2篇获海关总署领导批示；协助海关总署承办2022年度英语高级翻译培训班。

【参与多边国际合作】2022年，南京海关代表海关总署参加WCO绩效评估工作组、WCO第42届执法委员会、WCO第86届政策委员会等多个多边合作机制。其中，作为独立承办单位，持续承办WCO绩效评估工具制订项目，承办WCO绩效评估工作组参会任务4次，提出的2项中方指标被纳入WCO绩效评估工具第一版，完成该工作组参会任务近10次。

【与新加坡关税局建立机制化合作关系】2022年11月1日，海关总署署长俞建华与新加坡驻华大使吕德耀在北京交换签署《中华人民共和国海关总署与新加坡关税局关于中新（南京）关际合作的谅解备忘录》。文件作为是日召开的中新政府间双边合作联委会第十八次会议成果发布，中新（南京）关际合作机制正式建立。合作重点领域包括：支持江苏和新加坡合作重点领域和重点项目；加强AEO互认合作，面向江苏和新加坡企业界开展调研、政策宣讲、进出口食品安全监管政策、风险管理等信息互换；加强进出口单证核查和行政互助合作，开展海关执法、海关知识产权保护及对非传统安全领域联合防控交流与合作。

【促成韩国大邱海关参加中韩（盐城）贸易投资博览会】2022年，推进南京海关—韩国大邱海关—中韩产业园交流机制，促成韩国大邱海关于11月8日远程参加中韩（盐城）贸易投资博览会。该博览会是盐城市政府进一步落实中韩自贸协定成果，推进中韩经贸交流与合作的品牌活动，是南京海关深化与韩国大邱海关关际合作重要平台。应盐城地方政府委托，南京海关克服疫情等因素，加强三方沟通协调，连续4年邀请韩国大邱海关参会。调研重点韩资企业需求，共同研提发言主题。韩国大邱海关分别围绕“FTA原产地优惠政策”“中韩贸易便利化”“RCEP贸易投资便利化”等企业高度关注问题，开展政策宣讲，400余家企业受惠。

【“三智”建设】2022年，南京海关优化关区“智慧海关、智能边境、智享联通”（简称“三智”）建设与合作规划，对照海关总署国际合作司2022年度“三智”方案制定下发关区“三智”建设计划，建立“三智”建设常态化推进机制；梳理提炼关区业务改革、科技创新成果，形成“三智”项目清单。组织参加2022年度署级“三智”项目评审，“加工贸易工单式核销”等9个参评项目均通过初评，纳入海关总署“三智”项目库，入库项目较2021年增加5个。

【优化外事工作机制】2022年3月，南京海关成立外事工作领导小组，建立工作领导小组机制。研究提出“多双边合作必促进”路径方法落地见效。完善外事工作量化考核机制，以量化考核赋能外事工作可持续发展；聚焦重点工作，建立运行关区外事工作协同体系；加强外事业务人才和外事管理骨干日常工作协作。

撰稿人

袁玲玲

第六篇

综合保障

政务管理

【概况】2022年，南京海关政务管理工作以“办文、办会、办事”“服务发展、服务决策、服务落实”为主要抓手，保障机关政务高效运转。年内非密发文154件，收文9124件。落实调研成果收集研究转化、选题动态化清单管理、跨层次跨条线联合调研三项机制，向江苏省委省政府报送工作专报16篇，获江苏省领导批示11篇次。

【督查督办】2022年，南京海关围绕落实两级海关工作会议精神，2轮分解南京海关2022年重点工作任务245项。落实海关总署领导关区调研要求，完善专项督查闭环机制，制发调研事项督查单40份，办理海关总署领导调研布置工作21项次。加强统筹协调，保障南京海关党委议定事项贯彻执行，年内保障党委会62次、研究“三重一大”事项300余个。优化南京海关领导调研、批示日常督查机制，办理关长调研布置工作35项次，督办关领导批示意见726件，系统督办事项“事事有落实、件件有回音”。

【安全工作机制】2022年，南京海关贯彻总体国家安全观，推动关区落实保密、信访、舆情等重点领域安全风险防范措施。组建“防风险、保稳定、迎二十大”工作专班，创新建立“问题清零跟盯、问题隐患联动排查、问题类型化通报”三项机制，梳理排查保密、办公场所、实验室安全、进出境危险品管理等7个领域48个风险点，敦促责任单位制定风险防范措施80条，相关工作做法被海关总署信息采用。深化巩固安全检查排查机制，协同制定涉及办公场所条线风险隐患防范清单，对17个隶属海关实施验证式督查。组织“4·15”全民国家安全教育日、“11·1”反间谍法宣传日活动，营造“人人关注安全、人人重视安全”的浓厚氛围。

【“大宣传”工作格局】2022年，南京海关整合利用各类宣传资源，形成宣传集群效应，“大宣传”成效显著。年内关区召开和参加新闻发布会、媒体通气会20次，开展专题新闻策划22次，中央电视台等新闻媒体采访关区各级关警员48人次。系统内外省级以上重点媒体首发稿件2097篇次，其中《人民日报》报道4篇次、新华社报道33篇次、中央电视台《新闻联播》单独报道5条、《新华日报》报道151篇次，均创历史新高，新闻舆论计分总排名位居全国海关第2，其中舆情工作、平面媒体（纸媒）2项单项排名均位居第1。

【“大信息”工作机制】2022年，南京海关强化选题策划和调研组稿，完善考核激励和队伍建设，坚持综合稿件“司局导向”，召开机关部门“一把手”信息工作推进会2次，落实“一把手”主抓信息理念。年度信息工作整体排名继续位列全国海关系统前三位，1篇综合信息首次被上级评为“年度优秀政务信息”；多篇快报信息获评江苏省委、省政府“年度优秀信息”。南京海关办公室获评海关总署办公厅、江苏省政府办公厅“年度信息工作先进单位”。

【公文办理】2022年，围绕海关总署、南京海关新修订公文管理办法，抓好管理培训，加大重点单位、部门督促指导力度，分层次、有针对性开展送教上门，促进公文水平整体提升。压实拟稿部门公文质量负总责和拟稿人第一责任，杜绝“政治性差错”及错别字、病句等“硬差错”。健全精简发文长效机制，坚持发文计划管理，加强发文必要性审核与数量监测预警，发文总量下降15.38%，持续巩固基层减负成效。

【值班应急】2022年，南京海关围绕构建“大应急”工作格局，修订值班工作规范，不断优化应急值班体系，落实“7×24小时”值班制度。聚焦疫情防控，上报相关统计数据、内部紧急排查情况等114篇次。定期开展关区28个隶属海关“全覆盖”检查，抽查隶属海关值班情况336次，参加海关总署每周视频值班点名和临时汇报点名近50次。“零延迟”“无差错”报送值班信息204篇次，创历史新高。

【政务公开】2022年，南京海关全面推进基层政务公开标准化规范化，确定并指导金陵、苏州等15个试点隶属海关按期完成对标任务，引导试点海关打造特色品牌。细化制定任务分解表，编制政府信息公开年报，受理依申请公开29起，妥善处理投诉、复议及涉讼申请3起。加强互联网门户网站建设，做好公开内容日常监控，保持海关总署网站检查通报零差错；紧扣海关工作热点，开设RCEP专区及企业集团加工贸易监管模式等专栏；创新特色栏目，指导推动泰州海关科普教育基地线上馆顺利开通。

【档案管理】2022年，南京海关牵头“南京海关AEO企业信用管理标准化控制系统”项目申报国家档案局业务系统电子文件归档试点，入选全国65个业务系统试点项目。建立健全南京AEO企业认证电子档案分类方案、归档范围和保管期限，推进衔接数字档案室。强化档案安全管理，数字档案室资源建设稳步推进。南京海关杨榕当选“全国档案工匠型人才”。完成1500余箱档案搬迁入库任务，年内借阅档案198人次，500余件。

发挥档案资政育人作用，举办“初心如磐、强国兴关”南京海关喜迎党的二十大档案特展、在线档案知识有奖答题等国际档案日系列宣传活动，组织指导关区隶属海关开展档案宣传工作。组织“喜迎二十大　档案颂辉煌”征文评选活动，征集稿件32篇上报海关总署和地方档案馆。发挥新媒体宣传力度，指导淮安海关微视频《从印章档案看海关历史变迁》被“中国国门时报”微信公众号推送。

【综合服务】2022年，南京海关做好建议提案办理工作，17件建议提案均按期办结。组织参加江苏省第二届保密技能竞赛，7人进入60人总决赛，4人分获一、二、三等奖和优胜奖；南京海关获评优秀组织奖，系唯一获所有奖项单位。加强和规范关区信访工作，成立工作专班，妥善做好党的二十大期间信访维稳工作。紧扣工作细节和服务规范，严格会议管理、公务接待，会议数量、相关经费逐年下降。

▲2022年1月6日，南京海关在江苏省首届保密技能竞赛总决赛中获奖人员合影（刘捷 摄）

【工作问题清零】2022年，南京海关修订《南京海关工作问题清零机制运行管理办法》，提炼工作问题定义，梳理部门职责。每月定期督查各职能部门、隶属海关工作问题清零机制运行情况，形成标准化运行台账，研究分析经典案例通报关区；协调解决跨部门疑难工作问题，跟踪督办落实结果形成解决闭环，确保工作问题“动态清零”；年内通过工作问题清零机制办理工作问题683个，其中职能部门指导解决265个，办公室指导解决11个，上下联动畅通解决问题渠道。

【12360海关热线】2022年，南京海关擦亮12360海关热线窗口服务品牌，“智能客服+人工客服”协同做好新媒体外界答疑。年内线上受理外界咨询4917条，其中网站留言办理584条、新媒体平台办理4333条；电话受理业务咨询88373条，接通率97.60%，直接答复率超98%，全年未有因疫情影响转接海关总署情况；编发《南京海关“12360”工作简报》11期、《南京海关“12360”报署工作月报》12期、《江苏报关协会会员专刊》12期、《江苏“12345”政务热线南京海关分中心月度信息专报》12期、供稿《中国海关》杂志“关务问答—海关热线问答集萃专栏”12期；原创政策解读新媒体稿件107篇，被海关总署采用39篇，编发稿件1785篇次，累计阅读量超20万人次。5位同志服务热线满10年，获海关总署通报表扬并颁发荣誉证书。

撰稿人

余 滢

财务管理

【概况】2022年，南京海关严格按照“做好保障、规范管理”总体要求，进一步健全财务保障和管理机制，扎实推进各项工作。落实好“过紧日子”各项要求，会议费、差旅费压缩45.91%，“三公经费”压缩24.13%。集中财力优先保民生，重点保运转，精准保发展。建立健全涉企收费管理长效机制，规范绩效编制基础工作，疫情防控保障精准长效，优化完善财务领域内控机制，推进预决算公开，节能减排继续保持全国海关领先地位。

【预算决算管理】2022年，南京海关入选海关总署首批参与中央预算管理一体化系统试点单位，组织关区完成信息采集、分类授权及新系统初始化启用。坚持全口径预算管理，全部行政事业单位收支纳入预算，按照单位性质实施分类管理，同时细分人员经费、运转经费和项目经费，全面反映单位各项支出情况。继续从严控制“三公”经费及会议、培训、差旅等一般性支出，公用经费同比减少1.61%，“三公”经费预算同比减少5%。启动调整预算需求摸底，汇总审核关区疫情防控、民生领域、紧急事项等需求，突出财政资金保障重点。由点向面，全面推进预算绩效管理。进一步完善关区项目支出核心指标体系。全覆盖开展项目绩效运行监控和评价，开展关区2021年度306个二级项目预算绩效自评，结果优良项目302个，占比98.69%。逐步扩大重点项目绩效评价范围，选定国门生物安全和口岸公共卫生安全2个专项项目作为重点绩效评价项目，得分均为优。有机衔接绩效评价结果与预算安排。

【资金支付管理】2022年，南京海关顺利通过财政部江苏监管局对关区2021年度行政单位和中编办事业单位（纳入中央机构编制委员会办公室管理的事业单位）银行账户年检工作。南京海关后勤管理中心零余额账户开户行由中国银行变更至交通银行。贯彻落实海关总署“双控”（会计内控和资金支付监控）要求，建立联系人制度，结合南京海关业务模式特点，制定细化措施，确保资金安全。落实财务不相容岗位分离内控规范，立项财务核算系统身份核验模块。

【税费财务管理】2022年，南京海关开展关区税费资金管理情况书面稽查和复核1次。稽核对象涵盖关区22家独立设置税费业务隶属海关，重点为税费账户银行对账情况、保证金与业务办案部门对账情况、月底未达账项情况等，制发通报提醒并分析原因。

【涉案财物管理】2022年，南京海关强化涉案财物安全管理，持续加快处置工作，以推进专项整治、配合国家审计为主线，防范化解风险，筑牢安全底线。年初，关区库存涉案财物1546票，年内入库762票，处置出库1291票；年底，在库涉案财物1017票。年内，组织公开拍卖60场，成交价1182万元，增值率70%；移交相关主管单位30批；转交公益机构14批；销毁39批，取得变价款131.28万元；发还（退运）44批。

研究修订《南京海关涉案财物管理实施细则》《南京海关纪检机构涉案财物移交保管联系配合办法》，落实《财政部江苏监管局关于加强罚没财物监管的通知》要求。持续推进涉案财物清理，加快涉案船舶处置出库，配合打击化妆品海南离岛免税“套代购”走私专项行动，拍卖出库大批量化妆品、及时缴库变价款。盐城、张家港、扬州海关完成濒危木材移交，关区濒危木材实现零库存。推动太仓海关在全国系统率先完成濒危木材产权全部实物移交。常态化开展涉案财物安全生产监督检查，排查关区涉案财物仓库库存危险品存储情况，严格分类施策，确保库存危险品安全保管，多措并举推进全部库存危险品处置出库。

【装备、资产管理】2022年，南京海关严格存量资产管理和新增资产配置，做好闲置房地产处置利用，加强房屋安全管理，提高资产使用效益。用时15天完成龙蟠中路360号办公楼后续搬迁工作。加大资产盘活力度，向隶属海关调剂闲置电脑，审批关区报废固定资产设备10批次466项。

【基建管理】2022年，南京海关制发《南京海关机关基建支出报销规定》，明确基建支出审批权限、流程；开展“海关重点项目和财物管理以权谋私”专项整治，制发《南京海关关于进一步严肃纪律加强基本建设管理的通知》，明确基建重点领域管理要求。完成7个基建项目竣工决算，其中协调推动南京海关综合技术实验用房、镇江海关综合实验楼2个历史遗留项目编报竣工财务决算并获海关总署批复；完成无锡海关业务技术综合楼外墙修缮、无锡海关业务技术综合楼整体维修改造、宜兴海关业务技术用房维修改造、卫生检疫基础设施（无锡海关、张家港海关）5个项目竣工财务决算批复或向海关总署报批工作。南京海关食品检验检测实验室改造、南京禄口机场海关卫生检疫实验室改造2个项目完成工程竣工验收。向海关总署申报苏州工业园区海关外墙修缮项目基建立项。

【政府采购管理】2022年，南京海关发挥海关政府采购制度优势，推动优化营商环境政策落实。强化政府采购需求管理，提高资金使用效益。坚持及时性与规范性双保障，强化防疫物资采购职能指导。落实政府采购支持本国产品、大力支持脱贫地、促进中小企业发展、支持节能减排和环境保护等政策功能规定。未采购进口产品；“832”平台脱贫地区农副产品采购预留额度名列前茅，超额完成采购任务；政府采购合同中，面向中小微企业占比66.53%；购置新能源车辆占公务用车总量40%；采购节能、节水、环保产品占同类货物采购总量97.98%。获评“2022年度政府采购先进采购人”，是该年度海关系统唯一获评该奖项单位。

【节能管理】2022年，南京海关制订印发《南京海关节约能源资源管理实施细则》《南京海关节约能源资源考核办法》《南京海关能源资源消费统计实施方案》3项制度，厘清各部门职责，落实目标责任制，建立健全考核制度，规范南京海关能源资源消费统计工作。完成节约型机关创建工作，推荐苏州工业园区海关作为唯一代表海关系统接受国家机关事务管理局抽检单位，高分通过验收。国家机关事务管理局等单位联合签发，授予南京海关节约型机关证书。

【国有企业改革三年行动】2022年，南京海关清退不具备优势非主营业务和低效无效资产，清算注销长期停业、亏损或资不抵债“僵尸企业”，2020—2022年注销企业55家。推进国有企业公司制改革，转变行政化管理方式，提高经营管理水平，完成14家全民所有制企业和1家集体所有制企业公司制改革。

【事业单位所属企业脱钩】2022年，南京海关依法依规、规范推进事业单位集中转让脱钩企业产权工作，事业单位所持有中检江苏二级公司产权在北京证券交易所有限责任公司挂牌交易。

撰稿人

郭　楠　潘　凯

科技发展

【概况】2022年，南京海关科技部门落实海关“十四五”发展规划要求，健全科技成果评定制度，应用“微创新”激发基层创新活力，推动先进实用成果落地。打造实验室建设高地，海关总署进口废建材属性鉴定区域实验室（南京）、海关总署进口固体废物属性鉴定常规实验室（连云港）2家固体废物属性鉴定实验室，国家压载水检测重点实验室（江阴）1家国家检测重点实验室通过海关总署验收，WCO地区海关实验室（RCL）建设不断推进，提升实验室国际化水平和影响力。推进科技领域“四个机制”建设，明确5类事项15个节点49条措施，健全重大风险防控体系。以数据联通共享专项行动为抓手，创新应用大数据、自动化机器人等关键技术。开展“进一步发挥科技引领支撑作用推动智慧海关建设”课题研究，形成课题报告上报海关总署，获海关总署领导批示肯定。

无纸化应用支撑平台项目组记海关总署集体二等功；1项发明专利获“中国专利优秀奖”（海关系统唯一）；2项成果获地方省部级奖励二等奖和优秀奖，居全国海关前列；10项科技成果获海关总署首次科技成果评定一二三级成果；获首届“全国青年科学脱口秀创作大赛”一等奖1项、全国科普讲解大赛优秀奖1名、“全国海关十佳科普讲解员”2名、其他省部级科普讲解大赛一二三等及优秀奖11人次、“优秀组织奖”1项；获批“江苏省科普教育基地”7家；南京海关科技处获评江苏省“省级机关模范机关建设先进单位”，做法入选“省级机关模范机关建设优秀案例”。

【后续监管平台建设】2022年，南京海关完成后续监管平台四期项目变更开发工作，并投入应用，实现企业信用管理领域标准化控制，从内控节点、监控处置和信息化系统应用等方面，强化信用管理业务各环节作业过程控制。

【“智慧综保区”建设】2022年，南京海关围绕“智慧综保区”建设，聚焦江苏省特殊监管区域高质量发展瓶颈问题，落实“六稳”“六保”工作任务，针对海关总署金关工程二期系统功能调整及关区特殊监管区域实际监管情况，持续优化升级改造南京海关特殊监管区域管理辅助系统，规范监管，提升效能，防范风险，促进企业贸易便利化，支撑业务改革不断深化。保障南京关区各类海关特殊监管区域进出口货值1.12万亿元，同比增长

1.30%，占同期江苏外贸进出口总额 20.60%。

【水运口岸智慧监管】2022 年，南京海关完成水运口岸智慧监管领域非接触式远程检疫设备设计和功能研发，多个隶属海关开展试点应用工作，推动口岸相关单位信息畅通，进一步优化港口运行效率、提升口岸服务质效。

【智慧旅检系统建设】2022 年，南京海关进一步推广智慧旅检系统，融合“南京海关卫生检疫控制系统”“智慧旅检”双系统，通过健康申报核验一体机测温拍照功能，完成“智慧旅检”系统所需旅客人脸信息自动化采集。南京海关辖区内所有机场口岸实现旅客人脸信息自动化采集航班 27 架次，入境每架次节省 1 名人力资源，通过不见面检疫大幅降低海关工作人员职业暴露风险。

【卫生检疫控制系统建设】2022 年，南京海关坚持科技赋能，运用信息化技术提升疫情防控能力。集中力量建设“南京海关卫生检疫控制系统”，对接海关总署旅客通关系统、地方联防联控机制“宁搏疫”系统、卫生检疫实验室信息管理等系统，实现各类信息流、数据流顺畅交换，实现旅客“无感通关”。降低现场关员工作强度、减少感染风险，缓解人力资源紧张。年内，辖区内机场口岸验放航班 2476 架次，其中入境航班 1369 架次，出境航班 1107 架次。以入境航班 300 人左右为例，关键岗位人力资源节省 57.10%，整体航班卫生检疫时长从 2~3 小时降至平均 1 小时左右，实现无感通关，平均旅客卫生检疫时间 12 秒，入境人员 100% 采用电子健康申明，关键数据准确率 100%，完全满足自动统计、快速追溯等工作需要。

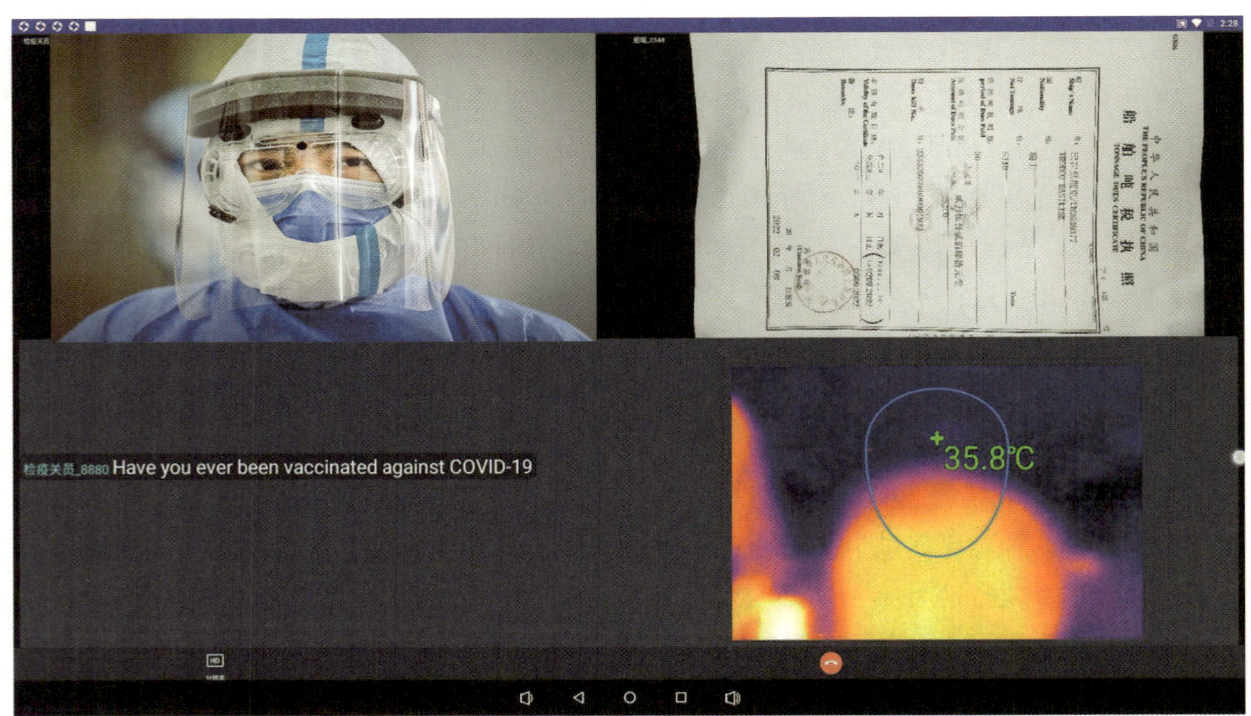

▲2022 年 2 月 8 日，南京海关关员开展水运口岸非接触式远程检疫设备设计和功能研发 （南京海关科技处　供图）

【检疫处理监管系统建设】2022年，南京海关开发“南京海关检疫处理监管系统”，实现入境客运航空器终末消毒监督过程电子化、数字化，具备流程控制、资料保存、实时监控等功能，满足入境客运航空器终末消毒监督工作需要。辖区内机场口岸开展入境客运航空器终末消毒监督199架次，实现监督作业全程信息化，关键环节有效监控，监督监控责任落实。

【远程检疫设备研发】2022年，南京海关自行研发远程检疫设备，满足空港现场海关监管出入境货机需求，包括航空器申报、登临检疫、问询、机组人员2次测温、行李查验等作业。辖区内机场口岸开展远程检疫航班129架次，出入境作业时长由现场监管作业1.50小时缩短至远程作业0.50小时，入境每架次节省1名人力资源。

【海关特殊监管区域管理（南京海关）辅助管理项目建设】2022年，南京海关完成海关特殊监管区域管理（南京海关）辅助管理功能升级项目建设，实现进区免税设备智能监控、根据企业进出口业务风险情况智能生成验核指令、AR（增强现实）辅助智能验核、区域业务和改革成效全景智能展示等功能，提升关区特殊区域监管效能。

【动植物检疫业务管理（南京海关）邮寄渠道动植物检疫辅助管理建设】2022年，南京海关完成建设动植物检疫业务管理（南京海关）邮寄渠道动植物检疫辅助管理功能规范性整合项目建设，实现关区邮检管理工作全流程规范化、电子化、标准化、智能化、无纸化开展邮件申报、现场查验登记、处置、送样、仓库管理、处置申请等。

【实验室管理监控系统项目建设】2022年，南京海关开展实验室管理监控系统项目建设，推动实验室改造内部管理系统（LIMS），实现实验室检测业务进系统、标准化、留痕迹、可追溯、强控制。该系统抓取关区2家试点实验室LIMS系统数据，设置布控规则，监控风险点，及时报警处置，探索利用“制度+科技”监督手段。系统试运行期间，有力有效保障总监控实验室检测业务1.37万批，抓取数据61.80余万条，发出预警1228条，及时化解相关风险。

【无纸化平台建】2022年，南京海关配合属地查检业务改革，组织专班开展平台改造开发，完成平台与海关总署属地查检管理系统对接，探索单证智能识别技术，研究AI与无纸化工作相结合。处理海关总署无纸化平台各类服务请求78项，办结率100%。

【知识库平台建设】2022年，南京海关推进海关总署知识库平台建设，搭建形成以海关业务门类为基础、以实战作业为导向的海关知识体系框架，完成“三库四用”及知识服务中心主体架构建设，组织开展平台业务测试，探索创新平台运行维护管理长效机制，持续完善知识体系、丰富知识内容。

【数据服务平台建设】2022年，南京海关组织完成MPP大规模并行分布式数据库部署及数据服务平台接口改造，迁移数据表2000余张、数据条目70余亿条，全面提升南京海关面向海量数据、跨库数据存储、计算能力，平均处理速度提高10倍以上，打牢关区数据应用服务基础。通过工作联系单方式提供数据近百次，报送审计署特派办审计、稳外贸专班、外贸形势分析会、各业务条线数据等各类需求，提供数据资源查询统计、模型开发和业务数字化创新服务。

【“四个机制”建设】2022年，南京海关加强信息与网络安全领域“四个机制”建设。针对数据安全保护不到位和网络安全管理不到位2项重大安全风险，识别关键风险点5个，制定具体防范措施19项，科技赋能措施10项，均按年度计划逐项落实到位，有效防范化解信息与网络安全重大风险。

【网络安全保障】继续参加全国海关网络安全攻防演习。牵头成立攻防演习指挥部，组建关区75人网络安全值守团队，强化协同联动，实时监控分析，及时排查整改漏洞，快速处置安全事件。演习期间，开展“7×24小时”不间断值守，15天内累计加班超240人天、近2000小时，成功抵御互联网攻击1.90万余次，处置网络安全事件36起，封禁攻击源1.30万个。提交海关总署演习总指挥部威胁IP信息16份，3篇技战法报告全部入选海关总署优秀技战法报告，其中1篇获评全国优秀技战法。严格封网运行，落实网络安全责任，加强监控力度，统筹安排常规工作，提升应急响应等级，密切关注网络安全舆情态势，确保海关信息系统安全稳定运行。

【网络安全专项治理】2022年，南京海关持续深化关区互联网出口及应用安全专项治理。召开关区互联网治理专项工作会议，部署全年工作。开展资产排查和深入调研，摸清关区互联网出口和应用“家底”，逐项排查关区157条疑似互联网资产暴露面，确认海关资产4个并组织整改。强化关区互联网出口防护工作，制订互联网出口安全防护指导方案，统一部署28个隶属海关本部互联网出口安全防护设备，完成13个互联网出口整合，实现关区互联网出口安全防护整体达标。持续开展关区互联网应用专项治理工作，下线或永久停用49个、改造合规后保留23个，与南京海关动植物与食品检测中心、连云港海关、昆山海关、南京海关纺织工业产品检测中心等单位召开专项讨论会议15次，赴现场查看应用部署情况，结合实际进行网络安全技术指导，帮助研究制订分步改造方案4个，实现互联网应用统一发布、统一部署、统一防护。

【安全保护平台建设】2022年，南京海关构建网络安全保护平台，通过Web自动化运行维护和脚本自动化运行维护等技术，实现自动化巡检、运行维护、处置、报表典型场景落地，充分应用于2022年攻防演练。撰写“入、联、融、通四环节”技战法报告，获评优秀技战法报告。平台实现安全风险可知、安全指标可视、深化应用聚合、工单快速闭环、安全工作固化入库等功能，推动“智慧海关”建设迈上新台阶。

【实验室规划发展课题研究】2022年，南京海关贯彻落实全国海关年中工作会议署长俞建华关于思考研究6个重大课题指示精神，开展“如何更好发挥海关科技的引领支撑作用”课题研究，经过书面调研、实地调研、集中研讨论证，形成《南京海关关于进一步优化海关实验室规划布局的调研报告》，获多位署领导批示。

【实验室仪器设备绩效考核研究】2022年，南京海关受海关总署委托，牵头承担海关总署课题“海关实验室仪器设备配置及绩效考核机制研究”，联合福州、青岛、武汉、广州海关专家，成立工作组，开展实验室仪器设备绩效考核工作调研，修订完善海关总署实验室仪器设备绩效考核办法，促进优化海关实验室资源投入机制，发挥资源最大效用。

【实验室国际交流】2022年，南京海关与WCO地区海关实验室（RCL）积极开展国际交流。组织实验室参加首届亚太地区RCL主任会议、WCO地区组织全球会议等国际会议，介绍中国海关实验室建设情况及管理经验，扩大南京海关实验室影响力。开展援外培训，承办各类研修、培训班30期，涉及53个国家、地区或国际组织，重点开展传染病跨境传播防控、海关通关便利化等专题培训，参训941人次。组织专家为上海海关学院援外班、本院学生授课2次。加强技术交流，提升实验室检测能力。组织专家作为访问学者赴加拿大开展国际交流。对接WCO中国基金经理和亚太能力建设办公室，研讨RCL相关事宜。组织关区多家实验室参加国际能力建设验证活动，获“满意”结果6项，提升实验室检测能力。

【高层次实验室建设】2022年，南京海关工业产品检测中心、连云港海关固体废物属性鉴定实验室及江阴海关压载水检测重点实验室通过海关总署验收。南京海关动植物与食品检测中心、徐州海关综合技术中心延续“出口印度尼西亚植物源性产品检测注册实验室”资质。南京海关动植物与食品检测中心持续获得“韩国食品药品管理厅（KFDA）认定的输韩检测实验室”资质。南京海关纺织工业产品检测中心获批工业和信息化部“国家中小企业公共服务示范平台”。基于南京海关科研项目“2022KJ04木材智能识别图像采集终端及App的研发”，张家港海关国家材种鉴定与木材检疫重点实验室开发木材智能识别系统，实现一线关员利用手机对木材类查验对象快速识别功能。

【疫情防控保障】2022年，南京海关建设新冠病毒核酸检测实验室7家，开展人员新冠病毒样本检测158.50万人份。开展进口冷链商品、进口高风险非冷链货物、集装箱及相关环境样本核酸检测2.40万份。江苏国际旅行卫生保健中心开展基因测序工作，协助海关总署病原体基因测序平台试点应用并成功推广，年内开展基因测序28批次112个标本，全国首次检出口岸输入BQ.1.22型毒株。加强口岸多病共防支撑能力建设，江苏国际旅行卫生保健中心新冠病毒检测实验室开展人源性猴痘病毒检测，检出江苏省首例输入性甲型H3N2流感阳性病例。

【实验室执法技术支撑】2022年，南京海关组织实验室做好执法技术支撑。年内完成固体废物鉴定491批，鉴别固体废物17批。完成涉税化验247宗，化验命中52宗，有效助力税收征管。完成濒危物种鉴定90份，鉴定出象牙、鳄鱼制品饰品等濒危物种。承担全国12个海关进出口木材鉴定556批次，检出申报不符500批次，涉及CITES管制树种226批次，助力一线打击走私，保护生物多样性。完成非洲猪瘟样品检测187批594份。

【实验室能力提升】2022年，南京海关研究发布2022年度《南京海关实验室执法能力扩展方案》，针对性提高关区实验室执法检测覆盖面，关区实验室扩展检测能力4587项次，总检测能力5.30万项次。加强实验室软硬件建设，专项配备紧缺仪器设备9台套672.40万元。争取疫情防控专项资金，配置相关仪器设备10台套，试点应用国产化仪器设备2台。组织实验室开展检测技术交流活动、提供和参加能力验证及结果比对，为一线部门提供更加准确执法依据。

【安全生产监督】2022年，南京海关研究印发《南京海关“四个机制”运行监控表（科技条线）》，出台《南京海关实验室安全管理办法》。举办关区实验室安全管理线上培训、开展实验室安全应知应会知识考核，1037人参加考试。组织专家通过视频抽查、材料审核等方式抽查16家实验室。组织检查组开展南通、张家港等8家实验室实地监督检查，督促问题隐患整改，形成管理闭环。组织“防风险、保稳定”专项活动，开展关区29家实验室滚动安全检查，发现问题隐患35项。

【生物安全管控】2022年，南京海关加强实验室生物安全管理。多次召开视频会，加强实验室生物安全风险研判。配合海关总署“百名科长百日督查”、“国庆驻点督查”、生物安全检查“回头看”工作。开展新冠病毒检测实验室视频监控抽查，发送问题通报11次，涉及问题21条，查发小微问题提醒81次。完善制度建设，动态更新《实验室生物安全管理与个人安全防护操作指引》至第五版，建立关区新冠病毒核酸标本送样人员“白名单”制度。组织推进进口冷链食品农产品实验室检测安全防护工作，研究制定相应操作指引。

【科技攻关】2022年，南京海关参与1项科技部（国家自然基金—地区科学基金）项目“基于树枝状两亲分子的超分子凝胶体系硅基色谱固定相及在几何异构体分离中的应用研究”，南京海关工业产品检测中心和南京海关动植物与食品检测中心分别主持或参与承担2项江苏省科技厅重点研发计划“疫情背景下海关进口物料的智能远程放射性检测关键技术研发及示范应用”“基于新型纳米材料的口岸检疫重要疫病的阻断防控技术研究”顺利立项。

【科技奖励】2022年，南京海关13项科技成果获2022年度国家及省部级科技奖励，其中国家级优秀奖1项，省部级一等奖1项、二等奖5项、三等奖5项、优秀奖1项。具体见表6-1。

表6-1　2022年南京海关获得国家级及省部级科技奖励项目一览表

序号	颁奖单位	奖励名称	获奖等次	获奖项目
1	国家知识产权局	中国专利奖	优秀奖	一种便携式重金属离子快速检测装置及应用方法
2	新疆维吾尔自治区政府	科技进步奖	二等奖	新疆绿色纺织原料及制品品质管控关键技术研究与应用
3	中华人民共和国公安部、中华全国总工会	公安基层技术革新奖	优秀奖	定位防脱逃辅助预警系统
4	海关总署	海关科技成果评定	一级成果	口岸食源性致病微生物防控体系建设及快检溯源关键技术国产化示范应用

表 6-1 续

序号	颁奖单位	奖励名称	获奖等次	获奖项目
5	海关总署	海关科技成果评定	二级成果	重大新发突发传染病跨境传播流行病学预警关键技术及应用
6	海关总署	海关科技成果评定	二级成果	化学品危险性分类和实验室管理关键技术研究
7	海关总署	海关科技成果评定	二级成果	海关实验室关键管理机制和平台的研究应用
8	海关总署	海关科技成果评定	二级成果	玩具技术性贸易措施关键创新技术及对策研究
9	海关总署	海关科技成果评定	三级成果	口岸传染病监测与防控关键技术研究
10	海关总署	海关科技成果评定	三级成果	高致病性人冠状病毒口岸应急防控体系的建立与应用
11	海关总署	海关科技成果评定	三级成果	基于适配体识别的食源性致病菌 / 真菌毒素多组分同时检测技术的研究和应用
12	海关总署	海关科技成果评定	三级成果	进出口重要贸易商品中禁限用有害物质精准检测技术研究及应用
13	海关总署	海关科技成果评定	三级成果	高危石化装置的超声波检测技术研究及检测装备的开发

【项目管理】2022 年，南京海关申报海关总署科研项目 13 项，下达 2022 年度南京海关科研项目立项计划 45 项，组织开展 2023 年度科研计划评审工作。11 项署级科研项目通过海关总署验收，其中 5 项质量评价为优秀。具体见表 6-2。

表 6-2 2022 年度南京海关总署科研项目验收情况一览表

序号	项目编号	项目名称	专业领域	承担单位	负责人	质量评价
1	2020HK297	海关生物资源信息化管理研究	科技实验室	张家港海关	朱金连	优秀
2	2021HK266	视频智能技术在特殊监管区域监管中的应用研究	信息化	南京海关科技处	朱金连	优秀
3	2021HK286	优化完善海关科研项目管理运行机制的研究	科技实验室	南京海关科技处	刘利	优秀
4	2019HK118	大宗进出口食品中二噁英等持久性污染物（POFs）污染现状研究	食品安全	南京海关动植物与食品检测中心	余可垚	优秀
5	2020HK160	基于微流控芯片电化学 PCR 技术的非洲猪瘟病毒核酸检测系统的开发	动植物检疫	南京海关动植物与食品检测中心	唐泰山	优秀
6	2019HK021	进境粮食自动化取制样系统的设计与应用研究	植物检疫	连云港海关	谌运清	
7	2019HK132	重要虫媒（蚊与蜱）病原体微流体芯片检测试剂盒的研发与应用	卫生检疫	泰州海关	朱伯林	

表 6-2　续

序号	项目编号	项目名称	专业领域	承担单位	负责人	质量评价
8	2020HK132	基于免疫学微流控芯片技术的口岸重要呼吸道传染病快速检测方法研究	卫生检疫	江苏国际旅行卫生保健中心	杨庆贵	
9	2020HK159	针叶树干基腐朽病菌风险评估及检测方法研究	动植物检疫	南京海关动植物与食品检测中心	吴翠萍	
10	2020HK133	新型冠状病毒（SARS-CoV-2）高通量核酸检测试剂盒的开发与性能评价	卫生检疫	南通海关	陈峰	
11	2020HK279	海关知识管理及知识工程的应用研究	信息化	南京海关科技处	法勇	

【科普奖励】2022 年，南京海关 1 人获评 2022 年全国青年科学脱口秀创作大赛一等奖；2 人获得全国科普讲解大赛奖励，其中三等奖 1 项、优秀奖 1 项，2 人获“全国海关十佳科普讲解员”称号；7 人获江苏省第五届科普讲解大赛奖励，其中一等奖 1 项、二等奖 1 项、三等奖 2 项、优秀奖 3 项；4 名获南京市科普讲解大赛奖励，其中一等奖 1 项、二等奖 2 项、三等奖 1 项，南京海关获“优秀组织奖”。4 部科普微视频获第十三届江苏省优秀科普作品奖励，其中一等奖 2 项、二等奖 1 项、三等奖 1 项。南京海关 7 家单位获评江苏省科普教育基地。具体见表 6-3 ~ 表 6-6。

表 6-3　2022 年南京海关参加首届全国青年科学脱口秀创作大赛获奖情况

序号	获奖等次	作品名称	获奖单位	姓名
1	一等奖	CUSTOMS?“卡死”它们!	如皋海关	丁伟

表 6-4　2022 年南京海关参加科普讲解大赛获奖情况一览表

奖励名称	获奖等次	获奖单位	参赛选手
全国科普讲解大赛	三等奖	如皋海关	丁伟
全国科普讲解大赛	优秀奖	常州海关	吴星星
全国海关科普讲解大赛	全国海关十佳科普讲解员	常州海关	徐佳一
	全国海关十佳科普讲解员	苏州海关	夏振邦
江苏省第五届科普讲解大赛	一等奖	昆山海关	刘慧
	二等奖	苏州海关	夏振邦
	三等奖	如皋海关	丁伟
	三等奖	张家港海关	刘彦

表 6–4　续

奖励名称	获奖等次	获奖单位	参赛选手
	优秀奖	金陵海关	吴明明
	优秀奖	连云港海关	李雁宁
	优秀奖	泰州海关	王晓萍
南京市科普讲解大赛	一等奖	如皋海关	丁伟
	二等奖	常州海关	徐佳一
	二等奖	张家港海关	刘彦
	三等奖	金陵海关	吴明明
	优秀组织奖	南京海关	

表 6–5　2022 年南京海关获得第十三届江苏省优秀科普作品一览表

获奖等次	作品名称	获奖单位
一等奖	《国门安全无小事》	无锡海关
一等奖	《绿色的脉动》	南通海关
二等奖	《“蚊”所未闻的事儿》	南京海关
三等奖	《保健食品知多少》	宿迁海关

表 6–6　2022 年南京海关获得 2022 年度江苏省科普教育基地一览表

序号	基地名称	申报单位
1	南京海关纺织工业产品检测中心	南京海关纺织工业产品检测中心
2	昆山海关国门生物安全教育基地	昆山海关
3	张家港地区海关科普基地	张家港海关综合技术中心
4	苏州海关国门生物安全科普教育基地	苏州海关综合技术中心
5	连云港海关科普基地	连云港海关
6	泰州海关科普展示体验馆	泰州海关
7	金陵海关国门生物安全科普基地	金陵海关

【基础设施云平台建设】2022 年，南京海关为解决云平台服务能力不足和响应国家安全可控要求，在全国海关率先开展基础设施云平台建设。平台软硬件均为国产设备，可提供 1000 核心计算能力、2000GB 内存和 500TB 存储能力，提供国产化应用上线基础保障。

【国产化替换】2022 年，南京海关坚持政治引领，响应海关总署部署，全面开展国产化替换工作。年内，完成统购设备部署、老旧设备改造，单轨运行率、部署完整率均实现 100%，超额完成海关总署 20% 替换率指标；完成 5 个关级信息化应用系统浏览器适配性改造；全国海关率先开展基础设施云平台建设，初步完成国产化基础设施云平台搭建。

【技术专用场地安全管理】2022年，南京海关开展关区技术专用场地安全自查工作，关区28个隶属海关549个技术专用场地自查各类问题127个，均按时完成整改。抽查常州海关、张家港海关、常熟海关、靖江海关4个海关，16个场所，涉及设备间7个，弱电间20个，当场反馈主要问题并要求整改。

【SRv6广域网建设】2022年，南京海关启动新一代关区广域网建设。年内完成整体方案设计并启动总关核心节点建设。

【运行中心监控系统建设】2022年，南京海关完善运行中心监控系统，优化监控指标135项，精准画像6个信息系统运行状况，提升预警能力；开展信息系统配置管理建设，加强底账思维，强化各类资源关联性，提高科技掌控能力。

【科技跟班作业】2022年，南京海关结合政治机关专项教育活动，打造“服e达”团队，连续4年开展“守初心、做表率”活动，强化科技赋能，鼓励广大党员干部扎根基层一线，为群众办实事、解难事。依托“科技活动周”“网络安全周”等富有科技工作特色宣传窗口，集中运用南京海关科技服务“四平台”实时收集问题，突出“三个问题清零机制”协同解决，对收集问题“一事一表一清单”，挂账销号、跟踪督办，跟进300余名基层用户体验，做到“件件有落实，件件有跟踪，件件有回音”。年内，187人开展跟班作业活动，18名专家参与解决跟班作业发现问题435个。活动期间收到企业感谢信、锦旗4次。

【数据联通共享专项行动】2022年，南京海关聚焦基层数据重复统计、手工统计报送等“烦心事”，结合科技人员跟班作业活动，开展数据联通共享专项行动，各种形式组织调研隶属海关28个、总关处室10个，征集需求91个，分析数据源表43个，建设动植物检疫、进出口食品安全、商品检验等领域主题数据模型，实现报表自动统计生成。重点突破属地查检业务统计、危险品业务统计等隶属海关反馈较多领域。每月定期提供报表96张、字段217个，涉及监管品类52个，年内提供数据量近50万条。

【RPA（流程自动化机器人）应用】2022年，南京海关坚持以用户为中心，开展“我为群众办实事”实践活动，聚焦信息系统使用中存在问题，围绕多系统数据重复录入、机械式人工作业强度大、数据应用不便捷等问题开展数据互联共享专项行动，创新利用RPA技术开展“宁关助”项目建设，研发办公、财务、关税、食品、动植、查验等多个领域并部署机器人20余个，行政办公机器人效率提升21倍，查管系统机器人效率提升48倍，关税原产地机器人“万级别”单证批量快速处理，效率提升34倍。

撰稿人

殷　霞

督察审计

【概况】2022年，南京海关组织开展口岸检查作业情况、支持外贸促稳提质措施落实情况、口岸疫情防控措施落实情况、“国门绿盾2022”专项行动等跟踪督察，发现问题13个，提出建议9条。完成领导干部经济责任审计10项，部署开展企业脱钩和转让产权专项审计，关区贸易管制措施落实情况、大金额差错报关单、涉台表述规范性情况专项审计调研。完善关区22个业务领域129个内控节点岗位清单。强化海关内部控制与监督子系统实战应用，处置异常风险数据2.17万余条、补证3684件、补税1.26万次。完成关区进口粮食监管政策措施落实情况、进出境海运集装箱监管情况、高级认证企业信用管理情况3项评估项目。

【审计工作】2022年，南京海关落实审计全覆盖工作要求，对12个隶属海关单位13名党政主要领导干部开展经济责任审计。根据海关总署部署，持续推进南京海关所属企业脱钩和转让产权专项审计，开展关区贸易管制措施落实情况、大金额差错报关单、涉台表述规范性情况3个专项审计调研，查发问题15个，排查风险17项，提出针对性建议29个。受海关总署督察内审司委托，牵头修订海关内部审计核查重点（加贸部分）14项；新增完善实验室安全生产等企事业单位内部审计核查重点24项；梳理“进口冷链食品、高风险非冷链食品集装箱货物监管措施落实情况”政策文件61个，提炼5大类18个一级、46个二级评价标准，排查5个执法、管理风险隐患，提出4方面意见建议。

【审计整改】2022年，南京海关贯彻落实海关总署党委审计整改要求，研究出台落实审计整改长效机制15项具体措施。开展“海关重点项目和财物管理以权谋私”专项整治，排查2012年以来内外部审计问题182个。组织2021年度关区经济责任审计发现问题整改复核，整改问题133个。开展海关总署2022年度督察审计自查，补充完善9类73项自查重点，查发问题63类。

【督察工作】2022年，南京海关研究制定关区年度跟踪督察重点项目清单，细化分解督察项目13个。聚焦重大政策、重点领域、薄弱环节，组织开展口岸检查作业情况、支持外贸促稳提质措施落实情况、口岸疫情防控措施落实情况、“国门绿盾2022”专项行动等督察项目4个，查发问题13个，提出建议9条。根据海关总署督察内审司风险提示，针对关区进口冷链食品、水产品通关时长、口岸第三方收费等敏感事项，有针对性地开展专项核查。隶属海关结合各地特点，开展督察61项，发现问题93个，处置问题93个。关区试点开展督察片区协作，南通地区海关推磨式开展进出口食品安全专项督察，推动督察方式创新。

【内控建设】2022年，南京海关组织召开内控工作领导小组会议，印发《2022年南京海关内控重点工作任务分解表》，确定5大类13项重点工作。培育内控骨干，组建关区87人内控专业人才队伍，推荐11人加入全国海关内控专业小组，发挥业务骨干经验优势，提升内控工作科学性和专业性。关区各层级开展内控专题培训29次，参训1031人次。加强源头风险防控，开展完成关级内控前置审核27项、署级复核12项，提出审核复核意见209条。推进事中内控措施落实，应用内控节点查发问题3609个，处置率100%。加大事后内控评估，优化关区考核指标，结合审计督察开展实地内控建设运行情况，指导隶属海关健全完善内控运行机制。

【内控工作“四个机制”建设】2022年，南京海关将“四个机制”建设各项要求严格落实到内控工作。派员参与“四个机制”专班工作，将各业务领域“四个机制”运行监控表内容纳入关级内控节点岗位落实清单，更新22个领域129个节点。建立内控风险日常提示机制，编撰发布内控风险提示单3期；推动各层级开展业务复核903次，纠正问题710个。

【HLS2017内控平台应用】2022年，南京海关组织HLS2017内控平台授权梳理排查，调整平台授权56人次。推广跨境电商、保税监管等新增功能，深化“探索应用”模块运行。落实HLS2017内控平台“日监控、周分析、月通报”机制，突出部门联动，强化实战应用，提升应用绩效，年内制发监控核查联系单2553份，处置异常数据2.16万条，补证3684件，补税1.26万次，移交稽查、缉私线索324起，取得专项成果305篇。

【“内控示范科室”创设】2022年，南京海关组织各隶属海关及其所属事业单位开展“内控示范科室”创设，树立关区内控管理标杆，促进基层内控“从有到优”提升。组建专项工作组，研究制定关区创设标准，下发创设方案。确定44个基层科室参与创设，其中执法领域科室38个、非执法领域科室6个，通过专题培训、专岗答疑、专项调研等，加大培育力度。编发创设专刊5期，扬州海关创设经验被海关总署“金钥匙杂志”等微信公众号发布。组织开展创设典型经验做法评选，推荐上报海关总署有特色、有成效、可复制典型案例2个，被采纳1个。

【执法评估】2022年，南京海关强化“署级＋关区”执法评估清单式管理，依托“云擎”平台等信息化系统，结合远程调研、线上座谈等方式，推行“数据＋指标＋分析＋研究”评估模式，搭建重点关注领域分析模型78个。完成关区进口粮食监管政策措施落实情况、进出境海运集装箱监管情况、高级认证企业信用管理情况等3项关级评估，隶属海关完成推进稽查改革、锂电池出口监管和实施主动披露情况分析等评估报告28篇。深度参与全国海关跨境贸易便利化工作成效专题评估、海关督审执法评估指标体系专题研究；完成RCEP、属地查检等5个署级评估项目关区调研；派员参与海关总署督察内审司“送教上门”授课，参与首批执法评估专题工作指南编写。

【督察审计队伍建设】2022年，南京海关加强督察审计人才培养和梯队建设。培塑典型，突出示范引领，发挥模范作用，1名党员入选首批禄口机场海关疫情防控应急支援队，6名党员报名参加核酸检测志愿者，选派关区督审条线援藏干部1名。通过视频方式组织关区督审业务培训8次，选派关区督审骨干参加海关总署、南京海关督审项目71人次。

【配合国家审计工作】2022年5月26日—7月31日，国家审计署驻南京特派员办事处组成审计组开展南京海关2021年以来履行监管职责和税收征管等情况审计。南京海关全力以赴做好配合国家审计工作，制订迎审工作方案和保障工作方案，完善日常沟通机制。压实主体责任，强化日常管控，严格资料审核和意见反馈，组织审计报告征求意见反馈，做好延伸审计保障。持续跟踪审计动向，及时收集动态信息，定期汇报配合国家审计进展情况。审计期间，分发反馈审计业务需求单92份，归口反馈审计取证单85份，编报国家审计动态47期，保障延伸审计37次，关党委听取专题汇报8次。

撰稿人

杨晟卉

第七篇

隶属海关

金陵海关

【概况】2022年，金陵海关按照“强化党建、团结进取、守住底线、创新争先”工作思路，强化监管、优化服务、深化改革，统筹疫情防控和促进外贸稳增长。开展打击濒危动植物及其制品走私专项行动，构建监管三道防线，严厉打击“洋垃圾”以及非法出版物。安全生产常抓不懈，开展安全生产专项整治三年行动、“口岸危险品综合治理”百日专项行动等，建立健全长效机制，与地方政府相关部门及兄弟海关建立保税监管场所安全生产联动工作机制。

金陵海关被江苏省精神文明建设指导委员会评为“2019—2021年度江苏省文明单位”。驻邮局办事处被江苏省“扫黄打非”工作领导小组评为全省“扫黄打非”先进集体；陈鑫被江苏省“扫黄打非”工作领导小组评为全省“扫黄打非”先进个人；周俊杰被南京市“扫黄打非”工作领导小组评为2021年南京市“扫黄打非”先进个人。施凌云获2021年度“百名优秀执法一线科长”称号。叶露被江苏省食品安全委员会评为“全省食品安全工作先进个人”。金陵海关团委被共青团江苏省委评为“江苏省五四红旗团委”。金陵海关驻江北办事处被南京市委、市政府评为2021年南京市扛起“争当表率、争做示范、走在前列”三大光荣使命先进集体。

【党建工作】2022年，金陵海关党委发挥引领示范作用，落实“第一议题”制度，坚持把“第一议题”放在首位学、摆在首位抓，确保习近平总书记重要指示批示精神一贯到底、落实到位。深入学习宣传贯彻党的二十大精神，召开关党委理论学习中心组（扩大）学习暨处科级领导干部学习贯彻党的二十大精神培训班，中心组开展学习研讨7次，支部书记上党课105次，各级党组织开展学习研讨636次，配发学习书籍1300本，组织3800余人次参与“掌上微测试”10期。搭建“线上+线下”宣传矩阵，在中央电视台、《人民日报》等权威媒体发布相关报道10余篇次。拓展党史学习教育成果，用好“我为群众办实事”长效机制。制定深入治理违反中央八项规定精神突出问题、进一步推进清廉海关建设细化落实措施，持之以恒纠治“四风”。开展警示教育月活动，发挥党建阵地廉政教育功能，深化纪法教育，加强以案示警。加强廉政文化建设，多个作品在海关总署“清风国门”活动中获奖。拓展“强基提质工程”

成效。强化支部书记“头雁”引领作用，严格落实“三会一课”、主题党日、民主评议党员等组织生活制度。深化“四强”党支部建设，探索“统一规范+个性特色”的党建品牌创新机制，促进党建业务深度融合。高标准建设党建阵地，优化学习宣传、教育实训等场景功能。

【疫情防控】2022年，金陵海关完整、准确、全面贯彻落实党中央决策部署，坚持人民至上、生命至上，坚持“外防输入、内防反弹”总策略，坚持“动态清零”总方针，严格执行防疫要求和工作纪律。完善指挥部组织架构，增设促稳前指及相关工作组，优化“平急”转换机制，动态调整应急处置及常态化防控方案，高效统筹疫情防控和促进外贸稳增长。坚持疫情防控和业务工作同步推进，从严从紧做好个人安全防护，坚持“人、物、环境”同防，规范开展业务操作，督促相关经营单位履行疫情防控责任，严格落实寄递跨境渠道疫情防控。通过海关总署“百名科长百日督查”和疫情防控驻点督导检查，对业务现场开展常态化视频监控及现场督查，有效防范化解涉疫风险。贯彻落实国务院《关于进一步优化新冠疫情防控措施 科学精准做好防控工作的通知》等最新要求。严格出差出行审批管理，强化个人主体责任，落实健康监测“日报告、零报告”。定期开展核酸检测，实行“人盯人”网格化管理，累计组织核酸检测49243人次、疫苗接种率达95.90%。保持队伍战斗力，确保疫情零输入、关员零感染、操作零失误、通关零延误。

【监管业务】2022年，金陵海关监管进出口货运量14.60万吨，税收入库50.30亿元。持续开展“龙腾行动2022”“蓝网行动2022”，查发邮递渠道侵权物品。深化落实打击危险化学品逃漏检专项稽查行动，查发企业在出口氯氰菊酯、出口驱蚊手环等货物未报检情事12起，货值2.80亿元。对涉枪、涉爆、涉毒、政治类非法出版物等实施精准查缉。严厉打击枪爆、毒品走私，不断加强信息研判和重点商品查缉力度，立案侦办走私毒品案件4起，联合地方禁毒部门发起专项行动4次，查获毒品“邮票”、苯丙胺类毒品若干；与地方公安部门联合开展行动，刑事立案涉枪案件1起；打击重点涉税商品，加强与南京烟草部门的联系配合，共同侦办走私雪茄案件2起，案值约660万元；打击非法出版物走私，立案侦办走私淫秽书籍和非法出版物刑事案件1起、行政案件1起，查获相关出版物1515本。开展“金钥2022”、进口石脑油等稽查专项行动。筑牢国门生物安全防线，加强动植物疫情疫病检测，检测截获外来有害生物110种285种次。开展“国门绿盾2022”及“跨境电商寄递‘异宠’综合治理”专项行动，加强风险信息的收集分析预警，查获活体日本大锹甲2只，被海关总署采用信息12条。

【查缉走私】2022年，金陵海关开展“国门利剑2022”联合专项行动，立案侦办走私犯罪案件22起，行政案件127起。严厉打击成品油、农产品等重点涉税商品走私。不断加强线索研判和数据分析，多轮次开展打击海南离岛免税“套代购”走私专项行动，共刑事立案4起，查获“套代购”化妆品若干，案值281万元。认真贯彻落实打击治理“水客”走私专

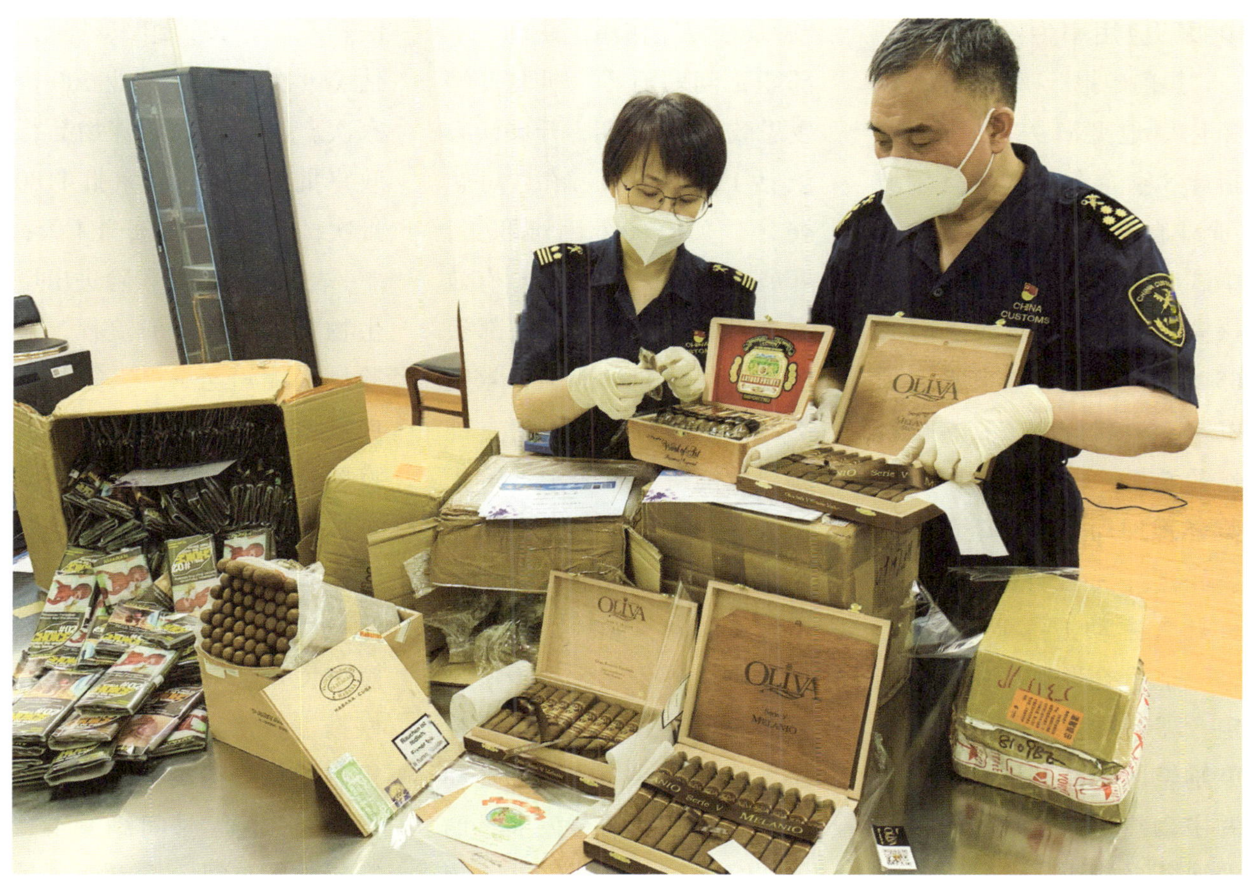

▲2022年9月26日，金陵海关在进境邮件中查获走私雪茄（刘诗月　摄）

项行动部署要求，刑事立案3起，查获走私进境奢侈品、游戏机和卡碟等若干，案值1394万元。开展打击化工品原料走私专项行动，刑事立案5起，案值4700余万元，联合地方公安经侦部门对犯罪团伙走私、骗退税、洗钱等多项违法犯罪情况进一步开展全链条打击，案件被中央电视台新闻频道深度宣传报道。开展"蓝天2022"专项行动，封堵"洋垃圾"入境通道，行政立案4起，查证的国家禁止进口的走私固体废物实施退运出境处理。严厉打击濒危动植物及其制品走私，行政立案5起，查证象牙等珍稀动物制品4件。深化反走私综合治理，加大非设关地走私打击力度，加强对"购运储销"全链条的打击治理。

【服务发展】2022年，金陵海关进口整体通关时间较2017年压缩78.40%。制定优化口岸营商环境支持外贸促稳提质落实清单，推动6方面42项措施落地见效。牵头南京协作区海关出台促进外贸保稳提质细化落实措施20条。支持中欧回程班列常态化开行，监管班列36列次、货值1.90亿美元。精准帮扶市场主体，推动企业问题清零，落实减税降费政策，引导企业享受RCEP降税优惠，为136家企业签发RCEP证书。开展集团式企业信用培育试点，联合南京市商务局举办AEO企业颁证仪式，辖区高级认证企业数量保持关区第一。

【业务改革】2022年，金陵海关落实上级改革部署，"两步申报”应用率为46.50%，进口“提前申报”率为38.70%。深化属地型海关监管改革，指导5家企业参与核查领域“企业自查结果认可模式”改革试点；深入推进“互联网+核查”，开展企业线上核查65家；建立稽核查转换工作机制，顺利开展核查转稽查作业5起；联合南京市市场监督管理局对2家企业开展“双随机、一公开”检查。积极开展主动披露政策宣传，办理企业主动披露18起，指定专岗专人负责答疑和咨询，鼓励辖区企业开展合规自查并主动纠错，依规减免税款滞纳金500余万元。

【队伍建设】2022年，金陵海关制定《金陵海关落实海关总署、南京海关“防风险、保稳定、迎二十大”专题会议精神任务分解表》，细化4部分36项工作任务，将任务分解到具体部门、具体岗位。加强窗口作风建设，政务服务“好差评”系统好评率100%。建立健全处科室量化考核机制，将量化考核指标落到基层处科室。建立处科级领导干部“实绩档案”、优秀年轻干部“成长档案”、职级干部“风采档案”和从严管理“监督档案”。发挥“思政两专”作用，联动“干部职工问题清零”机制，编发思政报告12期，开展谈心谈话1930人次，解决问题46个。关心关爱困难职工，开展慰问帮扶33人次。有效激发队伍活力，8个支部获评关区第二批“四强”党支部，40名党员、6个党支部获“两优一先”表彰，50人次获评“金关之星”。选举产生金陵海关第一届妇联；打造青年关员“暖风”志愿服务品牌。

【推动综合保税区高质量发展】2022年，金陵海关推动综合保税区高质量发展，助力“综保区21条”“两区统筹发展20条”落地。推进企业集团加工贸易改革及残次品业务改革，在南京海关关区首家开展单耗监管改革试点。全国首个“自助验核”项目落地，在关区内率先建成无感卡口“2.0”项目，进出区物流效率大幅提升。

【基层业务创新】2022年，金陵海关推进基层业务创新，保税仓储出入库“全程无纸”“全链监管”等改革扩面增效。落实自贸区建设清单任务35项，协助申建南京江北新区综保区。支持生物医药产业发展，助推地方生物医药平台建设，组织风险评估会9次，服务企业200余家次。提升D级特殊物品行政审批效能，完成审批1180批次，平均审批时长1.1天；“一站式”集成低风险进出境生物审批报关查验流程，查验周期缩短至1天。复制推广进境动物源性生物材料检疫监管改革措施，助力建成全球最大的SPF（无特定病原体）小鼠基因种质资源库。

【跨境电商业务】2022年，金陵海关货邮核心口岸建设有序推进。完善跨境电商监管机制，保障退货商品“应退尽退”，退货时间缩减1/3。完成关区首票跨境电商商品集拼出区业务；服务“双十一”促销单量超100万件；推动“海外仓离境融”项目持续生效，出口退税等资金到账时间由180天缩短至3个工作日。开展“网购保税进口+实体新零售”模式试点，推进南京八卦洲跨境电商新零售模式运作。指导1816箱金陵芙蓉糕、状元豆等金陵特色风味食品出口海外，为江苏地区首批出口的糕点、炒货、蜜饯类食品；帮助南京特色小吃鸭血粉丝汤出口澳大利亚并上架销售，为国内同类产品首次。

【江苏自贸试验区南京片区进境高风险特殊物品“云端”风评为“基因之城”医药研发助力】2022年5月19—20日，金陵海关首次组织高风险特殊物品“云端”风险评估会，全程线上开展，累计26家企业26个生物医药产品参与评估。年内，开展高风险特殊物品风险评估会服务企业200余家次，涉及产品590个。

【江苏自贸试验区南京片区“进境SPF实验鼠海关监管便利化套餐模式”在南京落地】2022年6月16日，南京市复制推广进境生物材料检疫改革措施获海关总署批复同意。江苏自贸试验区南京片区“进境SPF实验鼠海关监管便利化套餐模式”落地南京。进境SPF小鼠或大鼠进境隔离期由30天缩短至14天。金陵海关优化监管流程，采用“一站式”集成低风险进出境生物医药审批、报关报检、快速查验，查验周期由3天缩短至1天。

【推动南京地区二手车出口快速增长】2022年，金陵海关会同江苏自贸试验区南京片区相关部门不断优化政策，推动二手车出口流程逐步简化；为企业制订“属地申报、多地提车、直通港口、口岸验放”一体化通关方案，获评江苏自贸试验区南京片区“一周一新创”典型案例；协同联动加强跨关区监管服务，对接多个口岸海关，解决口岸通关问题，实现“管得住、通得快”。年内，南京市出口二手车133批次1035辆，同比增长444.74%；出口创汇超过2400万美元，同比增长729.20%。

撰稿人

秦威伟

苏州海关

【概况】2022年，苏州海关学习宣传贯彻党的二十大精神，贯彻落实习近平总书记“疫情要防住、经济要稳住、发展要安全”重要指示要求，认真落实两级海关工作会议、全面从严治党工作会议精神，统筹疫情防控与促进外贸稳增长。全年苏州市实现外贸进出口值25721.10亿元，同比增长1.60%，其中出口15475亿元、进口10246.10亿元，同比分别增长4%、下降1.90%。围绕“铸忠诚、担使命、守国门、促发展、齐奋斗”工作要求和“12个必”重点任务，细化工作方案，明确重点任务和时间节点。保持打击“洋垃圾”走私高压态势，查获濒危物种及其制品，立案侦办海南离岛免税“套代购”走私案件，持续压缩进出口通关时间。

获评国家机关事务管理局等四部门联合颁发的“节约型机关”称号；获评苏州市2021年度综合考核“第一等次”；被苏州市总工会命名为五一劳动奖状；《苏州海关“小网格”释放“大能量”》案例、驻虎丘办事处与苏州高新区枫桥街道携手打造的江苏省首个“关地合作网格化服务创新示范点”——“枫企心桥”信息化平台，获评新华高峰会“我为群众办实事”优秀案例；苏州海关国门生物安全科普教育基地被命名为“2022年度省级科普基地”；驻虎丘办事处监管二科党支部党建品牌“丝路卫士”获评全国海关党建培育品牌；驻吴中办事处保税监管科获评江苏省巾帼文明岗荣誉奖牌；苏州海关获评2022年南京海关科普讲解大赛优秀组织奖；驻邮局办事处夏振邦获评南京海关2022年科普讲解大赛一等奖、江苏省第五届科普讲解大赛二等奖、“全国海关十佳科普讲解员”称号；驻邮局办事处陈树雷获评全国海关2021年度“百名优秀执法一线科长”；人事政工处杨星辉获评海关系统“党务之星”；稽查处干晶宇、蒋小冬获评全国海关百名“稽查专家型人才”；驻邮局办事处尤军获评江苏省2021年“扫黄打非”先进个人；人事政工处柳承熙获评2021年度“江苏省优秀共青团员”；驻虎丘办事处陈国强、杨晓军家庭获评江苏省五好家庭；驻邮局办事处万晓泳、缉私分局陈忠庆获评2021年度苏州市禁毒工作突出个人；驻邮局办事处陈景芸获评苏州市禁毒工作先进个人。

【党建工作】2022年，苏州海关坚持以习近平新时代中国特色社会主义思想为指导，深入学习贯彻党的二十大精神，巩固拓展党史学习教育成果，开展政治机关建设专项教育活动，推进海关基层党建“双提升”行动，深化党务突出问题清查整治，组织开展“四强”党支部及党建品牌建设成效展示，组织汇编176万字《苏州海关党员干部党章党规党纪教育学习参考》。选优“思政专员”和“思政专委”队伍，开展谈心谈话2000余人次，解决各类问题200余个。8个支部被评定为关区第二批“四强”党支部，8个支部、59名党员干部获南京海关关区及本关“两优一先”表彰，党建课题研究成果获评江苏省机关党建课题成果二等奖，“行动支部”工作案例入选苏州市“党建惠企”专项行动案例，党支部思政专委“四式谈心谈话法”作为全国海关执法一线科长（基层党支部书记）培训班课程作经验交流。

【监管业务】2022年，苏州海关审核进出口报关单62.40万份，监管进出境货运量120.70万吨，进出口货值561.10亿美元，同比分别下降10.90%、增长4.70%、下降3.30%。监管集装箱15.40万箱次，同比增长7.50%。监管进出境邮件33.40万件，同比下降83.60%。征收税款92.80亿元，同比增长15.90%。检验检疫进出口货物9.25万批、货值416.70亿元，同比分别下降7.90%、增长0.20%；法定检验商品初次检验不合格货物277批，不合格率11.68%；最终检验不合格货物42批，不合格率1.77%。

组织开展“国门绿盾2022”“清风行动”和“跨境电商寄递‘异宠’综合治理”专项行动，做好非洲猪瘟、沙漠蝗、红火蚁等重大疫病疫情防控工作。推进进口食品“国门守护”行动，强化商品检验和卫生检疫应对处置能力。

【后续监管】2022年，苏州海关优化后续监管效能，加强口岸监管环节反恐、防扩散和出口管制等，立案侦办邮递渠道走私枪支案件5起，查证枪支散件107件。优化信用培育模式，确定重点信用培育企业10家，成功修复企业信用6家。稽查工作成效显著，树牢查发导向，办结稽查作业56家，办结企业主动披露作业103起。落实“国门利剑”联合行动要求，加强与缉私部门执法联动，移交缉私作业30起，同比增长130.77%，涉案货值81893.63万元。

【疫情防控】2022年，苏州海关动态更新全关疫情防控方案，始终保持疫情防控指挥体系高效运转。抓实抓细高风险货物物品检疫，开展进口高风险非冷链新冠病毒采样和预防性消毒作业桌面推演、突发疫情应急处置演练和实验室意外事故应急处置演练。发挥三级监控指挥中心作用，强化对各业务现场疫情防控、安全防护等情况监控检查，完善管理闭环。妥善处置上海疫情期间的积压邮件，开通3条临时进出境邮路保障邮件出境32吨。

【查缉走私】2022年，苏州海关缉私分局移交相关直属局、南京关区兄弟分局以及地方公安、海警等部门线索刑事立案47起，其中涉税案件5起，非涉税案件42起。“口岸危险品综合治理”百日专项活动麻精专项集群战役成果获海关总署缉私局领导批示肯定。年内立案查办一般程序行政案件71起，总案值3.55亿元。立案侦办走私犯罪案件31起，案值2.62亿元。立案查办行政案件72起，案值6113.74万元。摧毁走私犯罪团伙4个，抓获犯罪嫌疑人30名；采取强制措施55人次，其中取保候审27人次，刑事拘留10人次，执行逮捕18人次。移送起诉案件12起，案值1.04亿元。

【服务发展】2022年，苏州海关落实南京海关《优化口岸营商环境促进外贸保稳提质措施任务清单》，结合实际细化举措57项，一表到底、一表督办。高质量推进“一带一路”建设，启用铁路“快速通关”模式，支持苏州中欧班列做大做强；中老货运班列、苏州—米兰等新路线陆续开通，东航物流、新郑国际机场相继设立苏州货站，铁路物流中心水运码头通过验收，大力推进多式联运中心建设，年内开行班列503列，货值21.02亿美元。

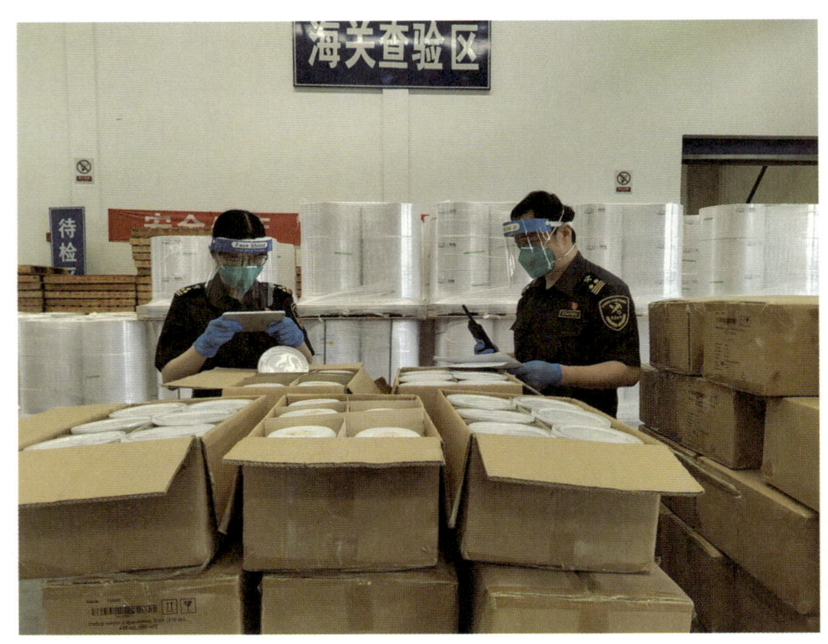

▲2022年6月2日，苏州海关关员对“铁路快通”模式中欧班列实施查验（苏州海关 供图）

助力江苏省首家试点跨境电商网购保税进口零售新模式在苏州海关落地，获江苏省委常委、苏州市委书记曹路宝批示肯定。支持综合保税区发挥国内国际双循环交汇点作用，49家企业获得增值税一般纳税人资格，选择性征税改革节约企业资金7282万元，保税维修业务规模6.89亿美元。助推苏州绿色优质农产品出口，增设大闸蟹、枇杷等查检绿色快速通道，提升苏州农食产品通关效能。助力企业“走出去”，加强企业信用培育工作，新增高级认证企业8家，为企业拓宽海外市场保驾护航。

推广企业集团加工贸易监管模式，促进企业生产要素流通。推动“综保区21条”落地，加快综合保税区保税维修、保税研发等新产业落地见效，协助地方政府推进自贸区改革试点经验复制推广，推广综合保税区企业增值税一般纳税人改革扩面增效。全业务领域一体化改革和33项重点改革项目督办有力。

【助企纾困解难】2022年，苏州海关深化企业问题清零长效机制建设，擦亮“通关吴优”等服务品牌，加强解决问题针对性。落实落细各类减税降费措施，减免、减征各类税款超2亿元；参与开发苏州市RCEP企业线上服务平台，各类贸易协定享惠安排一键直达企业，让企业找优惠变成优惠找企业；签发全国首批、省内首份RCEP原产地证书。在南京海关综合业务处协调下，推动536家企业、2171票积压在外地口岸的进口货物快速提离。

【业务改革】2022年，苏州海关“提前申报”“两步申报”等通关改革稳步推广，进出口整体通关时间压缩比大幅提升，分别超过65%和85%。企业集团加工贸易监管模式改革规模效应显著，3个集团8家企业释放流动资金3.08亿元，节省成本约400万元。推进年度改革创新工作，确定重点改革创新项目8项。探索“智慧核查”，优化智慧“云核查”远程核查模式，开展“属地查检与稽核查执法联动”，多个指令、一次下厂、同步开展，下厂次数大幅减少。评选年度“改革先锋”个人4名、项目3个。

【队伍建设】2022年，苏州海关坚持好干部标准提任领导干部。晋升职级干部82人次。加强执法一线科长队伍建设，陈树雷获评全国海关“百名优秀执法一线科长”，并参加“双百”督查。强化教育培训，创设“苏关讲堂”教育品牌，5名业务骨干专家承担海关总署授课任务。推进量化考核，苏州海关领导班子获2021年考核优秀。

【从严治党】2022年，苏州海关常态化开展纪法教育、警示教育，办好政务平台“红黑榜”等载体。接受派驻纪检组监督，完善党委班子与纪检组沟通会商机制，实行纪检委员风险分析直报、干部职工8小时外监督管理等措施。抓好执法领域、非执法领域专项整治和问题整改，完善制度机制。落实饮酒报备、酒精测试等措施，保持“零酒驾”。制定“第一种形态”工作细化指引，推动规范运用。推进新时代廉洁文化建设，3件“清风国门”廉洁文化创意作品在海关总署获奖。

【参谋辅政】2022年，苏州海关紧盯年度重点工作任务，制发督办单295项。开展促进外贸保稳提质专题调研活动，形成专题调研报告8份，提交工作专报18份，获江苏省委主要领导、苏州市委书记批示6次。信息宣传、公文质量排名均列关区首位。推动基层政务公开标准化、规范化试点，创新推出“通关吴优”政策服务品牌。保密、档案、外事、信访、学会等工作常抓不懈，继续保持较高水平。

【科技支撑】2022年，苏州海关推进网络安全工作，“科技活动周”活动被《人民日报》等多家媒体宣传报道。开展实验室监控改造（LIMS）项目建设，持续提升检测能力。申报海关总署、南京海关、江苏省科技厅科研项目7项，获南京海关2022年科普讲解大赛优秀组织奖、参赛个人优秀奖，1名个人获“全国海关十佳科普讲解员”称号。

撰稿人

孙锋锋

苏州工业园区海关

【概况】2022年，苏州工业园区实现外贸进出口总值7151.30亿元，同比下降1.10%。苏州工业园区海关税收入库144.50亿元，同比增长0.50%，列南京关区第4；长三角一体化布控查验协同试点、加工贸易货物“司法公证销毁+区块链存证”监管模式、智改数转“智慧综合保税区”3项改革创新被中国（江苏）自贸试验区工作办公室评为第三批创新实践案例，长三角区域特殊物品风评结果互认、“经贸规则计算器”、“保速通”3项获评中国（江苏）自贸试验区苏州片区（简称“苏州自贸片区”）2022年度制度创新十佳案例。

2022年，驻娄葑办事处统计分析科获评“江苏省巾帼文明岗”称号。龚晓婷、胡国庆、汤晓东获“江苏省技术能手”称号；符丽媛获“苏州市巾帼建功标兵”称号。

【党建工作】2022年，苏州工业园区海关学习宣传贯彻党的二十大精神，关党委开展集体学习43次，开展党史和政治理论学习研讨活动230余场次；各部门和党支部开展专题学习80余场次；创新开展“学史增信”读书分享活动，组织党员研读《习近平的七年知青岁月》《长征》《苦难辉煌》等书籍。开展强化政治机关建设专项教育，编发应知应会“口袋书”，开展有关文件、案例学习300余场次，推动329名干部职工学理论、查问题、抓整改。

【疫情防控】2022年，苏州工业园区海关健全平急一体化指挥机制，动态调整疫情防控指挥体系，应对不断变化的疫情态势。强化现场查检业务疫情防控，从严采用“七件套”防护要求，做好日常查检作业，组织开展疫情防控培训和应急演练10余次。成立24小时驻点业务专班，通过远程办公、加大风险验证力度、开展视频查验等方式，确保通关、查检业务“不断线”。加强内部安全防护，强化风险排查，加强重点人员管控，强化办公场所和出差出行管理。及时发放防疫物资，组织接种第4针疫苗204人。

【监管业务】2022年，苏州工业园区海关监管进出境货物110.90万吨、集装箱19.40万箱次，同比分别下降19.10%、19.10%；签发出口产地证50437份，签证货值24.54亿美元，查验货物3173票；检疫特殊物品1974批次，木质包装检验检疫201批次；进出口食品化妆品拟制出口换证凭单8263批次，检出不合格产品62批次；签发伴侣动物检疫证书119份；截获动植物疫情11种次。

【后续监管】2022年，苏州工业园区海关完成稽查任务103起，同比增长35.08%；办结核查作业248起，同比增长43%；协助海关总署开展加工贸易内销价格低报风险排查，提交线索135个，涉税约2400万元；开展属地查检与稽核查执法联动试点工作，实现风险联合研判、线索集中处置的试点目标。

【查缉走私】2022年，苏州工业园区海关以“国门利剑2022”行动为抓手，推进各类专项打击行动。立案侦办走私犯罪案件7起；立案调查行政案件187起；走私淫秽书刊案件获全国“扫黄打非”办公室和海关总署联合督办。首次破获洗钱案件，涉案金额约1400万元。对接公安机关，加强涉枪爆毒品信息、执法资源共享，联合查获大麻、冰毒等走私案件2起。密切与文化管理、公安等部门配合，完成书刊鉴定及处置工作近12万本。

【服务发展】2022年，苏州工业园区海关坚持需求导向稳住外贸，RCEP政策助力84家企业享受关税减免132万美元；新增高级认证企业9家；探索进出口商品属地查检新模式，开拓现场查检、场站集中查检、“互联网+”查检、“合格保证+符合性验证”四种查检模式，保证进出口货物即到即检即放。支持苏州工业园区港“水水中转”模式顺畅运行，安排专人受理转关数据审核业务，保障水运转关时效。指导企业开展“一般纳税人资格试点”，帮助多家企业实现转型升级，深入拓展国内市场，节约成本约5000万元。强化企业问题清零机制，解决跨关区口岸滞留、查验排队时间过长、报关单长期未结关等问题600余个，惠及辖区企业350余家。

【业务改革】2022年，苏州工业园区海关改革创新活力持续增强。推进“企业自查结果认可模式”改革，新增试点企业8家。率先在关区探索开展“先征后审”特许权使用费台账管理模式，补税入库时间从半个月缩短为当天申报、当天入库，惠及企业64家。推动建设区块链保税服务平台，实现加工贸易中期管理在线办理业务，9月上线以来服务企业360家。推动“保速通”改革，加快国内国际双循环，提升区内物流企业内外贸货物互转效率。开展改革创新“金点子”征集工作，收集“改革创新金点子”44项。巩固提升“司法公证销毁+区块链存证”模式成效，指导企业合理评估模式应用，降低成本约800万元。

【队伍建设】2022年，苏州工业园区海关开展“思政两专”谈心谈话2797人次，及时化解干部职工问题27个；5个党支部获评关区新一批“四强”党支部，“查检先锋”党建品牌通过海关总署培育品牌复核。10名关员获得南京海关续聘、新聘任兼职教师，举办加工贸易和税收征管岗位技能竞赛。挖掘宣传身边典型50余人次，1个集体和4名个人获省级部门表彰，3名荣获市区级以上表彰。推进重点项目和财务管理以权谋私专项整治工作，完成聘任特约监督员19名，开展“三不腐”课题研究，廉洁文化基地正式落成。

【课题研究】2022年，苏州工业园区海关征集论文68篇，累计获奖南京海关以上层级32篇次，论文质量和数量均居关区前列。其中，企业管理处论文《入境高风险特殊物品全链条管理模式研究》

在海关总署研究中心主题征文中获优秀论文；4篇论文获上海分会2022年度优秀论文。

【签发全国首份中柬自贸协定项下原产地证书】2022年1月1日，苏州工业园区海关为咖乐美电器有限公司签发全国首份中柬自贸协定项下原产地证书。该份证书所列货物为出口至柬埔寨的咖啡机，企业凭证书可享受关税优惠约3150元。

【办理江苏省首票集成电路原材料减免税业务】2022年2月10日，苏州工业园区海关为和舰芯片制造（苏州）股份有限公司价值3000美元"掩膜版"通过减免税审核，审核时间由大为缩减。这是江苏省首票集成电路原材料减免税快审货物。

【上线"经贸规则计算器"】2022年3月7日，苏州工业园区海关上线"经贸规则计算器"，年内通过系统查询6493人次，涉及数据20267条，原产地判定435次，帮助企业更便捷享受政策红利。

【省内首批RCEP项下输马来西亚原产地证书签发】2022年3月18日，苏州工业园区海关为金华盛纸业（苏州工业园区）有限公司签发江苏省首批RCEP项下输马来西亚原产地证书，为企业节省境外关税18.20万元。

【辖区首家失信企业通过信用修复上调信用等级办理】2022年5月10日，苏州工业园区海关对苏州某食品有限公司出具《中华人民共和国南京海关准予信用修复决定书》，该公司信用等级由失信企业上调为注册登记和备案企业。

【节约型机关验收通过】2022年10月25日，苏州工业园区海关通过节约型机关验收工作。国家机关事务管理局、中共中央直属机关事务管理局、国家发展改革委、财政部联合发文，授予苏州工业园区海关"节约型机关"。

【跨境电商特殊区域出口业务开通】2022年12月2日，苏州工业园区海关助力苏州得尔达国际物流有限公司通过跨境电商特殊区域出口（"1210"）模式申报放行一批迷你电脑终端和摄像头，该业务为苏州自贸片区首单，标志着跨境电商全业务模式在苏州工业园区全面落地。

【江苏省首个高风险特殊物品联合监管机制试点落地】2022年12月27日，南京海关和苏州市人民政府发布联合公告，在苏州工业园区开展江苏省首个高风险特殊物品联合监管机制试点，进一步优化特殊物品进口审批流程，提升通关效率。

【苏州自贸片区首次"跨境电商+保税展示"模式走通】2022年6月17日，首批跨境电商网购保税出区展示商品在苏州工业园区时尚舞台展示，苏州自贸片区"跨境电商+保税展示"模式走通。展示期间，凭借商场毗邻海关特殊监管区的区位优势，依托海关信息化系统便捷高效的特点，消费者现场下单后，商品最快20分钟内即可完成出区配送手续，该模式将作为苏州工业园区海关跨境电商发展的有效补充，推动辖区跨境电商加快发展。

【出口关区首票新冠变异株疫苗】2022年6月22日，苏州工业园区海关监管苏州艾博生物科技有限公司1212支新型冠状病毒变异株mRNA疫苗出口至阿拉伯联合酋长国和印度尼西亚，进行临床一期二期实验，为关区首票新冠变异株疫苗出口。

【苏州自贸片区首签出口韩国RCEP证书】2022年6月22日，苏州工业园区海关签

▲2022 年 1 月 6 日，苏州工业园区海关举办“智贸诊断器”上线发布会 （朱丰　摄）

发首份维苏威高级陶瓷（中国）有限公司出口至韩国的 RCEP 原产地证书，货物为工业用陶瓷制品，货值 13.90 万美元。采用 RCEP 证书后，该批货物适用税率由最惠国税率 8% 降至 0%，预计可为企业节省韩国进口关税约 7 万元。

【上线“智贸诊断器”】2022 年，苏州工业园区海关上线“智贸诊断器”，实现“机器识单”功能，网上自动核验报关申报要素是否正确并及时反馈结果及错误类型，识别准确率 96% 以上，数据处理能力每小时数万条，提高报关时效，减少人为差错。

【推动集成电路行业“不合格品”政策调整】2022 年，苏州工业园区海关开展集成电路行业专题调研，推动优化“不合格品”价格申报等管理要求，实质性解决辖区集成电路封测企业政策困扰，节约税款资金占用超 7500 万元。

撰稿人

李京天

无锡海关

【概况】2022年，无锡海关围绕“疫情要防住、经济要稳住、发展要安全”的重大要求，深入贯彻落实海关总署、南京海关各项部署要求，深化“三化三先”（系统化、规范化、网格化，思想争先、工作创先、业绩领先）行动，全力服务推动无锡开放型经济发展。

2022年，无锡海关通过全国文明单位复评。连续第10年获评无锡市“为民服务示范窗口”；荣获“无锡市少先队校外实践教育基地”、无锡市“青年文明号”、无锡市“优秀青年志愿服务组织”、无锡市档案信息报送工作优秀单位等荣誉称号。企业管理处许慧被南京海关推荐参评“江苏好人”。

【党建工作】2022年，无锡海关党委将学习习近平总书记重要讲话精神作为首要政治任务，党委会、“每周一学”专题学习97次，中心组学习交流26次。聚焦迎接、保障、宣传党的二十大这一主线，党委先学一步、深学一层，带头学原文、悟原理、谈体会，开展学习讨论100余次。制发《无锡海关学习宣传贯彻党的二十大精神实施方案》，明确工作要点24项，建立当好“领头雁”、用活“主阵地”、打好“宣传牌”、抓好“结合部”的“四学”机制，针对“6大课题”和“12个必”开展重点专题研究43项。巩固“双提升”行动成效，修订《党建工作手册》《党务工作实操手册》。建强战斗堡垒，深化拓展“强基提质工程”和“四强”党支部建设，“四强”党支部占比34%。织密思政工作细网，发挥思政“两专”作用，解决岗位调整、重大任务保障等7大类127个问题。拓展党建区域合作，与江阴、宜兴海关签订《无锡协作区海关协调协作协议》，组建协作小组19个，牵头研究博士后工作站后续建设事宜。深化支部品牌创建，发挥海关总署基层党建示范品牌“翼展”辐射作用，拓展“银鹰”“绿盾”等7个子品牌内涵，培育推介“萤光”“同心圆+”等党建品牌，推动形成党建品牌矩阵。党委委员轮值通报政治机关专项教育活动情况36次，梳理138个岗位255项重大风险，形成动态整改方案，夯实政治机关建设基础。推动党史学习教育常态化长效化，更新党员活动室宣传布展，打造红色阵地9个，开展精神文明创建系列活动，获评全国、省、市文明单位。完成工会换届选举，成立妇联组织。

【监管业务】2022年，无锡海关开展“口岸危险品综合治理”百日专项行动，查发不合格危险品37批，落实重点领域防风险“7+1”强化版措施。监管指标稳中有进，税收征管入库94.40亿元，增长22.10%，创历史新高。开展“国门绿盾2022”行动，打造国门生物安全科普矩阵，检验检疫监管不断加强。创新后续监管模式提质增效，探索“数字稽查”，办结稽查作业53起、主动披露作业121起。推广“核查领域企业自查认可模式”改革，核查作业有效率78%。

【查缉走私】2022年，无锡海关深化打私综合治理，推进“国门利剑2022”联合行动，立案侦查刑事案件12起，其中涉税案件7起，案值1432.60万元；非涉税案件5起，涉及毒品及麻精药品25千克、枪支散件790件；立案调查行政处罚案件53起。

【政策措施供给】2022年，无锡海关落实海关总署、南京海关促进外贸保稳提质举措，细化分解形成优化口岸营商环境支持外贸促稳提质28方面54条具体措施，通过“企业问题清零”机制，解决“急难愁盼”问题58个。释放减税降费政策红利，签发出口RCEP原产地证9850份，助企享惠800万美元。专人指导集成电路、生物医药等重点企业减免税款6.38亿元，同比增长256%。主动探索“信用+行业”链式信用管理模式，年内新增培育8家AEO高级认证企业。

【开放平台升级】2022年，无锡海关构建无锡综合保税区开放新地标，在江苏省首推“同仓调拨”模式，每年节约运输成本30%。支持建设长三角电子元器件国际分拨中心，辐射区内外企业30家。做大做强无锡内河支线港，助力无锡新安港“ICT”项目启动，全年货运量增长59.84%；开辟“无锡—上海外高桥”内外贸同船航线，成功运营220船次，运输内外货物1.08万标箱；开通水运转关“离港确认”业务，节省上海至无锡水运中转时长48小时。支持无锡国际邮件互换局（交换站）建设，支持无锡铁路西站建设跨境铁路始发站点连接“中欧班列”枢纽。

【保供稳链】2022年，无锡海关创新“机坪直提+工厂查验”监管模式，通过本地机场进口光刻胶362.40吨，妥善解决重点集成电路企业关键原材料进口“燃眉之急”。打通“中欧班列+公铁联运”通道，引导无锡企业首次搭乘“中欧班列”出口医疗设备22批次、375万欧元，对接中欧班列枢纽城市。畅通连云港、青岛、日照3条“陆海联运”新通道，快速放行海力士、海辰等重点企业进口设备、原材料9.10亿元，同比增长88.80%，保障企业新投资项目投产。

【业务改革】2022年，无锡海关推广“两步申报”“两段准入”“一保多用”等通关便利改革，进出口整体通关时间分别压缩60%、80%，成效被中央电视台新闻报道。扩大长三角海关真空包装等高新技术货物布控查验模式试点，25批进口货物在本地协同查验。推广企业集团加工贸易监管模式，助力试点企业实现区内外产业联动发展，减免外发加工保证金751万元，企业整体产能增长30%。推动D级特殊物品卫生检疫审批权限下放，缩短生物医药企业进出口审批时间50%。

【外贸新业态新模式培育】2022年，无锡海关开拓综合保税区“区域间”保税维修新模式，用好国际国内两个市场，维修业态国内市场份额同比增长74%。完成首架租赁飞机进口通关，支持江苏省首家基地航空公司落地无锡。推动空港非贸业务做大增量，提前介入DHL快件项目流程设计和硬件改造，保障省内首个DHL欧洲线试航快速通关。优化新冠病毒疫苗原液和检测试剂通关保障措施，助力无锡市多家企业新冠病毒检测试剂盒、病毒采样管通过美国FDA、欧盟CE等30多个国家或地区认证，保障相关产品出口2283批、货值2.95亿美元。

【“智慧海关”集群建设】2022年，无锡海关先行先试“无锡海关物联网应用示范区”项目建设，“智慧快件”“智慧减免税监管”等10个物联网项目上线运行，多个项目为江苏省首次启用，1个项目在江苏省推广。“智慧旅检”和企业认证“三色管理”入围关区“最具国际竞争力的海关监管体制机制”生动实践案例。自主设计通关窗口咨询答疑标准化系统，成果在关区“深化改革融合”课题研究成果转化研讨会上交流。

【疫情防控】2022年，无锡海关落实各项新冠疫情防控工作，守好口岸疫情防控第一道防线。组织精干力量，轮流进驻苏南硕放机场口岸封闭管理专班。全年进驻专班26轮、241人次，保障进出境客货机376架次；监管进出境货物1.40万吨，完成“高非冷”（高风险非冷链进口货物）新冠病毒采样12票。保障芯片产业原材料光刻胶进口308票，344吨。10月27日，江苏省首个政府组织的出境外贸包机从苏南硕放机场赴日本开展商务活动，无锡海关借助“智慧旅检”“智慧卫生检疫”等系统，保障航班出入境。11月11日，深圳航空恢复“无锡—东京”定期客运航班。

【队伍建设】2022年，无锡海关强化内务规范和纪律作风养成，打造内务规范样板间9个，狠抓一线窗口人员服务意识，政务服务“好差评”系统好评率100%，准军事化纪律部队建设深入推进。组织143人次参加各类专项培训班。规范开展干部人事工作，选优配强科级领导干部22名，完成干部职务职级晋升35名。严格干部考核管理，完成47名领导干部个人有关事项年度报告，集中开展2轮海关工作人员违规经商办企业及违规兼职取酬问题的调查核实工作。按时完成工资晋级晋档、调整社保基数等工作，对253本干部人事档案开展专项审核。组织开展“国门先锋榜”先进代表照片展等活动，营造争先领先氛围。深化志愿者服

▲2022年6月15日，无锡海关缉私分局查获枪支散件 （肖明 摄）

务引领文明风尚，完成徐州市师寨镇魏堂村结对党群援建项目。重启兴趣小组活动，打造温暖“职工之家”，结合党的二十大精神学习贯彻开展主题演讲活动，引导青年“听党话、跟党走”，工青妇活动各具特色。关心关爱离退休老干部，构建“银发+”系列服务品牌，建设完善老干部之家。

【清廉海关建设】2022年，无锡海关抓好“关键少数”，落实党委全面从严治党主体责任清单和“四责协同”机制，推动党委主体责任和派驻纪检组监督责任同向发力。跟踪对“一把手”和领导班子监督的4方面22项措施落实情况，结合预防酒驾醉驾、内务规范等工作，每月开展全关性综合督查。加强纪法学习教育，开展“警示教育月”活动，弘扬廉政文化，打造“清风国门”廉洁文化阵地，引导党员干部知敬畏、存戒惧、守底线。

【“海关重点项目和财物管理以权谋私”专项整治】2022年，无锡海关聚焦87个重点项目，制定明确“三个清单”涉及17个问题的整改任务分解表。探索以“三化三先”强化“全周期管理”课题，提高基层海关一体推进“三不腐”能力和水平。运用第一种形态提醒谈话违规人员10人次。加强内控建设，HLS2017平台处置异常数据有效率99.93%，推选2个科室创建“内控示范科室”，基层内控“从有到优”。

【基层运行管理】2022年，无锡海关落实“三应”运行机制，对接南京海关“四个机制”建设，制发实施方案明确4方面12项措施，建立《无锡海关“四个机制”执行落实表》，联动排查梳理重大风险160项、关键节点208个。深化拓展实施“三化三先”行动2.0版，坚持用党建责任、日常管理、风险防控“三张清单”抓管理，贯通“关—处—科”三级责任压力传导体系，以清单化、项目化全力打造“拳头产品”，构建基层海关细化实施、自我监控、执行反馈的“抓落实”闭环。

【国企改革三年行动】2022年，无锡海关推进9家原地方事业单位及下属企业整合清理和人员安置，理顺企事业人员归属关系及经费结算渠道，推进闲置房产利用、涉案财物处置等事项。

【调查研究】2022年，无锡海关自主开展调查研究4项，参加南京海关“重大课题”课题组3个，参与署级课题专项研究，牵头撰写海关工作专报获国家领导人批示1次。报送RCEP系列专报获国务院批示2次，报送《无锡海关专报》12期，获市领导批示24次。5人进入江苏省第二届保密技能竞赛决赛圈；档案数字化完成主体工程，李雪娇获国家档案局征文全国二等奖；努力提高政务公开规范化，做实做细信访工作，严肃应急值班工作纪律，完成值班值守任务。成立无锡海关学会，制定发布“1+3”学会规则文件，37篇征文获关区奖项。

【财务制度体系完善】2022年，无锡海关梳理制定4项工作指引，落实“过紧日子”要求，压缩公用开支20%以上；盘活闲置房产5.30万平方米，处置涉案财物23批1691件。后勤管理中心提升后勤保障精细化规范化水平，推动公有住房规范管理、安全检查。

【完成重大外事活动保障任务】2022年1月10—15日，国务委员兼外交部部长王毅在无锡连续会见沙特阿拉伯、巴林、土耳其、科威特、阿曼、伊朗等国外交大臣（部长）以及海湾阿拉伯国家合作委员会秘书长。无锡海关连续值班7个昼夜，检疫航班15架次、各国外宾276人，保障外宾团组0.5小时内快速通关，压缩全程保障时间60%以上。

【“海关物联网应用示范区”项目竣工】2022年12月9日，无锡海关物联网应用示范区项目通过竣工验收，主要包括智慧通关（综合保税区保税物流智慧监管辅助系统、快件现场智能化管理系统）、智慧监管（空港旅检智慧监管系统、减免税设备远程智慧监管系统、智慧检验智能化管理系统）、智慧预警（有害生物监测及预警系统、传染病智慧监测预警系统、食品安全智慧预警系统）、智慧监控（监控指挥中心及外贸可视化展示平台、实验室智能化管理系统）等10余个项目，建成综合性“智慧海关”应用平台。

“智慧旅检”提升禁限物品查获水平，每百人次禁限物品查获率提升20%。“智慧综保”实现海关对特殊监管区跨区域物流运输的全流程监管，有效防范车辆运输途中换货等走私行为。智慧检疫提高外来有害生物监测时效性和风险防控效率，搭建全天候、多场景条件下集外来实蝇诱捕、识别、预警于一体的全天候动态监测平台。全球传染病监测充分利用大数据、云计算等技术，为提高入境旅客布控准确性提供数据支撑。

“智慧综保”满足货物24小时跨区流转和验放需求，同时实现货物从保税库区到非保税库区的快速流转，每年可为企业降低报关及场站直接成本400余万元。“智慧旅检”系统综合应用大数据、物联网和AR智能眼镜等先进技术和智能装备，动态捕捉风险旅客，精准拦截风险行李，精准布控的同时对守法守规旅客实施快速通关，入境旅客平均通关时长降低68%以上。“智慧快件”通过数据互联、自动分拣、无纸审单、智能查验等功能，压缩通关时间，现场处理能力从5000件/天跃升至40000件/天。外贸可视化平台对辖区进出口贸易数据按企业、商品、国家（地区）、贸易方式等进行深度分析的同时，有效帮助辖区企业利用RCEP规则降低进出口关税。

“智慧旅检”系统减少直接与入境旅客接触频次，有效降低疫情期间关员染疫风险。“智慧快件”开发查验支持界面对货物精准画像，系统跟踪辅助物流管控，自动分析妥投风险并预警，有力打击走私违法行为。“智慧实验室”运用一体化智能感知装置，实现仪器设备智能运控、关键设备智能安防、高危试剂智能管控等功能，实验室安全运行能力有效提升。

【海关普法】2022年，无锡海关持续打造“锡”心“关”护法治品牌。执法普法项目入选法治无锡惠民实事工程，《国门安全无小事》动画获江苏省优秀科普作品一等奖，知识产权海关保护案例获评无锡市知识产权保护十大案例。

撰稿人

詹　靖　于东江

南京禄口机场海关

【概况】2022年，南京禄口机场海关坚持守牢疫情防控大门与确保外贸促稳提质“两手抓、两手硬”，筑牢“外防输入、内防反弹”国门安全防线，切实做好疫情防控、维护国门安全、稳外贸稳外资等重点工作。年内监管进出境航班2173架次，进出境人员16.93万人次，采集核酸样本7.54万人次，国际客运业务取得强势突破，历史性名列全国机场第8位。监管申报货运量4.48万吨（不含航油），监管进出口申报货值59.79亿美元。征税15.84亿元，结关普货报关单9.25万票，结关快件报关单0.33万票。全年国际货运业务逆市上扬，国际及地区货物和邮件吞吐量位列全国第14位。

2022年，南京禄口机场海关获评2019—2021年度江苏省文明单位。

【党建工作】2022年，南京禄口机场海关坚决做到“两个维护”，将学习贯彻落实习近平总书记系列重要讲话和重要指示批示精神作为党委会“第一议题”，开展专题学习16次。坚持从政治层面强化业务工作，开展专项教育活动，结合机场海关职能特点，检视各类问题200余个。落实意识形态工作责任制，召开党委会专题研究意识形态工作2次，讲授专题党课1次，进行意识形态风险点排查，出台“强化版”措施。强化党建在疫情防控工作中的引领作用，战“疫”一线建立战时临时党支部10个，组建党员先锋岗、党员突击队、青年突击队，发布动员令、请战书、倡议书，让党旗始终飘扬在疫情防控最前沿。推进“一支部一品牌”建设，“建‘三同’支部 做忠诚卫士”党建品牌通过海关总署“全国海关基层党建示范品牌”复核，经验做法入选全国海关支部书记“百问百答”。2名关员获评关区“优秀共产党员”，1名关员获评关区“优秀党务工作者”。疫情期间2名专班人员成为预备党员，其中1名为江苏“最美青年抗疫先锋”。

【疫情防控】2022年，南京禄口机场海关紧盯埃博拉、猴痘、疟疾等重大传染病，防止疫情叠加风险。口岸检出首例恶性疟疾1例、流感病例1例。常态化建制科室管理与战时专班管理相结合，组建专班连队，用“揭榜挂帅”方式，从旅检一线科长中选定专班组长5个，组建“红一连”至“红五连”专班组5个，组建环外“出境高办连”“信息娘子连”，守牢疫情防控口岸防线。6月9日，专班连模式正式运转。

先后727人次赴抗疫一线，封闭专班累计31轮次。

【口岸监管】2022年，南京禄口机场海关开展“国门利剑2022”等专项行动，打击象牙等濒危物种及其制品走私和“洋垃圾”走私，加大对毒品、枪支、管制刀具、非法出版物、非法出口疫苗、超量货币等违禁品查缉力度，重点打击“水客”超量携带违规情事。关注出口不实贸易、异常物流流向等，年内向统计部门、缉私部门通报疑似不实贸易数据256条。办理两简案件14起；向缉私部门移交刑事案件线索1起；查获涉嫌侵犯知识产权货物2票，涉嫌侵权冰墩墩玩偶钥匙扣330个，货运渠道首次查发涉嫌侵犯2022年北京冬季奥运会特殊标志专有权货物；查获疑似濒危物种及其制品2起2件，澳门赌博筹码3起11枚、淫秽类非法出版物1起75本、洋垃圾电池粉1起1件。

【食品检疫】2022年，南京禄口机场海关贯彻食品安全“四个最严”要求，推动食品安全共治共享。加强科室联动，依法对食品类投诉举报案件进行调查，处置食品安全投诉5起。加强国境口岸卫生监督管理，压紧压实口岸相关经营单位等公共卫生安全主体责任，保障公众健康安全。举办食品安全周宣传活动，通过现场介绍、业务答疑、政策解读、成果宣传等向代理企业、进出口商及消费者宣传并发放宣传册60余份。防范进出口食品安全重大风险，做好食品安全信息收集工作，通过海关总署FSI系统（食品化妆品安全风险预警系统）上报进出口食品安全风险信息64条。

▲2022年12月20日，南京禄口机场海关关员查获进境旅客携带的濒危物种珊瑚（赵文珂 摄）

根据税管局事中验估指令结合报关单数据分析发现部分进口电子消费商品存在低报价格、偷逃税款嫌疑，查获某企业伪报品名型号、低报价格等违法行为，系南京海关口岸货运渠道首起通过人工单证分析查发刑事案件。

【动植物检疫】2022年，南京禄口机场海关制订《南京禄口机场海关严防动植物疫情疫病传入和外来物种入侵“国门绿盾2022”行动方案》，细化工作措施、分解工作任务。利用CT机、X光机等技术手段，加强对进境旅客携带行李物品查验。截留旅客携带动植物及其产品107批次，实验室检测鉴定，在9批次水果中截获非检疫性有害生物。严格规范非贸渠道截留物后续处置，查获外来入侵物种和禁止进境动植物及其产品，一律作退回或销毁处理。参与南京海关“异宠”工作小组，协助上级职能部门定期收集相关数据，为海关总署风险研判提供信息支撑。制订《南京禄口机场海关2022年度国门生物安全监测方案》，禄口国际机场辖区内开展检疫性实蝇、红火蚁、沙漠蝗、小火蚁等外来有害生物监测。检出不合格木质包装9批次。5—11月开展检疫性实蝇监测期间，19个监测点诱捕到南瓜实蝇、具条实蝇、橘小实蝇、三点棍腹实蝇，105只。

【口岸营商环境优化】2022年，南京禄口机场海关运用“企业问题清零机制”，辅导企业综合运用汇总征税、“两步申报”“提前申报”等政策和模式，进口本地货物舱单信息采取微信群24小时在线群发提醒通知方式，为企业运用“提前申报”、缩短货物通关时间提供数据支持，提前申报比例从不足10%提升至30%左右，进出口整体通关时间为26.76小时和0.51小时。推进为辖区企业量身定制“稳信心、暖企心”的“双心”服务举措，引导企业通过“单一窗口”“互联网+海关”等不见面方式向海关申报，叠加“预约通关”机制，无查验指令报关单实现随报、随审、随放，高效保障货物快速审放，累计受理各类审批4100份、答复企业咨询850起。

【服务发展】2022年，南京禄口机场海关利用江苏报关协会“金陵关务小百科”微信公众号平台开设专栏，发布稿件10篇，为企业提供政策解读、疑难问题解答等通关服务。开辟进出口农产品绿色通道，保障大波斯菊、花椰菜、鸭儿芹、蕙兰等7批种子种苗优进，保障7票134箱3977千克鲜活螃蟹出口。结合江苏省重点产业链供应链企业“白名单”，确定重点扶持企业，设立促外贸稳增长联络员制度，3名联络员每人对接10~20家企业，根据企业通关不同需求制定相应一对一“服务套餐”，提供单证预审核、优先审批、优先查验等服务，帮助企业解决通关中的难点堵点问题。

【普法宣传】2022年，南京禄口机场海关在民法典宣传月、“4·26”全国知识产权宣传周、“8·8”海关法治宣传日“12·4”国家宪法日等重要法治宣传节点开展普法宣传，对辖区内重点企业就海关行政处罚、高级认证等进行宣传教育，以案释法，提升行政处罚正面效应。推动公职律师发展，吸纳1名公职律师并推荐参加关区宪法四十周年展演活动。

【队伍建设】2022年，南京禄口机场海关注重一线识别和考察干部，职务职级晋升、表彰奖励方面，向一线专班抗疫人员重点倾斜。新提任科级领导干部6名，新增核年度考核优秀人员5个，新晋升四级高级主办3名，疫情期间考察培养年轻干部2名，均为专班人员；发挥思政“两专”人员作用，通过个别谈话、集体座谈、工作之余谈心、线上“云”谈等多种形式，开展谈心谈话750余次，收集各类问题100余个。

【一线科技赋能】2022年，南京禄口机场海关自行研发应用航空口岸远程无接触式检疫监管系统，改变原有“面对面”检疫监管模式，集成申报资料收验、人员健康状态问询、二次体温监测、健康申报验核、携带行李查验等功能，对航空器实现无接触式登临检疫、实现监管闭环，节省封闭专班人力资源、降低感染传染性疾病风险。高风险入境航站楼部署应用冬残奥会版自助申报验核一体机、智能验核分流机、智能核放闸机等先进信息化监管设备，做好与“南京海关口岸卫生检疫控制系统”的调试、对接，对CT机设备智能审图功能升级。推进“智慧旅检+智慧卫检”通关模式改革试点，打造空港口岸无感通关建设标杆。各项信息化系统应用，入境旅客在一测环节可3秒内完成申报信息核验、无感自动测温、人脸识别以及信息记录等卫生检疫手续，实现“高铁站”式快速通关，旅客通关时长压缩70%，一线旅检人员减少50%以上。实现旅客海关环节全自助一码通关，降低现场工作人员与旅客接触风险。自主研发应用海关个人防护装备穿脱智能引导提醒系统，通过智能识别人员类别、约定动作触发等，实现防护装备穿脱全流程智能伴随式语音提醒及个人防护穿脱“一令一动”效果，避免防护穿脱环节出错，降低染疫风险。

【口岸卫生检疫实训基地建设】2022年，南京禄口机场海关借鉴中国人民解放军预备役部队建设理念，将空港口岸卫生检疫实训业务与准军事化纪律部队训练要求相结合，建立集教育、体验、实训、应急四合一实训场所和培训学堂，为南京海关关区培养口岸卫生检疫单兵、带班干部和预备人员。11月17—23日，南京海关空港口岸卫生检疫实训（第一期）正式开班，首批23名学员在实训基地经过专业培训、考核培训结业。

撰稿人

张珺

新生圩海关

【概况】2022年，新生圩海关坚持稳字当头、稳中求进，筑牢南京水运口岸第一道防线，不断强化监管、优化服务、深化改革，统筹疫情防控和促进外贸稳增长各项工作，坚决打击濒危动植物及其制品走私、严禁“洋垃圾”入境。年内审结报关单29.50万份，监管进出口货运量2622.60万吨，监管集装箱87.80万标箱，监管进出口总值2104.70亿元，征收税款入库105.36亿元，同比增长11.45%。移交一般案件成案线索11起、刑事案件线索1起，办理“两简”案件107件、检验检疫案件1起。

2022年，新生圩海关获评“2019—2021年度江苏省文明单位”，魏佳佳获评“2021年全国海关优秀公职律师”，朱非获评“江苏省优秀共青团干部”，林瑜洁参与拍摄的2部科普作品获评第十三届江苏省优秀科普作品评选活动一等奖、二等奖各1项。

【党建工作】2022年，新生圩海关深入学习宣传贯彻党的二十大精神，强化关党委班子建设，召开党委会37次、党委碰头会50次、党委理论学习中心组学习会12次。开展捍卫“两个确立”、做到“两个维护”、强化政治机关建设专项教育活动。加强党建基本制度落实情况督促检查，完成1个党支部委员补选、3个届满党支部换届选举，建成“党员之家”。

【疫情防控】2022年，新生圩海关全方位做好疫情防控总体指挥、联防联控、风险研判、内部防护等工作。推动9组口岸疫情防控专班运行，配合“双百督查”工作，严密工作流程、规范现场操作、强化个人防护和专班封闭管理，严格做好“人、物、环境”同防，加强作业全流程监控及后续回放检视。年内检疫监管进出境及进出口岸船舶2186艘次，船员4.30万人次。

【口岸监管】2022年，新生圩海关进一步规范建设分运行李监管，强化进口食品抽样检验和安全风险监测。通过分运行李渠道查获非法出版物111本、淫秽物品10余件，禁止出境文物8件。查获固体废物7.50吨，濒危物种制品10批次，其中包括象牙制品2批次、玳瑁制品1批次。落实“风雷1号”专项行动，查获茅台酒、洋酒、高档红酒、服装、化妆品等涉嫌伪瞒报物品。落实“国门利剑2022”专项行动，严厉打击走私违法犯罪活动。办理知识产权案件6起，扣留涉嫌侵权货物33.41万件。

【服务发展】2022年，新生圩海关开展“我为群众办实事”实践活动，深入企业宣讲海关政策法规。组织赴外贸企业开展走访调研10次，召开促进外贸保稳提质新闻发布会及通关便利化政策宣讲会，现场答复企业问题68项。强化外贸数据、业务数据融合分析，精准开展进出口重点商品、重点企业和重点行业专题研判，为外贸稳增长、提质量提供参考。推进企业问题清零，成立涵盖各业务科室的通关业务引导员小组，开展政策咨询4500余次。涵养税源、扩大税基，坚持“量、质、效”并举，加强审价、归类、原产地等审核工作。推广以企业为单元的税款担保改革，缩短办理时间、节约企业占用资金。推进RCEP落地实施，办理RCEP享惠报关单1084票，减免关税4110万元、增值税541.85万元。

【业务改革】2022年，新生圩海关将全业务领域一体化改革工作和其他重点改革项目纳入全年重点工作任务，统筹“制度+科技”，推动各领域改革关联耦合、集成高效。制订专项整治工作方案，排查梳理全业务领域问题及风险隐患6项，明确整改时间节点，落实整改标准及监督监控责任人，确保全业务领域问题及风险隐患整改到位。以“四个机制”建设为指引，统筹全关专业人员资源，成立法规、关税、卫生检疫、动植物检疫、进出口食品安全、商品检验、监管技术改革7个专委会，为业务协调管理提供专业技术支持。落实海关总署《关于促进外贸保稳提质的十条措施》、南京海关18项促进外贸保稳提质措施，结合南京市外贸发展实际，与金陵海关、南京禄口机场海关共同研究制定促进南京市外贸保稳提质20条细化措施。统筹人力资源向业务一线倾斜，压缩二线人员比例。推进“提前申报”“两步申报”通关模式，成立压缩整体通关时间和提高24小时放行工作领导小组，紧盯物流、通关、查验、放行等全链条各环节操作。结合口岸业务特点细化进口“船边直提”、出口“抵港直装”操作流程和作业模式，推进进口转关“离港确认”模式，提升班列跨境运输便利化水平、推动铁路物流效率提升。

【队伍建设】2022年，新生圩海关深化准军事化纪律部队建设和青年关员队伍建设。组织专项督察11次、颁发“流动红旗”44面次、通报相关问题24个，组织问题整改“回头看”3次。推进“思政两专”谈心谈话机制与“问题清零”机制协同联动，开展谈心谈话750余人次，推动“干部职工问题清零”机制落实落细，收集意见建议41条、解决困难41项。加强青年关员队伍建设，深化青年理论学习提升工程，围绕推进业务和党建团建融合、加强思想政治工作等方面开展专题研讨，打造“新关零距离”青年品牌。开展“工会进万家”“关爱月月送”等慰问活动。

【党风廉政建设】2022年，新生圩海关党委班子与派驻纪检组联合研判廉政风险，重点对口岸监管风险、队伍廉政隐患进行系统分析。全年紧盯重点领域、关键岗位开展提醒谈话5人次。推动新时代海关廉洁文化建设，结合警示教育月活动做实以案促教、以案促治工作，开展主题党课15次。加强对党员干部“8小时之外”廉政警示提醒，推送廉政“指尖微海报”28期，征集廉洁文化作品12篇。

【“海关重点项目和财物管理以权谋私”专项整治】2022

▲2022 年 7 月 13 日，新生圩海关关员对"南京—太仓—海防—胡志明"集装箱外贸航线船舶进行监管 （赵陵荣 摄）

年，新生圩海关对照专项整治问题及廉政风险清单 29 个方面内容，梳理可能存在的廉政风险和隐患 4 处，制定防范措施 5 条，结合"重点项目清单指引"上报廉政风险岗位 2 个。

【保障产业链供应链循环畅通】2022 年，新生圩海关保障粮食、能源资源等重点商品供应，检验监管进口粮食、植物油、矿产品、煤炭及出口成品油、大米等大宗散货 982 批次。提升中欧班列跨境运输便利化水平、推动铁路物流效率提升，监管出境班列 201 列，推进南京商品车铁路运输专用车（JSQ）中欧班列出口业务。推进跨境电商新业态规范健康持续发展，完成 X 光机和辐射推测设备联网上线工作，试点一般贸易与跨境电商货物拼箱转关业务，验放跨境电商出口清单 136.85 万票，同比增长 181.86%。

【法治建设】2022 年，新生圩海关推进行政执法公示、执法全过程记录和重大执法决定法制审核"三项制度"建设，强化行政执法证件管理，进一步规范海关行政裁量权，增强执法统一性和透明性。9 月 23 日，新生圩海关联合金陵海关、南京禄口机场海关，走访南京市中级人民法院，与行政诉讼一庭开展研讨交流，推进新时代"枫桥经验"落实举措。在全民国家安全教育日、知识产权宣传周、海关法治宣传日和宪法宣传周等重要时间节点开展法治宣传工作。

【巡察督审整改】2022 年，新生圩海关全力防范化解"7+21"项重大、系统性风险。按要求开展巡察整改自查评估，对巡察反馈问题逐项开展整改质效自查评估及“对账销号”审签。用好巡察成果，在抓好问题整改的基础上坚持举一反三，着力提升各领域工作质效。

【安全生产】2022年，新生圩海关研究制定安全生产工作要点任务分解表，明确重点任务14项、重点内容20项。推进“口岸危险品综合治理”百日专项行动，明确4个方面15条具体措施，紧盯抵港、报关、查验、提离等各关键节点。与地方应急、公安、交通运输、生态环境等部门加强协作配合，建立安全监管配合机制，及时开展联合巡查、强化信息通报、应急处置。

【政府信息公开】2022年，新生圩海关依托南京海关门户网站、关企座谈会、业务现场公告栏等载体，主动公开行政许可、行政处罚、税收政策等内容，妥善处置政府信息公开申请及南京海关12360服务热线交办的各项工作，常态化运行“关长接待日”工作机制。公开行政许可决定1次，公开行政处罚决定6次，收到和处理政府信息公开申请2次，发布“双随机、一公开”事项共3460余条。

【助力“南京—太仓—海防—胡志明”集装箱航线开通】2022年7月13日，在新生圩海关监管下，江苏远洋“远诚”轮驶离，标志着“南京—太仓—海防—胡志明”东南亚集装箱外贸航线正式开通，为江苏经济腹地客户增加一条低成本、高效率的出海大通道。

【完成关区首票“离港确认”联运中转货物转关】2022年5月24日，新生圩海关完成南京海关关区首票“离港确认”联运中转货物转关。该票货物目的港为南京龙潭港，货物从宁波北仑港进境后，按“离港确认”模式进行转关申报，经系统审核后自动放行，转关办理时间压缩至1小时以内。

【保障中粮专列开行】2022年2月22日，新生圩海关保障“江苏号”中老铁路（南京—万象）国际货运列车中粮专列开行。班列自中国南京始发，经云南省磨憨铁路口岸出境至老挝万象南站，货物主要为中粮集团生产、服务老挝地方企业的食品包装材料，货值约412万元。

撰稿人

杨军利

江阴海关

【概况】2022年，江阴海关持续强化监管优化服务，出台促进外贸保稳提质措施9条；构建“双追溯、双复核”机制协同开展高风险货物检疫；以“制度+科技”赋能重大风险防控机制，常态化推进口岸危险品综合治理；推广进口货物“船边直提”和出口货物“抵港直装”，综合运用“互联网+”“合格保证+符合性验证”等方式提升属地查检效率。年内，累计监管进出口货物5585.40万吨，入库税收92.80亿元，立案侦办刑事案件9起，查办行政违法案件35起。

2022年，江阴海关被江苏省文明委授予2019—2021年度江苏省文明单位称号。

【党建工作】2022年，江阴海关开展关党委理论中心组集中学习40次，编发学习资料64篇次、工作提醒28次、工作简报11期、动态信息44篇，持续提升全员政治意识；举办“查检课堂”12期，推动政治、业务学习深度融合，依托“青年学堂”“青年党校”抓实青年理论学习工作，用“求实、扎实、朴实”海关文化培塑党员干部。加强机关党委带教示范和党支部联学共建，4个党支部获评关区第二批“四强”党支部；深化“谈心月”“关长家访”“关长接待日”“思政两专”等制度做法。

【疫情防控】2022年，江阴海关会同商务部门建立进口货物“双追溯、双复核”机制，加密口岸作业巡查频次，约谈企业33家，联合地方口岸专班实施违规企业熔断13家；加大核酸采样监测力度，严格实施专班封闭管理，安全运行专班26轮、91人次，检疫进出境船舶1835艘次、船员3.60万人次，办理船员换班1133人次，协同处置核酸检测阳性进口货物3批；严格落实应检尽检、出行审批、居家健康监测等要求，全关风险排查55次，监测干部职工及共同居住人直至解除风险167人次；落实专班关心关爱措施，组织谈心谈话112人次，解决困难诉求13个。

【口岸监管】2022年，江阴海关筑牢国门安全防线，处置事中事后验估指令650条、转化上报参指模建议13条，上报税则调整议题6条；研究开发关区首个“非食”企业管理系统，检出有害生物123种属、8609种次，开展“跨境电商寄递‘异宠’综合治理”专项行动，查发进境拟苔藓枯叶螳和戴安娜丽矛螳65只；检出进口铁矿商业指标不合格593批、重量2850.90万吨；开展涉危场所巡查78次，查发危险品漏报检情事4起，规范问题11

项，引导企业主动压减涉危储罐8个，罐容3.05万立方米，检出进口和出口危险品不合格28批、36批，出口危险货物包装不合格33批，上报典型案例17个；加强无锡地区海关协作区及与地方食物营养与安全专业委员会（简称“食安委”）成员单位间联动执法，完成进口食品监督抽检13批次、风险监测1批次，查获标签错误3批次；深化“云擎”系统应用实效，以专业协作组模式开展风险集中研判和跨部门协同处置；以查发导向，探索“互联网+”“企业自查认可”等核查模式，办结稽核查作业151起、主动披露30起；集成应用575只场所摄像头，以及矿石智能取制样系统、无人机等技术手段，探索场所作业24小时“无感”监管和疫情期间“零接触”监管，持续提升基层实际监管能力。

【查缉走私】2022年，江阴海关开展“国门利剑2022”“蓝天2022”等专项行动，协同深化反走私综合治理，立案侦办刑事案件9起，涉税案件4起，案值9406万元，非涉税案件5起，查证走私淫秽书籍6000余本、合成大麻素1.23克、枪支4支。联合地方公安局、长江航运公安局在长江非设关地码头查获走私煤炭大案。查办行政案件35起，其中行政大要案立案1起。

【服务发展】2022年，江阴海关广泛走访调研重点生产企业、物流单位收集意见建议，出台促进外贸保稳提质措施9条。加大产业项目减免税扶持力度，年内减免集成电路封测等产业进口税款4000余万元。全面推广企业集团加工贸易监管模式，支持企业开展自主存放、保税料件流转、外发加工、不作价设备流转，减免保证金（保函）1079.30万元，节省物流、报关等费用57.70万元。围绕“一带一路”“专特精新”强化信用培育，新增AEO企业2家。

【业务改革】2022年，江阴海关实施“大查检”改革，探索协同派单、联合复查复验、机动巡查等工作模式，拧紧现场执行、反馈处置等工作链条，筑牢运行管理闭环；将属地查检业务改革覆盖至辖区全部AEO企业及一般工业品，按照“企业分类、产品分级、监管分等”，综合运用“互联网+”“合格保证+符合性验证”等方式提升属地查检效率；进一步扩大真空包装等高新技术货物布控查验模式试点，开展长三角协同查验21批，货值261万美元；推广进口货物“船边直提”和出口货物“抵港直装”，开展直提作业1080批次、涉及货物716.40万吨；实施进口矿产品“先放后检”“依申请检验”，通关时长缩短至2个工作日，委托海关检验比例降至20%；新增长电科技（宿迁）和中船澄西2家单位参与保税加工贸易集团监管改革。

【队伍建设】2022年，江阴海关制定《江阴海关内务管理标杆流动红旗评比办法》，创建《准军建设对照自查自纠重点项目》22条，施行内务督察评分制度，细化评分项目19条，颁授流动红旗。对2021年提任的正科级领导干部3人、副科级领导干部9人进行试用期满考核，推荐1名优秀的年轻科级干部交流地方任职，开展职级晋升工作5批次15人，推荐晋升二级高级主办1人，关衔晋升工作3次23人次，评选“三年规划工作先进”“两优一先”，专栏通报各类典型荣誉95人次。召开工资政策说明会，开展机关事业单位人员基本工资调标工作，完成2名退休干部养老保险待遇核定，为6名退休干部核定并补发住房补贴。

【政务管理】2022年，江阴海关围绕业务结合部等重点领域，“定岗、定人、定时”压紧落实责任，通过建立督办闭环进一步健全责任担当落实机制；依法依规开展脱钩企业产权转让工作，完成财务审计、资产评估等程序，进入产权挂牌交易准备阶段；1名关员获评全国海关优秀公职律师，2人入围江苏省保密竞赛决赛；参与组稿报署信息100余篇，采用50余篇，3次获署领导批示；新闻稿件被海关总署载体及省级以上媒体采用57篇，3条舆情线索获署领导批示，海外仓、保健食品等5篇稿件被中央电视台、《人民日报海外版》等中央级媒体采用；参与上海特派办及南京海关课题4个，撰写报送调研报告7篇，论文关区获奖20篇，中国海关学会和上海分会获奖各2篇。

【口岸开放平台建设】2022年，江阴海关服务江阴口岸扩大开放，江阴长达国际码头对外开放项目通过省级验收，江阴港化学药、中药材进口功能正式落地，进境肉类、木本泥碳项目按期推进。指导苏南码头加强联运规划、完善配套设备、改造堆场道口，提升集装箱中转承接能力，外贸集装箱量超3万标箱。围绕综合保税区短板弱项综合施策，落地集中拼柜、出口退货等跨境电商优惠政策，助力引进头部平台企业大龙网。年内新增注册企业41家，9家企业备案海外仓，实现一线进出口总值35.29亿元，同比增长15.99%。

【服务RCEP落地生效】2022年，江阴海关紧抓RCEP生效机遇，采用“云宣讲”、集中宣传贯彻等“线上+线下”方式，为企业定向解读RCEP原产地规则和关税减让安排。选取20余家纺织、化工、机械等企业“一对一”靶向施策，指导企业开展不同协定降税内容对比和享惠规划，开展“应享惠未享惠”原因及实施问题调研，协调解决企业享惠具体问题。简化原产地证书审签模式，推广系统智能审核、证书自助打印，借助智慧服务惠企提效。签发RCEP证书3779份，签证金额1.51亿美元，涉及日本、韩国、泰国、马来西亚、越南、澳大利亚、新加坡7个国家，企业预计享受关税优惠5065万元。

【全国首次截获蓝壁蜂】2022年4月24日，江阴海关查验部门在进口伊朗钢坯货物木质包装里检出昆虫1头，经江阴海关外来生物检疫实验室鉴定为蓝壁蜂（*Osmia*

▲2022年6月29日，江阴海关关员向企业人员解答RCEP优惠政策（马海鸣 摄）

caerulescens），为全国首次截获。

【压载水实验室通过法国船级社资质审核】2022年6月27日，江阴海关压载水实验室通过法国船级社的压载水管理系统生物性能测试资质审核。

【关区首起出口危险品漏报检稽查自办“简快”案件】2022年7月13日，江阴海关稽查部门开展某建材科技有限公司报检情况稽查时，发现企业申报出口的异氰酸酯属于《危险化学品目录》（2015年版）中列明的危险化学品，出口时未向海关办理法定报检手续，涉及案值53.50万元。该案是南京海关关区首起出口危险品漏报检稽查自办“简快”案件。

【濒危动物制品移交】2022年8月2日，江阴海关向江苏省林业局移交象牙手镯4件，总重量约275克，并就后续移交事宜，以及建立陆生濒危动植物及其制品长期合作机制进行探讨。

【综合技术服务中心通过CNAS复评审】2022年8月14日，江阴海关综合技术服务中心实验室通过中国合格评定国家认可委员会（CNAS）委派评审专家组复评审。

【审核首票联网配额证报关单】2022年11月8日，江阴海关审核江苏阳光股份有限公司申报进口的“未梳的含脂剪羊毛”并随附商务部签发的电子配额证，这是海关总署、国家发展改革委、商务部2022年第92号公告发布以来，江阴海关审核的首票联网配额证报关单。

【“国家压载水检测重点实验室”通过海关总署验收】2022年11月10日，江阴海关“国家压载水检测重点实验室”通过海关总署专家组验收，标志着江阴海关科研平台建设迈上新台阶。

【销毁处置保税临期进口葡萄酒】2022年12月2日，江阴海关依法办理一批保税临期进口葡萄酒货物出区手续，全程监管该批货物至某环保能源（江阴）有限公司实施无害化销毁。

【全国首次查发“异宠”拟苔藓枯叶螳和戴安娜丽矛螳】2022年12月13日，江阴海关查验部门与缉私分局通过信息共享机制，收集、发掘网络交易“异宠”信息和线索，查发申报品名为“视频转换器”的邮件中藏匿的自秘鲁进境的螳螂卵鞘3个、活体螳螂62只，实验室鉴定为拟苔藓枯叶螳（*Pseudacanthops lobipes*）和戴安娜丽矛螳（*Callibia diana*）。此前，国内尚无查获相关报道。

撰稿人

李志刚

连云港海关

【概况】2022年，连云港海关聚焦推动老关向雄关、大关向强关、边关向阳关“三关”新跨越愿景目标，统筹疫情防控和促进外贸稳增长工作。开展“国门利剑2022”“龙腾行动2022”“口岸危险品综合治理”百日专项行动，严厉打击进出口违法行为。试点出口货物“船边直装”、进口货物“船边直提”模式，助推港口车辆出口。创新货物重量监管模式，实现大宗散货“边卸边检”“边运边检”无感通关。

连云港海关被国家机关事务管理局等四部门联合授予“节约型机关”称号、获评“2019—2021年度江苏省文明单位”；连云港海关驻港区办事处运监一、二科党支部党建品牌“桥头堡卫士”获“2022年度全国海关党建示范（培育）品牌”；连云港海关团总支获评南京海关关区“五四红旗团委”。

【党建工作】2022年，连云港海关深入学习宣传贯彻党的二十大精神，通过党委会、党委理论学习中心组（扩大）会议、“三会一课”、专班临时党支部“视频连线学”、青年理论学习小组“骨干讲学+小组研讨”等形式，广泛开展学习研讨。推进政治机关建设，开展强化政治机关建设专项教育活动，制订涵盖4方面、35项具体措施的实施方案及33项整改措施；建立“党委+支部”两级学习机制，开展学习讨论100余次。策划开展“奋战三十天，喜迎二十大”等系列活动，推动全关“走好第一方阵”。

【疫情防控】2022年，连云港海关坚持突出专班、强化专班、专班优先，集中精锐力量实施精准防控，专班累计健康运转11轮、679人次。编纂“春节我当班　把关保平安”“走过365，一起向未来”等抗疫专题画册，对参加封闭管理10轮次以上人员予以通报表扬。抓好内部防护，妥善应对5轮本土突发疫情。相关做法和成效得到国务院联防联控机制第五督查组和海关总署“百名科长百日督查”组、疫情防控驻点督查组肯定。妥善处置涉疫船舶34艘次，实验室检测“人、物、环境”样本8万余份。

【口岸监管】2022年，连云港海关监管进出口货运量9356.81万吨、船舶8224艘次、集装箱89.95万标箱，同比分别增长0.56%、下降6.98%、下降6.55%；税收入库279.59亿元，同比增长30.27%，位居南京海关关区首位；报关单接单15.42万票，同比下降21.58%。检验检疫进出口货物3.41万余批，货值1936.87亿元。开展进口食品“国门守护”行动，销毁或退运不合格进口食品7批次。依法退运氟含量超标铜精矿、放射性超标矿石等不合格货物7批次、408.20吨。开展“口岸危险品综合治理”百日专项行动，查获伪瞒报及夹藏夹带危化品4批次。开展“龙腾行动2022”，确权侵犯知识产权货物10起。

【税收征管】2022年，连云港海关通过建立关企联络员制度，“一企一策”为重点税源企业提供规范管理和服务方案，以连云港石化基地为基础积极拓展税源，石油原油税收30.51亿元，同比增长1.70倍；持续强化税收风险防控，加强税收风险信息收集、分析、报送和排查处置，规范验估指令执行反馈，联合综合、稽查、查验、缉私等部门形成综合治税合力；精准落实“十四五”期间各项减税降费措施和税收优惠政策，加大税款总担保改革推广力度，积极协调解决企业进口通关疑难问题，优化岗位流程和分工，加快公式定价备案及保金保函转退销工作效率，压缩整体通关时间，降低企业通关成本。全年税收入库279.59亿元，同比增长30.27%。

【稽查核查工作】2022年，连云港海关聚焦重点行业、重点企业、重点商品，强化常态化后续监管，围绕公式定价等高风险领域进行全信息、多维度“精准画像”；推进核查分类改革，建立跨部门联动机制，克服人力资源、资质瓶颈，高质量开展定期管理类涉税核查等作业；积极解读主动披露新旧规定差异，“送法进企”专人答疑，全流程跟踪滞纳金减免情况，服务企业享受容错机制政策红利，主动披露补缴税款同比增长6.60倍。年内办结稽核查作业287起。

【查缉走私】2022年，连云港海关开展“国门利剑2022”联合行动，立案侦查走私犯罪案件18起，立案调查一般行政案件12起，1起案件被列为公安部目标案件，1起案件被海关总署缉私局列为“口岸危险品综合治理”百日专项活动集群战役案件。推动建立连云港市反走私综合治理网格化管控模式。查获关区复查复验工作首例成效，多次查获禁止进出境、涉嫌逃避两用物项许可证监管货物。严厉打击“洋垃圾”走私，口岸查获固体废物125.55吨，退运238.61吨。出口货运渠道连续查获涉濒危情事4起。立案侦办逃避商检案3起，案值约9000万元。查明走私名贵手表1579块，案值4900万元。查获冰毒及新型合成毒品34克、枪支及配件1批。

【服务发展】2022年，连云港海关助推外贸发展，连云港市全年进出口总值1069.65亿元，同比增长14.72%。其中出口392.99亿元，同比增长2.17%；进口676.66亿元，同比增长23.52%。其中，一般贸易进出口691.91亿元，同比增长1.02%，占外贸进出口总值的64.69%。加工贸易进出口89.93亿元，同比增长57.73%。海关保税监管场所进出境货物229.92亿元，同比增长62.13%。海关特殊监管区域物流货物52.16亿元，同比增长14.04%。支持五矿保税混矿项目落地并投入运营，完成混配10.29万吨。靶向施策服务跨境电商产业健康发展，全市跨境电商进出口货值4.27亿元，同比增长100.12%。制订全流程智慧卫生检疫方案，加快推进花果山国际机场和客运站建设。支持口岸扩大开放，助推徐圩港区128#、

129# 泊位通过省级对外开放验收、164#、165# 泊位临时开放、171#、166—169# 泊位获批临开延期，助推石化基地快速崛起。与连云港市商务局等部门联合开展“稳外贸、解难题、促发展”系列活动，综合运用“问题清零”系统解决企业实际问题 50 项。出台出口农产品示范基地（区）专项便利监管措施 10 项，助推全市建成 6 个省级出口农产品示范基地。加大对专精特新、龙头企业培育工作，新增高级认证企业 2 家。派驻 3 名干部赴自贸试验区、港口、徐圩新区担任海关工作专员，选派 1 人赴地方挂职。

【业务改革】2022 年，连云港海关释放“两步申报”“两段准入”“提前申报”“先放后检”等政策红利，持续压缩口岸通关时间。推出自贸试验区创新案例 7 项，3 项获评江苏省实践案例。推广应用“铁路快速通关”模式，保障江苏首趟中吉乌“公铁联运”国际货运班列顺利开行。试点出口货物“船边直装”、进口货物“船边直提”模式，助推港口车辆出口首次突破 20 万台。创新货物重量监管模式，实现大宗散货“边卸边检”“边运边检”无感通关。以科技兴关领导小组实体化运作为契机，组建 15 个科技团队，高标准建设“科创中心”，建成智慧海关、智能鉴定等 7 个工作室，再次获评江苏省科普教育基地。1 项海关总署科研项目、1 项海关技术规范通过验收评审，发表 SCI 论文 1 篇，获得专利 5 项、软件著作权 1 项。科研申报立项连续 5 年位居南京海关关区前三名。支持中哈（连云港）物流合作基地中欧班列运输稿件被中央电视台《新闻联播》报道。

【队伍建设】2022 年，连云港海关坚持党建和业务联动考核评价，巩固拓展合格支部建设成果。成立关党委人才工作领导小组，突出实干实绩导向，选任科级领导干部 23 人次，1 人获评海关总署“百名优秀执法一线科长”。成立关心关爱工作领导小组，实体化运作。建立片区网格化协同、问题处置会商联办等 5 项机制。开展“海关重点项目和财物管理以权谋私”专项整治，汇总形成重点项目清单 5 类、38 项。探索建立基建规范等 5 项图表流程，用好“现场监管与外勤执法权力寻租”专项整治成果，建立健全企业访谈等 4 项长效机制，一体推进“三不腐”。开展海关为民“纪律作风整顿月”活动，推出杜绝酒驾醉驾加强作风建设“五个一”举措，运用监督执纪“第一种形态”23 人次。

▲ 2022 年 8 月 4 日，连云港海关关员通过重量鉴定云检验监管平台对集装箱装运矿产品实施远程无感式鉴定监管（林军　摄）

【服务国产车辆开拓国际市场】2022年，连云港海关推行出口“船边直装”改革，优化车辆通关流程，开展“入场、查验、放行”一站式监管，提高车辆疏运效率。依托多式联运信息化平台与铁路、代理企业间实现数据互通，提前了解出口计划和物流信息，实现出口车辆装载、运输、到港、装船等全环节无缝对接，减少车辆周转成本，提升码头场地利用率。保障国产车辆出口22.61万辆，同比增长近50%。

【涉嫌侵犯知识产权案件查处】2022年8月16日，连云港海关根据某商标权利人的扣货申请，依法对查获的价值近14万元人民币申报出口印度尼西亚的侵权墨粉盒进行清点扣留，这是连云港海关近3年来首次查获涉嫌侵权墨粉盒案件。实施确权涉嫌侵犯知识产权货物10起。

【打击“洋垃圾”走私】2022年9月2日，连云港海关依法退运1批伪报为“氧化锌混合物”的禁止进口固体废物，计117吨。年内查获固体废物25.55吨，退运238.61吨（含往年查获）。

【中吉乌“公铁联运”班列首　发】2022年10月13日，连云港海关监管保障江苏首列中国—吉尔吉斯斯坦—乌兹别克斯坦“公铁联运”国际货运班列从上合组织（连云港）国际物流园铁路场站开行。为支持国际班列提质上量，连云港海关成立工作专班，专题研究制订多式联运监管方案，支持上海合作组织（连云港）国际物流园开展“港区联动”“海铁联运”“公铁联运”业务，增强其集货能力。试点“铁路快速通关”改革，依托海关多式联运智慧监管平台，实现转关、过境货物申报、查验、分流等环节全程无纸化，核销自动化“读秒放行”。依托自贸试验区先行先试，创新“保税+出口”集装箱混拼、过境集装箱“车船（站）直取”等监管模式，提升发运效率，拓展回程货源，促进国际班列高质量发展。年内监管发运中欧（亚）班列728列、5.80万标箱，同比分别增长17.70%和14.60%。

【进境粮食通关保障】2022年，连云港海关通过建立粮食进口动态跟踪机制，引导企业用足用好“两段准入”等便利举措，开辟进口粮食报关、检查、放行等绿色通道，密切“海关—企业—港口”联系配合，实现查检、接卸和调运无缝衔接；落实进口散装粮食免于锚地检疫措施，研究建成全国首个进境粮食智慧安检系统，实现全样品自动化抽取、部分品质检验项目在线自动检测；加强口岸监管资源配置，推进初筛实验室建设，积极协助2个进境粮食指定监管场地办理增加粮食种类申报手续，指导完善指定监管场地仓储设施设备建设。年内监管进口粮食518万吨、货值28.70亿元。

撰稿人

施菲菲

南通海关

【概况】2022年，南通海关筑牢国门安全屏障，守牢国门检疫防线，提升重大疫情早发现能力和多病共防能力。持续优化营商环境，落实通关便利化和外贸促稳措施及压缩整体通关时间各项举措，用好RCEP优惠政策，加大对高级认证企业培育指导力度。对接重大战略和开放平台建设，立足职能做好通州湾开放发展相关工作，推动特殊监管区域高质量发展，保障中欧班列和全货机航线高质量运行。培育外贸发展新动能，服务跨境电商综试区建设，支持跨境电商退货中心仓做大做强，推进“企业集团加工贸易监管”改革扩面增效。

蝉联全国文明单位，获评江苏省文明单位、南通市勇当全省“争当表率、争做示范、走在前列”排头兵先进集体；蒋政获评全国岗位“学雷锋”标兵，顾建华获评全国海关“百名优秀执法一线科长”；科普作品《绿色的脉动》获评2022年全国优秀科普微视频；南通海关团委获评江苏省级机关五四红旗团委、南通地区海关水运专班获评南通市五四青年奖章、统计分析科获评南通市巾帼文明号。

【党建工作】2022年，南通海关夯实党建工作基础，开展关党委中心组学习38次。深化党建“三创工作法”，海关总署党建示范品牌“江海保税先锋号”通过复核，南京海关党委书记、关长基层党支部联系点查验三科党支部“江海绿盾”等党建品牌示范效应愈加凸显。通过“整体策划、分类培养、有序创建、梯次推进”，培树南京关区“四强”党支部8个。围绕“明职责、守底线、转作风、提效能”专题，开展“如何当好一名科长”大讨论，各级党组织开展专题学习105次、撰写交流心得体会86篇。

【疫情防控】2022年，南通海关牵头南通地区海关口岸疫情防控工作专班，持续筑牢南通口岸检疫防线，承办口岸疫情防控全流程暨突发事件应急处置演练，推动兴东机场T2航站楼改造方案获批，检疫监管进出境运输工具2438艘（架）次、4.68万人次。坚持“人物同防”，在江苏省首创成立“查验集中工作组”，南通市疫情期间高效统筹辖区进出口通关业务，监管进出境货物470万吨、货值13.50亿美元。加强应急时期内部管理和配套保障，妥善应对多轮本土突发疫情。

【口岸监管】2022年，南通海关监管进出口货物2404.50万吨、进出境集装箱25.40万标箱；监管进出境运输工具2438艘（架）次、人员4.68万人次；审结报关单13万份；征收税款入库80.30亿元。开展进出境人员健康检查5941人次。查发退运固体废物4起、157吨，查获并移交象牙制品7件，跨境渠道查获江苏省首批濒危活体植物67株。严防外来物种入侵，建成全国首批动植检初筛鉴定室，截获检疫性有害生物33种2497种次。深化“国门守护”行动，检出不合格食品4批，助推进境肉类指定监管场地顺利运营。查发商品短重66起，挽回企业损失460万元。查发知识产权侵权案件42起，北京冬奥会期间查发江苏省首起“冰墩墩”侵权案件。签发原产地证书11469份、货值6.65亿美元。

【查缉走私】2022年，南通海关推进“国门利剑2022”“蓝天2022”等专项行动，深化反走私综合治理，打击重点涉税商品走私以及涉枪、涉毒、涉检违法犯罪。立案侦办刑事案件19起；移送审查起诉案件10起，案值4.36亿元；立案调查行政案件170起。

【服务发展】2022年，南通海关支持南通市外贸发展。南通市实现外贸进出口总值3665.30亿元，外贸规模首次突破3500亿大关，同比增长8.10%。其中，出口2350.40亿元，增长4.50%；进口1314.90亿元，增长15.10%。聚焦“政策宣贯、服务落地、问题清零”三个到位，开展政策宣传贯彻60余次、出台促稳措施40项。创新“查验联合工作组”“外贸工作专班”工作模式，保障全市产业链供应链畅通。融入地方“万事好通”品牌建设，安全快速验放进口农食产品560万吨、优质种鸡9.34万羽；支持232万吨大宗散货通过“船边直提”“抵港直装”模式快速通关；推动企业集团加贸监管改革扩面增效，减免保证金1.20亿元。进出口整体通关时间创历史最优。保障RCEP全面落地生效，签证金额6.13亿美元，助企享惠465万美元。统筹资源对重大开放平台载体实施项目化管理，指导吕四“2+2”起步港区获批临时开放并开港运营，为各类项目减免税款2亿元、增长36.90%。指导海安保税物流中心（B型）进境肉类指定监管场地完成首票入区。江苏省内率先落地铁路“快速通关”试点，验放中欧班列39列、货值5561万美元。支持全货机航线高质量发展，保障京东航空首架租赁进口飞机通关，出口监管货值逆势增长56.20%。

【综合保障】2022年，南通海关发挥地区海关牵头作用，建立健全3方面21项协调协作机制，初步形成“优势互补、各具特色、错位发展、整体协调”的工作格局。强化科技支撑，牵头“无纸化应用支撑平台”项目获评海关总署集体二等功，“知识产权商标智能识别应用”获批自贸试验区创新举措，试点应用全国首台“智能防疫机器人”，完成进境粮食智慧监管系统建设。从机制创新、资源统筹、能力提升三个方面着手，推动所属事业单位改革发展。加强程序规范化及合同管理，自主开展非执法领域财务收支审计和基建项目跟踪审计。

【安全生产】2022年，南通海关对标海关总署“7+21”项重大、系统性风险任务分工、总关各条线“四个机制”运行监控表，排查重点领域风险事项47条、关键风险节点60个，形成控制措施62条。制定“6+N”监督清单，出台8个重点领域风险防控“强化版”措施，完成“防风险、保稳定、迎二十大”任务。制定标准化检查清单，同步建立安全巡查、交叉互查、联防联控等运行管理制度，全覆盖开展推磨式检查15次，及时发现和消除风险隐患8条。发挥“吹哨人”预警作用，推动全员参与安全生产监督管理。开展“口岸危险品综合治理”百日专项行动，提升通关验放、现场监管、后续处置等全流程工作质效，查获移交涉危不报违法情事3起，涉案货值1.42亿元；查发申报不实2票。建立综合治理常态化机制，固化工作经验和配合办法，持续织密口岸防护网。围绕进口危化品检验模式改革试点组织专项调研，统筹资源做好新增业务承接。

【业务改革】2022年，南通海关持续推广“两步申报”、出口“提前申报”等通关改革。支持232万吨大宗散货通过“船边直提”“抵港直装”模式快速通关，货物在港时间压缩67%。推进进口粮食“附条件提离”，现场检疫时长从10~18小时压缩至最短2小时。打通南通与上海、宁波“离港确认”监管模式，实现进口放箱手续与海关放行手续分离，空箱转运时间压缩至40小时。深化矿产品“先放后检”改革，提升实验室检测核心能力，检验检测效率有效提升。

【队伍建设】2022年，南通海关坚持‘重实干、重实绩’选人用人导向，充分调动各年龄段干部积极性，持续完善干部梯队建设，选拔任用科级领导干部9人，职级晋升11人。深化“专才+通才”体系建设，广泛发动40岁以下青年关员参与各条线岗位练兵，取得各类岗位资质371人次；建好稽核查、法制审核虚拟队伍，持续提升执法效能。围绕“明职责、守底线、转作风、提效能”专题，推进科室管理试点，培育打造2家关区“内控示范科室”，固化核查操作手册、集装箱查验指引等工作方法，通过树立标尺、对标找差，营造争先进位良好氛围。

【查获侵犯冰墩墩、雪容融标志专有权案件】2022年2月28日，南通海关经权利人北京冬奥组委鉴定，查获865件“冰墩墩”“雪容融”形象钥匙扣、钥匙圈属于侵犯2022北京冬奥会（冬残奥会）特殊标志专有权商品，列北京冬奥会期间全国海关查获出口侵犯奥林匹克标志专有权商品数量之首。

【查获跨境电商出口渠道南京关区首起濒危活体植物案】2022年1月12日，南通海关经国家林业局森林公安司

▲2022年1月12日，南通海关查获跨境电商出口渠道南京关区首起濒危活体植物案（杨阳　摄）

法鉴定中心鉴定，南通海关在跨境电商出口渠道查获的1批活体植物中包含濒危物种姬乱雪1株、笹之雪12株。这是南京关区首次在跨境电商出口渠道查获活体濒危植物。

【试点应用全国海关首台“智能防疫机器人”】2022年6月14日，全国海关首台“智能防疫机器人”在南通兴东国际机场作业现场投入使用，实现出入境航班旅客信息采集、健康申明核验、体温监测等作业环节“一站式”办理、“秒级”验放，作业时长较人工办理压缩60%。

【保障航班复航】2022年，南通海关围绕南通兴东国际机场入境客货运航班恢复需求，争取上级部门支持，指导推动机场航站楼国际区域改造，方案于6月1日获南京海关批复同意，支持推动“南通—澳门”定期客运航班于8月30日顺利复航。

【企业集团加工贸易监管改革】2022年，南通海关支持5家企业新增通过加工贸易监管改革备案；助力3个集团6家公司开展设备流转、料件串换、外发加工等业务，减免保证金1.20亿，覆盖南京海关、合肥海关、上海海关、深圳海关、厦门海关5个关区，规模居江苏省第一；指导南通海关辖区中集安瑞环、招商局重工等重点企业适用改革，共享政策红利。

撰稿人

陆　爽

张家港海关

【概况】2022年，张家港海关围绕建设一流口岸强关的奋斗目标，提升监管能力，提高基础管理水平，提升队伍活力与形象，推动从严治党从严治关建设。年内监管进出口货运量6726.10万吨，增长4.60%；货值242.60亿美元，增长5.20%；监管进出口集装箱41.80万标箱，增长1.30%；监管国际航行船舶5900艘次，截获植物检疫性有害生物571种、49761种次，其中全国首次截获5种。

【党建工作】2022年，张家港海关通过"周三学习日""三会一课"常态化开展学习教育200余次，发展预备党员1人、预备党员转正5人，新增入党积极分子1人，3个支部获评南京海关关区"四强"党支部，查验二科党支部创建"绿哨"品牌事迹获《新华日报》、海关总署政工网等媒体刊用；严格落实全面从严治党，制定7大项、54小项任务，认真执行"四责协同"机制，开展捍卫"两个确立"专项教育活动；开展"海关重点项目和财物管理以权谋私"专项整治工作，形成5类18项重点项目清单，查摆问题5项并及时制订整改方案；落实机关纪委工作例会、监督情况报告、"八小时以外"监督3项制度，推行每月9日"党风廉政工作检查日"制度，日常开展"四不两直"检查通报；加大廉洁文化学习宣传力度，与派驻纪检组联合拍摄的《一清二白》廉政短视频在海关总署2022年度"清风国门"廉洁文化创意作品征集活动中获网络新媒体类一等奖。在南京海关"清风国门"廉洁文化创意作品征集活动中获一等奖2个、三等奖1个、特别奖1个及优秀组织奖1个。

【口岸监管】2022年，张家港海关防范猴痘、不明原因儿童肝炎等疫情叠加输入，截获医学媒介生物58批次，海关系统首次在土耳其洗净毛中检出绵羊痘和山羊痘病毒阳性；打击大宗资源型商品短重贸易欺诈行为，检出短重8.07万吨，为企业挽回损失2406万美元；监管与打私联合行动，及时退运出境"洋垃圾"162吨；根据《2022年全国"安全生产月"活动方案》精神及《南京海关安全生产大检查方案》，对15个领域129项隐患清单逐项落实整改；开展"龙腾行动2022"，立案调查知识产权案件4起、案值约20万元；开展"口岸危险品综合治理"百日专项行动，推行取样后"附条件提离+后续跟踪监管"工作模式，与张家港海事局签署集装箱危险货物联合查验合作备忘录；

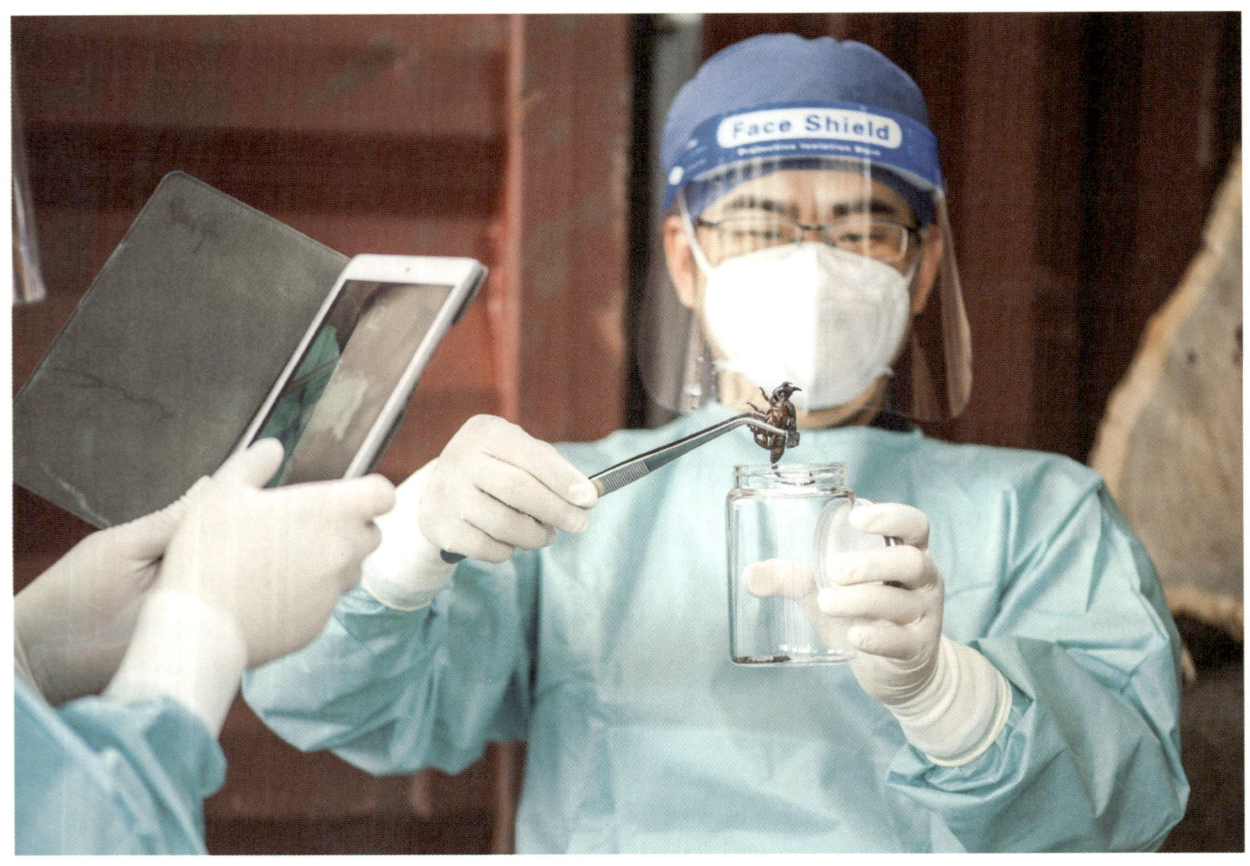

▲2022年6月13日，张家港海关关员在进口木材中查验截获活体粗糙后棘蝎（张铮　摄）

落实“四个机制”，选定“20项课题”，持续完善全领域风险防控机制。

【疫情防控】2022年，张家港海关持续完善新冠疫情防控指挥体系，落实指挥部会议和疫情防控专题会议制度，根据上级最新要求和疫情变化及时调整防控措施。发布相关通知公告40余次，绘制风险信息表格220余份，推动干部职工集体接种疫苗304人、疫苗接种率96%。严格口岸疫情防控专班管理，“一船一案”强化风险研判，督促码头落实梯口管理、三区设置、医废处置等主体责任，与地方联防联控相关部门紧密协作，累计检疫进出境船舶3325艘、船员6.40万人；支持张家港口岸重启进口冷链业务，落实进口冷链食品“非准入不接单”，南京海关关区首创“4人4岗”标准作业模式，监管进口冷链食品6990吨、货值4199万美元；落实进口高风险非冷链集装箱货物口岸环节新冠病毒采样和预防性消毒；推动三级监控指挥中心实体化运作，通过远程视频监控督　查937次。4月13—19日，组织55人突击队进驻办公场所，全程封闭办公，确保口岸通关业务不断。

【税收征管】2022年，张家港海关征收税款226.98亿元（含金港海关），同比增长13.22%，其中关税36.09亿元，同比增长6.87%，代征进口环节税190.89亿元，同比增长14.50%，涉税商品超1453种。矿产品、农产品、化工品3类为主要税源货物，实征税款占比77.46%，税源企业主要集中在钢铁、粮油、化工等本地生产型和贸易型企业。

【查缉走私】2022年，张家港海关缉私分局与张家港海事局、张家港边防检查站、长江航运公安局苏州分局共同签订《口岸单位联动执法机制合作备忘录》。立案侦办刑事案件19起，案值2.05亿元，抓获犯罪嫌疑人30人、逮捕4人、移送起诉6人；立案查办行政案件162起（一般案件26起、简易程序和快速办理案件136起），案值6766.97万元；罚没缴库675.40万元，补缴税款1.95万元。开展“国门利剑2022”联合专项行动，推进夏季治安打击整治“百日行动”。立案侦办走私武器、弹药案9起，抓获涉枪人员12人，查获疑似枪支48支、枪支散件524件；立案侦办走私毒品案件1起，查获含有γ-羟基丁酸成分药品37.29克；立案侦办低报价格走私进口木材案件1起，查证走私进口木材5069.05立方米，案值8200万元，涉嫌偷逃税款400万元；立案侦办低报价格走私进口自动车床案件4起，查证走私进口车床2321台，案值1.16亿元，并对案中侦查发现的2起涉嫌洗钱犯罪行为立案侦办，涉案金额2584万余元；立案侦办走私国家禁止进口货物案件1起，查证涉嫌伪报品名走私进口旧发动机162吨，案值200万元；立案侦办逃避商检案件1起，查证涉嫌伪报品名逃避商检出口农业氯化铵3850吨，案值540万元。

【促进外贸保稳提质】2022年，张家港海关落实海关总署促进外贸保稳提质10条措施和南京海关18条细化措施，结合张家港海关实际，联合金港海关推进张家港地区海关20条措施。张家港市外贸总值3102.10亿元，首次突破3000亿元，占苏州市外贸总值12.10%，同比增长11.10%，增速位列苏州市10个板块第一。推进“船边直提”“抵港直装”试点，累计为企业节约货物装卸等费用2100余万元；南京海关关区首批探索进口转关“离港确认”业务，每批次节约中转时间12小时；全面“两步申报”8955票，参与企业170余家。帮助1家企业建立半导体原材料国际直航应急通道；深入企业开展税政调研，“调整执行炼焦煤、无烟煤零进口暂定税率”建议被国务院关税税则委员会采纳；帮助1家企业获批纳入海关总署高新技术货物布控查验模式试点名单；推进RCEP政策落地，企业享受税收优惠1480万元；强化统计监测分析，开展口岸重点货物产业链、供应链、物流链研究，向张家港市委市政府报送专报10次。

【队伍建设】2022年，张家港海关制定《张家港海关在编人员平时考核实施办法》；组建“星火·青年学堂”，举办“沙洲夜课堂”，加强建设青年干部队伍；成立张家港海关首届妇委会，完善妇女工作，获评“2022年度张家港市三八红旗集体”；搭建“关·爱”志愿者服务平台，服务社区核酸检测、卡口执勤、秩序维护等工作400余人次；“七一”前夕表彰颁发“光荣在党50年”纪念章3人，慰问生病老党员2人，为获得“光荣在党50年”纪念章的15名老党员发放慰问金；推出“海关·悦读荟”，开展瑜伽、篮球、长跑、健步行等群体性文体活动。

【智慧海关建设】2022年，张家港海关成立智慧海关建设领导小组，制订工作方案，启动“智慧海关”综合指挥中心建设，对接监控指挥中心、培训展示中心、风险决策中心和联合研判中心，确定“1+4”建设重点，促进监管服务智慧化。在材种鉴定方面先行先试，“木材 AI 初筛识别远程支持系统”在 11 家系统内单位以及 3 家国内专业木材鉴定机构开展应用测试。

【《张家港海关志》出版】2022 年 8 月，张家港海关历时 4 年编纂的《张家港海关志》由江苏人民出版社出版发行。《张家港海关志》共 18 章 91 节，120 万字，随文配图 406 张，设表 52 张。《张家港海关志》记述自 1980 年张家港关成立至 2021 年间，张家港海关 41 年发展历程中各方面工作，并对域内古代口岸及海关相关职能历史发展情况进行探索与考证。10 月 13 日，张家港海关举办《张家港海关志》首发式，对编纂工作中做出重要贡献人员进行表彰，并举行赠书仪式。

撰稿人

刘　玉

金港海关

【概况】2022年，金港海关认真落实“疫情要防住、经济要稳住、发展要安全”要求，扎实统筹疫情防控和促进外贸稳增长，各项工作取得新的成效。年内审核报关单1.36万份，同比下降32.90%；入库税款5.49亿元，同比下降6.20%；审批减免税货值1100万美元，减免税款620万元；加工贸易进出口金额33.50亿美元，增长7.70%；签发原产地证书2.54万份、货值30.10亿美元，同比分别下降0.90%和增长16.70%，其中优惠原产地证20015份、货值20.20亿美元，同比分别下降8.50%和增长5.20%；查办“两简”案件25起。

【党建工作】2022年，金港海关坚持把习近平总书记重要讲话和重要指示批示精神作为“第一议题”贯彻落实。组织开展关党委理论学习中心组专题学习研讨15次，组织开展党的二十大精神专题学习教育活动，组织党员研读报告原文，开展“走进长江村学习二十大”活动，与党的二十大代表郁霞秋交流座谈。举办专题培训班1期，开展主题党日活动2次，邀请党校专家宣讲，增设专题学习网页，发放自学资料300余套，分享优秀心得体会42篇。开展基层党建“双提升”活动。制定《党建工作要点》，每月召开机关党委会，召开“两优一先”表彰大会，强化支部“三会一课”、主题党日等制度落实，培育11个党建品牌，5个支部获评关区“四强”党支部，发挥党员先锋队作用，组织志愿者参加文明港城志愿服务等100余人次。

【口岸监管】2022年，金港海关监管进出辖区货物31.89万吨、货值14.84亿美元，同比分别下降45%和14.30%。监管进出口集装箱20627标箱，同比下降28.50%。保税仓库入库货运量35.90万吨、出库货运量36.10万吨。完成入境检验检疫876批次、货值1.90亿美元，同比分别下降47.50%和57.60%，检出不合格货物205批；完成出境检验检疫10481批、货值21亿美元，同比分别下降46.40%和增长73.40%。完成危险包装使用鉴定和性能鉴定6232批，同比增长5.40%。完成进口棉花监管4.60万吨，检出不合格187批。完成出口食品（化妆品）检验317批次、金额2757万美元；完成进口食品（化妆品）检验8批次、金额403万美元。开展安全生产专项行动，发放安全生产告知书96份、重点巡查危险品企业40家次、缩减危险品罐容5万立方米、排查“滞留”危

▲2022年5月27日，金港海关关员赴毛绒玩具出口企业宣讲政策并调研玩具出口情况（施东海　摄）

险品情况1001家次，完成危险化学品及危险包装监管9333批，辖区内无安全事故发生。

【疫情防控】2022年，金港海关召开疫情防控专项会议20次，编制、修订应急预案、工作方案等12个，开展培训、演练7次。推进疫苗“应接尽接”，完成全程接种113人，一线人员接种率100%，加强接种107人，接种率94.70%。联合地方相关部门处置“武祥26轮”进口货物阳性事件。联合商务局共同监测进口棉花风险，采样160份，结果均为阴性；选取3个现场监测点位和执法仪器设备进行检测，均为阴性。设置视频监控摄像头22个，16批货物开展“事中+事后”监控检查15次，发现并整改完成问题23个。

【企业管理和稽核查】2022年，金港海关辖区新增企业备案683家、信息变更397家、注销330家，企业报告审核411批次。开具信用证明53份，企业信用修复4家，新增高级认证企业2家。开展稽查作业38家，主动披露作业10家。办结核查作业106个，查发问题和线索72起，移交缉私部门5起。设立加工贸易手册686份，手册核销结案878份，完成作业中心指令验核16次，追缴内销申报问题税款差异3起，规范企业申报13起。

【服务发展】2022年，金港海关畅通疫情期间物流链，支持企业出口“陆运改水运”。促进地方汽车产业链发展，实施预约查验、远程查验，开展长三角一体化海关真空包装货物布控查验协同试点，保障进口零配件“零延时”投产，为12家重点汽车配件企业开展属地查验99批。开展培训和政策解读，签发RCEP原产地证书4885份，货值2.40亿美元。推广“两步申报”“提前申报”等业务改革，出口提前申报率超95%，有效压缩进出口通关时长。办理减免税项目确认2批，货值1074万美元。落实加工贸易内销暂免征收缓税利息政策，推广企业集团保税政策，企业享受保税金额1.90亿元人民币。积极推动张家港保税区、保税港区转型升级。建设保税区智慧物流平台，构建液体散装化学品、散装杂货、口岸集装箱三大数据池，实现粗放式账册管理向精细化电子实货数据管理的转变，内外贸物理隔离向网格化电子库位的信息化监管转变。

【队伍建设】2022年，金港海关抓好干部队伍思想政治工作，开展谈心谈话600余人次，解决干部职工问题26个。开展“海关重点项目和财物管理以权谋私”专项整治工作，排查100余人次，提出23条整改措施并整改到位。用好监督执纪“第一种形态”，针对苗头性问题开展提醒谈话、批评教育等6次。开展警示教育，抓好预防酒驾醉驾工作，无酒驾醉驾情事发生。组织开展庆元宵、迎冬奥、户外健身等主题活动，凝聚团队力量。

【综合保障】2022年，金港海关强化内控机制建设，监控分析查发并整改问题28个。加大信息和新闻宣传力度，新闻稿件录用97篇次，编发政务信息335余条，被上级载体录用120余条，海关总署相关载体录用3篇。组织参加南京海关学会征文活动，8篇论文获奖。科普作品《科学薅羊毛》获得南京海关科普讲解大赛三等奖。持续优化“三个问题”清零机制，解决工作问题20余个。

【南京海关关区特殊监管区域首票“口岸直提”业务】2022年5月3日，金港海关参照海关总署“船边直提”模式，开展张家港保税港区“口岸直提”业务。首票货物1425吨润滑油基础油“口岸直提”业务顺利完成，该业务方式可节省装卸运输时间10天、经济成本约28万元，大幅化解液化品潜在的途中运输安全风险，减少港区物流作业环节，降低企业物流成本。年内，验放“口岸直提”货物6425吨，节省经济成本约128万元。

【全国首批RCEP原产地证书签发】2022年1月1日，金港海关签发全国首批RCEP项下原产地证书。证书所涉商品为张家港某纺织品有限公司出口日本的货物，货值约30000美元，享受日本1%的进口关税减让。

【贯彻落实《海关总署关于张家港保税港区海关管理有关事项的公告》】2022年4月1日，《中华人民共和国海关综合保税区管理办法》（海关总署令第256号）正式实施，海关总署下发《海关总署关于张家港保税港区海关管理有关事项的公告》，明确张家港保税港区海关管理有关事项。金港海关认真做好宣传引导工作，及时将相关情况通报张家港保税区管委会，解读政策公告出台背景和意义，积极配合地方政府做好转型升级相关工作。同时，向区内企业做好政策宣传工作，对政策调整变化情况进行解疑答惑，确保张家港保税港区业务平稳过渡。

【联合出台促进外贸保稳提质20条举措】2022年5月，金港海关联合张家港海关在保障重点区域产业链供应链循环畅通、加快企业急需货物通关、提高进出境物流效率、积极落实减税降费措施等7个方面出台20条促进外贸保稳提质举措，应对疫情给企业带来的不利影响。走访调研沙钢集团、东海粮油、华昌化工等重点企业，宣讲政策、倾听需求，获张家港市领导批示肯定。

【助力稳定半导体产业供应链】2022年，金港海关联合兄弟海关、地方政府、码头等多家单位全力保障半导体原材料进口，从靠泊到入厂进行全流程帮扶。通过“船边直提”“疏港下厂查验”优化口岸与属地海关服务，为企业缩短通关时间50%，每标箱节省物流成本30%；采取区港结转模式，通过途中监管、智能监控、风险管控等方式有效化解货物监管风险。年内共监管半导体企业生产原料货轮8批次、1017吨、区港结转34车次，为企业节约运营成本约40万元。

撰稿人

缪宏伟

镇江海关

【概况】2022年，镇江海关统筹做好口岸疫情防控和促外贸稳增长工作，镇江市外贸进出口总额1038.80亿元，首次突破千亿大关。深入开展“国门利剑2022”反走私专项联合行动，侦办“811.08”涉嫌走私淫秽物品进境案。

2022年，镇江海关复核保留“全国文明单位”荣誉称号；物流管理科党支部通过“全国海关基层党建示范品牌”复核；陈桐获江苏省第六期“333高层次人才培养工程”第三层次培养对象、江苏省食品安全先进个人荣誉；王刚、李鹏飞获评镇江口岸工作先进个人。

【党建工作】2022年，镇江海关组织开展“庆七一·喜迎二十大　奋进新征程”主题党日活动，为1名“光荣在党50年”老党员颁发纪念章。与镇江市人民检察院、国家税务总局镇江市税务局等8家单位组成党建联盟，与中国银行镇江分行签订党建共建协议。4个支部获评南京海关第二批“四强”党支部，12个支部完成改选调整。提升思政工作质效，每季度开展职工思想动态调研，做好党员思想政治工作，通过干部职工问题清零机制解决问题5个。

【口岸监管】2022年，镇江海关监管进出口货运量3009万吨，同比下降12.60%；监管进出口货值131.97亿美元，同比增长15.30%；监管集装箱12.23万标箱，增长10.50%；监管进出境船舶2514艘，同比下降21.80%；处理报关单4.96万份，同比增长3.98%；税收入库68.01亿元，同比增长7.21%；备案加工贸易手册298份，同比下降21.58%；手册备案金额18.14亿美元，同比增长27.88%。签发原产地证书2.31万份、16.28亿美元，同比分别增长3.26%、29.01%。截获有害生物218种14459种次，其中检疫性有害生物21种2003种次。开展进出境人员健康检查和艾滋病监测1905人次、预防接种641人次，同比分别增长33%、40.30%。实施法定检验商品重量鉴定568批次，检出短重2.20万吨，帮助企业索赔428.27万美元。加强重点商品检验，检出不合格进口工业品51批、出口危险化学品9批、进口化妆品2批、包装27批。查发核辐射超标排除涉恐风险放行情事63起、逃避出口法定检验5票。应用“船边直提”“抵港直装”便利模式进出口货物390.68万吨，节省企业装卸堆存等费用超6000万元。推进进境粮食指定监管场地立项评估。进出口整体通关时间分别为

▲ 2022年7月11日，镇江海关关员对进口食用油管道进行安全检查（王富海 摄）

73.20小时、1.20小时。

【疫情防控】2022年，镇江海关建立专班监督监控检查机制，落实专班封闭管理措施。常态化落实核酸检测工作，完成采样1.77万人次。严格出行审批、办公区域等内部管理，及时开展病例轨迹风险排查，完成居家健康监测87人次。持续推进疫苗接种，全程接种率97.38%。坚持“外防输入、内防反弹”总基调不动摇，严格落实“人、物、环境”同防，检疫入境船舶651艘次、12671人次，开展高非冷链集装箱货物新冠病毒采样2票。做好“多病共防”。辖区21家开放码头100%配备高性能集成式检疫方舱。与镇江市卫生健康委员会签署合作协议，强化与地方联防联控机制配合。

【查缉走私】2022年，镇江海关开展夏季治安集中整治“百日行动”，刑事立案5起，案值6200万元。开展“国门利剑2022”反走私专项联合行动，立案侦办美瞳镜片走私系列案件2起、毒品走私案件3起、枪爆走私案件1起、淫秽物品走私进境案1起。打击象牙等濒危动植物及其制品、“洋垃圾”走私，查获砗磲制品围棋棋子181颗。打击“水客”、“跨境电商”、海南离岛免税“套代购”走私，刑事立案3起，案值450万元。年内，刑事立案12起，案值6754万元；行政立案106起，案值2721.54万元。年内行政罚没579.10万元，刑事追缴748.60万元。

【服务发展】2022年，镇江海关服务RCEP原产地政策全面生效，办理原产地证书1909份，9.37亿元货物享惠出口，实现关税优惠937万元，1家企业获批“经核准出口商”。落实重大技术装备进口优惠政策，办理减免关税及增值税3147万元。强化企业信用培育，完成辖区首家失信企业信用修复，新增高级认证企业2家。推进进出境农产品分级分类管理，帮扶句容地区生态农产品出口，2022年“丁庄葡萄”出口数量同比增长一倍。落实“综保区21条”“两区统筹发展20条”，实现7项任务落地，复制推广4项自贸区创新制度。综合保税区内跨境电商作业中心建设完成投入使用，跨境电商业务顺利开展，完成首单跨境电商“1210”保税进口数据申报，首个跨境电商海外仓业务顺利落地。年内，镇江综合保税区进出口值99.10亿元，同比增长104.80%。

【业务改革】2022年，镇江海关在扬中市设立科级编制监管点，优化调整原产地签证集中作业中心模式，签发原产地证2.31万份，实现关税优惠6513.39万美元。推进智慧海关建设，开展自主改革创新项目15项，参与海关总署、南京海关改革专项任务3项，开发应用“镇江智慧水运口岸”平台。从事检测新技术开发，综合技术中心实验室通过CNAS+CMA评审。建立“一点审证、多点发证”签证业务模式，综合签证差错率下降超20%。完善知识产权海关保护产地共同治理机制，创新开展知识产权海关保护，查获出口涉嫌侵犯知识产权货物19.85万件。

【队伍建设】2022年，镇江海关严格落实中央八项规定及其实施细则精神，开展“海关重点项目和财物管理以权谋私”专项整治和“学查改”专项工作。强化廉政监督机制建设，开展干部配偶、子女及其配偶从业情况自查抽查，开展领导干部个人事项填报自查整治。严肃节假日廉洁纪律要求，开展酒驾醉驾专项整治。改善队伍结构，完成干部选拔提任工作。做好新一轮江苏省文明单位和镇江市文明行业复核申报。选举成立镇江海关妇联。

【镇江市外贸进出口总额首次突破千亿大关】2022年，镇江海关统筹做好口岸疫情防控和促外贸稳增长工作，镇江市外贸进出口总额首次突破千亿大关，达1038.80亿元，同比增长24.50%，增幅列江苏省第二位。镇江外贸加速跑进“千亿元俱乐部”，被列为2022年镇江市产业强市“十件大事”之一。

【关党委委员挂钩联系企业工作制度】2022年，镇江海关根据镇江市外贸总值排名前五十强企业以及省、市重点推进项目企业情况，建立关党委委员挂钩联系企业工作制度，实现企业困难需求直达党委委员。7名党委委员挂钩联系29家重点企业，全年开展实地调研走访58次，现场答复企业问题42件，帮助解决疑难问题16件，进一步提升“企业问题清零”效能。

【侦办“811.08”走私淫秽物品进境案】2022年，镇江海关缉私分局侦办的“811.08”走私淫秽物品进境案，经鉴定，扣押的疑似淫秽漫画书籍刊物中有7981本属于淫秽出版物。

【入境交通工具上截获输入性活鼠】2022年5月31日，镇江海关在对入境船舶实施登轮检疫时，现场截获活鼠3只，海关关员规范采样后送实验室开展分子生物学种属鉴定以及体表寄生虫和病原体检测。系2018年以来南京海关首次截获输入性活鼠。

【查获禁止进口废玻璃】2022年9月2日，镇江海关查获1批禁止进口废玻璃22.30吨。该批货物申报进口为“玻璃原料粒”，镇江海关查验时发现货物为黄色细小颗粒夹杂咖啡色、茶色碎小玻璃片，过筛后货物含有明显的各色玻璃碎片、碎粒，并存在夹杂废铁情况，疑似为废玻璃。经取样鉴定，该批货物为废玻璃破碎加工的产物，属于废玻璃，为中国禁止进口固体废物。

【助力江苏省首次出口“巨峰葡萄”鲜果品种】2022年8月9日，镇江海关监管首批500千克句容市茅山镇丁主村“巨峰葡萄”出口东南亚，这是江苏省首次出口“巨峰葡萄”鲜果品种，也是国家地理标志和国家农产品地理标志双认证产品丁庄葡萄第二年销往海外。镇江海关在葡萄生长期间开展田间管理和有害生物监测，对出口葡萄实施上门检验，第一时间出具检验检疫证书，保障出口葡萄高效通关。

【“镇江智慧水运口岸”平台开发应用】2022年7月18日，镇江海关试运行“镇江智慧水运口岸”平台，该平台由镇江海关联合镇江市商务局、电子口岸、港务集团等部门共同开发应用，已纳入进口“船边直提”、出口“抵港直装”、“边运抵边装运”、“区外存放”、“监管区外查验”、“不到场查验”6项通关便利措施申报功能，并同步嵌入海关监管和港口作业状态查询功能，通过该平台可实现海关申报、查验、放行与港口船货预报、装卸安排、运抵申报等作业的精准对接。

【金东纸业（江苏）股份有限公司获批“经核准出口商”】2022年4月13日，镇江海关金东纸业（江苏）股份有限公司通过南京海关审核认定为“经核准出口商”，成为镇江海关辖区首家拥有该资质的企业。RCEP生效后，“经核准出口商”可自主出具原产地声明，在享受关税优惠方面效力等同于RCEP原产地证书。送政策上门，指导企业申请并通过“经核准出口商”认定。

【镇江综合保税区首次开通跨境电商“1210”保税业务】2022年11月17日，镇江综合保税区杭州昶胜电子商务有限公司向镇江海关完成跨境电商“1210”保税进口首票数据申报，跨境电商“1210”保税业务在镇江正式开通。镇江海关指导企业办理电商企业海关备案、清单简化申报备案及清单申报等监管手续，全流程帮扶跨境电商监管中心规划建设。

【两家公司通过高级认证企业实地认证】2022年11月15—17日，南京海关认证组完成对菲舍尔航空部件（镇江）有限公司、江苏天工工具新材料股份有限公司的高级认证企业实地认证，这是海关总署公告2022年第106号《关于公布〈海关高级认证企业标准〉的公告》发布后，南京关区首批采用最新《海关高级认证企业标准》进行实地认证的企业。

撰稿人

张亚军

常州海关

【概况】2022年，常州海关抓好口岸疫情防控，推动水运口岸入境交通工具无接触式检疫试点工作；筑牢国门生物安全防线，从自日本进境柳杉原木中截获黑红弓背蚁，为全国口岸首次截获；做好稽核查转换工作，深化实地核查、“互联网+”与“企业自查结果认可”相结合模式，提升后续监管整体效能；培塑“‘关企面对面’金沙驿站法治惠民”项目成为南京关区及常州市普法创新案例；连续23年开展“希望杯”科技创新活动，1人获“全国海关十佳科普讲解员”称号；探索建立信用培育“常州模式”，新增海关高级认证企业12家，数量位列南京海关关区第一，累计61家，位列南京海关关区第二。

2022年，常州海关被国家机关事务管理局等四部门评为第二批“节约型机关”，获“2019—2021年度江苏省文明单位”“2021年度全市推动高质量发展先进集体”等省市级荣誉称号。

【党建工作】2022年，常州海关深入开展“四强”党支部创建活动，推进重点党建品牌培育申报，打造“信管通”“365卓越之星”2个党建示范品牌，党建创新案例“开展党员‘岗队区’建设推进党建与业务深度融合”入选全国海关基层党建创新案例。

【疫情防控】2022年，常州海关抓好常州口岸新冠疫情防控工作，完善应急处置和常态防控、口岸防控和内部防护相结合的工作机制，严格落实“三查三排一转运”制度，加强入境船舶登临检疫，持续做好入境客运航空器终末消毒监督。年内，监管进出境航空器150架次，进出境人员1.12万人次；监管进出境船舶368艘次，出入境船员7220人次，监管船员换班34艘次、313人次。

【监管业务】2022年，常州海关审核进出口报关单10.78万份，同比下降4.29%；监管进出口货物1404.54万吨，同比增长3.81%；进出口商品总值158.28亿美元，同比增长20.81%；进出境集装箱34.49万标箱，同比下降25%。落实“口岸危险品综合治理”百日专项行动，加强危险货物监管，查发“出口空运锂电池剩余电量超标”使用鉴定不合格相关案例被海关总署录用为典型案例。

【税收征管】2022年，常州海关征收税款55.59亿元，同比增长7.91%；审核减免税217票，货物总值1.11亿美元，减免税款4445万元，同比分别下降23.33%、50%、48.76%；签发出口原产地证书8.16万份，同比下降

2.36%，货值67.01亿美元，同比增长32.64%；扩大属地纳税人企业试点数量，为14家重点税源企业制订“一企一策”方案；深化税收征管方式改革，推行以企业为单元的税收担保，优化关税保证保险、汇总征税，自报自缴率80%以上；优惠贸易项下享惠进口货值13.17亿美元，优惠税款2.63亿元；推进“智能审核+自助打印”便利化措施相叠加，深化“集中作业+多点通签”原产地签证改革，原产地证书自助打印覆盖率提升至96.56%。

【检验检疫】2022年，常州海关检验检疫进出口货物4.89万批，同比下降14.28%。开展“国门绿盾2022”行动，累计设置检疫性实蝇、林木害虫、红火蚁等各类监测点75个，完成有害生物和外来物种初筛实验室升级改造，检出有害生物52种、335种次，同比增长26.56%、135%；强化进出口食品商品检验监管，开展进口食品“国门守护”行动，查获不合格入境商品126批、货值2184.15万美元，查获不合格食品、化妆品15批，货值63.86万美元；开展进出境人员传染病监测1740人次，同比下降4.14%，开展预防接种1748人次，增长1.51倍。

【查缉走私】2022年，常州海关以“国门利剑2022”“蓝天2022”等专项行动为抓手，严厉打击毒品走私、海南离岛免税“套代购”走私、重点涉税商品走私等违法行为。立案侦办走私犯罪案件16起，案值1540万元，1起走私大麻素案件被列为公安部目标案件；侦办海南离岛免税“套代购”走私案3起，查封涉案仓库4个，涉案案值363万元。6月，侦办1起通过伪报品名、低报价格走私中药材进境案，同时发现犯罪嫌疑人涉嫌洗钱罪，系常州海关侦办的第一起洗钱案。

【服务发展】2022年，常州海关制定保稳提质措施落实情况“一关一表”，形成7方面59项具体举措，保障受疫情影响的长三角重点企业经上海口岸进出境货物实现快速通关，帮助400余家企业及时提货2004批、货值2.19亿元；发挥区港联动优势，依托无感卡口、自动到货确认等改革举措，进出综合保税区卡口通行时间较2020年缩短70%；全面落实免除查验无异常企业吊箱移位仓储费用举措，免除集装箱查验吊装费用191.66万元，惠及企业383家；深入推进“龙腾行动2022”，采取知识产

▲2022年6月22日，常州海关查获走私中药材进境案（周红　摄）

权保护措施3批次，涉及货物6633件，其中扣留货物数量同比增长58.25%

【业务改革】2022年，常州海关推进进出口商品属地查检，实施“企业分类、产品分级、监管分等”工作制度，在危险品检验领域推出“N+1”协同查检作业新模式，查发处置危险品情事6起，危险品口岸积压实现“动态清零”；优化进出口商品检验监管作业模式，在常州港各码头全面推进“船边直提”“抵港直装”，监管集装箱“直装”“直提”1600标箱、出口大件杂货物“抵港直装”作业10批次、1.15万吨，对进口铁矿采取“先放后检”118批次、货值6.34亿美元；优化风险防控机制，深入推进业务现场即决式布控试点工作；大力推进顺势查验，H986机检集装箱1.11万个，同比增长42.30%。

【队伍建设】2022年，常州海关制订印发《常州海关职级干部管理工作方案》，细化各类型职级干部管理方式；建立荣誉争创工作制度，定期发布“光荣榜”，做到“一荣誉一通报”；持续深化纪律作风建设，制订《常州海关网格化盯管图》，压紧压实盯管责任；推进清廉海关建设，打造海关廉洁文化走廊；强化窗口服务能力提升，落实海关政务服务“好差评”全事项、全渠道覆盖，全年完成评价92项，评价率100%，好评率100%。

【助力综合保税区发展】2022年，常州海关监管常州综合保税区进出区货物货值160.12亿元，同比增长72.24%；推动辖区内4家企业开展增值税一般纳税人试点，打通国内增值税“免抵退”链条，累计增值抵扣6899.63万元；复制推广自贸试验区创新监管制度，落实仓储货物按状态分类监管举措，允许国内非保税货物入区存储，盘活辖区内2万余平方米闲置仓储库容。监管武进综合保税区进出区货值329亿元，同比增长1.36%；开展“异地监装”试点，监管出口电动自行车、摩托车、滑板车1.67亿元；优化棉花口岸查验作业方式，将“逐包过磅”调整为“整车衡重”，大幅提升提料出区效率，监管进口棉花1016.18吨，同比增长183%。

【外事工作】2022年，常州海关推进海关“三智”工作与“一带一路”工作有机结合，探索特色项目，所属江苏检验检疫质量研究中心承办“澜湄国家海关通关效能提升线上培训班”“RCEP成员国、中东欧国家海关AEO线上研修班”等援外培训项目合计31期，培训来自54个国家961名官员；发挥援外培训涉外优势特点，参与海关总署外事工作，先后向海关总署国际司报送录产被采用10篇、被研究中心采用1篇；1名关员作为中方代表参加WCO协调制度委员会第69次、70次会议。

【企业信用管理】2022年，常州海关优化AEO信用培育工作模式，拓展培育渠道和对象，年内举办信用管理守法规范性培育8次，覆盖常州各辖区，惠及企业200家311人次，连续8年召开常州海关高级认证企业颁证仪式，完成新认证申请高级认证企业12家，位列关区第一；创新信用培育“常州模式”，“一区一策”开展分片区“拉网式”守法规范类培育，自主开发《海关高级认证企业标准》自测助手小程序，引导企业对照标准自我评估，提升培育覆盖面和精准度；优化信用管理职能，打通信用管理服务“云通道”，利用海关企业信用管理平台，全年为辖区内高级认证企业解决疫情期间业务问题40余条，其中跨关区协调解决问题8个；辅导和上报辖区高认企业参与海关总署AEO国际互认观摩，1家企业入选海关总署首批AEO互认观摩企业名录库。

【RCEP落地】2022年，常州海关高质量推进RCEP落地生效，着力提升企业对RCEP规则的理解和应用能力，开展宣贯培训12场，参加企业1323家；向企业推送“应享惠未享惠”数据，量身定制“最优享惠组合”，建立AEO海关高级认证企业培育库，释放RCEP与AEO政策叠加效应，审核认定“经核准出口商”4家；5月1日，为常州某贸易有限公司1批出口至缅甸的手扶拖拉机配件签发江苏省首份输缅甸RCEP原产地证书，货值5.41万美元；年内签发RCEP原产地证书7490份，货值7.56亿美元。

【跨境电商全业务模式覆盖】2022年，常州海关持续推进跨境电商协同发展。9月22日，设立常州辖区第一本跨境电商1210模式出口账册；11月22日，助力中德（常州）产业园跨境电商线下展示店项目正式签约，以“跨境电商+保税展示”模式展示德国商品；11月23日，常州综合保税区举行“常州跨境电商9710、1210出口通关暨业务模式全覆盖庆祝典礼”，标志跨境电商4种代码6种模式在常州地区全部落地；验放跨境电商网购保税进口（1210）4.07万票，货值1223.13万元。

【助力企业拓展新市场】2022年，常州海关调研企业需求，制定“一企一策”帮扶措施。5月12日，监管放行出口麦芽糖3500千克，为江苏省此类产品首次出口欧洲；开设特色农产品“绿色通道”，帮助企业运用提前申报、优先出证等便捷服务提升通关效率。7月6日，常州地区首次出口的9.63吨禽源性宠物饲料在泰国通关；提前介入帮扶，为企业提供相关法律法规、检测项目、适用标准等技术指导。12月6日，助力28吨饲料添加剂出口吉尔吉斯斯坦，为南京海关关区首次。

撰稿人

钱佳敏

徐州海关

【概况】2022年，徐州海关全面落实“疫情要防住、经济要稳住、发展要安全”要求，深化政治引领，坚定走好“两个维护”第一方阵。严防风险隐患，守牢国门安全防线。培育外贸业态，提升徐州开放载体功能，突出精准服务促进外贸保稳提质。应用督办问效，闭环管理模式，强化队伍建设与基层治理能力。2022年，获“徐州市贯彻新发展理念区域样板产业提升工作先进集体”称号。关税科获2022年度“全国巾帼文明岗”称号。

【党建工作】2022年，徐州海关深化拓展“强基提质工程”，组织各党支部开展“强化政治功能，组织力凝聚力提升行动”，组织党支部书记和党务干部开展“强化政治意识，党建工作能力提升行动”。制订徐州海关强化政治机关建设专项教育活动方案，细化形成具体任务清单32项，建立业务风险研判会商制度，践行政治机关、重要经济工作部门定位。宣传贯彻党的二十大精神，制定12项30条学习宣传贯彻措施，举办专题培训班，统筹用好“线上+线下”宣传阵地和载体。开展“海关重点项目和财物管理以权谋私”专项整治，制定《徐州海关加强新时代海关廉洁文化建设的落实措施》，加强清廉海关建设。

【疫情防控】2022年，徐州海关严守党中央确定的疫情防控方针政策，细化执行各阶段防控举措，因时因势优化完善防控措施，保障各项工作运行平稳顺畅。地方静默管理期间，组建应急小组封闭在岗，全力响应重点项目、重点企业、防疫物资进出口需求。精准应用“主动披露”“企业自查结果认可模式”“互联网+核查”“采信第三方报告”等政策，最大限度减少疫情对企业影响。开展志愿服务，参加社区防控，完成群众核酸采样超1万人次。

【监管业务】2022年，徐州海关监管货运量129万吨，同比增长79%。入库税款9.16亿元，检验检疫进出口货物2.09万批次。完成企业备案登记1222家、信息变更308家、注销1044家。依托自建危险化学品信息库，对出口危险化学品提前开展风险分析，提高现场查检精准度，监管出口危险化学品货值415批次，检出不合格48批次。开展包装鉴定4429批次，检出不合格39批次，辖区危险化学品出口企业全年无安全事故。以精准查发为导向提升稽查质效，分析常见商品进出口贸易变化，开展辖区半导体生产企业商品归类等专项稽查，开展作业20起，有效率70%。加强境外动物疫情信息监测，监管进出口动物及动物产品325批，无境外疫病疫情传入或传出情事。开展出入境健康体检7122人次，预防接种6162人次，检出HIV、梅毒、澳抗阳性等176例。

【查缉走私】2022年，徐州海关开展打击走私“国门利剑2022”联合行动，立案侦查刑事案件5起，包括侦办走私武器案件2起、走私毒品案件1起、走私淫秽书籍案件1起、走私雪茄案件1起。立案调查行政案件22起，案值7082.11万元。统一销毁在扣走私枪支、铅弹及枪支零部件。对2021年立案侦查的1起走私淫秽物品案件持续深挖扩线，查证走私进境淫秽书刊数量由1089册扩大至2269册。

【服务发展】2022年，徐州海关建立《徐州海关服务开放型经济工作任务分解表》，细化落实海关总署促进外贸保稳提质10条措施，制定举措12条。开展本地产业RCEP享惠分析，辅导徐州工程机械集团进出口有限公司获海关审批认定为“经核准出口商”并签发全国首份RCEP原产地声明，徐州地区出口享惠产品从年初2种扩大至102种。RCEP市场进出口额398.80亿元，增长4.60%。指导空港跨境电商监管库硬件设施配备，指导综合保税区二期、进境肉类指定监管场地、淮海港务区出口监管仓、国际邮件互换局通过验收。“线上＋线下”多渠道联合政府相关部门、报关协会开展“滴灌式”精准普法宣讲，综合AEO、原产地证书、减免税等政策红利助力企业减负增效。落实长三角海关保通保畅机制，助力徐州企业享受绿色通道快速放行。2022年，徐州市外贸进出口总值1291.10亿元，同比增长2.94%，达历史新高。进出口值位居江苏省第8，其中，工程机械类商品出口同比增长63.80%，农产品、高新技术产品出口分别同比增长约1%、2%。

【业务改革】2022年，徐州海关提升开放平台发展水平，推动“市采通”平台落地徐州，监管市场贸易出口4.30亿元；4月24日，开展江苏首票中欧班列“铁路快速通关”业务；5月29日，江苏首票“中欧班列＋市场采购”业务在徐州落地。江苏省内率先开展“非保税转保税”业务，提升徐州开放载体功能。徐州综合保税区进出口值增长38%。落实属地核查业务改革，梳理监管对象、监管事项关联点，探索企业管理、属地查检与核查行为联动执法提升核查效能。综合利用书面核查、视频核查、现场核查等多种形式缩短核查时间。开展动植检定期管理类核查77起，核查有效率89%。推进核查分类改革，对风险类核查和管理类核查实施差异化管理，发挥风险类核查先导作用。开展加工贸易和特殊区域监管等重点领域“内销保税货物价格核查”“保税仓库核查”等专项行动。推动“互联网＋核查”“企业自查结果认可模式”“采信第三方报告”等核查改革举措，监督企业规范经营。强化实验室检测能力建设，完成印度尼西亚指定检测实验室资质续接，2次通过CNAS和CMA评审，新扩动物源性产品、水产品、植物源性产品中农兽药项目225个，新扩标准23个，基本实现农产品海关检测需求全覆盖，接受委托检测4605批，同比增长11%。

【国门生物安全】2022年，徐

州海关开展"国门绿盾2022"行动，强化外来入侵物种口岸防控。实施多种形式国门生物安全宣传活动6次，组织实施国门生物安全监测工作，新增监测点2个，完成17个实蝇、4个红火蚁、4个小火蚁布点监测工作。监测出橘小实蝇10次，具条实蝇5次，三点棍腹实蝇3次，南瓜实蝇2次。送检进口木质包装134批，检出非检疫性线虫20批。完成动植物产品检疫处理现场监管12次，监督检疫处理竹木草制品507批。

【安全生产】2022年，徐州海关制定《安全生产工作要点及任务分解表》《徐州海关安全生产自查方案》等，推进安全生产管理。发挥属地海关"见企"优势，开展"口岸危险品综合治理"百日专项行动，完善企业和产品信息库，督促重点企业开展安全自查，以案说法提醒企业履行如实申报义务，防范伪报瞒报，压实企业主体责任。组织开展"安全生产月"各项活动，进行安全生产大检查，全面细致排查整治风险隐患，做到问题动态清零。全年业务范围内未发生重大安全事故。

【农产品出口】2022年，徐州海关增设进出口鲜活易腐农食产品查检绿色通道，建立出口特色鲜活农产品清单，针对保鲜大蒜等产品"鲜、活、急"特点量身定制监管方案，提供优先查检和"5-2"预约查检。重点突出种植场源头监管，指导企业规范农业投入品使用，做好重点项目监测，引导督促企业提升烘干、腌制、发酵、灌装等关键环节质量控制水平，强化与地方农业部门协同提升关地共管效能。成立保障服务组，第一时间出具动植物检疫证书，快速办理企业证书更改等业务，引导企业加强对加工全过程、冷链运输全流程质量控制，确保产品鲜度，提升企业应对国际贸易风险水平。年内，监管出口各类食用农产品货值19.69亿元。

【蒜制品出口】2022年，徐州海关突出种植场源头监管，指导企业规范农业投入品使用，做好谷斑皮蠹、南美斑潜蝇等项目监测。及时向企业通报国外检验检疫最新要求，指导企业优化复水蒜粒杀菌工艺，助推黑蒜粉首次出口北美市场。年内，监管出口各类加工蒜制品3126吨，货值563万美元，同比分别增长45.73%、60.86%。

【食品出口】2022年，徐州海关注重引导企业提升质量控制水平，加强进出口食品安全新规宣贯，压实企业食品安全主体责任，提升产品质量。以大蒜、牛蒡为试点，

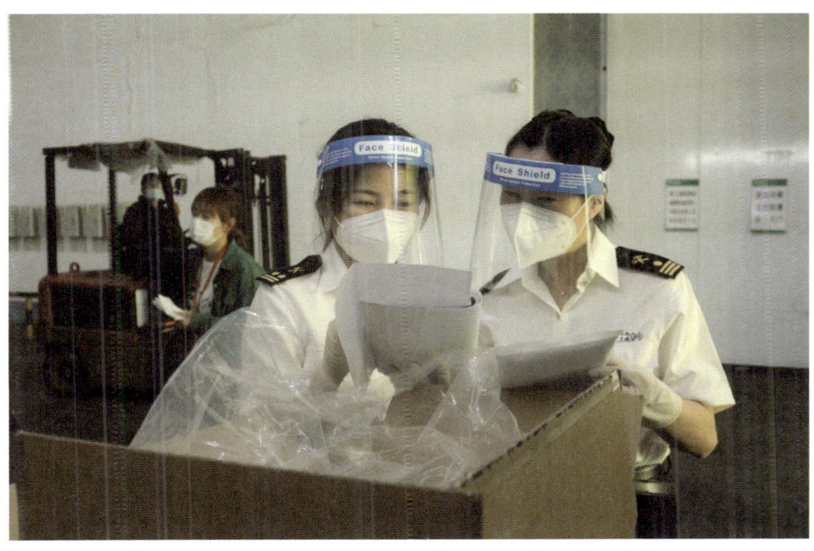

▲2022年6月1日，徐州海关关员在沛县某食品公司开展核查业务（徐州海关　供图）

构建“龙头企业带动、行业协会推动、监管部门联动”工作机制，将“服务企业”向“服务产业”延伸，推动本地重点食品出口加工标准化、管理规范化。强监管与优服务一体推进，加强对出口重点企业、新备案企业帮扶力度，促保鲜食用菌持续开拓欧美市场，促豆制品、冷冻植物肉首次出口东南亚市场。

【加工贸易】2022 年，徐州海关赴徐州加工贸易企业开展“全覆盖”线上线下政策宣讲，以案释法提升企业法规遵从度，筑牢企业守法合规经营底线。深化“企业问题清零”机制，对首办手册企业开展“面对面”指导，帮扶解决手账册疑难问题。支持加工贸易企业“出口转内销”，高效办理集中内销纳税手续，助力企业更好融入国内大循环。年内，监管加工贸易进出口货值 108.33 亿元，同比增长 130.81%。

【中欧班列】2022 年，徐州海关支持“徐州号”中欧班列新开通至越南、蒙古国出口新线路和白俄罗斯明斯克进口新线路，全年开行 412 列，其中回程开行数量居江苏全省首位。落地“铁路快速通关”“市采通”模式，压缩中欧班列申报成本，发挥班列保通保畅功能，提升班列运行质量。以班列带动产业链供应链安全稳定，新增新闻纸、纸浆等商品首搭班列进口，保障俄罗斯木材稳定进口带动产业集聚，出口商品本地货源占比提升至 48.70%。

撰稿人

朱双圆

盐城海关

【概述】2022年，盐城海关认真学习贯彻党的二十大精神，坚决落实“疫情要防住、经济要稳住、发展要安全”重大要求，高效统筹疫情防控和促进外贸保稳提质，助力盐城市全年实现进出口总值1372.40亿元。监管进出境船舶933艘次，进出境人员1.62万人次，进出口货运量1031.50万吨。检出不合格进口大宗散货30批次，不合格食品9批次。退运旧金属工具等固体废物39.50吨。税收入库73.20亿元，创历史新高。立案侦办走私刑事案件5起，立案查办行政违法案件39起。盐城海关复评“江苏省文明单位”，被国家机关事务管理局等四部门联合评为“节约型机关”，被盐城市委、市政府授予市直及省属驻盐城市单位年度最高奖项“2022年度综合考核第一等次”，获评盐城市禁毒工作优秀成员单位、“扫黄打非”先进集体。

【党建工作】2022年，盐城海关把好党的政治建设“方向盘”，推动党建赋能赋效贯穿全年。关党委听取机关党委工作汇报2次，指导细化党建工作标准、指标体系，推动“1+3+6”党建机制走深走实；机关党委每月发布《政治工作清单》，指导各支部提高“三会一课”和主题党日质量；4个办公区党建活动室更新迭代，用足用好红色盐阜“家门口”红色地标，赓续红色血脉。深刻剖析“没有脱离政治的业务，也没有脱离业务的政治”，推动党建工作和业务工作同频共振。依托“强基提质工程”机制，新增关区“四强”党支部4个。成立水运专班承担关区无接触式检疫试点。持续壮大荣誉矩阵，1名关员获评盐城市劳动模范。新发展党员3名、预备党员转正1名、培养入党积极分子2名，提职转正以及上级遴选政治审核党员5名。

【疫情防控】2022年，盐城海关支持口岸专班工作，疫情期间累计38轮次、132人次进入专班，年内检疫进出境船舶933艘次，进出境人员1.62万人次，实现口岸不破防。有序做好疫情防控阶段转换。加强内部疫情防控工作，制定关心爱护疫情防控一线人员细化措施19条。严格落实核酸检测、风险排查、出差出行、疫苗接种管理等措施，组织全员核酸检测1.20万余人次，开展风险排查300余次，审批出差出行700余人次，日报告零报告900余份，全关内部疫情防控实现应急状态零感染、常态防控未发生聚集性疫情。制订落实口岸疫情防控各类方案预案指南21份，细化

“百名科长百日督查”具体内容207项，逐项贯彻落实。组织开展实操演练、桌面推演2次，迎接海关总署、南京海关、地方疫情防控督查检查4次，外部检查实现零扣分。

【口岸监管】2022年，盐城海关监管进出境船舶933艘次，进出口货运量1031.50万吨，其中，进口976.90万吨，出口54.60万吨。退运旧金属工具等固体废物39.50吨，检出不合格进口大宗散货30批次。持续加强非洲猪瘟、红火蚁、松材线虫等重大动植物疫情疫病口岸防控，监测出检疫性杂草黑高粱1次，外来入侵物种名单内杂草35种次。对47家进境粮食加工/存储企业粮食加工下脚料处理情况开展督查，整改不符合项35个。依法处置1起进境粮食未到指定场所加工行政处罚案。销毁某企业伪造植物检疫证书进口云杉原木1.27万立方米，防范外来有害生物入侵风险。进出境食品抽样65批次，检出不合格9批次，退运不符合我国食品安全标准的进口压片糖果1批。开展“口岸危险品综合治理”百日专项行动，排查整改监管作业场所安全管理风险隐患5项，制定并执行监管作业场所安全管理措施6项，安全生产问题隐患实现“清零”。

【后续管理】2022年，盐城海关办理报关单位备案登记669家，信息变更219次，注销186家。备案加工贸易手册228份。办结稽查作业折算数35票；非涉税核查查发153个，发现不符合项295项；涉税类核查作业数38票，核查作业按时办结率100%；开展贸易调查作业20票；开展特许权使用费延续性征税45票。针对检验检疫专业人员紧缺分散问题，形成以“多查合一”为平台的查检与稽核查执法联动工作机制。

【税收征管】2022年，盐城海关入库税收73.20亿元，同比增长45.35%。强化商品价格管理，完成各类补税业务142票。累计接收税管局事中验估指令349条，事后验估指令31条，排查处置率100%。围绕促进新能源产业发展，开展专项税政调研，形成“新能源电池极耳”进口税率调整的税政建议，被南京海关采纳报海关总署税管局。针对验估中发现的风险，形成并上报税收风险建议4篇。

【查缉走私】2022年，盐城海关建立由隶属海关、缉私分局、派驻纪检组共同参与风险联合研判机制，采取内外联动方式拓展优化打私成效。年内立案侦办走私刑事案件5起（涉税案件1起、非涉税案件4起），移送审查起诉4人件39起。完成协查工作34起，其中关区内5起，关区外24起，系统外5起。退运出境固体废物1批，查获寄递渠道伪报品名走私毒品进境案2起，查扣走私进境用于毒用的γ-羟丁酸13.85克、阿普唑仑1.31克、三唑仑20粒1.96克、《濒危野生动植物种国际贸易公约》（CITES）列明管控的濒危植物约1000株，查获仿台枪管1支及可做配件用八字夹若干，追回非法书籍345本。

【服务发展】2022年，盐城海关服务外贸发展，支持盐城市实现进出口总值1372.38亿元，其中出口926.05亿元、进口446.33亿元。支持盐城港大丰港区进境肉类、水果指定监管场地顺利通过预验收。主动对接地方需求，支持盐城开通至日本、韩国国际直达集装箱班轮航线，助力盐城融入中日韩“小循环”。协调南京海关、地方政府，邀请韩国大邱海关连续第四届参加中韩贸易投资博览会。推行“集中审核+多点签发”原产地签证集约化改革，RCEP等签证效率明显提升。实施不见面审批，办理进境粮食检疫审批168批、112万吨。持续压缩进出口通关时长，2022年进出口整体通关时间较2017年分别压缩72.20%和85.80%，相关指标均处于历史最好水平。围绕年度热点，撰写报送统计分析等文稿，海关总署相关载体采用6篇，江苏省委省政府采用3篇，盐城市相关载体采用5篇，对韩进出口分析获盐城市领导批示，相关新闻稿件被省市主流媒体、网站采编11篇次。

【业务改革】2022年，盐城海关协调开展保税监管、验估原产地、风险防控和查验监管等7个领域的海关全业务领域一体化改革。贸易单证持续精简，单证无纸化和电子化成效进一步巩固，疫情期间不见面办公、货主不到场查验和线上稽核查等政策有效落实。推广“两步申报”“两段准入”“汇总征税”“沪盐专线”等改革举措，协助企业解决通关问题。跨境电商、航空器进境维修等贸易新业态发展积极推进。坚持科技创新赋能，监管质效全面提升，探索打造智慧旅检，发挥“先期机检、智能审图”优势，优化高风险物品标记方式，实现精准布控与查验；主动对接地方政府、上级海关职能部门，推动登轮无接触查验试点在滨海港区、大丰港区顺利开展；全程跟踪、靠前服务助力全省沿海地区首个自动化集装箱堆场顺利投入运行，依托GPS定位、掌上物流、卡口自动识别等物联网技术，实现进出口集装箱货物实时动态智慧监管。

【队伍建设】2022年，盐城海关提任正科级领导干部4人、副科级领导干部11人，晋升行政职级21人、事业单位岗位等级1人，交流轮岗7人，推荐申报评审副高职称1人，遴选至南京海关机关4人、至江苏省级机关1人。提出加强人才队伍建设措施11条，推进事业单位实施绩效工资。全员政治素质培训和专业培训同步推动，累计培训行政人员523人次、事业人员62人次、其他辅助人员298人次。“五个一”谈心谈话工作法获南京海关推广。1名关员获评江苏省食品安全先进个人。建立与派驻纪检组联席会商、联合督查工作机制，用好监督执纪“四种形态”，运用“第一种形态”5人次，完成聘任特约监督员12名。

【销毁不符合食品安全国家标准进口蛋白粉】2022年3月30日，盐城海关组织力量现场监管企业采用焚烧方式，销毁不符合中国食品安全国家标准的来自保加利亚的蛋白粉1454罐、货值3367.2美元。此前在进口环节，统筹发挥专业优势，发现该批货物能量、配料、食用方法等多处不符合我国食品安全国家标准。

【查获走私濒危植物】2022年7月，盐城海关缉私分局查获从泰国走私进境仙人球120余株，现场另查获其他没有合法来源的岩牡丹、龟甲牡丹等1000余株，该批植物属于《濒危野生动植物种国际贸易公约》（CITES）附录Ⅰ、Ⅱ中列明的濒危植物。

【退运固体废物】2022年7月6日，盐城海关监管退运出境固体废物2个集装箱、39.50吨。此前盐城海关对2批来自日本的集装箱进行现

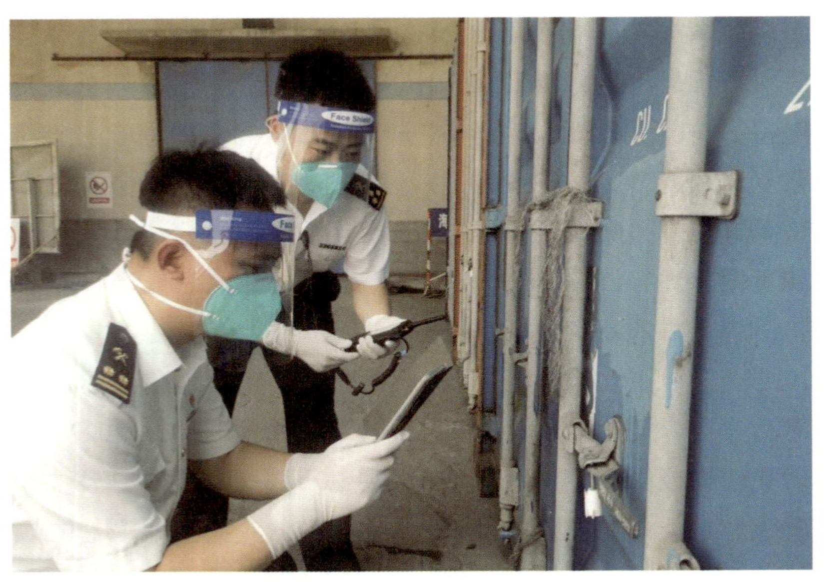
▲2022 年 7 月 16 日，盐城海关关员现场监管固体废物退运出境（陈威 摄）

场查验时，发现夹藏大量废旧货物，南京海关工业产品检测中心鉴定，该货物为国家禁止进境固体废物。

【销毁使用伪造植物检疫证书进境原木】2022 年 8 月 2 日，盐城海关采用无害化高温焚烧方式，完成销毁某国际技术贸易有限公司使用伪造加拿大官方植检证书进境的原木 613 车，重量 4517.82 吨，申报货值 81.12 万美元。

【检疫处理检出阳性种牛】2022 年 9 月 1 日，盐城海关在大丰港华丰进境活牛隔离场，采用注射方式扑杀阳性种牛 20 头，经检疫程序后作无害化处理。

【国内规模最大液化天然气储备基地首船货物安全高效通关】2022 年 9 月 26 日，盐城海关实施登临检疫和危险化学品查验，确保国内最大 LNG（液化天然气）存储基地首船货物 9.30 万吨高效通关。

【南京关区首批试点无接触式卫生检疫】2022 年 10 月 12 日，盐城海关作为南京关区首批试点口岸，通过陆端、船端设备现场连线，对盐城港滨海港区装载镍铁的“阳春”轮 23 名船员实施远程测温及检疫，完成首次远程登临卫生检疫。年内通过此模式检疫入境船舶 28 艘，平均检疫作业时间从 3.50 小时降至 0.50 小时，压缩检疫时间 85.70%；每艘次参与检疫从 4 人次降为 2 人次，节约人力资源 50%。

【江苏省沿海地区首个实现海关智慧监管集装箱堆场投入运行】2022 年 10 月 15 日，江苏省沿海地区首个自动化集装箱堆场在盐城港大丰港区投入运行，盐城海关依托 GPS 定位、掌上物流、卡口自动识别等物联网技术，实现实时动态智慧监管该堆场进出口集装箱货物。

【助力韩国大邱海关参加中韩（盐城）贸易投资博览会】2022 年 11 月 8 日，盐城海关根据南京海关部署，助力韩国大邱海关远程参加中韩（盐城）贸易投资博览会。博览会是盐城市政府进一步落实中韩自贸协定成果，推进中韩经贸交流与合作的品牌活动，也是南京海关深化与韩国大邱海关关际合作的重要平台。韩国大邱海关分别围绕“FTA 原产地优惠政策”“中韩贸易便利化”“RCEP 贸易投资便利化”等企业高度关注问题，开展政策宣讲，400 余家企业受惠。

撰稿人

杨如辉

淮安海关

【概况】2022年，淮安海关聚焦“奋力打造长三角北部现代化枢纽强关”愿景目标，坚持政治统领、忠诚担当，政治机关建设扎实推进。精准画像、有效布控，提升监管执法效能，守护国门安全防线坚定坚决。提高对外开放贡献度，与地方发展同频共振、同向发力，努力实现“淮畅其流、关通天下”。

2022年，淮安海关获评“2019—2021年度江苏省文明单位”。淮安海关综合技术服务中心实验室获认2022年度淮安市科普教育基地。魏云计、陈莉分别被评为淮安市“533”“拔尖人才”和“骨干人才”。

【党建工作】2022年，淮安海关发挥党建引领作用，充分激发基层党建内生活力，围绕“伟人故里金钥匙”党建总品牌，形成16个富有特色的诸如“薪火”“火眼”“稽先锋”等支部子品牌。打造思政工作“支部心法”，形成“三个淡化”“三因法”等16个特色心法。选举产生首届机关纪委。持续完善每月9号“安全廉政教育日”机制，加强典型案例通报分析。常态化开展对党忠诚教育，抓好党内法规制度培训和执行。持续开展“学习践行周总理崇高风范”系列活动，全力推动党建实训基地建设。坚决守牢意识形态阵地，推动党史学习教育常态化，发挥“思政两专”“哨兵”作用，配合干部职工“问题清零”，树立正确的舆论引导，年内共开展谈心谈话3012人次，收集群众问题建议190条，解决问题171个。

【疫情防控】2022年，淮安海关强化口岸卫生检疫，实行“人、物、环境”同防，全过程闭环管理；抓好高风险货物监管，监督落实口岸环节预防性消毒；密切监测研判境内外疫情形势，收集整理疫情新动态300余条。落实内部安全防护，完善风险排查日报机制，通过“人盯人”管理、视频抽查等措施，加强非工作渠道安全防护提醒；按照规定开展核酸检测，一线查验人员完成加强疫苗接种率100%，全员第一针接种率98.86%。以“百名科长百日督查”为契机巩固疫情防控防线，梳理10个方面114条重点督查内容，自查发现问题11个，做到边整改、边规范，提升疫情风险防范能力和疫情防控工作质量。

【监管业务】2022年，淮安海关监管进出口货运量54.30万吨，进出口集装箱1.80万箱；检验检疫进出口货物9785批，货值64.50亿元，检出有害生物445种次，其中检疫性有害生物72种次；

检验出口危险化学品783批，开展出口危险货物包装检验2803批，检出各类不合格49批；办结稽查作业22起，查发问题14起；办结核查作业90起，查发问题66起；税收入库9.80亿元。

【查缉走私】2022年，淮安海关缉私分局立案侦办刑事案件6起，案值约1743万元，依法扣押涉案货物2787件，追缴违法所得296.43万元，抓获犯罪嫌疑人10人，其中刑事拘留1人，移送审查起诉刑事案件4起，案值590.65万元。一审判决2起，判决生效3起，刑事罚没入库581.29万元。立案调查行政案件32起，案值1784.32万元。刑事案件完成年度指标任务150%，行政案件完成年度指标任务128%，实现“双超越”。

【服务发展】2022年，淮安海关推出“关准8条”“促进外贸保稳提质26条”助企纾困，通关时长名列关区前茅，“两步申报”应用率73%；通过“覆盖+精准”培育方式，指导高级认证企业用好用足AEO便利措施；落实落准减免税政策，出具征免税证明103份，减免税款3731万元；实时跟进RCEP实施，组织专题培训18次，企业享惠440余万元。17篇《海关专报》为地方发展建言献策，深度参与招商服务，帮企业算好“三本账”，“一企一策”实现重大项目精准滴灌，编制40余家企业及重点项目单位服务台账，实行企业问题挂账销号“一本清”。叠加运用综合保税区功能，助力进出口超40亿元，完善航空货运口岸功能，高分通过口岸公共卫生核心能力建设复核，协助地方积极申报水果等指定监管场地资质，推进淮安港“口岸—属地”一体化查验场所建设，打造智慧查检中心。全市跨境电商交易额增长近10倍，在全国105个跨境电商综合试验区首次评价中位列第二档次。2022年，淮安外贸进出口总值428.30亿元，首破400亿大关，同比增长12.40%。

【业务改革】2022年，淮安海关加大科技赋能力度，完成三级监控指挥中心升级改造，构建“线上+线下”“中心+现场”“监管+服务”的淮关“智慧大脑”；依托视频监控开展内部疫情防控监督；运用智能查检车和无人机辅助现场执法；综合技术服务中心实验室完成新项目开发99个。推动保税维修新业态项目落地；落实上海港、淮安港“联动接卸、视同一港”举措，探索推进物流可视化、属地查检、进口棉花“依申请检验”监管模式等改革措施；加大研究型海关建设力

▲2022年8月30日，淮安海关关员在江苏某科技有限公司开展知识产权海关保护宣传（张昆　摄）

度，10篇研究成果被海关总署相关载体采用，3篇被江苏省信息载体采用，1篇调研报告获省领导批示，95篇食品预警、植物疫情等信息被海关总署采用；8篇学会论文分获关区一、二、三等奖；参与“三智”署级课题2项，牵头1项南京海关关级课题；公开发表研究论文4篇，其中SCI论文1篇。

【队伍建设】2022年，淮安海关开展“海关重点项目和财物管理以权谋私”专项整治，列出4方面15项具体任务，排查重点项目26个，查摆风险清单2条。全力做好职工关心关爱工作，创新“关员家庭援助+专家心理健康知识宣讲”心理帮扶举措，邀请全国知名心理健康专家进行知识科普；用心用情做好老干部工作；建立“五个一”培养机制助力青年干部快速成长。全面推进人才队伍建设，超1/3人员完成轮岗，新考取近40个资质，张科、吴耀忠、韩阅叶、印唐子、冯民等为南京海关专业技术委员会成员，沙漪荷为南京海关公职律师，徐瑶、王小晋、朱臻怡、魏云计、何正和等为淮安市专业委员会委员。

【综合保障】2022年，淮安海关开展“事业单位所属企业脱钩和转让产权专项审计”“大金额差错报关单专项审计”“口岸检查作业规范情况督察”等督审项目，组织相关部门开展自查整改；通过创刊《法润淮关》法治工作月刊、创建枫桥经验工作室、聘任法律顾问，强化法律支撑作用。提高政务运行效能，将关党委决策部署具化为年度重点工作任务51项，闭环管理推动落地落实；优化工作问题清零机制，列出问题清单58条，关区排名第5；精文简会，发文数量同比下降超过30%，差错率压缩至5%以下，获南京海关表扬；完善会议管理制度，严格控制会议频次、时长，严肃会风会纪。在各级载体刊发稿件新闻150余篇；创新推出“敬业”融媒体平台，自导自拍视频100余个。细化落实“过紧日子”要求修订完善财务制度7项。成立淮安海关妇联组织，改选工会组织，优化工会小组设置。

【学习宣传贯彻党的二十大精神】2022年，淮安海关围绕学习宣传贯彻党的二十大精神这一主线，关党委班子带头宣讲掀起全员学习热潮，邀请地方党的二十大代表现场授课，开展“学精神送温暖、进企业解难题”行动；在内网开设“学习宣传贯彻党的二十大精神”专栏，推送转发党的二十大相关内容50余篇，借助“淮关卫视”，录制发布党委成员和支部书记学习报告短视频8个；利用党的二十大精神学习手册App，引导全关党员干部便利高效开展二十大原文、金句、关键词、评论解读系统学习，强化“学记考练”一体互动，深化学习效果；依托“视野论坛”，组织离退休干部、各类典型代表、青年职工等开展全方位学习交流活动5场，设计制作党的二十大精神主题展板，配套开展“喜庆二十大”职工书画摄影展和趣味运动会。

【海关史研究】2022年，淮安海关将关史编纂作为落实海关史研究工作的重点，搭建“1234”工作架构高位推进；组建由10名不同专业背景、年龄结构人员组成的关史研究小组，明确人员分工，走访老干部、地方档案馆、本关档案室收集资料500余份；制定关史研究工作规划，细化月度时间节点进行“挂图作战”，坚持每月督办、复盘、总结，形成有效工作闭环；加强与地方志办公室交流，运用线上视频方式与兄弟海关交流关志年鉴编纂工作经验，提升史志撰写专业技能；依托关史荣誉室征集珍贵历史文物、资料，分级分类确定征集对象名单、制订走访计划、明确征集重点，营造“重视历史、研究历史、借鉴历史”的浓厚氛围。多渠道收集基础资料200余万字，形成初稿70余万字。

【安全生产】2022年，淮安海关制定“四个机制”执行反馈表，聚焦50个风险领域，确定58个风险事项和77项关键风险节点；构建大安全“一体两翼”工作机制，监控、风控、内控“三控”每月通报，“三项清单”动态优化四版，整改安全隐患36个，“吹哨人”预警、“加强版”措施落实有效；开展口岸危险品综合治理百日专项行动，编制完成52种危险化学品、196种危险货物“检验明白纸”。

【“管理提升年”主题行动】2022年，淮安海关开展“管理提升年”主题行动，撰写管理论文15篇，组织实施“333人才工程”，创新开发“人才纪实”系统，集中开展“业务提升季”活动，新增岗位资质30余个。2人分别获评淮安市“533”“拔尖人才”和“骨干人才”。打磨“科室绝招”15个、“支部心法”17个。制作《淮关日历》强化时间预期，发布“淮关文明30条”。“半月谈”机制保障工作常态长效，“知凡”读书会进一步浓厚善学善思氛围。线上线下开展“综保讲堂”“专家讲堂”60余次，推动关检业务深度融合。在南京海关关区率先建成“云上场所”“智慧查检中心”。

【“学精神送温暖、进企业解难题”系列活动】2022年，淮安海关聚焦辖区企业高质量发展需求，综合海关数据进行多维度精准画像，筛选各县区龙头企业、“专精特新”企业25家，赴企业收集困难及意见40余条；建立“常态联络服务、问题梳理分类、专题研究落实”工作机制，推行服务工作台账，实行企业问题挂账销号“一本清”。

【业务提升】2022年，淮安海关围绕“聚焦业务、大抓基础、推动学习、提升技能”四步走的工作目标，大力实施“333”人才工程。开展“一课一主题、一题一特色”公开课和关区专家大讲堂活动，优选20名本关业务领域“排头兵”以及邀请10位关区明星讲师，制定授课计划表，综合运用案例分析、实操演练、情景模拟等方式确保学习时间、人员、内容、效果“四落地”。

【“关长为您讲政策”普法项目】2022年，淮安海关开展“关长为您讲政策”创新普法项目，走进企业、群众把权利义务讲清楚、把优惠政策说明白、把红线底线划到位，推动问题清零机制落地落实，实现政治效果、纪法效果和社会效果有机统一，全年举行政策宣讲会50余场，现场普法300余次，解决企业实际问题500余个。被推荐至海关总署政策法规司参加全国评选。

【助力盱眙熟制龙虾出口】2022年，淮安海关加强国外技术性贸易措施搜集整理，安排专人为企业提供食品法规政策解读，帮助企业了解目的国（地区）有关法律法规及技术标准要求，有效应对技术性贸易壁垒；强化源头管理，抽样送检项目45个。提前对接企业出口需求，针对产品冷链运输的特点，开辟属地查检“绿色通道”。

指导企业综合运用“提前申报”“抵港直装”“预约查验”等便利化措施，有效缩短通关时间30%，助力出口熟制速冻小龙虾11.24吨。

【“口岸危险品综合治理”百日专项行动】2022年，淮安海关对辖区企业进行技术指导及专项业务检查，指定专人帮助企业办理通关手续，加快验放流程，缩短货物堆存时间；组织业务骨干梳理I类包装“高风险”危险品清单，建立安全生产信息通报机制，严厉打击“高危低报”“超安全生产许可范围出口”等行为，加强危险化学品监管力度。实现危险品安全事故“零发生”，国外“零通报、零退运”。

【助力“中国制造”直通世界杯】2022年，淮安海关针对世界杯相关商品出口需求激增、出口订单急切情况，开展企业需求大摸底，掌握企业出口计划，整合骨干专家力量成立专门工作小组，建立快速通关协调保障机制；聚焦企业经营实际，制订“一企一策”服务方案，运用减免税政策助力企业产线扩建，帮助企业减免关税98.20万元；针对出货时效要求高特点，开通“7×24小时”预约通关、“5+2”预约查验等便利化措施，保障产品高效安全通关。累计监管足球、酒店布草等世界杯相关出口货物1.20亿元。

【保障第五届中国（淮安）国际食品博览会】2022年，淮安海关汇集食品、保税、通关等领域骨干专家，成立服务保障小组，系统梳理制作食品产业链海关政策解读20余篇；赴各县区开展“食品产业链海关政策宣讲会”专题活动，组织集中答疑，发放宣传册200份、解答企业问题80余个；现场设立海关政策服务台，配备“专属协调员”，走进进出口企业展台，开展知识产权保护、关税减免、产品检测等方面政策指导，打通政策宣传“最后一公里”，助力食博会做好食品产业链外向型推介工作。

【综合技术服务中心获认淮安市科普教育基地】2022年，淮安海关综合技术服务中心实验室被淮安市科学技术协会、淮安市教育局认定为2022年度淮安市科普教育基地。

撰稿人

方 刚

扬州海关

【概况】2022年，扬州海关全面落实两级海关工作会议要求，科学精准抓好疫情防控，筑牢口岸疫情防线；加强正面监管，开展“国门利剑2022”“蓝天2022”等专项行动，严打“洋垃圾”、象牙等濒危物种及其制品走私，筑牢国门安全屏障，保持打私高压态势；优服务促发展，开展“用足好政策　服务好地方”海关政策巡讲系列活动，服务地方外贸高质量发展。2022年扬州市外贸规模首次突破千亿大关，进出口总值1101.20亿元，同比增长13.90%。

2022年，扬州海关驻扬州港办事处被中华全国总工会授予“全国工人先锋号”；陈洁获2022年度“江苏省巾帼建功标兵”称号。扬州海关“跨境贸易”指标获评2022年扬州市标杆指标。

【党建工作】2022年，扬州海关把学习宣传贯彻党的二十大精神作为首要政治任务，通过关党委理论学习中心组学习会、“三会一课”等形式学习会议精神，邀请市级宣讲团成员专题解读二十大报告，按照海关总署党委“铸忠诚、担使命、守国门、促发展、齐奋斗”和“12个必”要求，分层分级开展专题研讨，党委委员带头赴企业、一线调研指导，结合工作实际抓好贯彻落实；坚持“第一议题”制度，以习近平新时代中国特色社会主义思想为指导，严打“洋垃圾”、象牙等濒危物种及其制品走私，查发固体废物498.58吨并全部退运出境，查获濒危鳄鱼皮制品1件；推进政治机关建设专项教育活动，形成《政治要求、政治责任、问题及整改清单》22份，查摆问题79个，制定整改措施92条。

【疫情防控】2022年，扬州海关落实“三查三排一转运”“7个100%”卫生检疫模式，动态调整封闭管理专班工作模式，检疫进出境船舶897艘次、人员17986人次；依托三级监控指挥中心开展监督检查258次，通过海关总署“百名科长百日督查”；坚持“多病共防”，加强口岸公共卫生核心能力建设，实施出入境人员传染病监测体检1135人次；动态调整内部防控措施，实施“平急一体化”转换，开展风险排查研判，按照规定频次组织开展全员核酸检测，完善“网格化、人盯人”监督体系，常态化开展监督检查。

【监管业务】2022年，扬州海关推进“四个机制”建设，聚焦“7+21”项重大、系统性风险，加强排查、排序、排除，推动风险隐患动态清零；开展“口岸危险品综合治理专项行动”以及长效机制建设，检出不合格出口危险化学品、危险货物包装154批，查发伪瞒报逃避检验案件3起；建立风险联合研判机制，构建“选、查、处”闭环管理回路；加大智能审图应用，机检集装箱12467箱，日均50.70箱；加强动植物检疫，全国口岸首次截获检疫性有害生物钝角墨天牛；检验进口旧机电、医疗器械等重点敏感商品700批，退运环保不合格进口煤炭4.27万吨和以旧充新进口设备1批，销毁存在明显质量安全风险的进口牙刷18491支。落实进出口食品安全“四个最严”要求，对3批进口食品予以整改后放行，检出不合格化妆品4批并不准出口。坚持查发导向，强化后续监管。办结稽查作业38起，稽查有效率92.11%；将专项稽查拓展到检验检疫领域，查发的“氯氰菊酯”危险化学品逃漏检案例被海关总署采纳并转化为全国专项行动；办结企业主动披露16起，减免滞纳金32.88万元。办结核查作业131家，核查作业按时办结率、查审分离率均100%。

▲2022年12月6日，扬州海关关员在扬州包子生产企业调研，助力特色农产品出口（胡文静 摄）

【查缉走私】2022年，扬州海关开展“国门利剑2022”“蓝天2022”等专项行动，侦办刑事案件10起，案值753万元，向扬州市检察院移送审查起诉刑事案件4起，案值1.54亿元；办理行政案件84起，案值1051万元。

【服务发展】2022年，扬州海关优化口岸营商环境，持续压缩整体通关时间，2022年扬州口岸进口、出口整体通关时间分别为35.68小时、0.84小时，较2017年基准值分别压缩72.28%、94.03%，稳定在历史最优水平。高质量推进RCEP实施，2月1日，签发江苏省首份RCEP项下输韩国原产地证书，指导江苏三笑集团有限公司和森萨塔科技（宝应）有限公司2家企业通过“经核准出口商”认定，签发各类原产地证书23721份，货值13.42亿美元；支持先进设备、关键零部件进口，帮助企业减免税款2574万元；开展企业信用培育，新增5家高级认证企业；举行“中国外贸出口先导指数样本企业”授牌仪式，授牌企业18家；支持地方特色产业发展，助力宝应荷藕、杭集牙刷等产品出口；推动综合保税区高水平开放高质量发展，落实南京海关特殊监管区域监管制度创新改革措施，分类监管入区仓储太阳能电池组件109.80万片，开展区港联动，办理“内销货物整报分送”27票，支持区内企业开展保税研发业务，实现进出口值1780万元。

【业务改革】2022年，扬州海关推进各业务条线改革，依托“一中心四机制”，深入开展属地查检与后续监管执法联动，开展外勤联合执法8次，完成非涉税核查作业4个；深化“集中作业+多点通签”原产地签证改革，推广“智能审核+自助打印”智慧审签模式；压缩出口食品生产企业备案办理时限，由5个工作日压缩至3个工作日；推行提前申报、两步申报等通关便利化措施，对进口铁矿等大宗商品实行“先放后检”，对石英砂、钢坯等货物试点“船边直提”“运抵直装”，应用进口“船边直提”和出口“运抵直装”模式开展作业132批次；推进企业集团加工贸易监管改革，新增创利皮革(扬州)有限公司参与试点，开展相关业务67次，进出口值3850万元，节约物流存储费用2.70万元；促进内销便利化，为辖区47家加工贸易企业免征内销缓税利息13.55万元；推广以企业为单元税款担保改革，实现“一份担保多处用”“属地备案全国通”“线上办理不出户”，开展多元化担保391票，货值2.92亿元。

【队伍建设】2022年，扬州海关以海关总署政策法规司基层联系点党支部“党员之家”为样板，健全党员活动阵地，建成“四强”党支部12个；建立健全“大思政”工作机制，开设《扬关思政快讯》交流平台，开展干部职工思想动态调研2次，解决各类问题12个；对标南京海关“青年两校”开设“扬帆”青年学堂，构建青年干部“选育管用备”体系；加强新时代离退休干部党的建设工作，培树“党建引领桑榆红”党建品牌；加强专家型队伍建设，组织8人参加全国海关稽查岗位练兵“技能比武”，推荐6名事业编制人员参加系统内外职称评审；开展荣誉争创，获评“全国工人先锋号”，1人获“江苏省巾帼建功标兵”荣誉称号；成立扬州海关妇联，激发群团组织活力。

【综合保障】2022年，扬州海关建立海关企业良性互动机制，设置重点企业政务服务专员，关党委作为服务专员挂联帮扶辖区6家重点企业；依托“南京海关企业问题清零工作管理系统”和扬州12345平台，实行问题登记、分办、督办、反馈、回访的“全链条”“闭环式”管理，收集并解决企业问题70项，满意率100%；用好工作问题清零机制，解决实际工作问题23项；加强信息宣传工作，年内在主流媒体刊发稿件201篇次，服务企业发展事例被中央电视台、新华社等中央级媒体报道；开展政策理论研究，关级课题立项2个，向地方党政报送专报17篇；打造“宣讲好政策，服务好地方”普法服务品牌，配合做好南京海关法治文化基地（扬州馆）升级改造，创成扬州市爱国主义教育基地；落实“过紧日子”要求，加强食堂、办公设施、车辆等精细化管理，提高资金使用效率；对本级企事业单位收费项目开展梳理自查，巩固涉企收费治理成效；加强涉案财物管理，移交濒危动物制品3批次；强化督察审计监督，推动重大决策部署落地落实，法规科被推荐参评海关总署内控示范科室；出台《扬州海关科技项目管理办法（试行）》，组建科技委和13个专业组，南京海关轻工产品与儿童用品检测中心新增检测能力209项，完成法定检验348批次，同比增长13.40%，主持制定

《木制玩具中甲醛释放量的测定　烧瓶法》（GB/T 41649—2022）1 项国家标准，扬州光电产品检测中心通过 IECEE 的 CB 体系复评审。

【获评“全国工人先锋号”】2022 年 4 月 28 日，扬州海关驻扬州港办事处被中华全国总工会授予“全国工人先锋号”。

【查发固体废物】2022 年 8 月 19 日，某纸业公司以一般贸易方式向扬州海关申报进口一批再生纸浆（块状），总重 498.58 吨。经鉴定，该批纸浆多项指标不符合要求，综合判定为属于我国禁止进口的“洋垃圾”。11 月 4 日，货物依法全部退运出境。

【首次截获钝角墨天牛】2022 年 2 月 14 日，扬州海关关员从美国进境的花旗松原木中截获检疫性害虫钝角墨天牛，为全国口岸首次截获。

【妇联成立】2022 年 6 月 27 日，扬州海关第一次妇女代表大会暨妇联成立大会召开，选举产生扬州海关妇联第一届执委会。

【创成“扬州市爱国主义教育基地”】2022 年 11 月 1 日，南京海关法治文化基地（扬州馆）被中共扬州市委宣传部命名为“扬州市爱国主义教育基地”。

撰稿人

胡文静

泰州海关

【概况】2022年，泰州海关推进“泰州海关管理提升年”建设，建立风险防控和监督控制两大体系，实现综合治理能力和担当落实水平两提升。组建口岸疫情防控专班，打造“四强”专班队伍。全国首次截获凹盾筒喙象、监测发现中国新纪录种外来杂草凌乱马鞭草，维护国门安全。综合应用进境粮食“靠泊检疫”“船边检疫”“随报随检”等措施，优化查验模式，保障粮食进口。指导兴化地区2家企业成功创建省级出口蔬菜示范区、示范基地。在泰州市建立海关特殊物品风险评估中心，助力生物医药产业发展。着力抓好促进外贸稳增长各项工作。2022年泰州市外贸进出口总值1307.33亿元，同比增长8.21%。年内，泰州海关监管进出口货物1356.20万吨，同比下降7.44%。

2022年，泰州海关“提升行政审批效能、促进大健康产业发展项目”获泰州市第十三批“骏马奖”、改革创新三等奖；高玲获全国海关系统首个“全国最美志愿者”称号；才洪美获“江苏省三八红旗手”称号；法治展馆获评“江苏省科普教育基地”；茆国青获泰州市“七五”普法先进个人；夏慧获泰州市食品安全先进个人。

【党建工作】2022年，泰州海关深入学习贯彻党的二十大精神，通过“三会一课”开展专题研讨17次、主题党日活动50多次；深化党史学习教育成果，推进“我为群众办实事”实践活动，制发出台保稳提质20条措施；推进“强基提质工程”，4个党支部获评南京海关“四强”党支部；培树重大典型，深化“高玲爱心志愿服务”品牌创建，组织开展“走进麻风病康复村”“血同脉 爱同行”主题活动，《关·渡》短视频入选海关总署网络春晚；搭建廉政课题研究、廉政文创作品交流展示平台，开设网上廉政课堂，3件廉政文化作品获得海关总署嘉奖，8件作品获得关区嘉奖，获南京海关“清风国门”廉洁文化创意作品征集活动“优秀组织奖”。

【疫情防控】2022年，泰州海关完善疫情防控指挥体系，组建口岸新冠疫情防控工作专班28期83人次，根据布控指令对来自口岸重点防控国家的交通工具实施登临检疫。严格落实海关总署、南京海关最新版新冠疫情防控方案，与泰州出入境边防检查站、泰州海事局、泰州市卫生健康委员会等部门建立联动配合机制。执行“网格化、人盯人”“两点一线”等纪律要求以及各项常态化内部防控措施，推进疫苗“应接尽接”。年内对925艘次出入境船舶、17734人次出入境人员进行检疫查验和医学巡查，完成入境船员核酸采样检测541人次、中国籍船员换班522人次。

【口岸监管】2022年，泰州海关监管进出口总值106.45亿美元，同比下降3.78%；监管运输工具1658艘，同比下降23.30%；监管集装箱109537标箱，同比增长1.60%；审核结关报关单5.48万份，同比增长1.60%。

【税收征管】2022年，泰州海关征收税款57.62亿元，涉税商品692种，其中农产品、化工品、矿产品类为主要税源货物，实征税款占比79.70%，税源企业主要集中在粮油、化工、机电等本地生产型和贸易型企业。其中，关税10.55亿元，同比增长20.30%；代征进口环节税47.07亿元，同比增长25.35%。

【查缉走私】2022年，泰州海关推进“国门利剑2022”联合行动，年内立案侦办走私犯罪案件7起，其中侦办涉税走私犯罪案件3起，案值846万元；侦办非涉税走私犯罪案件4起，抓获犯罪

▲2022年10月11日，泰州海关关员在兴化红膏蟹养殖场开展安全风险监控（吉婧 摄）

嫌疑人25名，移送审查起诉案件3起，移诉犯罪嫌疑人10名。立案调查行政违法案件58起（含简快案件45起），案值1838.91万元。严打绕越涉关地偷运走私，查证走私冻品230余吨。

【队伍建设】2022年，泰州海关建立科学、清晰权责清单，首次完成《泰州海关内设科室细化职责清单》编制工作。提任正科级领导干部3人、副科级领导干部3人，民主推荐集中度均在90%以上，开展职级晋升10人次。发挥岗位资质考试激励措施作用，年内新考取岗位资质34人次。提炼“四有四融”工作法，入选关区首批4个老干部工作法。

【服务发展】2022年，泰州海关优化服务保障优进优出，综合应用进境粮食“靠泊检疫”“船边检疫”“随报随检”等措施，优化进境粮食查验模式，保障大豆等优质农产品安全进口503.78万吨，货值251.97亿元。保障煤炭等大宗资源性商品进口，压缩通关时效50%以上。开展“海关服务区县行”品牌系列活动，累计帮助企业解决问题88条。推动省级出口食品农产品示范基地/示范区申报，指导兴化地区2家企业成功通过省级出口蔬菜示范区、示范基地验收。持续压缩口岸通关时间，进出口整体通关时间分别为48.21小时和2.26小时，较2017年分别压缩63.66%和86.30%。

【业务改革】2022年，泰州海

关创新开展“通审通签”方式解决企业多点领证问题。推动南京海关特殊区域监管模式改革，助力泰州市获批中国（泰州）跨境电子商务综合试验区，“1210”进口业务顺利开展。推进海关AEO高级认证企业提质增量，落实“12条便利化措施”，推动首批AEO企业20万元扶持资金落实到位，辖区内AEO企业总数10家。助力生物医药产业发展，完成D级特殊物品行政许可审批下放落地，累计完成审批152批；建立海关特殊物品风险评估中心，大幅降低流感毒株风险评估时间。

【学术成果】2022年，泰州海关完成海关总署科研项目“重要虫媒（蚊与蜱）病原体微流体芯片检测试剂盒的研发与应用”课题研发，科研项目“农产品中农药残留检测关键技术研究与应用”获南京海关科技成果评定三级科技成果，“一种新型多功能水浴恒温箱”获实用新型专利授权，参与“一种病媒监测用蠓诱捕器”实用新型专利研发获专利授权。论文《进口大豆中4种常见杂草对草甘膦敏感性的测定》在国家核心期刊《植物检疫》发表。

【综合保障】2022年，泰州海关推进工作问题清零，解决问题35个；在主流媒体刊发稿件150篇次，中央电视台、《经济日报》等中央级媒体报道20次；开展政策理论研究，关级课题立项2个、参与1个，向地方政府部门报送专报8篇。

【全国“最美志愿者”】2022年5月11日，2021年度全国学雷锋志愿服务“四个100”先进典型名单公布，泰州海关工作人员高玲被评为“最美志愿者”，成为泰州市首位由中共中央宣传部、中央精神文明建设指导委员会办公室共同表彰的优秀志愿者。

【6家企业获得AEO高级认证】2022年，泰州海关对辖区企业开展信用政策宣贯、标准解读、规范指导，开展“一对一”认证培育19次、认证全面评估7次，提升企业内部管理水平。泰州市新增6家高级认证企业，辖区高级认证企业增至10家。

【整车出口“第一单”】2022年8月28日，泰州海关监管放行148辆长城汽车整车，该批汽车通过集装箱出口至俄罗斯，为泰州首票汽车整车出口业务。

【税则修订建议被国务院关税税则委员会采用】2022年，泰州海关针对中药甘草、甘草的植物汁液和浸膏进口量小但设置暂税的问题，开展税政调研并形成修订建议上报国务院关税税则委员会。12月28日，国务院关税税则委员会发布2023年《关税调整方案》，泰州海关上报的《关于取消甘草、甘草的植物汁液和浸膏取消进口暂税的税则修订建议》被采用，2023年税号“12119036”项下甘草和“13021200”项下甘草的植物汁液和浸膏进口关税由0%恢复至6%。

撰稿人

刘志兵

如皋海关

【概况】2022年，如皋海关组建“抗疫突击队”，常态化开展疫情防控工作；开展“口岸危险品综合治理”百日专项行动，实现口岸危险品零超期滞留；开展如皋口岸首次外来物种普查，普查外来物种10余种；保障国门生物安全，截获境外红色土壤；强化税收征管，首次查发辖区进口原产地证书涉税情事；扩大应用“船边直提”“抵港直装”模式，压缩进出口整体通关时间；聚焦企业集团保税监管改革，支持辖区企业成为全省首批试点；开展技贸帮扶，帮助辖区智能家居企业改进工艺、扩大出口；开展科普宣传，获全国青年科学脱口秀大赛一等奖、全国科普讲解大赛三等奖。

【疫情防控】2022年，如皋海关实施水运口岸疫情防控闭环管理，规范落实口岸疫情监管处置要求，对2艘进境船舶实施终末消毒；组建“抗疫突击队”，参加南通市地区海关水运专班工作，派员26人次。检疫监管出入境船舶941艘次、人员1.10万人次。对接海关总署督查工作组，做好“百名科长百日督查”、海关总署驻点督查等迎检工作，落实临时隔离室设置、转运路线优化等问题整改。完善疫情防控工作预案，应对南通市多次部分区域临时管控，保障业务工作平稳有序。

【口岸监管】2022年，如皋市实现外贸进出口377.18亿元，其中出口270.09亿元、进口107.09亿元。如皋海关受理进出口货运报关单1.12万份，同比下降9.98%；监管进出口货物678.37万吨、进出境船舶941艘次、进出境集装箱2万标箱，同比分别下降13.95%、增长0.11%和下降33.59%；征收税款19.02亿元，同比下降11.89%；检验检疫申报货物0.98万批、51.80亿元。备案加工贸易手册819份，签发出口货物原产地证书9586份，受理海关企业注册登记241家、企业信息变更98家。维护国门生物安全，截获检疫性有害生物375批、10种、673种次。统筹开展安全生产大检查、“口岸危险品综合治理”百日行动、安全生产专项整治三年行动等工作，与地方监管部门建立口岸安全监管联防联控机制，开展安全检查4轮、涉危保税仓库专项检查2轮，推动48批次，逾18万吨危险化学品、危险货物按期快速提离。开展如皋海关首次外来物种普查，初步普查外来物种10余种。监管进口粮食，监督销毁进口霉变大豆35.42吨，首次截获境外土壤21.84吨。首次查发4份问题进口原产地证书，补征税款2664.02万元。协助如皋市打私办做好反走私综合治理工作，推进行政案件办理力度，移交立案25起。

【服务发展】2022年，如皋海关设立疫情防控物资、生产原材料、农食产品和危险品快速通关专用窗口和绿色通道。成立由关领导为组长、部门业务骨干为组员的重大项目服务组，通过“送政策上门”、现场调研、政策宣讲会等形式及时传达海关便企、利企政策，保障金鹰产业园等重点项目生产设备顺利进口。继续推广“企业问题清零”机制，编制发放《海关惠企手册》，“企业问题清零工作管理系统”累计备案企业263家，年内办结企业问题17条，反馈满意率100%。进口铁矿、煤炭即靠即检，节省企业费用550.80万元。组建工作专班，推进1600箱因疫情滞港大豆验放，减少企业滞港费200万元。开展RCEP等自贸协定政策指导，签发各类原产地证书9586份。开展2022年技贸问卷调查工作，对纺织、竹木草等行业21家企业进行调研，帮助辖区智能家居企业改进工艺、扩大出口。指导企业参与对美加征关税市场化排除，落实内销加工贸易货物暂免征收内销缓税利息政策等规定。常态化走访调研辖区外贸前50强企业。开展企业认证培育，指导合规企业申请高级认证企业培育，推动南通荣威娱乐用品有限公司重获海关AEO高级认证企业资质，指导4家企业成为中国外贸出口先导指数调查和贸易景气（进口）试点调查样本企业。落实海关主动披露政策，帮扶20余家企业免于行政处罚，累计减免滞纳金超200万元。落实海关信用修复政策，完成1家失信企业信用修复。

【业务改革】2022年，如皋海关在苏中国际集装箱码头和3家化工品码头全面应用“船边直提”“抵港直装”模式，压缩整体通关时间，12月进出口整体通关时间分别为40.58小时、1.26小时，较2017年分别缩短82%、93.37%。推进“两步申报”“两段准入”等改革措施落地，“两步申报”应用率62.50%。推广报关单位备案“多证合一”改革，与如皋市市场监督管理局建立专人沟通机制，完成“多证合一”渠道企业备案52家。探索优化保税润滑油供船监管模式，保障长江航道船用润滑油供应链高效运转，每年可为企业节约成本约300万元。聚焦加工贸易转型升级，支持辖区南通荣威娱乐用品有限公司成为全省首批集团保税监管改革试点，帮助企业节省相关费用超600万元。推

▲2022年7月12日，如皋海关联合南通大学开展如皋口岸首次外来物种普查（许世林　摄）

广多元化税款担保方式，受理各类海关事务担保160笔，其中担保金151笔，关税保证保险9笔。推进“多查合一”“后续监管改革”，开展跨科室联合作业46起，完成核查作业57起。开展以查发问题为导向的稽查改革，落实与南通地区海关协作配合，开展执法互查，完成稽查作业8起，查发有效率87%。建立完善涉检案件办理机制，统筹做好2起涉检案件处置。

【队伍建设】2022年，如皋海关制订年度学习计划，举办关党委理论学习中心组（扩大）学习会10次，研讨交流27次。开展政治机关专项教育活动，各类研讨交流15次、调查研究20余次，查找单位问题6个，落实整改措施18条，“政治素质档案”课题成果试点应用。对1人违纪行为给予党纪处分，运用“第一种形态”开展谈心谈话8次。制定清廉海关建设年度工作要点，推进“海关重点项目和财物管理以权谋私”专项整治工作。完善外部监督体系，面向辖区企业集中发放《如皋海关清廉海关建设告知书》，重新选聘党风廉政特约监督员12名。完成信访接待室改造，办理依申请公开申请10起，妥善处置行政复议争议1起。开展岗位培训，参加稽查岗位练兵5人、查验资质考核17人。报送学会论文14篇，获南京海关学会征文一等奖1篇、二等奖1篇、三等奖2篇。丁伟获全国青年科学脱口秀大赛一等奖、全国科普讲解大赛三等奖。推进“强基提质工程”，综合业务科党支部被评为关区第二批“四强”党支部。做好“两优一先”评选，获评关区优秀党员、优秀党务工作者各1人。推进新时代海关廉洁文化建设，打造廉洁文化长廊，开展“每日一诺”廉言警句接龙活动。

【签发如皋市首份RCEP原产地证书】2022年1月5日，如皋海关为江苏正威新材料股份有限公司生产的一批出口日本的玻璃钢型产品，签发如皋首份RCEP原产地证书。

【保障免洗洗手液供港顺畅】2022年2月28日，如皋海关监管保障供港免洗洗手液3.5万瓶，该批免洗洗手液由南通优户优家卫生用品有限公司生产。疫情期间，如皋海关设立防疫物资快速通关窗口，通过预约通关、优先查验等措施压缩防疫物资通关时长。

【首次开展如皋口岸外来物种普查】2022年7月12日，如皋海关联合南通大学首次组织开展如皋口岸外来物种普查，初步普查外来物种10余种。

【监管首批G5等级电子级硫酸出口】2022年8月8日，如皋海关监管保障江苏首批G5等级电子级硫酸出口，由江苏阳恒化工有限公司生产，金属杂质含量低于10ppt，纯度达到SEMI国际标准的最高等级G5等级，处于全球同行业第一梯队水平。

【查获境外红色土壤】2022年11月1日，如皋海关对一批集装箱进口大豆实施查验时，发现一个集装箱中为境外红色土壤，重量21.84吨。

撰稿人

邹智珑

宿迁海关

【概况】2022年，宿迁海关持续加强政治机关建设，全面排查、防范化解重大风险，围绕推动宿迁“6+3+X”重点产业发展，出台宿迁海关惠企纾困11条举措，支持企业引进先进技术装备，为企业减免税款金额居全省第二。实施“人等货”优化进口医疗器械监管服务，保障医用X射线机等医疗器械快速通关。帮扶地方特色农产品扩大出口，大闸蟹、宠物食品出口额均居全省第一。

2022年，宿迁市进出口总值560.10亿元，同比增长30.10%，增速位列全省设区市第一。其中，出口503.30亿元，同比增长35.10%；进口56.70亿元，同比下降1.80%。宿迁海关获宿迁市高质量发展综合考核第一等次、宿迁市服务地方发展先进单位等荣誉。

【党建工作】2022年，宿迁海关党委坚持“第一议题”“每周一学”制度，利用党委会、理论中心组（扩大）学习会、党委碰头会等研学党的二十大精神，6个党支部结合工作开展专题交流研讨，学习成效稿件在海关发布、海关总署网站、江苏党建网、宿迁电视台等媒体刊发。开展政治机关建设专项教育活动，制定三级政治要求责任清单，梳理工作岗位中蕴含的政治要求、存在的政治风险，围绕“从政治层面强化业务工作”查摆问题、立行立改。深化“强基提质工程”，以“支部强在科上”为目标，加强对各支部党务工作的监督检查，完善总支委员联系支部机制，规范党务工作流程，开展“庆祝七一建党节喜迎党的二十大”“律动一三九激扬青春音”“‘宿’说二十大奋发新作为”党员沙龙等系列活动丰富理论学习形式；深化“党建+文明创建”机制，实施“一支部一品牌”，丰富“融光服务先锋”“‘稽’结号”等6个党建品牌内涵，2个科室分获宿迁市“工人先锋号”“青年文明号”，2个党支部分获南京海关“四强”党支部“关区优秀党支部”，48名关员分获宿迁市“新长征突击手”“五一巾帼标兵”“青年岗位能手”等各类表彰。

【队伍管理】2022年，宿迁海关开展“我为宿关多作贡献”专项活动，突出实干实绩，细化重点难点工作举措，高标准完成全年重点工作任务。组织3期“能力素质提升”专题活动和5期“关员讲堂”“关员沙龙”，提升队伍能力素质。弘扬“求实、扎实、朴实”的海关文化，压实队伍管理责任，2次召开纪律作风建设专题会议，评比“内务规范样板间”，常态化开展内务督察，推进准军队伍建设。党委书记讲授廉政党课，召开“年轻干部谈廉洁”座谈会、清廉家风主题分享会，组织旁听职务犯罪庭审，建立10个基层网格，“网格化、人盯人”抓好预防酒驾醉驾、警示教育、风险防范和监督检查。运用新时代“枫桥经验”做细思想政治工作，开展谈心谈话926人次，组织趣味运动会、“重走长征路”健步走、拓展训练、工间操比赛等文体活动。

【法治建设】2022年，宿迁海关制作《一图速览习近平法治思想学习纲要》，推进行政执法“三项制度”建设，明确重大执法决定法制审核机构及人员，开展“法治沙龙”“法治讲座”，重点培养法治人才。落实“谁执法谁普法”责任制，开展“4·26”全国知识产权宣传周、“8·8”海关法治宣传日等普法活动，召开助企纾困政策宣讲会，面对面解读海关惠企政策，覆盖辖区300余家企业、1200余人次参加，第一时间解决企业困难诉求，及时清零企业问题39个，法治惠企成效提升。

【监管业务】2022年，宿迁海关监管进出口总值4.10亿美元，同比增长9.50%；审核结关报关单1515票，同比增长10.30%；征收税款4.47亿元，同比增长56.70%；检验检疫申报货物2.90万批，货值87亿元。开展“国门绿盾2022”行动，加强外来入侵物种常态化监测，截获有害生物39种546种次；走进市商务局、社区开展国门生物安全宣传，1条科普视频获江苏省科普公益作品大赛三等奖。强化进境粮食后续监管，监管进境粮食23万吨，对19家进境粮食加工存储企业开展现场检查，督促立查立改。从严把好进口设备质量关，检出入境机电产品不合格10批次；打击危险品伪报瞒报、高危低报、逃漏检等行为，强化进出口危险化学品检验监管。

【“国门利剑2022”】2022年，宿迁海关开展打击走私“国门利剑2022”行动，成立宿迁海关业务风险委员会和风险分析专项小组，建立科室间风险共享机制，与宿迁市税务局和公安局、中国人民银行等部门定期开展风险研判，获得内外部线索，发挥“多查合一”部门间联动作用，全年办结稽查作业18个，稽查有效作业数14起，办结核查作业162起，与宿迁市市场监督管理局、农业局开展联合执法，共同约谈风险企业10家。

【优化口岸营商环境】2022年，宿迁海关推广原产地证书“自助打印”“智能审核”等便利化措施，推进RCEP全面实施，帮助企业享受自贸协定红利，签发原产地证书1.50万份、货值9.20亿美元，签发RCEP原产地证书1284份、货值6478万美元。设立提升通关时效工作专班，加强与口岸海关和港口等部门跨区域协作，协调解决516吨燕麦原料滞港、2吨甲鱼通关等“堵点”问题。落实海关总署、南京海关促进外贸保稳提质措施，出台宿迁海关惠企纾困11条举措，通过召开宿迁市新闻发布会、走进“12345民声在线”、调研培训等方式引导企业用足用好海关惠企政策。推动跨境电商新业态发展，开展跨境电商专题辅导，指导宿迁市跨境电商公共服务平台对接，宿迁市新增跨境电商企业47家，9710业务出口值超1亿美元。

【助力稳链强链】2022年，宿

迁海关聚焦宿迁市纺织新型材料、绿色光伏、集成电路等20条重点产业链发展，调研重点产业链供应链白名单企业需求，向企业宣传海关支持鼓励科技创新项目、专项税收优惠等政策，跟进了解新型包材和高端纺织重大项目企业进口设备计划，开展“减免税专家进企”活动，提供税收优惠政策解读、减免税申请实操培训等服务，引导企业用足用好进口设备优惠政策，提升重点行业竞争力。对符合享惠政策条件的重点产业链企业实行“专门辅导、专项预审、专班审核”服务，灵活采用无纸化申请、企业承诺、容缺受理、优先担保等方式办理减免税审核，保障货物抵港后快速通关，进口重点设备通关时长压缩70%。审批减免税设备货值22.50亿元，同比增长22.50%，减免关税和进口环节税同比增长40.50%，审批减免税设备货值、减免税款金额均居全省第二，服务光伏产业情况被中央电视台《新闻联播》报道。发挥海关统计分析在优化提升产业链供应链布局中研判服务作用，向宿迁市委市政府报送新能源产业发展情况、服务医疗器械进口等外贸分析专报8篇。

▲2022年8月15日，宿迁海关关员在出口螃蟹企业开展安全风险监控抽样 （李莹莹　摄）

【助力运河宿迁港开放】2022年，宿迁海关参加苏北“四港联动”工作调研，对《宿迁市“四港”联动发展实施意见》提出可行性意见建议。针对港口转关业务低迷等问题，两次赴运河港现场调研指导，跟进运河宿迁港三期工程建设、外贸集装箱数量和转关业务等情况，上门送政策，协调解决企业转关单作废、货物退运等难题，完成运河港首票出口查验、实货复查，年内运河宿迁港出口外贸集装箱1100标箱。

【推动大闸蟹出口】2022年，宿迁海关支持宿迁市河蟹等产业纳入国家优势特色产业集群，指导出口大闸蟹国家级质量安全示范区建设，指导龙头企业开展科技项目申报，提升“宿有千香”品牌竞争力。针对活螃蟹易死亡、易腐烂特点，开辟出口螃蟹“查检绿色通道”，提供“7×24小时”预约加班服务，现场查验完成后随即向企业发放检疫证书，将打包暂存时间由1~2天压缩至0.50天，保障货物存活率和新鲜度。通过“企业问题清零”平台、发放调研问卷等途径收集企业遭遇的国外技术性贸易壁垒信息5个，成立工作专班，及时发布国外技术性贸易措施预警信息，“一企一策”帮扶5家出口河蟹企业积极应对韩国、越南、泰国等新增的技术性贸易壁垒，助推“宿有千香”大闸蟹首次出口越南、柬埔寨等5个国家和地区，出口范围扩大至10余个国家和地区，大闸蟹出口量位居江苏省第一。

【推动特色农产品出口】2022年，宿迁海关紧跟宿迁特色农业产业化发展需求，宿迁海关增设进出口鲜活易腐农食产品查检绿色通道，充分发挥属地查检预约热线、重点企业联络员机制作用，针对保鲜食用菌对产品新鲜度要求高的特点，提高农食产品通关速度；对加工企业质量管理体系运行、生产车间卫生控制、原料及成品质量控制情况加强检查指导，督促企业规范生产，“一企一策”助力企业顺利出口，禽肉产品出口量同比增长87%，食用菌产品出口量同比增长50%。指导竹木草制品企业完善植物疫情防控制度，做好原料库和成品库除虫除害处理，举办线上政策宣讲会，及时发布货物输往澳大利亚熏蒸新要求和查验新规定等预警信息，调研解决竹木草产品易霉变、易变形等出口瓶颈问题，优化查验、证书签发环节，对布控货物“当天查验、当天放行”，助力企业快速通关抢船期，辖区出口竹木草制品69.50亿元。

撰稿人

蒋楠楠

靖江海关

【概况】2022年，靖江海关坚持把习近平总书记重要指示批示精神作为“第一议题”，在疫情防控、打击“洋垃圾”及濒危物种及其制品走私、优化口岸营商环境、安全生产、助力乡村振兴等工作中提高政治站位，忠诚履职。加强课题研究和论文撰写，完成征文报送12篇。获“学习强国”录用稿件3篇，2个廉政文化作品分获海关总署表彰。推进关心关爱工作，解决干部职工实际问题12个。全国首次截获外来有害生物5种。

【党建工作】2022年，靖江海关深入开展捍卫“两个确立”、做到“两个维护”、强化政治机关建设专项教育，牢固树立“从政治看业务、从业务看政治”意识，明确各层级政治责任、政治要求40项，制定政治要求责任清单6份，根据“四个是否”“六对照六看六查”梳理存在不足，发现26个问题制定65项整改措施。深化“强基提质工程”和党建“双提升”行动，明晰党委、党总支、党支部责任，落实党建工作标准化手册，推动组织活动更加规范开展。1个党支部被评为关区“四强”党支部，2名个人和1个党支部被评为关区“两优一先”。

【疫情防控】2022年，靖江海关落实国务院疫情防控第九版等措施，坚持“人、物、环境”同防和“多病共防”。检疫出入境船舶622艘次，出入境船员12013人次，实施现场登临66批次，船员采样14批165人次。优化调整封闭管理“N+7”模式，开展“关长走进口岸封管区”活动，完善“一线、预备、应急”三支梯队建设，累计进驻专班18批58人次。关区首批开展无接触检疫试点工作，实施无接触检疫船舶58艘次，开展无接触式采样检测2批28人次。参与地方口岸疫情防控专班和涉外防控协调，规范开展船舶入境、换班船员移交、转运、隔离等工作，成功保障船员换班7批86人次。

【监管业务】2022年，靖江海关监管进出口货运量1041.80万吨，进出境运输工具1000艘，同比分别下降8.10%、7.90%。开展“口岸危险品综合治理”百日专项行动，全力打造“加强版”危险品安全监管体系，推进危险品进境后快速申报、快速验放、快速提离等措施。实施“一企一策”“一货一策”涵养税源。有效利用后续监管手段，增强稽核查实效性，完成稽查任务8起。开展“国门绿盾2022”专项行动，全国首次截获外来有害生物5种，其中检疫性有害生物1

种。组织实施口岸普查、林木害虫等5类监测调查。根据“最严谨的标准、最严格的监管、最严厉的处罚、最严肃的问责”标准持续开展进口食品“国门守护”行动，监管出口肉制品37批、513.72吨，出口食用保健品2176批、10300吨。针对危险化学品、防疫物资等重点敏感商品开展日常监管，检出不合格产品34批次，固废取样送检6批次；出口危险化学品检验212批，出境包装使用鉴定696批，性能鉴定233批，检出不合格6批。

【查缉走私】2022年，靖江海关查发危险化学品未经检验擅自出口案件1起，涉案货值44.13万元。与地方交通、应急、港口等部门建立涉危场所安全生产联动机制。查发刑事案件1起，行政案件19起，案值484万元，罚没入库32.35万元。

【服务发展】2022年，靖江海关全面承接落实海关总署10条和南京海关18条促进外贸保稳提质措施，完善靖江海关2022年优化口岸营商环境任务清单39项内容，落实大宗矿产品“船边直提”“抵港直装”等措施。靖江保税物流中心（B型）年内完成业务单量1081票，实现监管货值4.50亿美元。开展重点企业调研，梳理企业疑难问题和意见建议20条，通过线上线下方式开展3轮企业集中政策宣讲。网上办理辖区进出口报关单位注销34家。完成新增原产地备案企业19家，新增产品备案108种，签发各类原产地证书2242份，签证金额1.96亿美元，深化RCEP关税优惠政策利用，出具RCEP证书54份、货值181.33万美元。

▲2022年10月11日，靖江海关关员对新造船舶进行巡查（龚亚波　摄）

【业务改革】2022年，靖江海关部署开展风险隐患排查、全业务领域专项整治和防范化解海关重大、系统性风险等活动，完善风险管理委员会运行机制，每月定期召开风险例会，研判解决各类风险隐患问题15个。稳步推进全业务领域一体化改革，推进8个方面重点改革事项，开展区域海关协调协作机制专题调研，探索与区域海关在党建、业务等方面加强协作。

【队伍建设】2022年，靖江海关开展“内控示范科室”创建活动，完成督审项目11个。制定全面从严治党6个方面39项工作措施，完善对“一把手”和领导班子4个方面20项落实措施监督。细化执法领域专项整治16项常态化措施，严格做好领导干部个人事项申报，开展干部选拔任用工作及本人与配偶子女从业行为情况自查。组织警示教育月、以案促改、新时代廉洁文化教育等专项活动，落实非执法领域专项整治，完善零星采购管理办法、政府采购管理办法等制度和岗位制约机制，制定11项防控措施。深化准军事化纪律部队建设，对疫情防控纪律、关容风纪、管理制度落实情况等开展实地或视频检查，进一步强化干部职工纪律意识、规矩意识。加强巡视巡察整改跟踪问效，党的十九大以来巡视巡察反馈问题均已整改完成，持续推进巡视巡察整改“不贰过”措施落地落细。实施预防酒驾醉驾网格化管理，落实“一人一策”、提级盯管等措施。

撰稿人

龚亚波

如东海关

【概况】2022年，如东海关细化落实全年重点工作62项，推进“铸魂”“戍关”“提质”“拔萃”“筑基”“鼎新”6项工程，落实党史学习教育常态化、长效化各项要求，做好疫情防控、安全生产、维护国门安全等重点工作。加强外来物种入侵口岸防控，开展国门生物安全各项监测。支持如东县人民政府新增5个泊位扩大开放。突出一线工作保障，建立完善人力资源保障机制，深挖“三加三化”改革潜力，优化人力资源配置，释放服务中心工作强大动能。

如东海关获评“2019—2021年度江苏省文明单位”、2021年度县级机关整体考核第一等次以及高质量发展争先进位先进集体等荣誉。

【党建工作】2022年，如东海关把“第一议题”作为党委会、月度形势分析会、风险例会等会议首要内容和固定动作，健全“学习落实—督导检查—改进提升”闭环机制。党委班子开展党委理论学习中心组集体学习15次，参加研讨30人次，开展“三走进”专项调研20次，撰写理论研讨文章和调研报告6篇，解决企业、职工问题30余个。聚焦“学、思、讲、干”，召开党委理论中心组专题学习会4次，党委班子成员带头讲体会、谈感受、撰写心得，结合总关“每周导学”开展“支部轮值特色周”活动，做到“日有学习、周有总结、月有测试”；开展“班子成员、支部书记、一线关员”三级宣讲16场次。依托“我来讲一课”活动平台，开展“‘第一议题’大家谈”活动12次。各党支部按照“12个必”要求，结合口岸疫情防控、防范化解重大风险等任务，探索推进“一支部一专题”研究，开展集中理论学习86场次，学习交流130人次，撰写学习体会28份。团员青年围绕“请党放心、强关有我”“青年跟党走、建功新时代”等主题，开展讨论交流。开展文明单位创建等工作，举办道德讲堂4期，发布“建功新时代　厚德力行向未来”学雷锋、“爱心专列·海关在行动”等志愿服务项目14个，服务总时长1164小时，人均时长24.76小时。

【疫情防控】2022年，如东海关坚持“外防输入、内防反弹”总方针，毫不松懈做好疫情防控。召开疫情防控指挥部会议40余次，开展“全覆盖、无死角、无遗漏”分析研判，迅速更新完善方（预）案20余个，内部演练3次，快速实现平急、急平转换各1次，积极配合海关总署“百名科长百日督查”组、南京海关安全防护督导特派员以及如东县疫情防控

▲2022年9月8日，如东海关关员在洋口港中石油LNG接卸站码头对入境船舶进行查验 （杨德智 摄）

督查二组等检查抽查。落实口岸卫生检疫措施，指导口岸运营单位规范红黄绿“三区”建设和场所消毒。开展进口冷链食品、高风险非冷链集装箱货物新冠病毒检测和预防性消毒，查验进口冷冻羊肠衣12批次、240.80吨，对其中11批次实施预防性消毒处理。建立“党员先锋队”，选派“政治强、作风硬、业务精”人员参加水运口岸和进口冷链食品安全监管专班。参加专班16人，占全关总人数65%。检查入境船舶93艘次，体温监测1715人次，验核《入境健康申明卡》2644份。

【口岸监管】2022年，如东海关监管进出境运输船舶185艘次，监管进出口货运量759.29万吨，货值57.86亿美元、同比增长25.20%。监管进出口危险品及包装1.41万批次，货值73.44亿美元、同比增长66.80%。监管进口液化天然气727.10万吨，货值57.10亿美元，均居全省首位。征收税款34.48亿元，其中关税0.47亿元，进口环节税34.01亿元。开展鼠及体表寄生虫、蚊、蝇等医学媒介生物监测，监测到鼠类1只、成蚊106只、蝇类73只、蜚蠊3只；监管运输工具，截获有害生物3种、4种次。全力做好打击走私工作，办理案件9起，货值约1500万元。

【综合治税】2022年，如东海关落实税收征管制度，建立内控节点23个，实现审计重点领域全覆盖，加强实时监控与定期自查；落实属地纳税人管理，主动对接新增试点企业2家，加强减免税政策引导，年内豁免税款1.10亿元；推进税收担保多元化改革，减轻中石油等税收重点企业财务成本超200万元；建立辖区规范申报易错商品清单，引导企业合规申报，审核属地企业数据1356条；完善政策性退税审批机制，完成退税17.10亿元。2022年，税收实际入库16.91亿元，同比增长5.10%。

【服务发展】2022年，如东海关围绕“我为群众办实事”实践活动，赴重特大企业开展“同心协力共谋发展”专题调研，解决企业供应链困难、加工贸易业务、技术性贸易措施、价格管理等问题20余个。强化政策研究，向地方政府报送工作专报和建议。组织政策宣讲，覆盖全部大型外贸企业，参与人数300余人。制定出台“优化口岸营商环境”15条措施和“促进外贸保稳提质”14条措施。加强RCEP政策辅导，制定“一企一策”，深化出口原产地签证智能审单与自助打印改革，签发RCEP证书2557份，货值超6亿元。建立出口特色农产品清单，开展特色农产品技术性贸易措施，助力企业开拓市场，监管特色农产品出口19411.90吨，货值9139.01万美元、同比增长8.60%；其中条斑紫菜产品2382.30吨，货值6491.30万美元，居江苏省首位。

【业务改革】2022年，如东海关深化落实“海关全面深化业务改革2020”重点工作任务，“两步申报”率60.60%。紧扣“向海发展”战略，开展进口货物“船边直提”（散货）作业93批次、728.96万吨和出口货物“抵港直装”（散货）作业2批次、0.41万吨。

【队伍建设】2022年，如东海关党委专题研究全面从严治党工作3次，开展人员思想动态分析和廉政形势分析各4次；完善党委议事清单和“三重一大”实施细则，制定党建、业务、管理等规范化操作手册（指南）。丰富“我来讲一课”平台建设，打造“忠诚、干净、担当”海关队伍。全面落实中央八项规定精神，坚持纠治“四风”，运用监督执纪“四种形态”中“第一种形态”4人次。深化“小海螺”“连心桥”“安全阀”等党建品牌建设。创立“三微”思想政治工作法，解决干部职工生病就医、子女入学等难题10个。践行海关“三实”文化，1名关员获评海关总署稽查司稽查岗位练兵全国百强，学会小组获评总关学会工作先进集体，2名关员分别获评学会之友、学会工作者。

【助力首家制造业企业获批AEO高级认证】2022年，南通联膦化工有限公司通过海关AEO高级认证，系如东县首家海关高级认证制造业企业，第二家获此资质经营主体。如东海关组成认证专家组，通过“线上+线下”方式，全方位、深层次、多角度开展企业信用调查，指导企业按标准要求开展内部控制、贸易安全等方面改进提升，帮助企业顺利通过AEO高级认证。

【如东首家供港澳蔬菜种植基地通过备案】2022年9月9日，江苏丰嘗农业科技（南通）有限公司顺利通过审核，系如东县首家供港澳蔬菜种植基地。如东海关多次现场调研辅导，指导修订基地质量管理手册及自检自控方案并督促落实，助力企业顺利通过供港澳蔬菜种植基地备案。

【助力企业享受RCEP政策红利】2022年，如东海关坚持需求导向，联合商务部门开展“访企问需”活动，“云调研”和实地调研走访企业35家，解决急难问题11个；汇总主要出口签证企业信息，分行业分国别推送RCEP技术性贸易措施、知识产权等政策解读，重点指导“应享惠未享惠”企业，实施“一企一策”靶向帮扶；持续优化便利措施，设立咨询服务窗口，指导合规申报，结合智能审核、自助打印等方式，助力企业降低合规成本，增强海外市场竞争力。1月1日，签发南通恒固智能家居有限公司出口智能家居RCEP原产地证书，货值33124美元，系如东县首份RCEP原产地证书。年内签发RCEP原产地证书2557份，货值0.96亿美元，自助打印率100%。

撰稿人

苑冬冬

启东海关

【概况】2022年，启东海关研究制定“5543”（即“五个聚焦”工作目标、“五个坚持”工作任务、“四实”奋斗路径，致力实现政治能力、业务体量、队伍建设“三个进位”）工作思路，全面筑牢疫情防线，开展“国门绿盾2022”行动，强化外来入侵物种口岸防控，开展进口食品“国门守护”行动，服务外贸发展，压缩整体通关时长，助力通州湾新出海口吕四起步港区“2+2”码头实现“开港即繁忙”。助力液化天然气等能源进口供应稳定，服务跨境电商等新业态发展。推进监管场所可视化信息化建设，开展“智慧海关”建设探索，建立智慧监管实施规划。

2022年，启东海关获评“2022年度启东市模范单位”“启东市2022年度‘营商环境提升年’工作先进集体”。

【疫情防控】2022年，启东海关筑牢疫情防线，加强水运口岸疫情防控，12名青年骨干参加水运专班，完成修船、换班采样950人次、船员换班842人次；强化监管场所日常管理、入境船舶风险研判、登临检疫全过程监督，发现问题及时通报，第一时间采取“熔断”措施。作为南京关区首批6个隶属海关之一，参加海关总署无接触式检疫试点工作，成功开展关区首次无接触检疫试点采样工作。加强内部管理，高效完成“平急转换”，强化共同居住人管理，实施离启返启“双报备”制度，妥善应对本土疫情。持续推进疫苗接种，基本完成全流程及加强针接种，接种完成率97.60%。

【口岸监管】2022年，启东海关开展“国门绿盾2022”行动，强化外来入侵物种口岸防控。持续开展进口食品“国门守护”行动，积极参加海关总署、南京海关对境外出口中国水产品企业视频检查和整改评估。严把进出口商品质量安全关，盯紧重点敏感商品质量监管、危险货物及包装检验监管。开展单证审核、资料比对，价格风险研判、磋商，补征税款167.53万元。探索以贸易调查为精准查发先导手段，有效查办专项稽查作业1起，案值273万元。稳步推进“四个机制”建设，对标对表排查各业务条线领域存在问题、全面梳理各类风险隐患、摸清关键风险节点底数；坚持问题导向、突出底线思维、强化应急处置，推动各部门时刻紧绷安全弦，紧盯关键保重点、“瞪大眼睛”防风险，不折不扣落实风险管控化解措施。

【服务发展】2022年，启东海关推送寰宇东方、中集太平洋、药明康德等13家企业进入重点产业链、供应链白名单行列，发挥长三角海关保通保畅机制作用，加快长三角地区物资通关流转速度。持续优化口岸营商环境，巩固压缩整体通关时间成效，平均进出口整体通关时间21.86小时、0.73小时，同2017年相比分别压缩82.67%和79.26%。根据海工船舶行业特性制定“一企一策”，通过分析不同类型保税加工业务，提供集中内销、报核前申报等便利措施，助力企业向生产超大型油气平台等高技术、高附加值船转型。了解掌握辖区重点大型海工装备制造企业订单情况，对加工贸易内销企业免征缓息税，纾解企业担保资金压力约3000万元。指导东成网络科技公司海外仓备案，实现启东首家跨境电商海外仓落地，全市通过跨境电商B2B方式出口货物1771万元。推动“船边直提”“抵港直装”等便利措施落地见效，优化服务助力煤炭、LNG进口，监管进口LNG近80万吨。统筹运用“提前申报”“两步申报”等通关便利措施，释放“汇总征税”等改革红利，保障疫情期间货物通关速度，监管国际航行船舶400艘次、进出口货运量411万吨、货物总值34.90亿美元。

【业务改革】2022年，启东海关全业务领域一体化改革稳步推进，“两步申报”“提前申报”应用比率逐步提升，属地查检业务改革落地。制订《启东海关“智慧海关”建设推进工作方案》，建立智慧监管实施规划，推进监管场所可视化信息化建设，加快推动智慧海关建设。采用“科技+制度”智慧监管措施，协调解决青山集团监管堆场空箱组货、件杂货与集装箱“集约配载”“同船运输”等问题，节约企业物流、堆场费用500余万元。扎实推进进口危险化学品改革试点，提前拟定目的地检验方案，明确工作要点，加强与口岸海关协作，优化进口光刻胶检验流程，口岸滞留时间至少缩短5天。12月1日改革试点以来，监管进口光刻胶5批、重19.40吨、货值近500万元。梳理本地轻纺、化工等重点领域企业名单65家，“线上云服务+线下一对一”提供享惠规划指导，推行无纸化申报、智能审核及自助打印等措施，实现绿色、规范、高效申报，助力企业畅享RCEP签证红利，签发RCEP原产地证书740份，签证金额4526.10万美元，助力企业享受进口国（地区）关税减免250余万元。创新“文件审核”方式，高效办理疫情防控下供港澳蔬菜种植基地延期核查。开展线上线下信用培育3次，顺利完成1家企业海关AEO实地认证工作。

【队伍建设】2022年，启东海关建立“主管部门-专业协作组”工作机制。成立8个专业协作组，青年关员任组长，配备10名业务专家“传帮带”指导21名青年组员，搭建培养人才、选拔干部重要平台。建立“思政+问题清零”联动机制，畅通民生问题解决路径。开展“我给新班子说句心里话”“谈心谈话”“我为群众办实事”活动，加强谈心谈话反馈问题成果转化，开展谈心谈话408人次，其中党委书记开展107人次，党委委员开展102人次，思政专员开展40人次，思政专委开展49人次，党支部书记开展110人次。收集、整理全关干部职工意见建议，梳理形

▲2022 年 7 月 15 日，启东海关在码头现场对一批进口钢管进行目的地查验（季嘉栋　摄）

成“民生工程”10 项，切实解决干部职工民生问题。建立“成绩单＋递进培养”叠加机制，激发荣誉感和责任感。坚持“用成绩单说话”鲜明导向，职务职级晋升等方面向疫情防控专班人员倾斜，选拔 2 名参加专班人员担任正科级领导干部，提任四级高级主办 1 人、一级主办 3 人、三级主办 11 人、副科级领导干部 1 人、主持工作 1 人；选派 3 名业务骨干赴南京海关跟班学习、集中工作、1 名科级领导干部到地方挂职锻炼，推行导师制，加强对新任公务员教育、管理、培养；推出东疆国门“夜归人”系列组合，激发干部职工建功立业热情。

【全力保障全球最大 LNG 运输加注船顺利完成交付】 2022 年，启东海关持续释放海关 AEO 高级信用认证企业资质红利，免征加工贸易手册延期保证金 2900 多万元，缓解企业资金压力；安排专人对接企业，克服疫情和不良天气影响，指导企业用好“提前申报”“两步申报”等各项惠企政策；第一时间关注查验指令，及时联系货主及其代理人，实时掌握进口设备通关动态；简化办理手续，根据企业申请，采取“视频远程查验＋单证验证”等方式，实现当日申报、当日放行，保证进口船用储罐、换热器等设备快速通关。6 月 8 日，全球最大 LNG 运输加注船顺利完成交付。

【开展关区首次无接触式检疫试点采样工作】 2022 年，启东海关成立无接触式检疫试点工作组，编制工作方案、细化操作流程，开展无接触式采样推演，确保采样人员熟悉操作要领和程序；事先加强码头前沿网络信号增强，通过“线上＋实地”开展企业一线人员作业培训，从操作规范、消杀流程、设备保养管理三方面全程指导；根据进境运输工具运营人申请，利用无接触负压采样亭，开展8名换班船员无接触式核酸采样工作，全过程仅用时20分钟。10月28日，顺利完成关区首次无接触检疫试点核酸采样工作。

【助力冷冻农产品首次出口日本】2022年，启东海关贯彻中央全面推进乡村振兴决策部署，助力启东地区特色农产品首次出口日本。通过提前介入帮扶、现场指导、车间图纸审定、专家会诊等，帮助企业完善车间改造方案，通过出口食品企业备案。优化工作机制，指导企业完善水产品危害分析与关键控制点管理体系，加强原辅料验收、过程检验、成品抽检，强化质量自检自控。制订查检专案，完善监督抽检计划，优化样品流转和出证放行等环节，实现衔接高效顺畅。监管11.81吨冷冻桃壳、南瓜壳首次出口日本。

【保障全球首艘第四代风电安装船交付出口】2022年，启东海关优化业务审核流程，支持企业通过线上报备开展外发加工业务，扩展保税物料仓储、生产面积；落实企业问题清零机制，提供“7×24小时”企业协调员服务，跟踪解决手册设立执行等3项问题，落实税收优惠政策，纾解企业担保资金压力；提前了解企业船用设备进口计划，发挥“牵头部门＋专业协作组”机制作用，配足查验监管人力资源，对进口超大件及设备实施船边监管，全力支持企业生产作业。12月，启东海关监管风电安装船顺利离境，货值2.72亿美元。

撰稿人

孙网进

太仓海关

【概况】2022 年，太仓海关监管进出境集装箱 132 万标箱，查验报关单 14851 份；监管国际航行船舶 6933 艘次；实现征收税款入库 152.20 亿元；助推太仓港集装箱吞吐量连续 5 年位居江苏省港口第一，连续 13 年居长江港口第一，稳居全国集装箱港口第 8 位；促进太仓市外贸进出口总额 1106.40 亿元，同比增长 0.20%。

太仓海关获评“2019—2021 年度江苏省文明单位”，获 2022 年市级机关单位综合考核“第一等次”；太仓海关团支部获江苏省省级机关五四红旗团支部；太仓海关妇女联合委员会获太仓市“三八红旗集体”。

【党建工作】2022 年，太仓海关紧紧围绕学习宣传贯彻党的二十大精神，深入组织开展捍卫“两个确立”、做到“两个维护”、强化政治机关建设专项教育活动，深挖问题根源，完成整改措施 434 条。完善落实“第一议题”制度，党委班子成员分别牵头开展专题调研，“1234”督办工作法完成工作督办 1700 余条。制定全面从严治党及党建工作要点、细化实施方案，与重点工作同步推进；下发“四强”党支部建设考核标准，推进“四强”党支部建设。形成机关党委和机关党委委员对基层支部联系工作机制，指导推动“一支部一品牌一课题”建设。实行年度支部书记党建责任清单、季度支部党建考核结果单和支部党建工作提示单“三单”管理，组织开展太仓海关“喜迎二十大”党建知识竞赛。联动“思政两专”谈心谈话和“干部职工问题清零”机制，完成谈心谈话 1000 余人次。

【疫情防控】2022 年，太仓海关登临检疫国际航行船舶 1386 艘次、检疫船员 25532 人次，妥善处置异常情况 26 起，高非冷链采样 557 个。坚持“多病共防”，实现关区 2018 年来首次在入境船舶携带病媒生物中检出致病菌——蝇类沙门氏菌阳性 1 例。严格执行“四必须”“五件套”“六个不”等措施，集中培训“严进”，运行监督“严管”，量化考核“严出”，65 名关员进入封闭专班作业，建立封闭管理人员“一人一档”关心关爱举措，组织保障各类防疫物资 11.8 万个 / 件。创新“远程检查”工作模式，最大限度实现船员检疫“非接触”目标，不接触检疫作业船舶 513 艘次，占登临船舶总数的 37%。逐条即时修订《太仓海关关于地方发生新冠疫情应急处置预案》《太仓海关常态化内部疫情防控方案》，组建督导专员队伍，联合三级监控指挥中心发现整改问题78项，严出行、密排查、快处置、细管理内防举措严格有效落实，全口径疫苗接种比例99.63%。

【口岸监管】2022年，太仓海关监管进出境货运量4018.80万吨，同比下降9.90%，进出口货值439.20亿美元，同比增长5.90%；监管集装箱132万箱次，同比增长15.90%。监管国际航行船舶6933艘次，同比增长2.40%；验放进出境人员7.26万人次，同比减少3.70%。维护国门安全，检验检疫进出口货物7.40万批、708.10亿元，检出不合格货物349批、4.10亿元，不合格率0.50%、0.60%；查验植物产品1753批次，截获外来有害生物191种5730种次，其中检疫性有害生物17种904种次；加大重点商品监管力度，查获固体废物案件3起，退运不合格旧机电、木面多层板等4批，查获口危险货物使用鉴定不合格3票，检出进口不合格儿童牙刷7万把，入选海关总署稽查司首批属地查检典型案例；持续开展“国门守护行动”维护食品安全，检出非洲猪瘟病毒阳性2起，检出进口不合格食品3批次，查获动物源性饲料和氨基酸违规并实施退运处理3批次。

【综合治税】2022年，太仓海关征收税款152.24亿元，同比下降0.40%。完成事中验估2262票。报送全国海关税收风险信息8条，上报税收风险防控建议24条，提出税则调研5篇。开展属地重点税源企业试点属地纳税人管理15家；担保制度改革覆盖企业137家，担保金额89.93亿元。支持江苏首票RCEP消费品太仓进口，争取苏州首家经核准出口商落地太仓，RCEP项下进出口货物货值26.56亿元，享受税收优惠3179.66万元，享惠进口货值13.47亿元。

【后续监管】2022年，太仓海关发挥贸易调查先导作用，稽查查发率提升至95.24%，自主分析申请稽查指令10条均获查发。加强与地方部门“双随机、一公开”联合执法，有效推广“自查结果认可模式”，不断提高海关核查工作有效率，办结核查作业96个；完成监督管理出入境检疫处理单位10家次，查发一般不符合项6项。开展主动披露作业30个助企惠享“容错红利”，减免企业滞纳金697.06万。

【队伍建设】2022年，太仓海关深化清廉海关建设，贯通“四责协同”机制，履行党委班子全面从严治党主体责任，与派驻纪检组协同联动，持续强化“一把手”和领导班子监督，全体干部职工分3个层次签订廉政责任状，压实各级廉政责任。扎实开展“海关重点项目和财物管理以权谋私”专项整治，汇总分析问题风险，查摆问题6个，制定针对性防控措施23条。以青年关员为重点深入开展专题警示教育，规范领导干部配偶、子女及其配偶从业行为。强化“八小时以外”监督管理，全年开展酒精测试抽查9次1000余人次。规范运用监督执纪“四种形态”特别是“第一种形态”。擦亮“廉砖铸国门”文化品牌，9件作品在“清风国门”廉洁文化作品征集活动中获奖。推进专家组梯队建设，构建“专家+通才”人力资源体系，4人次新获动植检高级签证官等资质。

【深化改革融合】2022年，太仓海关开展机构改革“回头看”调研，实现“查、管”“查、审”“批、核”分离下条线归口一链监管，根据条线组建15名具备各类专业资质的一线队伍，“单一窗口”部门做到行政审批一口对外。联动全业务领域一体化改革与全业务领域专项整治工作，清零结合部、疑难杂症等工作问题41项。争取获得属地查检与稽核查执法联动试点落地太仓，建立属地查检部门与稽查、核查部门联席会议制度和联络员制度，共享线索信息，打破建制壁垒，查检、核查部门统筹优化行政执法资源利用，实现对全部外勤作业联合执法、融合作战。优化检验检疫行政案件处理流程，研究试行《太仓海关关于加强检验检疫行政处罚案件管理的工作方案》，办理危险化学品行政处罚案件16起，涉案货值约1044.81万元。

【口岸危险品综合治理】2022年，太仓海关紧盯申报、查验、取样送检、放行提离等几个关键端口统筹口岸多方力量，着力破解危险品“围港”“滞港”难题，危险化学品提前申报及提前疏港比例从不足20%提升至近100%，在港时长从18.47天缩至4.84天，连续5个月危险化学品超期存放“动态清零”；定向拆解“伪报”“瞒报”顽疾，现场查获8票出口蓄电池、含锂电池电动自行车逃漏检案件，截获3票危险化学品缺少“两用”证件并退运出境，移交办理行政处罚案件；完善《太仓海关集装箱危险品监管模式改革方案》，完成企业涉危海关监管场所危险品堆场注销2家。

【国门生物安全】2022年，太仓海关开展“国门绿盾2022”，严防动植物疫情和外来物种入侵。推进太仓海关织密织牢国门安全防护网2022专项行动，研究生物安全监管体系建设，修订《太仓海关检疫处理监管工作方案》。查获黄檀属和紫檀属檀香紫檀制旧家具105件921千克，系3年来关区查获量最大濒危物种制成品；查发象牙等濒危物种1次3件；检出非洲猪瘟病毒阳性2起；熏蒸、销毁处理违规进境原木64批次；截获检疫性有害生物17种904种次。

【服务港口载体建设】2022年，太仓海关着力推进太仓港综合保税区高质量发展，支持四期集装箱码头等重点项目实施，辅导5家口岸开放码头和指定监管场地申请开放，完成太仓港冰鲜口岸新功能资质预验收，助力实现综保区全年进出区货值10.70亿美元。助力江苏省第二家、苏州第一家菜鸟跨境电商进口中心仓落地太仓港，设立苏州第一家跨境电商进口业务退货中心仓，首年完成一线进口货值262.21万美元；二线出区包裹10.91万

▲2022年9月23日，太仓海关关员查获一批黄檀属和紫檀属檀香紫檀制旧家具（杨泽浩　摄）

票、货值758.96万元，同比分别增长600倍和400倍。

【推进长三角一体化】2022年，太仓海关做亮“联动接卸”监管模式太仓品牌，发挥太仓沿海沿江沿沪区域特点，建立上海海关、太仓海关、企业三方业务联络群，争取地方政府对该模式进行补贴，积极配合上海港空箱调运中心太仓分中心解决进口异地还箱难问题，优化便利“联动接卸”模式，有效缓解疫情期间上海港进出口货物陆运难状况。“联动接卸”模式全年进出口监管94792标箱，同比增长15%，为企业节约成本近2000万元，其中，进口14078标箱，同比增长139%，出口80714标箱，同比增长5%。

【持续压缩通关时间】2022年，太仓海关推广“提前申报”“两步申报”企业范围，进口整体通关时间压缩比保持在50%以上，出口整体通关时间压缩比在关区名列前茅。推动“船边直提”“抵港直装”扩面增效，服务危险化学品集装箱和大件、大宗散货进出口业务，年内完成“船边直提”监管集装箱7161标箱，散货220万吨；抵港直装监管集装箱10394标箱，散货货重13.81万吨。与长江上游属地海关结对，完成江苏口岸首票“离港确认”模式转关，放行抵港货物130票，平均用时2小时。

【优化口岸营商环境】2022年，太仓海关落实海关总署10条、南京海关18条促进外贸保稳提质措施，打造“阳光服务 质效通关”营商环境品牌。探索企业服务“网格员”机制，联系企业234家，实现企业问题清零48项。实现行政审批“一口对外”，设立太仓海关统一服务热线，完成行政许可22项，办理新企业备案327家，注销99家，完成企业资质信息变更360家。报送外贸信息，多篇工作专报获地方党政领导批示肯定。

撰稿人

舒中亚

常熟海关

【概况】2022年，常熟海关强化“三应”闭环管理和“四个机制”建设，以“严字当头、稳中求进、振奋精神、共创未来”主基调为引领，持续推进“强化三项建设（党的建设、基础建设、队伍建设）、实现“三个提升”（风险防控、把关服务、创新创优三个能力提升）总体目标。2022年，常熟市进出口总值1595亿元，同比增长3.80%。

2022年，常熟海关复评“江苏省文明单位”，获评常熟市依法行政示范单位、“七五”普法先进单位。

【党建工作】2022年，常熟海关认真学习宣传贯彻党的二十大精神，制订落实学习方案，组织理论中心组专题学习5次，班子成员下沉科室参加专题学习研讨18次，各支部集中学习研讨40次。开展捍卫“两个确立”、做到“两个维护”、强化政治机关建设专项教育活动和“学查改”专项工作，班子成员走访调研35次，全关查摆各类风险40条、问题14个，落实整改措施35条。深化“强基提质工程”，开展“管理四问”大讨论和纪律作风“学研纠建”活动，3个党支部获评南京关区第二批“四强”党支部。开展谈心谈话1605人次。组织工会兴趣小组8个，依托团支部举办“青年夜校”“青年讲堂”等活动9期，成立妇联组织。

【疫情防控】2022年，常熟海关坚持“外防输入、内防反弹”总策略和“动态清零”总方针，及时更新完善防控技术方案及应急预案，“一船一策”实施登临检疫。年内登临检疫船舶409艘次、核酸检测船员1222人次、实施船员换班1055人次。坚持“人、物、环境”同防，开展非冷链商品取样和消毒演练；完成口岸环境样品监测，取样送检360份；配合地方联防联控机制对进口货物进行防疫督导检查，提供3000余家进口企业风险排查数据1.50万条。规范专班封闭管理，组织防护培训演练30余场；全程视频监控登临检疫作业在线率保持97%以上。防控工作通过海关总署“百名科长百日督查”。

【监管业务】2022年，常熟海关受理进出口报关单14.61万份，监管进出口货运量1037.45万吨、货值156.41亿美元，监管集装箱19.04万箱，监管运输工具1770辆艘，实施查验报关单1746份，查获报关单145份，加工贸易审批备案307份、货值29.19亿美元。落实舱单物流管理，开通“离港确认”新模块，推广水运中转新模式，舱单核销率100%，保障

▲2022年3月19日，常熟海关关员在常熟兴华码头使用无人机进行“抵港直装”监管（陆焰 摄）

物流通畅。推进“口岸危险品综合治理”百日专项行动，对14家监管作业场所实施全覆盖巡查，查发退运危险品货值124万美元。

【税收征管】2022年，常熟海关加强涉税要素管理，防控税收风险，确保国家税收安全；征收关税和进口环节税71.61亿元，同比增长9.50%。用好税政调研、减免税政策及原产地优惠协议等，帮助企业减免关税，支持经济发展；向南京海关反馈税号及关税调整建议4条；办理进口减免税货值3354.11万美元，减免税款2675.88万元；签发各类优惠原产地证书2.95万份，货值21.39亿美元；助力企业享受进口RCEP关税优惠超2062万元，出口享惠约1071万元；综合保税区一般纳税人资格试点为3家试点企业抵扣增值税849万元。

【检验检疫】2022年，常熟海关组织国门生物安全监测、外来有害生物普查、能力提升工程等工作，承担常熟地区7项国门生物安全监测任务，设置诱捕器124个，动态掌握口岸相关外来有害生物入侵、定殖、扩散情况。严把一线监管关、严防固废入境，落实系统布控查验再生类进口货物13票，排除固废风险。严把食品安全关，开展进口食品“国门守护”行动，查办机构改革以来常熟海关首个食品安全监管行政处罚案件，助力阳澄湖大闸蟹连续21年平稳出口。属地监管检验不合格商品49批次、货值1.35亿元，截获动植物及其制品52种次。

【查缉走私】2022年，常熟海关探索建立“全链条全领域协同监管”机制，用好“云擎”数据分析等手段，科学推动落实高质量查获任务；全年人工分析查获率28%。与常熟市烟草专卖局建立信息共享平台，与常熟市税务局共同防范税收领域骗取留抵退税风险，加强与公安局及相关口岸单位全力推进“国门利剑2022”联合专项行动和反走私综合治理工作；走私刑事案件立案2起，案值329万元；行政案件立案64起，案值7254万元。

【业务改革】2022年，常熟海关参与南京海关关区属地查检与口岸查检、稽核查执法联动机制建设工作，试点期间共享执法信息1148条，互通不合格信息40条，执法联动核查作业17批，移交稽查线索4条。开发“智慧口岸远程检疫工作站”，实现不接触检疫，压缩检疫时间45%，远程登临检疫船舶艘次、船员人次分别占同期业务总量28.60%和25.20%。借助地方平台开发“查检通”属地查检预约系统，实现线上预约排队功能，解决关企联络渠道等问题，打通监管服务“最后一公里”。

【企业管理和稽核查】2022年，常熟海关规范企业备案管理，通过“网上不见面”方式办理企业注册备案403家，企业变更209家，出具企业信用证明65份；完成全市进出口活跃企业数据库基础数据梳理2600家。强化企业信用培育，新增AEO高级认证企业4家，总数增至19家；提供认证企业优先通关服务130票，降低查验率80%以上。完善纠错容错机制保护市场主体，实施主动披露作业30起，减免企业滞纳金213.56万元，护企保信用相关做法被纳入南京关区新时代“枫桥经验”典型案例。优化稽查核部门设置，强化后续监管力量，深化稽核查业务改革。稽核查作业有效率96.80%、80.60%。参与苏州海关协作区核查作业，与常熟市市场监管部门首次开展食品企业联合核查；涉检稽查案件实现零的突破。

【服务发展】成立“促进外贸稳增长指挥部”，制定发布保稳提质对企服务措施12条，组织海关政策宣讲团赴重点板块开展“点单式”培训宣讲，围绕综合保税区高质量发展、RCEP等重点方面开展调研。做好技术性贸易措施相关工作，对海关总署下发名单内85家出口企业开展年度国外技术性贸易措施影响调查；落实“龙腾行动2022”方案，加强重点保护企业知识产权政策宣传。推广“两步申报”“两段准入”通关改革，实施“直提直装”便利化措施简化货物通关中转220批次，3.56亿美元，为出境蔬菜、水产品等鲜活易腐农食产品开辟查验绿色通道。

【队伍建设】2022年，常熟海关优化干部调研工作机制，科学建立后备干部队伍库，统筹做好职务职级任免工作；制定《规范职级干部使用管理工作细则》。创建文明单位，组织志愿服务队支援社区完成核酸检测近3万人次，开展“青老互助”“阳光惠农”“慈善一日捐”等志愿服务活动。2名关员分获常熟市“五一劳动奖章”和“最美退役军人”称号。

【特殊区域管理】2022年，常熟海关推动落实综合保税区发展主体责任，积极促进综合保税区考核排名争先进位。广泛调研深化政策研究，发布综合保税区发展研究报告，获地方主要领导批示；创新综合保税区与常熟港“区港联动”模式，支持发展纸浆等特色商品保税业务；推进区内保税物流配送中心建设研究，引导研发设计、检测维修等新业态落地；叠加一般纳税人资格试点、关税保证保险、内销选择性征收关税等政策红利，促进内销便利化；优化海关监管机制，简化分类监管手续，制定“白名单”支持非报关货物便捷化入区。年内，常熟综合保税区进出口总值4亿美元，同比增长73.70%。

【新业态发展】2022年，常熟海关支持常熟市场采购贸易打造“江苏模式”，联动拓展，打通全国一体化通关口岸80个，出口目的地扩大至157个国家和地区。成功试点小额小批量业务，推动市场采购搭乘中老铁路、中欧班列，开辟“一带一路”等物流新通道；协助地方政府完善商品备案审核“红、绿、黄”通道，在准入风险、商品风险、货物风险、申报风险、价格风险5个方面发挥海关监管专业职责，做到“源头可溯、风险可控、责任可究”。监管市场采购贸易出口27.03亿美元、同比增长57.50%，其中省内联动出口6.53亿美元。

【风险防范】2022年，常熟海关强化“三应”闭环管理和“四个机制”建设，扛稳政治责任，细化落实各领域“加强版”风险防控措施。梳理形成“落实‘四个机制’建设防范重点风险事项”“全业务领域专项整治”“防范化解重大风险强化监督工作‘6+N’”等风险清单，排查问题、风险89项，制定整改、防范措施226项。扎实推进“海关重点项目和财物管理以权谋私”专项整治，排查重点项目风险点26个，对账销号落实整改措施15项。加强内控管理措施，集中修订《常熟海关工作规则》等非执法领域制度38项并开展内控前置审核，积极创设内控示范科室2个。

撰稿人

潘　伟

昆山海关

【概况】2022年，昆山海关强化风险管理，推动“四个机制”落地见效。突出“专职督控”，细化“讲政治”“精业务”“尽责任”三张清单，通过视频宣讲、电话答疑、“一对一”辅导等方式对各部门风险清单开展督导，提出复核意见121条，制定“三张清单”风险事项239个、应对措施583项；畅通“‘岗位、科室、督控、评估’4层监控体系”执行反馈渠道，通过“342”微信工作群做好日常提醒，推动“科室自控、科室检控”正常运转，确保风险事项有人管、按时管，督促HLS2017内控平台提示警示信息及时反馈36次；紧盯企业问题清零，加强跨部门“业务协调”，运用“协调解决、向上反馈”2项机制快速妥善处置辖区3家企业申报不实情事。深化“RCEP协定”“集团加工贸易”等改革举措，助力昆山完成外贸进出口总值6900.20亿元，创历史新高，同比增长0.20%，占江苏省进出口总值12.70%。

昆山海关连续24年获评江苏省文明单位；获评昆山经济技术开发区经国务院批准30周年“杰出贡献集体奖”，为昆山市唯一受表彰机关单位；获国家机关事务管理局、中共中央直属机关事务管理局、国家发改委、财政部授予第二批节约型机关建成单位称号；昆山海关国门生物安全教育基地获评2022年度江苏省科普教育基地。1名个人获江苏省科普大赛一等奖。

【党建工作】2022年，昆山海关深化政治机关建设专项教育活动，累计梳理政治要求417项，查摆问题371个，制定整改措施543项。转正预备党员5名，吸收预备党员6名，10个党支部获评关区“四强”党支部。不断深化拓展“我为群众办实事”实践活动，开展政策宣讲10余场，覆盖企业千余家。发挥思政“两专”作用，开展谈心谈话2112人次，思政工作案例被南京海关相关载体采用6次。

【疫情防控】2022年，昆山海关开展口岸疫情防控应急演练6次，下发监督告知书3份，督促监管场所经营方落实相关要求；加强安全防护监督检查，建立口岸疫情防控四级监督监控机制，组织开展口岸疫情防控联合检查4次，推动疫情防控措施日常监督检查制度化、常态化、规范化，相关做法得到海关总署疫情防控督导组肯定。加强进口冷链食品、高风险非冷链集装箱货物安全监管，制订具体实施方案和作业指引。

【监管业务】2022年，昆山海关监管进出口总值713.16亿美元，同比下降1.55%。签发原产地证书5.76万份、36.68亿美元。监管进出口货物82.06万吨、进出境集装箱12.52万箱，同比下降15.43%、9.55%。报关单结单97.07万份，同比下降18.80%；征收税款133.63亿元，同比增长4.60%。检验检疫进出口货物6.16万批次、货值1218.94亿元，同比下降18.27%、23.57%。

【查缉走私】2022年，昆山海关加强部门联动，保持打私高压态势，开展“国门利剑2022”联合专项行动，重拳打击重点涉税商品走私和涉检违法犯罪。查办海南离岛免税“套代购”走私案，案值51万元、食品走私刑事案件，案值799万元。联合地方公安部门破获毒品走私案件，查证违禁药品28粒。

【服务发展】2022年，昆山海关助力昆山市实现对“一带一路”共建国家或地区进出口总值1492.44亿元，同比增长4.88%。提升企业信用培育质量，新增AEO认证企业4家，AEO企业数增至7家。成立服务民营企业工作专班，针对短期成本上涨、电子元器件供应紧张等问题，研究提出支持措施2项；便利企业跨关区设备流转，助力企业订单承揽能力倍增；聚焦民营企业高频率办理注册登记、信息变更等政务服务事项，减流程、减材料、减办理时限，提高市场主体办事满意度。昆山市民营企业进出口总值2225.30亿元，同比增长11.89%。发挥自行车及童车技术性贸易措施研究评议基地作用，推送出口国（地区）技术性贸易措施风险信息6条，出具企业出口欧盟检测报告7份，全链条服务助推国产电动自行车扩大出口。

【业务改革】2022年，昆山海关承担海关总署、南京海关改革试点10项，参与海关总署属地查检系统建设、查四系统开发等方面业务改革工作，参与起草南京海关危险货物包装性能检验相关管理办法；牵头承办《中华人民共和国海关综合保税区管理条例》起草工作；推进企业集团保税监管模式改革扩面增效，立讯精密集团参与企业数量、规模排名全国第一。推进“海关行政执法过程‘嵌入式’靶向普法改革”“基于工单直连的核销多维决策支持系统”“后续监管作业辅助系统”“基于仓储联网系统的物流企业虚拟核算系统”“基于‘视频监控+远程交互’的远程验核系统”5个自主创新项目，创新监管服务促进昆山辖区外贸保稳提质。

【队伍建设】2022年，昆山海关选拔任用执法一线正科级干部2名、副科级干部4名。晋升四级高级主办8名，一级主办6名，三级主办10名、四级主办1名。运用“第一种形态”谈心谈话2人次。

【RCEP红利释放】2022年，昆山海关紧抓机遇促进对RCEP成员方外贸稳增长。依托案例剖析，突出关税减让安排、核准出口商声明的便利措施等重点内容，举办RCEP专题培训5期，开展企业政策解读、答疑服务近400家；推广无纸化申报、智能审核及原产地证自助打印等措施，便利企业拓展自贸协定业务；紧扣厨房用品、药品化妆品等重点产品，指导129家对日贸易企业建立RCEP与中日自贸协定关税减让对比清单，优化享惠规划。签发RCEP证书3454份，对RCEP成员方进出口总值2044.88亿元、同比增长1.12%；对东盟进出口总值857.49亿元、同比下降3.41%。

【构建远程验核作业体系】2022年，昆山海关在南京海关关区率先实施远程验核作业体系，破解通关、抗疫“两不误”难题，打造疫情环境下实货监管闭环管理链条；制定《昆山综合保税区监管现场远程验核操作指引》，明确非报关货物适用范围、细化操作步骤，确保远程验核标准化、规范化；依托智慧综合保税区管理平台开发“远程交互”系统，综合运用AR摄像头、5G手持终端等音视频设备，后台专家通过“视频监控+远程交互”实时联动验核，实现“司机不下车、验核不见面、货物不滞留”；成立“远程验核”工作小组，对接企业需求，提供预约“验核”服务，开辟急需料件优先验放绿色通道。运用该模式验核621票，保障企业生产紧缺原材料及时入区。

【建成关区首个“国门生物安全云展厅”】2022年，昆山海关建成南京海关关区首个“国门生物安全云展厅”。以《中华人民共和国生物安全法》和生物多样性为主题，分为生物之境、国门之安、海关之责等7大科普板块，集中展示海关维护生态安全、保护生物资源、促进生态平衡等5大领域成果；制作昆虫标本450余种，科普宣传版面20余个，设置生物安全知识科普互动专区，配备体式显微镜、查验工具等实景模拟海关监管工作，提供海关实际作业场景沉浸式体验；依托展厅资源拓展打造网上宣传阵地，征集保存各类海关现场监管图片和典型案例200余幅（件），制作“4·15国门生物安全”主题宣传微信，点击率超3000人次。

【完成关区首票生产型企业工单账册核销】2022年8月10日，昆山海关完成南京海关关区首票生产型企业工单账册核销。组建海关、企业和科技公司“关企科技+”三方联动小组，梳理报核流程，畅通数据通道，完善计算逻辑；本期核销核算工单数据约2000万条，核注清单超7万票，库存数据约10.50万条，进出口总金额276亿元。该模式可准确展示企业实际生产情况，降低企业报核差异率，节约企业核销数据处理时间120小时，核销时间较传统核销方式压缩90%。

【创新综合保税区行政卡口“诚信通”管理】2022年，昆山海关在全国率先创新实施综合保税区行政卡口“诚信通”管理，实行车辆管理分级，通过建立文明通行情况、日常守信评价、历史档案记录等3方面17条信用赋分指

▲2022年6月7日，昆山海关关员在该关国门生物馆给小学生讲解国门生物安全知识 （赵俊凌 摄）

标，根据信用积分高低，形成车辆清单4类；搭建车辆通行数据库与通行车辆信用清单“一库一单”“诚信通”管理系统，叠加运用“AR摄像头+图像识别”无感采集车辆信息，通行效率提升90%；采用首进告知、首违告知“双告知”靶向普法，叠加执法过程“嵌入式”普法，强化综合保税区车辆进出区管理规定宣导，从源头减少违规行为。实施车辆授信28万余辆，纠正误入车辆237辆，实施定向普法7000余次，日均直通车辆4.50万车次。

【首个跨关区稽查行动】2022年9月20日，昆山海关实施海关总署稽查改革以来首个跨关区稽查行动。落实海关总署“金钥2022”涉税稽查专项行动部署，成立专项稽查行动组，召开专题会议4次，研讨分析企业经营状况、组织架构、贸易结构和关联公司等情况，制定针对性外勤取证方案。

【创新“一区多片、片区直通”物流流通模式】2022年11月18日，昆山海关在全国率先创新实施综合保税区“一区多片、片区直通”物流流通模式，实现各片区间“智享联通、协同高效”，确保重点区域产业链供应链高效运转。通过“企业问题清零”机制，收集整理片区企业料件分拨和运输配送环节难点问题11个，精准把握企业排产计划及物流需求；深化海关监管模式改革，优化货物申报、车卡关联、到货确认等监管作业流程，实现运输工具到片区企业“直连直通”，通行时间由原来的1小时压缩为2分钟；发挥关企联络员纽带作用，指导3家企业运用该模式加快生产要素周转，累计直通车辆1.2万车次，单次为企业节省物流费用800元。

【助力亚洲最大中式意面生产基地全省首次出口】2022年11月20日，昆山海关助力亚洲最大中式意面生产基地全省首次出口。推行“培育式”服务，从质量体系、卫生控制、危害分析等方面给予技术指导，提出完善自检自控指标等3项整改措施，助力企业合规顺利出口；办理时间“零等待”，通过“一对一”指导、解读操作指南等措施，及时出具《出口食品生产企业备案证明》，缩短企业出口周期；辅导企业完成出口新品质量策划，实施提前申报、预约查验，开辟资料前置审核、周末查检等绿色通道新模式，实现各环节一体化快速通关，助力全省首批19.90吨中式意面完成通关，顺利出口古巴。

【进口危险化学品检验模式改革试点】2022年12月27日，昆山海关综合施策保障进口危险化学品检验模式改革落地，通过“码上讲”“互联网+关企交互”等方式开展感温材料进口政策法规、检测项目、适用标准等宣介；根据变性聚苯醚树脂属性及其危险货物包装类型，梳理取样规范及重点监管事项，拟定目的地检验方案；对接企业进口计划，叠加“预约查检”措施，实现货物运抵工厂后约2小时完成检验作业，整体通关时间压缩近2天。该批货物（精细材料变性聚苯醚树脂）为海关总署开展进口危险化学品检验监管模式改革试点后，昆山辖区首批实施目的地检验的进口危险品。

撰稿人

熊雪峤　胡茂盛

吴江海关

【概况】2022年，吴江海关强化政治机关建设，以“月度任务+日常任务”为抓手，制定16份政治要求责任清单，梳理形成18项问题和40条整改措施；服务长三角一体化国家战略，“口岸外观查验+目的地综合处理”联动开展真空包装等高新技术货物目的地查验；对67家出口危险货物、出口危险货物包装容器生产企业开展新标准解读，查发不合格出口危包26批；用好“1216关企服务平台”，为企业提供24小时全天候通关保障，获评苏州市吴江区2022年优化营商环境十大优秀案例。

年内，获评“2019—2021年度江苏省文明单位”“2022年度高质量发展综合考核区级机关部门第一等次”。

【党建工作】2022年，吴江海关党委开展“第一议题”学习40余次并督办检查、跟踪问效。研究制订《吴江海关学习宣传贯彻党的二十大精神实施方案》及27项具体工作安排，举办党委理论学习中心组（扩大）学习贯彻党的二十大精神培训班。强化“一把手”和领导班子监督，制定关党委加强对“一把手”和领导班子监督落实26条措施。查检二科党支部、稽查一科党支部、督察内审科党支部3个党支部获评关区第二批“四强”党支部，3个“两优一先”先进党支部和14名党员受关区及本级表彰。

【疫情防控】2022年，吴江海关落实新冠疫情防控措施，制订并更新吴江海关新型冠状病毒感染的疫情口岸防控工作方案。完成“百名科长百日督查”督导检查。组织开展职业暴露应急处置推演、高温中暑、突发火灾、核辐射等应急处置演练。参与社区防控组督查检查工作，督查指导35家企业疫情防控工作，参加社区及进口货物（非冷链食品）企业督导检查10余次。

【监管业务】2022年，吴江海关监管进出口货运量37.48万吨，同比下降16.40%；监管进出口总值200.02亿美元，同比下降13.20%；监管集装量6.34万箱次，同比下降9.90%。完善加贸监管服务系统，参与南京海关综合保税区业务示范点创建。提升查检查发效能，查获率16.90%。办结稽查作业45起，有效作业32起；办结核查作业80起，有效作业64起。做好海关监管作业场所日常巡查工作，开展场所巡查50次；加大对货运渠道伪瞒报、夹藏夹带的查验力度，规范核辐射检测流程，共监测入区车辆的核辐射数据201540组。

【检验检疫】2022年，吴江海关查发进出口不合格产品81批，其中出口11批、进口70批，包括重点敏感出口不合格稀土产品3批、特种压力容器2批、医疗器械1批、旧设备39批、食品2批，累计涉及退运3批、销毁15批，报送属地查检典型案例3个、商品检验典型案例3个。完成食品、水生农产品等监督抽检和风险监测42批；完成区食品安全委员会风险监测任务64批。种苗基地有害生物监测、外来入侵物种普查实蝇监测21个点、红火蚁监测4个点均按方案开展。开展储存场地卫生监督1次，鼠类监测2次，蜱类监测3次，成蚊监测4次，蚊幼虫监测2次。

【加工贸易】2022年，苏州市吴江区加工贸易实际进出口553.40亿元，同比下降11.30%，占吴江区进出口总值32.10%。综合保税区进出口416.40亿元，同比增长0.20%，占吴江区进出口总值24.20%。共有加工贸易企业175家，其中申办手册经营企业144家，同比下降4%，联网监管企业31家，与2021年持平。

【税收征管】2022年，吴江海关征税入库22.87亿元，同比下降7.80%；审核出具征免税证明210份，货值26135.70万美元，同比增长124.30%，减免税额11982.30万元，同比增长84.30%；签发原产地证书25919份、货值13.73亿美元，其中优惠原产地证书20110份、货值10.12亿美元，减免进口国（地区）关税3.39亿元。与吴江区商务局等部门开展RCEP政策宣讲，签发RCEP原产地签证4074份、货值17673万美元，减免进口国（地区）关税1184万元。完成6项商品税政调研选题。

【查缉走私】2022年，吴江海关推动苏州市吴江区政府完善“打、防、管、控”反走私立体防线，与公安等部门联合赴太浦河等区域开展夜查，紧盯成品油等重点商品，开展“国门利剑2022”，一般行政案件立案7起，办结3起，查办两简案件30起，罚没入库金额12万元。

【法治建设】2022年，吴江海关接收行政许可事项申请16家次（其中出境竹木草制品生产加工注册登记10家，保税仓库设立变更审批3家、注销1家，出境货物木质包装除害处理标识加施企业延期2家），“好差评”系统评价均为五星好评。严格落实行政执法“三项制度”，对制订发布的各类制度开展梳理和清理。坚持新时代“枫桥经验”，构建行政争议多元化解机制。建立“吴江海关重大减免税项目普法宣讲”普

▲2022年4月29日，吴江海关关员在果园悬挂实蝇诱捕器（戴宇婷 摄）

法机制，对企业、社会团体开展法律法规宣贯、座谈、线上答疑300余企次。加强与苏州中级人民法院、吴江区司法局和吴江区人民法院的沟通联系，就异常经营企业处置保持密切沟通，未发生异常经营企业税款流失等情事。年内，吴江海关获吴江区七五普法先进集体，1名人员获苏州市七五普法先进个人。

【统计分析】2022年，吴江海关4篇信息获海关要情采用，《海关技术性贸易措施工作机制研究》报告获《海关政研载体》刊发，《江苏省吴江地区纺织服装行业发展态势调研报告》等3篇调研材料获海关总署统计分析司网站录用。积极参与报江苏省委省政府专报撰写并获省领导批示1篇次。

【企业管理】2022年，吴江海关办理新增进出口收发货人备案申请584家，办理企业信息变更申请638起，办理企业注销申请156起，处理历史海关编码延期131家次，更改海关编码异常企业231家；出具企业信用状况证明70份。对吴江区151家重合同守信用企业开展年度复查。

【风险管理】2022年，吴江海关完善全业务领域一体化、吴江海关科室风险清单、大安全建设机制。每季度对重大风险开展联合研判。印发《中共吴江海关委员会落实“三应”工作要求，强化“四个机制”建设工作实施方案》，细化形成119项吴江海关运行执行反馈表。细化举措防控好“7+21”项重大风险。

【安全生产】2022年，吴江海关建立风险隐患“吹哨人”预警机制。开展“口岸危险品综合治理”百日专项行动，对监管作业现场、综合保税区、办公场所、实验室和危险化学品监管等环节安全风险开展了全覆盖排查治理。紧盯危险化学品和危险货物，向吴江27家出口危险货物生产企业、40家出口危险货物包装容器生产企业发送新标准解读，查发不合格出口危险包装30批，2起案例入选《南京关区进出口危险货物及其包装检验典型案例》。

【队伍建设】2022年，吴江海关成立首届妇联。提拔任用2名正科级、4名副科级领导干部，完成9名科级领导干部试用期满考核、12批21人次职级晋升。运用“大思政”工作理念和方法，织密“心连心网格式”思政工作管理服务细网，建立“一把手”关心关爱谈心谈话情况直报机制，收集解决职工问题60余个，为4名困难职工、3名生病关员申领补助。用好“第一种形态”，吴江海关党委开展批评教育1人次，诫勉谈话1人次，专项整治期间提醒谈话2人次。

【政治机关建设专项教育活动】2022年，吴江海关开展捍卫“两个确立”、做到“两个维护”，强化政治机关建设专项教育活动，关党委通过“三会一课”、主题党日等方式，开展集体学习70余次、传达学习材料60余份，全关撰写149篇剖析材料。以“月度任务＋日常任务”为抓手，制订工作方案和重点任务分解表，制定16份政治要求责任清单，梳理形成整改措施40条，10条做法被南京海关政治机关建设专栏刊发。不断巩固拓展党史学习教育成果，关党委组织召开党史学习教育专题民主生活会，形成20项“我为群众办实事”实践活动项目。

【文明创建】2022年，吴江海关与苏州市吴江区吴江庙头村开展乡村振兴挂钩结对，赴平安村开展“阳光惠民”。

参加吴江区志愿服务活动，年内参加吴江区抗疫、文明典范城市创建志愿服务450人次，收到江陵街道、太湖新城感谢信2封。持续10年接力资助本地1名生活困难学生，与西藏日喀则海关机关党支部结对共建资助1户藏族贫困家庭。开展道德讲堂、爱心献血等活动。年内，1名关员家庭获评江苏省“最美家庭”、省级机关“最美家庭”。

【服务开放型经济发展】2022年，吴江海关宣传推动海关总署促进外贸保稳提质10条措施、南京海关18条举措落地实施。用好吴江海关“1216关企服务平台”，吴江海关“1216关企服务平台”获评吴江2022年优化营商环境十大优秀案例。开展技术性贸易措施咨询服务，参与海关总署评议工作5次，研提评议意见2条，提出特别贸易关注1条。助力吴江区2家高级认证企业成为RCEP项下“经核准出口商”。开展AEO认证培育辅导，吴江区新增AEO高级认证企业2家。“一企一策”精准扶持，解决企业在归类、减免税、汇总征税、AEO认证和知识产权海关保护等问题50余个。年内，吴江区外贸进出口总值1722.15亿元，增长0.60%。

【扶持新兴业态发展】2022年，吴江海关新增35家企业申请开通跨境业务预录入数据交换接口，跨境电商进出口量省内保持头部位置。一般纳税人试点企业实现非保税货物进出区货值53.10亿元。推动保税维修业态落地，吴江区4家保税维修企业2022年维修货物进出口金额9.80亿元。扩大吴江企业集团加工贸易监管改革规模，2022年京东方集团高创电子获批企业集团改革。

【服务长三角生态绿色一体化发展示范区建设】2022年，吴江海关推动实施长三角真空包装货物协同查验。汇聚上海市青浦区、苏州市吴江区、浙江省嘉兴市三地海关与市场监管局优势行政资源，建立知识产权快速便利维权机制及共宣共培机制。8月联合嘉兴海关、青浦海关以及嘉善县人民政府联合举办首届长三角生态绿色一体化发展示范区国门生物安全科普展。推动青浦、吴江、嘉善海关以及市场监管局联动，对出口备案食品生产企业的备案信息、食品安全卫生控制体系、产品生产、加工、贮存及出口等监管环节开展联合检查。联合青浦、吴江、嘉兴海关紧盯危险化学品、危险货物，协同开展海关监管作业场所、特殊监管区域和保税监管场所安全生产隐患视频排查，年内三地海关对示范区内危险化学品企业下发安全告知书15份。

撰稿人

汤　明

宜兴海关

【概况】2022年，宜兴海关持续优化营商环境，新增高级认证企业2家，助力添马行公用型保税仓库设立，实施“六月黄”螃蟹、青梅、水蜜桃等宜兴特色农产品安全风险监控。严把进口重点敏感商品质量安全关，年内检出不合格进出口产品22批。首次接受出口化肥申报，检验出口化肥34批，重量82265吨。开展进境活动物隔离检疫业务，隔离检疫信鸽1687羽。开展空运危险包装业务，完成使用鉴定10批。

年内，宜兴市实现外贸进出口总值82.25亿美元，同比增长21.20%，连续4年实现正增长。

2022年，宜兴海关复查确认继续保留“全国文明单位”。

【党建工作】2022年，宜兴海关深入学习贯彻党的二十大精神，利用关党委理论学习中心组扩大会、青年关员学习会、党委委员下沉支部带头学习等形式，深入开展党的二十大专题研讨会9次，组织青年学堂3次，开展各支部座谈会16次，整理发放学习资料100余份，撰写心得体会37篇。依托道德讲堂、讲好家风故事等载体，打造“线上+线下”“理论+实践”学习双渠道，发布清廉家风倡议书，举办学习贯彻党的二十大主题作品展，展示书法、手工等作品30余件。开展乡村振兴帮扶、慈善一日捐、学雷锋义务献血、海关开放日等系列活动，累计参与志愿者30余人次。组织党员干部120人次赴太华山新四军纪念馆，开展学理论、听讲座、观红影等各类主题活动。

【监管业务】2022年，宜兴海关监管进出口货运量11.70万吨，同比增长11.60%；监管进出口货值6.10亿美元，同比增长13.80%；结关报关单2479票，同比下降17.20%；税收入库4.60亿元，同比增长32.60%。检验检疫进出口货物1.30万批，货值61.30亿元，同比分别增长2.50%、12.90%。加工贸易实际进出口值3.90亿美元，同比下降26.90%。签发原产地证书1.63万份，货值12.41亿美元，同比分别下降4.61%和增长11.81%。开展“口岸危险品综合治理”百日专项行动，查处出口危险化学品高危低报货物1批。开展外来有害生物监测60次。严把进口重点敏感商品质量安全，年内检出不合格进出口产品22批，其中进口不合格3批，出口不合格19批。加大进口旧机电设备监管力度，检出不合格3批，货值682.95万美元。开展进境活动物隔离检疫业务，隔离检疫葡萄牙进境信鸽1687羽。开展空运危包业务，空运危包使用鉴定10批。完成植检实验室搬迁及国门生物安全展馆建设，并对外开放。

【服务发展】2022年，宜兴海关推广落实国际贸易“单一窗口”功能扩展，进出口通关时长较2017年分别压缩87.43%，94.87%。参加宜兴市第二届“3S”国际税收论坛。联合市商务局、中行宜兴分行举办2022年度第三期“外贸云讲堂”网络直播活动，深入宣讲《RCEP关税减让与签证实务》以及促进外贸保稳提质相关工作措施。深化属地纳税人管理工作，新增属地管理企业3家，完成新增企业底账建立和重点企业“一企一策”合规管理服务方案制定。积极开展税则税政调研，上报税政调整建议1条。向宜兴市政府报送外贸分析工作专报5份，撰写江苏省商品分析9篇，牵头上报宜兴地区重点进出口商品风险信息10篇。推进宜兴地区国际化平台建设，助力江苏添马行物流有限公司公用型保税仓库设立。联合市商务局等涉外部门开展国际跨境电商第三方平台深度交流，加强区域海关间协作，指导企业用好无锡地区跨境电商专业服务平台和跨境电商独立站。推进落实AEO企业便利优惠措施，向重点培育企业提供“一对一”辅导，助力新增高级认证企业2家，高认企业增至9家，办理特定资质企业18家。

【队伍建设】2022年，宜兴海关细化年度全面从严治党重点工作任务，制订《宜兴海关2022年全面从严治党工作会议重点任务分工及细化实施方案》，梳理6个方面40项重点工作。开展“海关重点项目和财物管理以权谋私”专项整治工作，梳理重点领域项目5个，形成“两个清单”。推进新时代海关廉洁文化建设，开展廉政家风主题分享会、“廉政青年说”座谈会，撰写心得体会13篇，推送廉政格言80余条。开展警示教育月主题活动，运用第一种形态开展谈心谈话5人次。优化干部队伍结构，晋升四级高级主办职级2人次、一级主办以下职级5人次，其中4人为50周岁以上执法一线科长。开展岗位交流2人次，实现中层干部队伍平稳过渡。扶持专业技术人员成长，申报正高级职称1人、副高级职称2人。

【助力“六月黄”螃蟹出口】2022年，宜兴海关与宜兴市农业农村局、新建镇镇政府建立联席会议制度，立足抽样送检、安全风险监控与疫病监控本职，确保螃蟹质量安全；建立“7×24预约加班”制度，开通绿色通道，采取“即时检疫、即时出证”模式，保证鲜活农产品通关时效。年内出口“六月黄”螃蟹9批、725千克，比2021年同期增长200%。

【开展“全民国家安全教育日”系列活动】2022年4月14日，宜兴海关开展“全民国家安全教育日”系列活动，通过张贴海报、大屏播放等方式宣传保密安全相关知识，利用钉钉等平台线上开展安全保密教育培训，整理发放学习材料30余册；邀请学校学生参观宜兴海关国门生物安全展馆，介绍动植物标本，引导学生认识生态安全重要性。

【助力本地水蜜桃首次出口泰国】2022年7月7日，宜兴海关助力本地水蜜桃首次出口泰国。向企业宣讲出口目的地国家文件、标准，指导企业做好贸易应对措施，帮助水蜜桃出口企业协调解决合同备案、申报通关、原产地认证、出口退税等环节的

▲2022年7月7日，宜兴海关工作人员监管出口水蜜桃（张文龙 摄）

问题。该批水蜜桃重300千克，150箱，货值6万余元。

【首次签发伴侣猫《动物卫生证书》】2022年7月22日，宜兴海关签发首张伴侣猫《动物卫生证书》。核对相关证明，开展现场检疫，出具《动物卫生证书》。

【首次开展特殊物品（新冠病毒检测试剂盒）出口业务】2022年11月6日，宜兴海关首次开展特殊物品（新冠病毒检测试剂盒）出口业务。指导企业通过“互联网+海关”一体化网上办事平台不见面办理“特殊物品出入境卫生检疫审批”；通过“企业问题清零机制”了解企业诉求，设立“关企联系人”，解决企业相关问题；设立特殊物品查验绿色通道，采取预约加班，实现“7×24小时”卫生检疫快速通关。

【2家企业获得AEO高级认证】2022年，宜兴海关开展信用政策宣贯、标准解读、规范指导，开展“一对一”认证培育6次、认证全面评估2次。新增江苏江润铜业有限公司、宜兴市宇龙塑胶包装制品有限公司2家高级认证企业，辖区高级认证企业增至9家。

【开展宪法宣传周主题宣传活动】2022年12月2日，宜兴海关开展宪法宣传周主题宣传活动。联合地方部门举办宪法进机关、宪法进企业、宪法进网络等主题活动，通过线上线下相结合形式，组织公职律师云端宣讲“我与宪法”，进行线上宪法知识竞赛，200人次参与。

撰稿人

钱佳钰

第八篇

直属事业单位及团体组织

南京海关后勤管理中心

【概况】2022年，南京海关后勤管理中心（简称“后勤管理中心”）抓好常态化疫情防控各项保障，升级便民服务举措，保障龙蟠路办公区搬迁，推进节约型机关建设，探索构建现代化后勤保障治理体系，为南京海关运行管理提供支撑和保障。

【党建工作】2022年，后勤管理中心党委开展集体学习31次、组织党委理论学习中心组学习研讨8次，开展党风廉政建设专题讲座1次，编发《每周一学》44期。召开支委会43次、党小组会94次、党员大会12次，上党课12次，转正预备党员2人。7名同志获评南京海关和南京海关机关优秀共产党员，1名同志获评南京海关优秀党务工作者，后勤管理中心第三党支部获评关区第二批“四强”党支部。开展强化政治机关建设专项教育和“海关重点项目和财物管理以权谋私”专项整治工作，形成整改清单12项，查摆问题20个，制定措施26条。针对巡察反馈3个方面11类24个主要问题，完成巡察整改措施62项。

【疫情防控】2022年，后勤管理中心从严落实海关总署、地方政府疫情防控工作要求，开展风险排查160余轮，上报风险人员730余人次，组织核酸检测4万余人次，新冠病毒疫苗接种率97%，检查进入办公区车辆14.50万台次、核查人员信息及检测体温35.20万人次，消杀办公场所面积3600万平方米，消杀收发邮包邮件7.30万件。落实防疫物资出入库登记管理制度，配发防疫口罩62万余只、病毒及咽拭子采样管3万余支。

【服务保障】2022年，后勤管理中心维修办公设施设备、水路、电路、空调等报修1632起4250件次。保障工作日就餐48.30万人次，制作各类外卖及加班订餐近11万份、盒饭9.30万余份；提供干部职工洗车及维护保养5728台次、干洗服装6万件、理发1.20万人次；依托“我为群众办实事”实践活动，组建后勤“志愿服务小分队”，开展探访、维修等志愿服务165人次；完成江苏省政府主要领导调研、“喜迎二十大　忠诚守国门”等大型活动保障30余场次；保障线下会议868场，提供客房预订1185间；保障公务用车5174趟次；安全行驶32.70万千米，实现“零事故、零违章、零投诉”；配发办公用品145批次1.67万件，防疫物资63批次70.77万件、工作制服5批次0.42万件。开展“防风险、保稳定、喜迎二十大”重点领域强化措施要求，安全巡查办公区等建筑物54次162人次。成立专职安检工作组，每天9人，合计360人次，巡查120次。每日巡查楼宇内部117次，涉及854人。每小时监控巡查1440次，涉及132人，发现问题78个。制定问题整改和后续管理措施20余条，检修近600次。

【经营创收】2022年，后勤管理中心全力拓展金海书店市场化创收，年内完成销售收入110万元左右。发放业务单证95.19万份，其中海关单证10.49万份，原产地单证41.80万份，检验检疫单证42.90万份。

【综合管理】2022年，后勤管理中心修订完善后勤服务管理制度和工作规范65个。推进办公区域二维码巡检、制作CRT监控系统、扩大中海App平台功能。上线食堂“管家婆”系统，进一步规范食材辅料申请、采购及审核流程，提高食堂运营成本统计分析工作精准度和及时性。改进通勤车微信扫码收费方式，增加乘车便捷性。构建绩效考核奖惩体系，表彰奖励考核优秀348人次、“服务之星”280人次；加强困难干部职工关心关爱，给予慰问补助32人次；组织开展“喜迎春节快乐包饺子”、元宵节灯谜、“三八”妇女节收纳讲座和才艺展示、“燃情冬奥AI尚运动”云端健身等群众性文体活动。

【安全生产】2022年，后勤管理中心研究制订《后勤管理中心落实南京海关消防安全“强化版”措施实施方案》，统筹组织办公区522人次170班次“白+黑”不间断巡查，增设探头、灭火器、灭火毯等消防设备68个，动态整改、消除安全隐患78个。加强安全生产教育，开展安全生产法培训，提升全员安全意识；强化机要文件、印章档案等保密工作规范化管理，开展网络、平台安全自查10余次。严把食材安全关，严格操作规程，实现全流程可追溯管理；落实每日车辆检查、定期巡查制度，全年累计安全行驶31.91万千米，未出现车辆安全责任事故；梳理防范办公场所重点领域风险隐患，施行全过程双人双岗、三人三岗制度，压紧压实责任链条。

【节支增效】2022年，后勤管理中心科学编制2022年度预算、2023—2025年三年项目滚动预算及2023年“一上”预算，推行预算专项绩效考核评估，2022年度办公经费同比下降11.80%。加强采购需求内部控制和过程管理，完成南京海关本级和后勤管理中心采购项目111项，节约预算资金近400万元，节约率5%。推进后勤管理中心RFID二维码资产管理系统建设，实现“人、物、空间”资产管理三要素信息快速检索和过程留痕，提升资产盘点效率。

【队伍建设】2022年，后勤管理中心开展科级领导职务选拔任用工作，选拔任用内设机构科长（七级职员）1名、副科长（八级职员）3名，35岁以下年轻干部2人，科级领导干部试用期满转正4名，实现干部选拔任用流程闭环。

撰稿人

周　亮

南京海关工业产品检测中心

【概况】2022年，南京海关工业产品检测中心（简称“工业品中心”）围绕12345工作思路（即以党建为统领，统筹执法技术支撑和委托业务拓展两条战线，坚决守住政治安全底线、廉政安全底线、生产安全底线三条底线，锤炼业务拓展营销能力、科技攻关创新能力、现代管理治理能力、人才培养复合能力四种能力，构建团结、担当、干净、专业、卓越五大新格局），提升技术能力，推动科技创新，提供执法支撑。年内，完成检验3.53万批，完成固体废物鉴别405批，鉴别出固体废物19批。获环境保护科学技术奖二等奖、新疆维吾尔自治区科技进步奖二等奖各1项，获海关总署科技成果评定二级、三级成果各1项，获南京海关科技成果评定一级成果2项、二级成果3项、三级成果2项。

【党建工作】2022年，工业品中心深入学习贯彻党的二十大精神，组织召开党委会、工业品中心组会议、交流研讨，深化政治理论学习系统性和有效性。结合政治机关建设专项教育活动，推进“学查改”“海关重点项目和财物管理以权谋私”专项整治工作。坚持“第一议题”制度，落实习近平总书记关于禁止“洋垃圾”入境重要指示批示精神，拓展固体废物鉴定范围，首次开展氟化稀土、太阳能电板、旧金属工具、液晶屏、玻璃原料粒等商品固体废物鉴定。1人获评南京海关优秀共产党员，3人获评南京海关机关优秀共产党员，1人获评南京海关机关优秀党务工作者，1人获评关区“优秀共青团员”。

【执法支撑】2022年，工业品中心完成固体废物鉴别405批，鉴别出固体废物19批；建材领域海关布控1274批；海关涉税化验1[illegible]7批，命中12批；发现进口铜精矿重大短重案101起、1.03万吨，挽回企业损失2666万美元；棉花检测650批，不合格检出率60%，对外索赔150万美元。实施“专家出现场，技术到一线”固体废物属性现场鉴别，赴隶属海关现场固体废物鉴定12次。提供“某贸易有限公司诉连云港海关责令退运”案件固体废物鉴别技术支持。完成自美国进口三元乙丙橡胶特征结构类型鉴别，为关税部门、执法部门案件查处提供数据支撑。

【业务业绩】2022年，工业品中心完成检验3.53万批，业务总量1.36亿元，其中委托批次、收费同比分别增长8.04%、2.97%。实施大客户、品牌、合资合作三大发展战略。受理梅某企业鉴定委托业务1278批次，某企业送检3660批。金利公司、金澳公司检测批次和收入持续增长。新开拓小米有品抽检项目、2022企业标准“领跑者”项目等。

【能力建设】2022年，工业品中心首次参加WCO第十七届区域组织全球会议、WCO亚太地区海关实验室主任会议，参与ISO 6331（国际标准化组织）国际标准修订工作，推进系统内首个防疫物资检测重点实验室建设，固体废物鉴别区域中心实验室通过海关总署验收。能力验证体系成功扩项，新增纺织品透气性、无纺布过滤效率、铜精矿中汞元素等项目。实现再生橡胶力学性能自主检测。联合开展针对塑料中多溴联苯和多溴联苯醚项目检测技术合作。通过17043体系CNAS远程评审、17020体系CNAS现场评审，17025体系文件持续修订更新，系南京关区唯一覆盖三体系检测机构。

【科技创新】2022年，工业品中心NQI（国家质量技术基础）重点专项项目高分通过科技部项目综合绩效评价。获海关总署科技成果评定二级、三级成果各1项，获环境保护科学技术奖二等奖、新疆维吾尔自治区科技进步奖二等奖各1项。获授权发明专利8项，发表中英文核心期刊论文16篇。封亚辉获聘江苏省标准化专家，卢志刚获全国人造板标准化技术委员会优秀委员，丁友超作为访问学者赴加拿大学术交流，洪颖、王亚春、董绍伟、严文勋、赵伟、朱海欧6人入选江苏省第六期“333高层次人才培养工程”第三层次培养对象。

【服务发展】2022年，工业品中心贯彻落实海关总署促进外贸保稳提质10条措施、海关总署、南京海关对口岸滞港危险品货物清理工作要求，优化稀土化合物归类检测流程，压缩进口煤炭检验周期62%，压缩涂料布控检测周期20%。制定行业标准3项，畅通新能源产业链进出口测试技术方面“绿色通道”，促进外贸保稳提质落地见效。协助17家羽绒供应商完成实验室认证、数据验证、比对工作；组织线上能力验证技术交流1次、技术性贸易措施培训2次、实验室现场培训指导2次，开展5家纺织企业（集团）质量分析。实施减税降费政策，提供企业纺织品日常委托、精矿类、建筑材料等业务优惠，惠及企业88家，优惠金额540.20万元。

【综合管理】2022年，工业品中心统筹疫情防控和业务运转，设置样品隔离区、录制防疫消毒培训视频、开展全员培训、制订《南京海关工业产品检测中心疫情期间接

▲2022年10月25日，工业品中心进行无人机水尺鉴定测试（吴璟 摄）

收隶属关送检样品工作方案》，确保疫情期间检测业务正常运转。全面启动LIMS（实验室信息管理系统）改造，多轮次调研讨论、意见征集、对接软件公司，完成招标工作。修订细化聘用人员休假管理制度、资产管理规定、财务报销领款流程等，健全完善管理运行机制。

【风险防范】2022年，工业品中心履行“一岗双责”，执行“三重一大”决策制度、议事清单制度，坚持民主集中、公开透明开展干部选拔、仪器设备采购、实验楼改造等敏感事项。以国家审计、南京海关巡察为契机，全员覆盖排查风险隐患，健全完善财务、业务类规章制度10余项，对巡察反馈的10个方面19个问题，制定整改措施55条。重要时间节点针对酒驾醉驾、廉政风险实施监督检查，领导班子围绕预防酒驾醉驾、党的纪律建设等内容专题讲党课3次，各支部专题讲党课8次。

【党建文化培育】2022年，工业品中心根据海关“三实”文化建设要求，研究制定精细、精心、精准、精确“四精”工作法、构建团结、担当、干净、专业、卓越“五大愿景”，培育党建文化。建设党建活动室、大厅走廊、文化墙、职工书屋。组织迎接党的二十大知识竞赛活动、主题读书活动等。内外联动打造“精鉴先锋”党建品牌，对外开展共建交流活动，对内召开“两优一先”表彰会和座谈会，组织党员重温入党誓词等。用好用足“思政两专”制度，谈心谈话819人次，其中“一把手”谈话144人次，其他班子成员谈话247人次，思政专员谈话228人次，各支部思政专委谈话339人次。资助品学兼优家庭困难学生。3个支部组织开展弘扬海关清廉家风主题分享会、“新时代共产党人的良好家风”主题党日活动。团支部围绕党史教育、中国共青团成立100周年、学习党的二十大精神开展系列教育实践活动

【第一届妇女联合会成立】2022年6月29日，工业品中心组织召开第一届妇女代表大会，成立第一届妇女联合会。大会审议并通过中心第一届妇女代表大会选举办法，选举出第一届妇女执行委员会委员。

【WCO亚太地区海关实验室建设】2022年，工业品中心加强中国海关实验室与世界各国海关实验室交流合作。2月17—18日，工业品中心代表中国海关参加世界海关组织的第17届全球地区机构会议。5月10日，工业品中心主任侯建军参加WCO地区海关实验室（RCL）主任会议。

【区域中心实验室（南京）通过验收】2022年11月7—11日，工业品中心申报的进口废建材属性鉴定区域中心实验室（南京）以95分通过海关总署科技发展司组织的核查验收专家验收。

【支援禄口机场海关疫情防控高风险专班】2022年5月6日—6月11日，工业品中心朱海欧参加支援禄口机场海关疫情防控高风险专班工作，为期37天，完成16架次进出境货机和14架次进境客机疫情防控工作。

撰稿人

王　颖

南京海关动植物与食品检测中心

【概述】2022年，南京海关动植物与食品检测中心（简称“动植食中心”）紧紧围绕“政治引领，管理创新、业务创新、技术创新”工作思路，深入推进10项重点工作，年内完成检验检测任务7.54万批次、90.15万项目次。其中，法检任务2.25万批次、15.85万项目次，委托业务5.29万批次、74.30万项目次。8人分别获评关区优秀共产党员、优秀党务工作者及南京海关机关优秀共产党员，1人获江苏省“五好家庭”称号；动植食中心2个团队、5名个人获南京海关记功和嘉奖表彰，主持江苏省和南京海关科研项目5项，主持和参与国家标准和海关技术规范制修订项目15项，获首届江苏省标准创新贡献奖项目奖三等奖1项、江苏省轻工协会科学技术奖一等奖1项、中国航海学会科技进步奖一等奖1项。

【党建工作】2022年，动植食中心严格落实“第一议题”制度，创建动植食中心党委“每周一学”和领导班子业务学习制度，党委理论学习中心组开展专题学习34次。组织党委理论学习中心组（扩大）暨中心各支部（科室）学习贯彻党的二十大精神培训班。落实南京海关党委巡察整改要求，完成整改21项，中长期整改1项；落实“海关重点项目和财物管理以权谋私”专项整治整改，召开领导小组和工作专班研讨会11次，组织“四个一”预防酒驾醉驾专项行动。

【检测业务】2022年，动植食中心出具物种鉴定报告241份，检出濒危物种15种134种次；动物样品检出阳性结果34项目次；植物样品检出检疫性有害生物45种536种次，全国首次检出有害生物9种；出口食品风险监测检出微生物不合格2批，进口标签审核检出不合格179批。濒危物种及有害生物等检出成果获海关总署公告发布1次、在“人民日报”“海关发布”“央视网”“学习强国”等平台报道20余次。配合并完成“国门绿盾2022”行动、肉类食品风险评估及突发事件应对工作、进出口食品风险监测、粮食中病毒复检复测等各类技术保障重点工作。

2022年，动植食中心确定市场拓展重点新兴业务条线17个。获美国、法国、日本、韩国4个国家船级社资质认可，完成船舶污染物检测业务86批次。完成药包材检测实验室样本相容性全流程检测和评价演练。与体育部门交流合作，挂牌江苏省体育局反兴奋剂管理中心“食品检测指定实验室”。加强与中国绿色食品发展中心沟通交流，积极争取绿色食品检测资质。开发拓展特殊食品等业务，特医食品业务取得明显突破，出口印度尼西亚农产品实现翻番。

2022年，动植食中心研发羊痘病毒检测新方法和天牛幼虫饲养方法，新开发橄榄油项目检测技术，构建压载水检测体系。通过3次扩项评审，CMA（中国计量认证）新增1331项，CNAS新增1325项，覆盖绿色食品、特医食品、食品接触材料、压载水等业务检测能力；顺利通过生物安全二级实验室定期监督评审；连续2年承担组织国家级检验检测机构能力验证，累计参与检测机构近500家，组织能力及工作成效得到国家市场监督管理总局相关部门高度认可。

【物种鉴定】2022年，动植食中心推进物种鉴定能力建设，物种展示科普平台初步建成。应用KASP（竞争性等位基因特异性PCR技术）技术、PEPC（磷酸烯醇式丙酮酸羧化酶）基因技术突破部分濒危植物物种鉴定难题；与中国海关科学技术研究中心实验室及濒危物种联盟合作交流，完成人参、现生象牙和猛犸象牙、穿山甲及鱼翅中鲨鱼成分等鉴定能力验证项目。新增物种鉴定能力111种、扩展至741种，濒危多肉植物智能识别系统和多肉植物“四库”进一步充实。7人获环境污染损害鉴定评估及环境污染诉讼专家辅助人资质证书。

【科技创新】2022年，动植食中心与中国海关科学技术

▲2022年10月11日，动植食中心食品检测实验室技术人员正在进行大闸蟹等食品中二噁英检测（邓杰 摄）

研究中心、扬州大学、江苏省农业科学院、江苏省野生动植物保护站等机构开展合作，聚合科研创新新资源、新动能。深化与国际技术机构间课题合作，第4次承担中国和马来西亚合作项目，多次参加中国和日本蜂产品检测技术线上交流；1项ISO国际标准《食用油中二噁英的测定》确定立项，完成相关草案及材料翻译和撰写，并进入中国服务贸易会国际交流工作委员会（简称国际委）最后成员国投票程序。与国产品牌大型设备研发企业共建合作，打造“智慧实验室”等创新平台。博士后工作站运行良好。

【队伍建设】2022年，动植食中心完善内部机构建设，选拔任用内设科室正职2名，聘任副高专业技术岗位人员3名，引进副高职称人员2名，人员配置向业务一线倾斜，综合部门实施减员增效。绩效薪酬机制不断深化，制定出台动植食中心《绩效工资分配办法》等系列文件。坚持以党建带群建，群团组织作用不断提升，检测中心妇联正式成立。与南京农业大学动物医学院合作建立研究生培养基地，8人入选第六期江苏省“333人才”培养对象。

【规范管理】2022年，动植食中心制修订《危险化学品安全管理规定》《实验室安全管理办法》等制度10项，推进新LIMS（实验室信息管理）系统建设和中心互联网应用迁移工作，建立健全实验室安全闭环管理机制，开展每日安全巡查、每月全面排查、节假日重点检查，年内整改安全风险点35个，升级改造四楼实验室、实验室废水处理系统、六楼冷库外机间等硬件设施。完成内审和管理评审，新增内审员20人。建立并实施质量例会制度、报告修改重点环节负责人会签机制和食品标签审核工作控制机制。年内，完成内外部质控培训1171人次、内部质控124次、实验室人员检测能力监督142人次。

【获首届“江苏省标准创新贡献奖项目奖”三等奖】2022年，动植食中心沈伟健团队牵头制定《食品安全国家标准　除草剂残留量检测方法　第4部分：气相色谱—质谱/质谱法测定　食品中芳氧苯氧丙酸酯类除草剂残留量》等3项标准（GB 23200.4—2016等）获江苏省标准创新贡献奖项目奖三等奖，完善中国食品安全检测标准体系，填补国内技术空白。

【通过多项评审】2022年，动植食中心通过CNAS专家评审组认可复评审和扩项评审。专家评审组依据相关认可规则文件，全方位的审核动植食中心8个能力验证计划及PTP（能力验证提供者）管理体系全部要素运行情况，新扩展能力验证领域2个涵盖项目参数10个。

【获得绿色食品检测资质】2022年，动植食中心完成95个绿色食品产品标准和278个新参数CMA/CNAS扩项评审工作，获得绿色食品检测机构资质。

【猴痘病毒核酸检测】2022年，动植食中心对太仓海关送检的27份小鼠全血猴痘病毒进行核酸检测。动植食中心自7月接收口岸送检的猴痘检测样品，包括大、小鼠或豚鼠血样及抗体血清等，半年累计12批，108个样品。猴痘项目检测获CNAS能力认证，系海关系统内首批获猴痘病毒检测资质实验室。

【重点项目启动会暨研究生联合培养基地授牌仪式】2022

年7月22日，动植食中心牵头主持江苏省科技计划专项资金（重点研发计划现代农业）项目“基于新型纳米材料的口岸检疫重要疫病的阻断防控技术研究”项目启动会暨研究生联合培养基地授牌仪式顺利举行。

【成立第一届妇联】2022年7月22日，动植食中心组织召开第一届妇女代表大会，成立第一届妇女联合会。大会审议并通过中心第一届妇女代表大会选举办法，选举第一届妇女执行委员会委员。

【南京地区首家获美国船级社资质认可机构】2022年，动植食中心建立完整、符合国际标准的船舶污染物检测技术体系和实验室质量管理体系。2022年，获美国ABS、日本NK、韩国KR、法国BV资质认可，系南京地区首家获美国船级社（ABS）船舶压载水管理系统生物测试检测资质认可检测机构。

【口岸执法送样鉴定】2022年，动植食中心检出张家港下游口岸二次卸载的乌克兰大麦和玉米中小麦线条花叶病毒（WSMV），该检疫性病毒是南京海关关区在乌克兰大麦样品中首次检出。

【国家级检验检测机构能力验证项目顺利通过验收】2022年，动植食中心通过2022年国家级检验检测机构能力验证“食用植物油中乙基麦芽酚的测定”项目评审验收。连续2年承担国家市场监管总局委托的全国规模性质国家级检验检测机构能力验证工作。

撰稿人

茹小桐

江苏国际旅行卫生保健中心（南京海关口岸门诊部）

【概况】2022年，江苏国际旅行卫生保健中心（南京海关口岸门诊部，简称保健中心）落实“疫情要防住、经济要稳住、发展要安全”重要要求，着力抓好新冠疫情防控，全国口岸首次检出输入变异毒株3种，关区首次检出输入性甲型H2N2流感病毒核酸阳性病例1例、输入性疟疾核酸阳性病例1例。为南京海关关区自2018年以来首次从入境船只上截获的3只活鼠提供媒介生物鉴定。

年内，保健中心获南京海关机关先进基层党组织；朱军获全国疟疾消除工作先进个人。杨庆贵、耿合员入选江苏省“333高层次人才培养工程”培养对象。

【党建工作】2022年，保健中心组织集体学习30次，对照“四个是否”查摆问题216项次，制定整改举措、明确整改期限。成立2个党支部，选举产生党支部委员会，开展“五必谈三观察一报告”思想政治工作，累计谈话726人次。落实全面从严治党主体责任和“一岗双责”，深化运用“四责协同”，加强对“一把手”和领导班子监督，一体推进反腐败斗争“三不腐”机制。扎实开展“海关重点项目和财务管理以权谋私”专项整治工作，全面开展2012年以来13个实验室建设重点项目、47个疫情防控保障重点项目廉政风险排查，落实整改措施，完善长效机制。

【疫情防控】2022年，保健中心实验室坚持全年无休24小时值班模式，全面保障口岸入境人员、商品及冷链食品核酸检测工作。人源性新冠病毒核酸检测23.39万人份，同比增长87.26%。商品新冠病毒核酸检测1658份，同比下降89.69%。开展全员核酸检测上门采样服务，保障南京地区海关单位工作人员核酸“应检尽检”“愿检尽检”；改善采样环境，优化采样流程，对接南京市卫生健康委员会核酸采样软件，通过“我的南京”App身份码扫码完成信息登记，提高采样效率。开展干部职工全员核酸检测采样与检测12.44万人次。

【传染病监测】2022年，保健中心完成出入境人员传染病监测体检1.41万人次，同比下降2.08%。其中，出境1.03万人次，入境3736人次。完成社会体检3800人次，同比增长1.80%，传染病检出率0.08%。监测发现生化异常5048人，HIV阳性6人，丙肝抗体阳性4人，表面抗原阳性235人，梅毒阳性11人，水痘抗体777人，麻风腮1202人。

【口岸卫生检疫】2022年，保

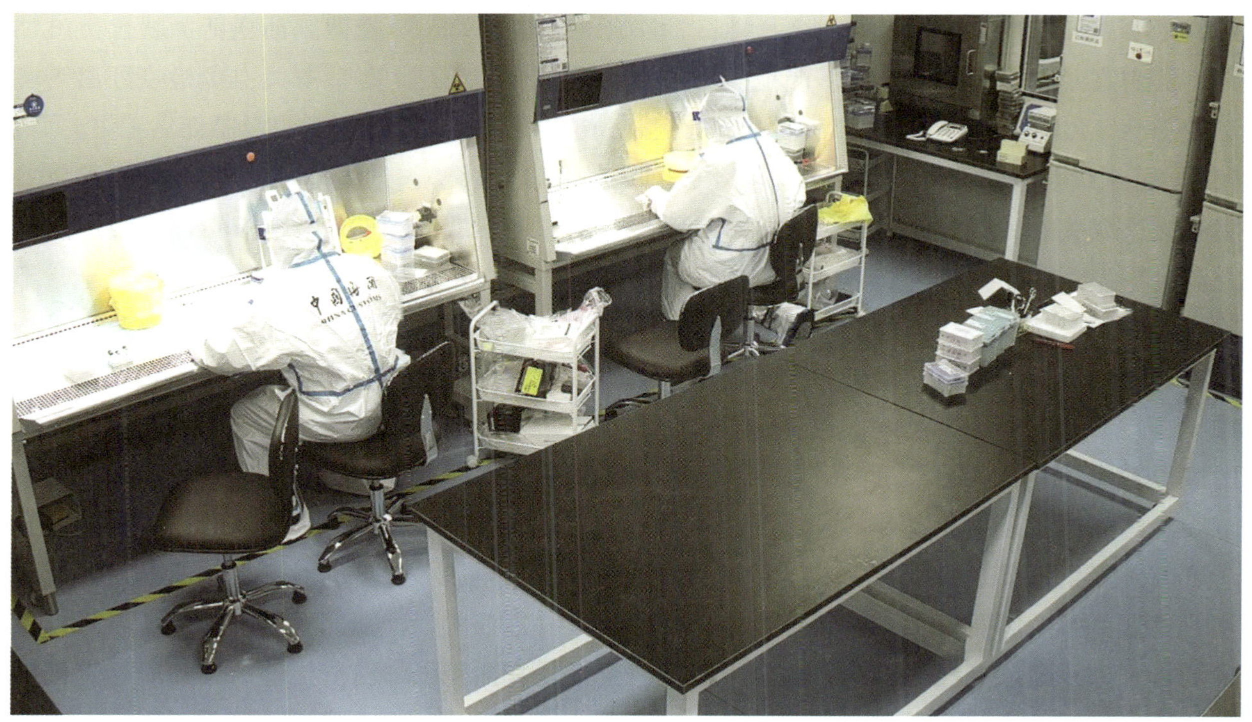

▲2022 年 6 月 18 日，保健中心对重点区域进行视频监控（保健中心　供图）

健中心加强猴痘、新冠病毒、不明原因肝炎、中东呼吸综合症、登革热、疟疾等多种传染病病原体检测，落实“多病共防”工作要求，着力提高口岸传染病检出率。开展高风险国家入境航班 316 名人员新型冠状病毒及猴痘检测工作。发挥国家重点实验室技术支撑作用，加强口岸病媒生物监测和病原体检测，为口岸海关鉴定病媒生物 172 批 4292 只；开展病原体检测 5940 例，开展进境船舶压舱水及沉积物中病原微生物检测 31 批 434 项次。

【生物安全】2022 年，保健中心着力加强院感防控管理，高标准执行门诊预检分诊制度，严格做好医疗废弃物处置和环境消毒，门诊业务安全、有序开展，满足疫情防控形势下出入境业务需求。开展个人防护装备穿脱培训 4 次、疫情防控应急演练 2 次，全面提升防控意识和应急处置能力，全员参与并获地方疾控部门采样结业证书。加强生物安全和个人防护每日巡查和监督检查，强化重点区域视频监控，定期梳理和排查生物安全风险，发现问题立行立改，确保实现检测人员“零感染”、检测质量“零差错”、阳性样本“零漏检”。

【实验室建设】2022 年，南京禄口机场国际航班复航后，保健中心加强实验室硬件、软件及人力资源建设，新冠病毒核酸日均检测能力提升至 2500 人份。建立新冠病毒高通量全基因测序及分析平台，成为海关总署病原体基因测序平台试点应用单位。严格室内质控和室间质评，接受南京市卫健委专家检测质量专项督查 3 次，均获好评。

【科技创新】2022 年，保健中心修订科研项目管理办法，完善科技创新激励机制，完成科研项目 3 项；申请国家发明专利 3 项；获批软件著作权1项；参与出版论著1部；发表文章9篇，其中核心期刊论文7篇，SCI论文1篇，国家级期刊论文1篇。主持完成海关总署科研课题“基于免疫学微流控芯片技术的口岸重要呼吸道传染病快速检测方法研究”；参与完成“口岸输入性病媒生物图谱及数据库研究”和“入境旅客体温监测预警体系和突发公共卫生事件应急指挥体系建设研究”2项海关总署揭榜挂帅科研项目。主持“口岸传染病监测与防控关键技术研究”获海关总署三级科技成果、南京海关二级科技成果；“高致病性人冠状病毒口岸应急防控体系的建立与应用”获海关总署三级科技成果、南京海关二级科技成果；参与“重大新发突发传染病跨境传播流行病学预警关键技术及应用”获海关总署二级科技成果、南京海关一级科技成果。主持获得“一种美彩按蚊、多斑按蚊和乌头按蚊多重PCR检测试剂盒”等3项国家发明专利。出版学术专著1部——《病媒生物基因鉴定技术》。

【队伍建设】2022年，保健中心规范队伍管理，提升工作质效。按期完成副主任1名、科长3名试用期满考核。严把支出关口、挖掘节支潜力，降低运行成本，建立“过紧日子”长效机制。继续推行“二级考核”，层层压实安全管理责任，维护中心良好工作秩序和工作环境。强化接种异常反应应急处置，全员通过应急救护培训考核并取得《红十字救护员证》。

【业务指导】2022年，保健中心发挥专业技术指导作用。田玲玲、孙立新为肯尼亚等发展中国家卫生检疫官研修班授课。孙立新为“一带一路”共建国家（地区）生物安全防控官员研修班授课。杨敢生、田玲玲、孙立新为埃塞俄比亚等发展中国家口岸公共卫生检疫官员研修班授课。孙立新、耿合员参加南京海关卫生检疫处出入境特殊物品风险评估工作。

【国际旅行健康服务】2022年，保健中心针对疫情防控形势下出入境业务需求，不断完善在线预约、线上报告下载、公众号咨询服务，减少现场办理业务人流，避免感染风险。新冠病毒疫苗接种记录线上翻译平台全天16个小时开展“不见面”业务办理。提供出入境人员各类疫苗接种2.27万针次，同比增长31.86%，其中黄热病疫苗2359人份，霍乱疫苗7250人份。做好国际旅行健康教育，组织开展“全国疟疾日”“世界艾滋病日”主题宣教活动，组织专题宣讲6

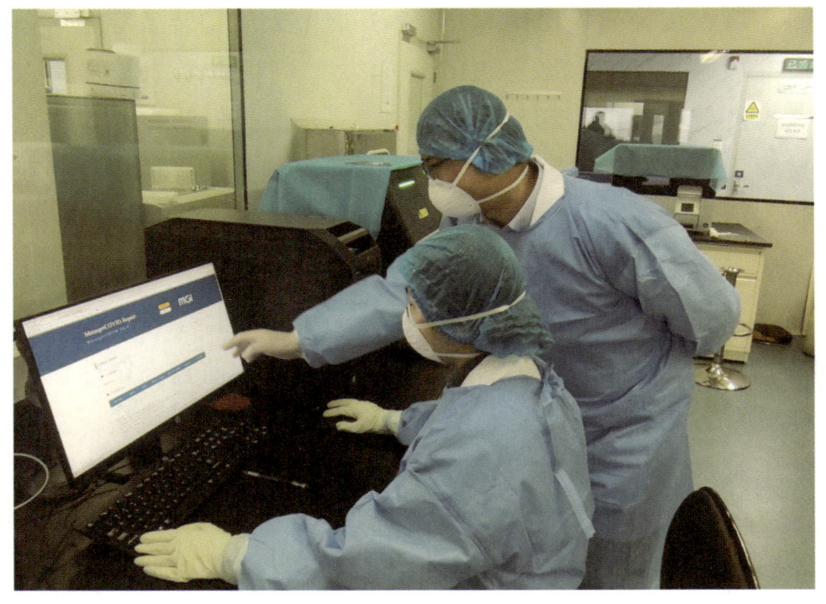

▲2022年12月7日，保健中心进行入境新冠病毒阳性样本基因测序（陈光璇　摄）

场，受众约2000余人次。年内接听健康咨询电话3万余件，微信客服平台智能接待各国（地区）客户近2万人。

【举办关区新冠病毒核酸检测技术理论培训班】2022年，保健中心邀请江苏省临床检验中心专家详细讲解新冠病毒核酸检测技术、质量控制、生物安全及个人防护要求等，关区各新冠病毒核酸检测实验室66名专业技术骨干通过视频直播参加培训。

【首次检出奥密克戎新变异毒株】2022年，保健中心在全国口岸首次检出BF.1、BA.4、BN.1.1型输入变异毒株，江苏口岸首次检出XBB.1.5、BF.26、BQ.1、BQ.1.1等亚型毒株，为口岸及地方新冠病毒精准防控提供重要技术支持。

撰稿人

陈丹丹

中国电子口岸数据中心南京分中心

【概况】2022年，中国电子口岸数据中心南京分中心（简称“数据分中心”）对标“系统内一流数据分中心”，提高综合保障能力、科研创新能力和风险防控能力。数据分中心下属企业2家，中标项目15个。与南京大学软件学院深化战略合作，筹建电子口岸数字实验室，立足口岸数据，研发核心技术，扩大应用场景，全面提升数据资源服务政府、服务企业的综合保障应用能力。

【党建工作】2022年，数据分中心依托“数·智”党建品牌推动党建与业务深度融合，实施“党建双提升”“惠企零距离”先锋行动，开展惠企座谈、调研96场，解决企业群众问题51个，获评争创“服务高质量发展先锋行动队”重点培育党支部。创新党员学习教育形式，组织观看红色话剧、电影等。依托理论微课堂、线上小程序等，组织线上线下学习29次、开展专题研讨7次。落实“五必谈三观察一报告”，“思政两专”提醒督促谈心谈话101次、解决干部职工问题23个。打造“四位一体”思想政治工作机制，建立“一对一”谈话制度，班子对市场、财务、研发、人事、采购等岗位人员开展形势教育和谈心谈话149人次。推动成立党总支和2家下属企业党支部，党员人数增加11人。落实关心关爱制度，结合“能力提升年”计划，开展线上心理健康讲座、法务等专业学习培训164场。

【服务项目建设】2022年，数据分中心坚持以察实情为“切入点”、办实事为“关键点”、求实效为“落脚点”，建立长三角示范区（吴江）、江苏自贸区（江北）政务大厅制卡联动机制，搭建综合服务运行机制，全力做好“7×24小时”值守保障。创建“巾帼文明岗”，推动“青年文明岗”星级评定，年内收到表扬信10封、锦旗6面，《新华日报》《中国国门时报》、“学习强国”等主流媒体报道14篇次。针对项目合作和产业对接，协调华为、中兴人才定期进驻，打造复合型科技研发团队。

【市场经营】2022年，数据分中心组建相对独立运转、明确绩效指标、划分市场重点、统一内控管理的商务团队，着力打造产品特色，推进江苏省综合保税区智慧卡口、无锡高新综合保税区监管场所自助核验系统、海关稽核查业务管理、自贸处标准化系统、保税仓库、物流监控等项目建设。建立与地方商务部门联动机制，帮助政府精准施策。

【窗口服务】2022年，数据分

中心完善制卡业务规范，优化制卡寄递服务流程，提升服务企业精准度。拓展线上服务平台，上线智慧办卡系统，提升用户智能化交互体验，在便民服务、生态聚集、疫情防控等方面发挥重要作用。办理新入网企业16427家，免费发放共享盾32854张和IKEY卡184张，减少企业成本约2400万元，所有制卡业务实现100%按时办结，做到“零延时、零差错”。通过12360海关热线、QQ及微信工作群等方式，多层次多样化为江苏省近20万家进出口企业和广大进出境旅客提供“问题清零”服务，热线话务量8万余个，及时办结率100%。

【“单一窗口”】2022年，数据分中心做好国际贸易“单一窗口”标准版在用项目运维保障和新增项目推广工作，参与江苏国际贸易“单一窗口”地方平台开发运行。搭建安全可靠数据交互平台，支持地方电子口岸项目建设。开发“单一窗口”预录入数据返还平台、“单一窗口”跨境电商数据交换平台、“单一窗口”综合业务数据采集管理中台系统，通过大数据和人工智能技术，加快对现有数据资源解析、入库、清洗，完成跨境、报关单数据清洗入库2.50亿票。运用区块链技术构建数字监管服务体系，形成综合保税区数字协同监管服务平台。年内，跨境交换平台传输报文2.04亿票，新入跨境电商企业542家，日均接收跨境回执61.90万票。

【科技研发】2022年，数据分中心开展大数据、物联网、区块链等数字技术创新研究，开发大数据分析系统，根据政府、企业和个人用户实际需求，提供智能化数据服务。构建研发生态体系，瞄准研发高地提升研发能力，与南京大学等高校开展人才联合培养，与华为、中兴等行业头部企业和数据中心下属企业建立研发协作机制，项目联合开发、专家定期进驻等，统筹一支50人规模软件研发队伍，队伍研发水平、项目承接能力、市场开拓经验均得到显著提升。新增具有知识产权软件产品7个、软件著作权8个。

【运维保障】2022年，数据分中心优化关区科技运行维护保障，常态化开展日常巡检、风险评估、故障处理、安全处置、风险预警、技术培训等，建立重大活动24小时值班保障机制，助力党的二十大等党和政府重大会议活动、跨境电商大促活动。解决处理技术业务疑难问题7000余个。落实网络安全责任制，组织修订网络安全管理制度5项。优化网络安全

▲2022年11月9日，数据分中心向企业提供制卡业务规范流程（曹美霞　摄）

架构，推进入网设备、操作系统国产化，购置服务器、安全设备、存储等国产化硬件设备、操作系统41台，提升网络安全防护能力和威胁感知能力。强化机房安防建设，升级监控系统，优化网络安全架构，增设安全防护过渡区（DMZ），实现数据应用物理隔离。

【风险防控】2022年，数据分中心构建“四个机制”风险防控体系。成立“五项一体”工作组，以“巡察一体+专项联动”方式，深挖各专项问题根源，标本兼治，自查问题33项，完善整改措施119条。开展“海关重点项目和财物管理以权谋私”专项整治，成立专项工作小组，全面梳理排查风险隐患，明确整治工作重点清单，深化督查整改。强化资产管理，制定《南京数据分中心对外投资管理办法》。聘请事务所开展财务、采购、资产等审计检查，排查风险隐患20个并完成整改。

【监督管理】2022年，数据分中心建立健全企业法人治理体系，形成行业生态，坚持事企分开，履行出资人职责，指导下属2家企业依法依规开展经营活动。借鉴海关总署经济实体管理模式，对数据分中心及其2家下属公司按照职责分工和发展定位，建立对应的管理制度体系。制定《关于进一步加强和改善对所属经济实体管理的意见》，发挥监督管理职能，指导经济实体依法依规进行经营活动，开展市场经营个性化服务。

【跨境公共服务平台】2022年，数据分中心围绕建立“信息共享、电商信用、金融服务、统计监测、智慧办理、风险防控”六体系，建成全国首家省级跨境电商公共服务平台，提供业务孵化、生态培育、合规管理、综合服务等一站式服务。该平台获评2022年数字江苏建设优秀实践成果，入围南京2022年城市数字化轻应用大赛复赛。研发跨境电商管理应用系统，帮助企业对接亚马逊、Tiktok等主流平台系统，助力传统外贸企业跨境电商业务数字化转型。建立跨境电商标准化课程体系，统筹业务课程、头部行业、高校师资、国际平台，参训平台5000家，参训人员1000人。聚焦跨境电商工作，组织江苏省口岸企业线下业务交流会，参加企业14家，培训人次31人。

【落实国家重大改革决策部署】2022年，数据分中心围绕“一带一路”重大建设项目，在江苏省班列公司战略合作协议框架下，建成江苏中欧班列信息化平台项目一期，畅通江苏省中欧班列数据流、信息流，采用物联网、人工智能等技术，保障江苏中欧班列运营，保障超1973列。落实国家普惠金融决策部署，与中国银行、江苏银行、南京银行、浦发银行及省联合征信公司合作研发系统，提供143家中小微企业金融支持与服务。紧盯江苏省口岸“十四五”规划，加强与地方电子口岸公司、社会公共服务平台合作联系，拓展经营服务渠道。

【队伍建设】2022年，数据分中心加强领导班子建设，优化集体决策，形成职工代表大会、每周工作例会、主任办公会、市场形势分析研讨会决策模式。召开主任办公会26次、碰头会39次、市场形势分析研讨会12次、集体研究“三重一大”事项56件。提拔副处级干部1名，选任正科级干部1名。建立健全“四个机制”基层防控体系，梳理重大风险9项、防范措施32项。探索建立人才培养机制，开展全员培训30场。完成绩效工资改革，实行以全年绩效目标为导向考核奖励机制，激发市场开拓活力。参与江苏省财政厅“支持跨境电商的财政政策研究”课题1项、海关总署“海关事业单位党建工作路径探索”课题1项。争取11名员工大病医疗、“关爱月月送”等资金7.10万元。参与脱贫攻坚、乡村振兴，捐款捐物5.60余万元，帮助贵州山区4名贫困生完成高中学业，下属企业拨付南京海关挂钩帮扶点滨海县扶贫资金12万元。

撰稿人

张晓颖

南京海关轻工产品与儿童用品检测中心

【概况】2022年，南京海关轻工产品与儿童用品检测中心（简称“轻工中心”）以党的二十大精神为指导，推进事业单位各项改革和实践，加强检测能力、科技创新能力和队伍建设。轻工中心和代管的扬州光电产品检测中心（简称“光电中心”）系两个国家级重点实验室。轻工中心获评全国中小学质量教育社会实践基地、进出口商品质量安全风险一级风险监测点、江苏省扬州玩具与儿童用品公共技术服务中心、轻工与儿童用品检验检测及技术研发服务平台，光电中心获评江苏省光伏产品检测公共服务平台、国家能源光伏发电设备评定中心、江苏光电产品检测公共服务平台。轻工中心11名技术专家入选扬州海关科技委各专业组，1名技术专家任实验室管理专业组组长。

【党建工作】2022年，轻工中心围绕打造“诚信、精业、质效、卓越”党建品牌，与南京海关工业品检测中心开展联学共建、廉政专题党课等活动，参观党史文化公园，丰富创新活动形式，稳步提升“三会一课”、主题党日质量，轻工中心党支部开展各类学习40余次，主题党日活动12次。选派支部副书记参加省级机关党务工作培训、1名青年党员代表参加南京海关“青年党校”学习、5名青年党员代表参加扬帆青年学堂，1人获评“南京关区优秀党务工作者”，2人获评“扬州海关优秀共产党员”。新发展党员3名，入党积极分子2名，4名职工递交入党申请书。

【队伍建设】2022年，轻工中心推进准军事化纪律部队建设，开展作风纪律检查30余次，预防酒驾醉驾检查113次2344人次，饮酒报备119人次。开展主管级员工竞聘选聘。持续优化人才评价和激励体系，规范企事业薪酬管理制度，制定绩效工资管理、请休假等基础性管理制度。关心干部职工思想动态，加强思政工作针对性、实效性，结合谈心谈话及干部职工问题清零，统筹解决思想问题和实际问题。开展谈心谈话300余人次，撰写思政报告12篇。

【检测能力】2022年，轻工中心实验室通过CNAS/CMA扩项评审，变更检测标准32个，变更参数67项，扩项参数129项。通过轻工中心实验室CNAS/CMA复评审+扩项+变更现场评审，新扩项参数213项，变更标准涉及27个参数。轻工中心针对海关执法需求新增检测能力209项，参加能力验证20项。光电中心新增检测设备同时，联合德国技术监督协会(TUV)开展技术培训，完善升级光电中心检测水平。通过“关于电工产品测试证书的相互认可体系”（IECEE的CB体系）复评审，参加能力验证4项。获中国质量认证中心（CQC）海湾阿拉伯国家合作委员会（GCC）指定实验室认证。获国家药品监督管理局化妆品注册和备案检验检测机构资质。

【业务业绩】2022年，轻工中心实验室完成检测5238批次(含法检)，同比增长76%；光电中心完成检测1032批，同比增长24.34%。完成目录外风险监测、跨境业务风险监测204批次，同比增长316.30%；完成其他监督抽查704批次，同比增长55.10%。新开发化妆品检测业务，完成130余批。作为海关总署首批进出口商品质量安全风险一级监测点，采集、分析和评估进出口商品风险信息，收集录入进出口婴童用品质量安全风险信息469条，总数排在南京海关各风险监测点前列。检出进口及国产学生用品（书包、笔袋类和文具盒产品）中增塑剂超标等质量安全问题。

【科技创新】2022年，轻工中心申报海关总署科研项目1项，南京海关科研项目2项，在研南京海关科研课题2项，南京海关科研项目预验收1项。获海关总署科技成果评定二级成果1项，南京海关科技成果评定一级成果2项、三级成果1项，中国轻工业联合会科学技术进步奖1项，江苏省分析测试协会科学技术奖二等奖1项。主持制定国家标准1项，申报国家标准3项、海关技术规范需求4项，获发明专利2项、实用型专利6项。在外文期刊发表科技论文4篇。积极参加南京海关科技周活动，成功举办儿童用品检测与安全“云展播”。参加南京海关科普讲解大赛，获优秀奖。获批2022年度“扬州市科普教育基地”。录制轻工中心主持制定的国家标准GB/T 41649—2022《木制玩具中甲醛释放量的测定　烧瓶法》解读视频，在国家标准委网

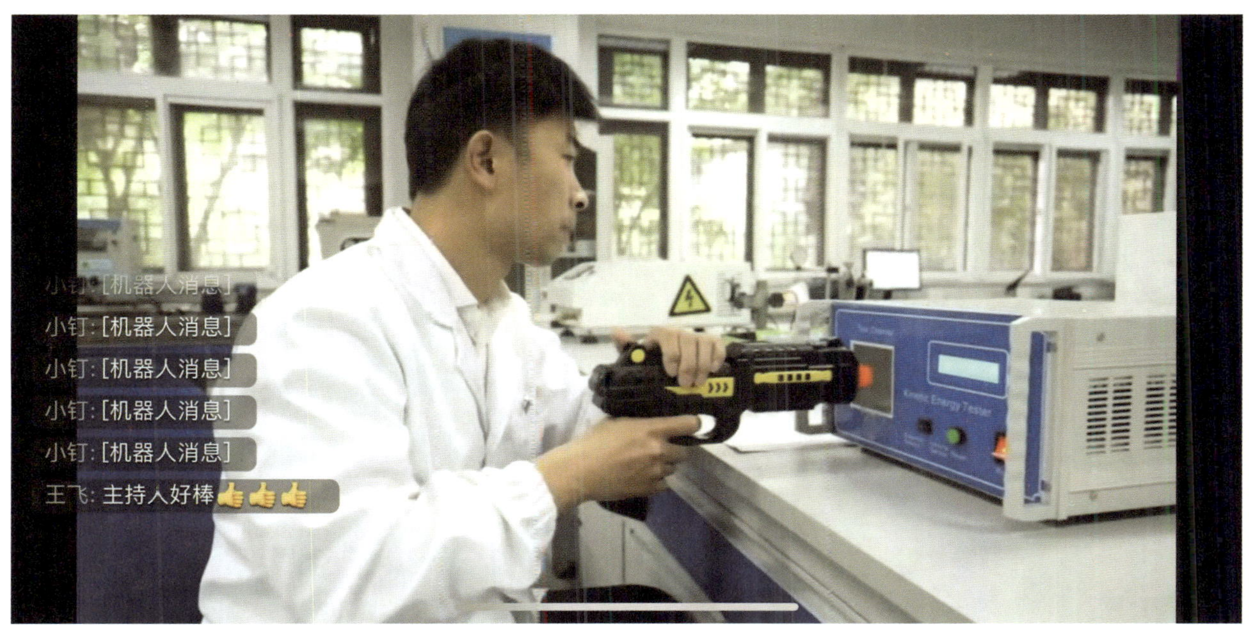

▲2022年5月27日，轻工中心开展“守护人民——儿童用品的安全与检测”云展播活动（轻工中心　供图）

站发布。关注国内外婴童用品法律法规，在海关总署“进出口商品质量安全信息”刊发政策法规动态信息2条。

【交流合作】2022年，轻工中心与国家认监委、江苏省市场监督管理局、扬州市市场监督管理局等单位保持长期合作，参与轻工产品和儿童用品市场抽查检验工作。参加华测检测认证集体股份有限公司、广州海关组织的比对试验和能力验证活动。组织轻工中心、上海海关机电产品检测中心、广州海关技术中心开展涂料中甲苯等含量实验室间比对试验，获满意结果。深化与中检集团江苏公司铁矿产品、中国质量认证中心（CQC）光伏产品和强制性产品检测合作。与德国技术监督协会（TUV）南德意志集团开展光伏电缆测试方面合作，推进光伏电缆测试实验室组建。

【综合管理】2022年，轻工中心获评江苏省“2019—2021年度江苏省文明单位”称号。联合扬州海关办公室报送的稿件《南京海关轻工产品与儿童用品检测中心为“冰墩墩”生产护航》被海关总署相关载体、《中国国门时报》、“海关发布”、《宁关信息快报》、《科技日报》、《扬州日报》、《扬州新闻》等多家信息平台及新闻媒体采用。成立“海关重点项目与财物管理以权谋私”专项整治工作领导小组，细化制订实施方案，梳理排查涉及的重点项目和设备采购等问题，深入推动专项整治工作落细落实，全面梳理专项整治范围人员26人，组织撰写个人剖析材料26篇。通过海关总署“百名科长百日督查”现场督查。中心微信公众号“NCL检测”全年发布检测技术等信息20篇。

撰稿人

王铁生

南京海关纺织工业产品检测中心

【概况】2022年，南京海关纺织工业产品检测中心（简称“纺检中心”）加强实验室技术能力建设，保障海关法检业务，推进公共服务平台建设工作，开展科研科普。

年内，纺检中心重点项目攻关工作组被南京海关授予集体嘉奖，获评国家工业和信息化部2022年度国家级中小企业公共服务示范平台、江苏省工业和信息化厅2022年度省级中小企业公共服务示范平台、江苏省科普教育基地称号、无锡市少先队校外实践教育基地称号，当选“无锡市检验检测技术联合创新平台锡山服务产业发展分盟”秘书单位。过峰获无锡市五一劳动奖章，姚静获中国羽绒行业标准化先进工作者，魏峰获评南京海关优秀共产党员，沈菁获廉洁文化创意作品征集书画类一等奖、南京海关“清风国门”廉洁文化创意作品征集书画类特别奖。

【党建工作】2022年，纺检中心落实“第一议题”制度，实施党委理论学习中心组集体学习制度，围绕学习宣传贯彻党的二十大精神开展集体学习和交流研讨12次31人次。按照海关总署部署开展捍卫“两个确立”、做到“两个维护”、强化政治机关建设专项教育活动，开展“海关重点项目和财物管理以权谋私”专项整治工作。纺检中心2个党支部改选并产生新一届支委；选举成立纺检中心工会。

【检验检测认证】2022年，纺检中心保障海关执法监管法定检验业务，开展法检检测5236项次，产品涉及纺织品、食品、食品接触材料、机电领域，平均检测时长比规定检测时长缩短约2天。中标无锡市市场监督管理局2022年度市级产品质量监督抽样、江苏省市场监督管理局2022年度省级消费品、工业品质量监督抽样，与南通市质检所、苏州质检院联合中标电动工具产品监督抽查任务，参加无锡市滨湖区市场监督管理局2022年度区级口罩（不含医用口罩）产品质量监督抽样、无锡市惠山区市场监督管理局2022年度区级产品质量监督抽样、无锡市市场监督管理局有关缺陷产品市场抽查、复检和生产企业复查等工作。中标吉利汽车2022—2023年度汽车零部件环境和化学类试验项目。调整认证业务发展方向，签订绿色工厂、能源体系认证、ISO 14064、ISO 14067认证及咨询合同，实现知识产权、绿色工厂和碳足迹认证零的突破。开发市场委托业务，年内新增市场客户335家。

【技术能力建设】2022年，

纺检中心累计获批CNAS扩项标准146项、变更标准183项，获批CMA扩项标准150项、变更标准154项，完成质量管理体系换版工作。首次竞标获吉利控股集团2022年度检测资质。完成儿童约束系统高速碰撞模拟（CHCS）研发项目主体部分建设及验收，获取面向欧洲市场儿童安全座椅高速碰撞模拟测试能力第三方检测机构资质，年内服务客户100余家次，相关服务案例入选上海海关学院教材。围绕纺织服装等产品耐光色牢度、耐光汗复合色牢度等检测需求进行耐光色牢度检测技术能力建设，围绕照明电器电磁兼容检测需求进行控制端子骚扰电压、辐射骚扰等检测技术能力建设，围绕CHCS儿童安全座椅污染物检测需求进行化学管控物质技术能力建设。围绕行政执法支撑和市场业务拓展，完成汽车刹车片检测技术能力、智能产品检测技术能力、假人标定设备能力、生态纺织品检测能力、4吨1.40立方米三综合振动检测能力、轨道交通安卫环检测能力6个新项目储备工作。组织“专精特新”公共服务平台为4家国家级“专精特新”小巨人企业提供管理咨询诊断解决方案数7项，为3家省级“专精特新”中小企业提供管理咨询诊断解决方案数4项，为省级及以上“专精特新”小巨人企业提供培训23场次。

【科技发展】2022年，纺检中心按照南京海关部署的“一带一路”共建国家（地区）技术性贸易措施通报收集汇编工作要求，围绕越南《无线电设备电磁兼容性的国家技术法规草案》等技术性贸易措施通报情况组织完成汇编工作。推进在研科研项目4项，其中“行李监管隐蔽识别技术的研究及应用”完成验收，“检验检测实验室智能加液机器人开发及应用”“进口儿童安全座椅快速通关检测方法研究”项目等待验收，2022年度新立项“基于人工智能理论的消费品实验室数据挖掘管理技术研究”完成开题评审。2022年获实用新型专利2项：一种儿童约束系统高速侧面碰撞试验装置和一种自动加液装置。推进在研标准规范制修订3项：《进出口医用纺织品检验技术规范　医疗器械产品：帽子》《进口旧机械产品检验技术要求　通用要求》《进口旧机电产品检验技术要求　第10部分：叉车》。获海关总署批准制修订SN标准立项6项，其中主持标准制修订2项、参与标准制修订4项。推进“实验室智能化管理系统”物联网项目开发应用，通过无锡市工业和信息化局验收。赵介军、过峰、陆振中“物联网力类传感器及电子标签环境可靠性评测技术的研究应用”科研项目获南京海关科技成果三级成果；赖淦珠、高婧、夏佳丽、马芳、陈建红论文获江苏纺织学术论文二等奖；赖淦珠、姚静、蒋蓉、唐琳、刘丹论文获江苏纺织学术论文三等奖；邓红霞、孙亚连、杨欣欣论文获江苏学术论文二等奖；王铮、魏峰、殷祥刚论文获江苏纺织学术论文三等奖。殷祥刚参与全国技术性贸易措施影响调查和研究报告撰写；殷祥刚参与南京海关科技处“如何更好发挥海关科技的引领支撑作用”课题系统性研究和集中攻关工作。

【科学普及与宣传】2022年，纺检中心科普基地提档升级，获江苏省科协、江苏省社科联、江苏省科技厅、江苏省教育厅授牌“江苏省科普教育基地”。会同无锡海关团委获批“无锡市少先队校外实践教育基地”。组建无锡海关专（兼）职科普志愿者队伍，采用线上云直播形式开展全国科技周科普知识讲座。制作多部科普微视频在“南京海关发布”微信公众号、“无锡博报”微信公众号、无锡电视台、“学习强国”App无锡学习平台发布、播出。制作科普动漫微视频“拯救宝贝计划”之宝宝安全座椅篇，开展暑假假期无锡师生“锡关科普之汽车乘员安全出行一点通”主题科普系列活动，承办2022年度无锡海关“质量月”活动，完成第十三届江苏省优秀科普作品申报参评工作，参加2022年南京海关科普讲解大赛。多篇科普稿件在“海关强国号”“中国口岸科学技术”“南京海关发布”等微信公众号发布。

【安全风险防控】2022年，纺检中心学习贯彻海关总署、南京海关下发《关于从严从细落实“防风险、保稳定、迎二十大”工作要求的通知》《关于全力以赴做好党的二十大召开期间安全生产工作的通知》要求，增强“时时放心不下”的责任感，落实“以‘不出事’为唯一标准”要求，开展每日安全巡查、每周安全自查、每月安全检查、每季安全督查，发现安全风险隐患立行立改，制定安全管理制度及相关措施24项，整改安全隐患问题69项。组织签订安全工作责任状，安全职责全员履行承诺书。开展全民国家安全教育日、安全生产月、消防宣传月等主题活动。组织修订完善质量管理体系中风险防控管理程序文件，动态排查

▲2022年9月17日，纺检中心组织开展“建设质量强国共建美好生活”质量宣传月活动（杨玉婷　摄）

检测过程风险点并落实防控措施，全年累计组织报告质量抽查465份。开展应急处置演练活动6次，提升应急反应技能及突发事件应急处置能力。

【事业单位改革】2022年，纺检中心落实海关总署、南京海关机构改革部署要求，推进事业单位机构改革，启动无锡海关机电产品及车辆检测中心（地方事业单位）清理注销工作，制订方案，与上级财务部门、会计事务所和税务部门开展协调沟通，人员、资质、业务和资产整体并入南京海关纺检中心，11月份完成清理注销工作。推进激励机制改革，完善绩效考核方案，调整人员薪酬结构，加大人员收入与业务指标紧密挂钩。推进财务管理方式改革，组建财务部门，启动财务数字资产体系建设，实现核心财务数据动态管理。推进检测总部基地项目建设，与无锡市惠山区经济开发区签订合作框架协议，启动检测总部基地项目规划布局及各系统工程建设方案筹备工作。

【巡察整改】2022年，纺检中心落实南京海关党委巡察反馈意见整改工作，按照“问题导向、凸显重点，统筹兼顾、标本兼治，上下联动、务求实效”原则开展对照自查和联动整改，针对巡察反馈11个问题和联动整改12个共性问题分别制定整改措施45项和29项，全部完成整改。加强内部控制，年内累计开展专项督审7次、督审自查6次，发现管理制度执行和工作流程规范性问题23个，落实立行立改。

撰稿人

陆　旻

南京海关危险货物与包装检测中心

【概况】2022 年，南京海关危险货物与包装检测中心（简称“危包中心”）持续加强实验室能力建设，强化执法把关的科技支撑效能，多措并举促进外贸保稳提质，抓牢实验室安全生产管理，组织科研攻关，多种形式提供南京海关关区内外危险货物及其包装检验培训。年内完成各项检测 3.30 万批。

【党建工作】2022 年，危包中心坚持“第一议题”制度，扎实开展强化政治机关建设专项教育活动，严格落实“三会一课”制度和主题党日活动，召开支委会 46 次，党员大会 18 次，党小组会 24 次，专题党课 5 次，开展安全、廉政、法治等主题党日活动 15 次，充分发挥基层党组织战斗堡垒作用。持续打造“365 卓越之星”党建品牌，优秀经验被南京海关发布、江苏生态环境录用。获评常州海关 2022 年度特色党建品牌。首次与江苏省常州环境监测中心党支部结对共建，联合举办“月是故乡明”读书分享会、“抓消防安全，保高质量发展”消防演练等共建活动，探索构建基层党建工作新格局，推进党的建设高质量发展。

【检测能力】2022 年，危包中心围绕一线执法实际需求，不断加强核心能力建设。整体并入有机化工产品、食品接触材料、消费品等多个领域检测能力，通过 CNAS 实验室认可复评审、扩项、变更 CMA 资质认定扩项、变更。认可检测能力增至 2121 项。增配液相色谱四极杆飞行时间质谱联用仪、泰伯挺度仪、微波消解仪、恒温恒湿试验箱等先进仪器设备 30 台 / 套。参加能力验证 14 次，开展内外部质量控制 53 次，全面自查整改，确保质量管理体系规范运行。

【执法支撑】2022 年，危包中心保障海关执法监管法定检验业务，完成法检任务 3748 批，检出不合格 280 批。其中，危险货物包装实验室完成南京海关关区内外各类包装检测法检及统检任务 3041 批，检出不合格 246 批；化学品分类鉴别与评估实验室完成检测、分类鉴别法检任务 532 批，检出不合格 30 批；食品接触材料检测实验室完成各项法检任务检测 175 批，检出不合格 4 批。

【服务发展】2022 年，危包中心全方位服务企业、促进外贸保稳提质。聚焦技术性贸易措施研究，持续跟进 WTO/TBT-SPS 通报研究，转发解读国外警示风险信息，帮助企业及时调整生产工艺和标准，为企业应对国外技术性贸易措施提供前瞻性研判。运用“云直播”、网络课

▲2022 年 1 月 30 日，危包中心举行“科普教育助成长、安全‘童’行向未来”实验室科普开放活动（蒋敏 摄）

程等形式，开展各种法规标准和新技术解读，年内举办“中国食品相关产品新品种申报策略”“常见生物可降解产品标准解读及应用”等线上直播 18 场，覆盖 6000 余人次，为企业提供及时、精准的技术咨询服务。

【科技创新】2022 年，危包中心科研成果“化学品危险性分类和实验室管理关键技术研究”获评海关总署二级成果。制定国标《食品安全国家标准 食品接触用橡胶材料及制品》（GB 4806.11—2016）获首届江苏省标准创新贡献奖二等奖。获中国商业联合会科学技术奖三等奖 1 项；获常州市标准质量奖 2 项。“东南亚 GHS 制度实施进展和差异化研究”获南京海关科研项目立项。“江苏省工业及消费品智慧实验室技术服务标准化试点”通过江苏省市场监督管理局和江苏省发展和改革委员会认定；国家标准《食品安全国家标准 食品接触用竹木材料及制品》获发布，国家标准《食品接触材料及制品 苯甲酸、苯二甲酸和苯三甲酸迁移量的测定》获立项；立项江苏省商务发展专项项目 1 项；申报 2023 年度南京海关科技计划项目 5 项、南京海关技术规范 5 项；获批实用新型专利 14 个（含发明 1 项）；撰写论文 10 篇，其中获中文核心期刊发表 2 篇、国家级期刊 3 篇；完成常州市社会发展项目验收 1 项。

【科普宣传】2022 年，危包中心开展“科普教育助成长、安全‘童’行向未来”实验室开放活动。向江苏省科学技术协会报送优秀科普作品 4 项：《食品接触用纸和纸板材料及制品终产品合规方案（欧盟篇）》《重磅消息：总迁移量的测定（GB 31604.8—2021）标准发布》《回收方式及食品接触应用的各国态度》《深度解读 GB T 41008—2021 生物降解饮用吸管》。制作视频《如何挑选健康安全的进口儿童餐具》，6月1日被“海关发布”微信公众号、微博采用。

【实验室安全管理】2022年，危包中心抓牢抓严实验室安全生产管理，制定并更新《危险品样品管理和安全防护作业指导书》《化学品实验室安全措施及预案》等多项制度。定期排查安全隐患，及时落实整改。执行“三级检查”机制，加严加密监督抽查频次，加强监督力度。组织“应急演练视频培训”“实验室安全知识及安全防护培训”等全员安全培训5次，开展“化学品意外沾染应急演练”“抓消防安全，保高质量发展”消防安全演练，强化安全意识，筑牢安全底线。

【信息化建设】2022年，危包中心开展实验室管理监控系统建设。从“制度+科技”“业务+财务”“线上+线下”三个方面进行管理升级，针对8大廉政风险，研究制订实验室 LIMS 系统一期改造方案，改造功能点49个。打造制度管人、流程管事、科技控权的标准化管理体系。作为南京海关关区第一批试点单位，完成实验室管理监控系统一期任务，全面上线运行，实现“全流程、全要素、全覆盖”精细化、数字化管理，保障实验室业务规范运行。

【队伍建设】2022年，危包中心严管厚爱抓队伍建设，组织“凝心聚力心向党、皓月千秋映初心”主题活动，深化廉洁教育，强化廉政意识。认真开展“海关重点项目和财物管理以权谋私”专项整治，制定各部门廉政风险清单，组织干部职工撰写心得体会。规范党员发展工作，按期转正党员2人，新吸收预备党员3人。3名党员获评常州海关优秀共产党员。建立“思政两专”月度思政工作例会机制，开展谈心谈话289人次，解决干部职工问题10个，提高干部职工幸福感、获得感。

【巡察整改】2022年，危包中心围绕巡察反馈意见，举一反三查摆类似问题，制定针对性整改措施，建立问题清单、责任清单、整改清单，形成节点明确、责任清晰、一抓到底工作机制，落实整改措施41项。

【风险监测】2022年，危包中心采集各类风险信息8547条，录入“进出口商品质量安全风险管理系统”一般风险信息118条。撰写报送《危包集装袋质量安全风险需关注》《出口危险货物包装——塑料桶　运输风险专项监测报告》《进出口沥青运输安全风险专项监测报告》《2022年进出口危险货物及包装风险监测点工作报告》。

【实训点建设】2022年，危包中心持续完善进出口危险货物与包装检验实训点建设。升级软硬件设施，强化制度保障，结合业务改革和新政策新标准出台情况，开展实训需求分析，精心打磨教学内容，组织编写专题实训课程13个；打造执法与技术相结合的复合型师资队伍，协助商检处推荐南京海关兼职教师6名，为有效开展培训、实训活动提供保障。开展线下实操培训1期，培训南京海关关区业务骨干28人。承办海关总署进出口危险货物及其包装检验岗位培训班三期，线上培训关员8000余人，其中南京海关关区培训、参考232人，通过考核185人，通过率位于全国系统前列。承办南京海关科技周活动“实验室安全管理实践”云直播，实训点教师姚浩线上直播授课《实验室安全管理培训——安全管理实践分享》，南京海关关区279人收看学习。协助科技处组织南京海关关区实验室安全应知应会考试，建设题库1套104题，为线上考试提供专业知识和信息化技术支撑。

【保障全国海关“口岸危险品综合治理”百日专项行动】2022年，危包中心优先、快速、精准检测各执法一线抽批送检样品，助力常州口岸监管一线查发夹藏未申报危化品1.38吨。百日专项行动期间，完成危险化学品检测43批次，检出不合格或货证不符8批。

撰稿人

眭　洁

上海海关学院苏州分校

【概况】2022年，上海海关学院苏州分校（简称“苏州分校”）保障海关系统内会议、培训、集中工作等，承担上海海关学院学生在苏州分校教学任务，协助地方政府等相关部门承办公务员初任培训、机关事业单位干部业务培训等接待业务。完成各类业务30批次、5.86万人次，业务总量同比增长3.90%。

【疫情防控】2022年，苏州分校严格执行海关总署、南京海关内部防控要求，强化落实各项防疫措施，做好会务现场各项防控工作。建立培训时间较长的初任培训班学员健康管理档案，实行全封闭管理，全程跟踪服务，日常事务即刻处理，应急事件特殊处理。持续做好办公、生活服务场所消毒防护工作，针对不同疫情防控风险，明确消毒方式、时间和频次及责任人等。年内测温3.80万余人，风险排查访客单50份，消毒车辆3600辆次，消毒快件包裹4500次，消毒场所95万平方，消毒频次2.50万次。

【服务保障】2022年，苏州分校被苏州市政府征用为新冠疫情防控医护人员生活场所2次。研究工作流程、人员配置等，制定《闭环管理办法》等制度，实行全封闭管理。提供全部宿舍200余间，每日供应盒饭700余份，保障医护人员特殊卫生服务等。完成2022年海关新录用公务员初任培训班、全国缉私部门新招录公务员初任培训班、海关高级英语翻译班、海关系统落实全面从严治党主体责任工作培训班等各项服务保障业务。

【专项整治】2022年，苏州分校围绕“海关重点项目和财物管理以权谋私”专项整治工作，强化财务刚性管理，严格大额资金、工程验收审计等管理；严格采购管理，通过市场调研、询价、评估，比质比价，选定和调整供应商，规范审批流程；严格公车使用管理，落实公务车辆“四定点”要求，完善派车用车等管理制度；严格固定资产管理，责任到岗、到人；严格基建管理，加强内控监督制约，从严执行办公设备和用房标准。结合专项整治工作及纪法教育与强化政治机关建设专项教育活动，通过学习典型案例等方式，开展警示教育。分析研判重点领域、重点人物廉政风险，加强财务、采购、工程等重点领域和重点人员提醒监督，严防违反廉政和财经纪律、杜绝酒驾醉驾，提高廉政教育针对性、有效性，筑牢全员拒腐防变思想道德防线。

【队伍建设】2022年，苏州分

校加强技能培训，提高员工业务水平，提升服务质量。举办“扬帆起航，乘梦飞翔”业务技能比赛，设前台接待、餐厅摆台、中式铺床、厨艺菜品等4个项目，33名员工参加。评选12名选手分获最佳组合奖、一等奖、二等奖、三等奖。落实“五必谈”“三观察”制度，每月深入开展谈心谈话，了解队伍思想动态和情况，听取问题，提出解决方案，年内谈心谈话80余次。

【基础设施建设维护】2022年，苏州分校后期维护2021年改造交付使用后的消防供热综合机房；完成苏州分校外围隔音屏（西侧段）工程和雨污分流改造工程项目；加强变配电设备、空调设备、数字电视和电梯以及设备机房水泵房维修保养等。全年更新、修理腐蚀漏水屋顶、墙面约2.50万余平方米，处理其他各类维修5475次。

【大安全建设】2022年，苏州分校开展消防安全培训和演练，年内安全巡查4380次，安全专项大检查8次。重点围绕内保（消防、设施设备）安全和食品安全。退回各类卫生和质量不达标食品、食材约980千克。

撰稿人

孙文娟

南京海关学会

【概况】截至2022年年底，南京海关关区有学会组织55个，包括基层学会5个、中心组15个、小组35个，实现关区全覆盖。会员总数4950人。年内，开展征文活动16项，征集各类论文（课题）1400篇；7篇论文获中国海关学会征文评奖奖项；42篇论文获中国海关学会上海分会（简称“上海分会”）征文评奖奖项；426篇论文获关区征文评奖奖项。南京海关学会、苏州海关学会、无锡海关学会、连云港海关学会中心组获评上海分会年度学会工作先进集体；马红兰、薛晓星获评上海分会学会之友；李志刚、赵辉、黄玲获评上海分会优秀学会工作者；叶倩、章慕荣、张正祥、杨志俊、潘焕品获评上海分会优秀会员；陈解平、蒋小冬、黄玲、凌微子获评上海分会会员之星。37个集体、187名个人获评南京关区年度学会工作先进集体和先进个人。

【理论研究】2022年，南京海关学会参加海关总署层面征文活动3项，其中“服务新发展格局，更好发挥海关在国内国际双循环交汇枢纽作用”总会主题征文活动，征集论文89篇。1篇获特别表彰，4篇获评优秀论文，2篇获评入选论文，获奖等次列直属海关学会前列；“红色海关记忆——人物篇”总会征文活动，征集论文4篇，登记造册新中国成立前参加革命工作人员60名；“海关史研究”征文活动，由海关总署关史办与总会联合举办，南京海关学会与南京海关关办公室、南京海关关史办联合组织，征集论文65篇，评出优秀论文21篇。

南京海关学会与南京海关机关11个部门、1个隶属海关单位联合开展征文活动12项，征集论文1004篇，评出优秀论文275篇。其中，与办公室联合举办“以‘三智’引领海关贸易安全和通关便利合作”专题征文活动，征集论文59篇；与法规处联合举办“贯彻落实‘习近平法治思想’开创海关法治建设新局面”专题征文活动，征集论文75篇；与综合业务处联合举办“优化口岸营商环境”专题征文活动，征集论文92篇；与自贸区和特殊区域发展处联合举办“强化‘四个机制’建设，推动加工贸易保税监管工作高质量发展”专题征文活动，征集论文90篇；与关税处联合举办“强化政治机关建设，促进关税工作高质量发展”专题征文活动，征集论文79篇；与动植物检疫处联合举办“织密筑牢口岸动植物检疫防线”专题征文活动，征集论文122篇；与口岸监管处联合举办“贯彻落实‘四个机制’，筑牢口岸监管防线”专题征文活动，征集论文72篇；与企业管理和稽查处联合举办“强监管优服务，推动企业管理和稽查工作高质量发展”专题征文活动，征集论文133篇；与缉私局联合举办“全面提高缉私核心战斗力”专题征文活动，征集论文67篇；与机关党委联合举办“喜迎二十大”党建思政工作专题征文活动，征集论文89篇；与机关团委联合举办“青年跟党走，建功新时代——强化政治机关建设”专题征文活动，征集论文71篇；与风险防控分局联合举办“海关国门安全与风险防控”专题征文活动，征集论文55篇。年内，南京海关学会开展综合性征文活动，征集论文264篇，评出优秀论文95篇。

【组织发动】2022年，南京海关学会印发《2022年南京海关学会工作要点》。学会领导按分工分别联系55个学会组织，指导工作开展，并赴金陵、苏州、苏州工业园区、南通等15个海关进行实地调研。召开关区学会组织负责人、联络员视频会议，部署全年工作。召开南京海关机关11个部门专题征文工作和金陵、南通地区海关论文写作推动工作会。5次下发征文推进工作通知，明确时间节点，指导各学会组织做好16项征文工作。

【培训会员】2022年，南京海关学会组织关区线上理论骨干培训班，邀请苏州工业园区海关薛晓星、江阴海关李志刚授课，参训530人。申请28个隶属海关学会组织、60名理论骨干上海海关

▲2022年6月10日，南京海关召开学会工作暨理论骨干培训班（蔡锦富　摄）

学院图书馆校外访问账号。向各学会组织印发《海关政研论文写作培训讲义》（薛晓星编写），赠送《海关研究》等参考资料。

【对外交流】2022年，南京海关学会加入长三角一体化太湖融合创新联盟，参与“如何进一步提高长三角对外开放发展水平——以上海、江苏为例”课题研究，委托无锡、江阴、宜兴海关学会组织参与联盟组织活动。参加江苏省跨境电商工程研究中心交流活动，作为协办单位，参加“跨境电商高质量发展论坛暨江苏省跨境电商工程研究中心”揭牌仪式。拓展学会与地方研究机构、社会团体交流互动。

【会刊编辑】2022年，南京海关学会发挥《学会论丛》会刊交流平台作用，出刊4期，通过南京海关综合管理平台“专题专栏”推送论文79篇。向《海关研究》《海关与经贸研究》《宁关政研》等载体推送论文，刊用30余篇。

【建章立制】2022年，南京海关学会起草印发《南京海关关于进一步加强学会工作的指导意见》《南京海关学会工作规则》，修订《南京海关学会优秀学术论文评审奖励办法》《南京海关学会先进集体、个人表彰奖励办法》《南京海关学会特约撰稿人聘请及管理办法》《南京海关学会〈学会论丛〉编辑管理办法》。调整关区各学会组织架构设立及重新确认人员兼任；聘任特约撰稿人87名。

撰稿人

蔡锦富

附 录

2022 年南京海关及隶属海关负责人名录

（截至 2022 年 12 月 31 日）

隶属海关主要负责人

金陵海关	党委书记、关长	陈　平	
苏州海关	党委书记、关长	沈大为	（8 月起）
	党委书记、关长	谢　斌	（1 月止）
苏州工业园区海关	党委书记、关长	刘杨武	（1 月起）
	党委书记、关长	黄　浦	（1 月止）
无锡海关	党委书记、关长	蔡嘉福	
南京禄口机场海关	党委书记、关长	王坚军	（4 月起）
	党委书记、关长	沙锦锋	（4 月止）
新生圩海关	党委书记、关长	贡立新	
江阴海关	党委书记、关长	金　涛	（11 月起）
	党委书记、关长	陈解平	（11 月止）
连云港海关	党委书记、关长	陈新东	
南通海关	党委书记、关长	胡　斌	
张家港海关	党委书记、关长	黄　毅	
金港海关	党委书记、关长	李建新	（4 月起）
	党委书记、关长	李晓晋	（4 月止）
镇江海关	党委书记、关长	戴云徽	
常州海关	党委书记、关长	顾高浪	
徐州海关	党委书记、关长	吴新华	
盐城海关	党委书记、关长	吴志明	（6 月起）
	党委书记、关长	胡正良	（6 月止）
淮安海关	党委书记、关长	董　钧	
扬州海关	党委书记、关长	唐仁军	

续表

泰州海关	党委书记、关长	徐建中	
如皋海关	党委书记、关长	邵　剑	（6月起）
	党委书记、关长	吴志明	（6月止）
宿迁海关	党委书记、关长	石卫国	（11月起）
	党委书记、关长	金　涛	（11月止）
靖江海关	党委书记、关长	梁维东	
如东海关	党委书记、关长	沈　虹	（女）
启东海关	党委书记、关长	徐　刚	
太仓海关	党委书记、关长	储伯标	（5月起）
	党委书记、关长	林伟东	（5月止）
常熟海关	党委书记、关长	吴　敏	
昆山海关	党委书记、关长	林伟东	（5月起）
	党委书记、关长	杨芳明	（女）（5月止）
吴江海关	党委书记、关长	张　建	
宜兴海关	党委书记、关长	丁　义	（5月起）
	党委书记、关长	王水明	（5月止）

南京海关统计数据

江苏省进出口商品年度总值表

年度	人民币（亿元）			美元值（亿美元）		
	进出口总值	出口值	进口值	进出口总值	出口值	进口值
1993	533	268	265	92	47	46
1994	1016	576	440	118	67	51
1995	1365	819	546	163	98	65
1996	1722	965	757	207	116	91
1997	1960	1169	791	236	141	95
1998	2186	1296	891	263	156	107
1999	2097	1238	860	313	183	130
2000	3782	2133	1649	456	257	199
2001	4251	2390	1861	513	289	225
2002	5817	3184	2634	703	385	318
2003	9408	4894	4514	1136	591	545
2004	14138	7242	6897	1708	875	834
2005	18735	10110	8625	2279	1230	1050
2006	22735	12845	9890	2840	1604	1236
2007	26758	15606	11152	3495	2036	1459
2008	27535	16718	10817	3923	2380	1542
2009	23115	13592	9522	3387	1992	1395
2010	31594	18353	13242	4658	2705	1953
2011	35027	20299	14728	5396	3126	2270
2012	34596	20743	13853	5480	3285	2194
2013	34184	20410	13774	5508	3288	2220
2014	34622	20999	13623	5636	3418	2217

续表

年度	人民币（亿元）			美元值（亿美元）		
	进出口总值	出口值	进口值	进出口总值	出口值	进口值
2015	33867	21021	12847	5456	3386	2069
2016	33614	21044	12570	5093	3191	1902
2017	39997	24589	15409	5908	3630	2278
2018	43793	26653	17140	6639	4040	2599
2019	43383	27212	16171	6295	3948	2347
2020	44504	27433	17070	6428	3961	2467
2021	51937	32374	19564	8039	5011	3028
2022	54439	34807	19632	8175	5225	2951

2022年江苏省进出口商品月度总值表

月份	进出口				出口				进口			
	人民币（亿元）	同比（%）	美元值（亿美元）	同比（%）	人民币（亿元）	同比（%）	美元值（亿美元）	同比（%）	人民币（亿元）	同比（%）	美元值（亿美元）	同比（%）
合计	54439.0	4.8	8175.3	1.7	34807.2	7.5	5224.7	4.3	19631.8	0.3	2950.5	-2.6
1月	4782.6	20.4	750.1	23.4	2965.4	19.6	465.0	22.7	1817.2	21.6	285.1	24.6
2月	3594.9	9.1	564.3	11.3	2217.2	6.4	348.1	8.6	1377.7	13.8	216.2	15.9
3月	4479.5	11.8	705.1	13.6	2800.3	17.3	440.8	19.2	1679.3	3.7	264.3	5.3
4月	3690.4	-11.5	579.4	-9.8	2180.8	-15.5	342.5	-14.0	1509.5	-5.0	236.8	-3.1
5月	4657.7	13.0	725.9	14.5	2978.8	17.3	464.5	18.9	1678.9	6.1	261.4	7.4
6月	5068.4	17.1	760.7	13.2	3398.4	27.8	510.6	23.6	1670.0	0.2	250.1	-3.5
7月	5156.8	22.5	764.9	16.6	3407.2	31.5	505.5	25.2	1749.6	8.1	259.4	2.9
8月	4886.7	5.7	724.6	1.3	3124.6	8.7	463.2	4.2	1762.1	0.7	261.4	-3.4
9月	4745.4	4.1	698.6	-0.6	3020.3	7.5	444.9	2.7	1725.1	-1.4	253.8	-6.0
10月	4366.0	-4.8	628.6	-11.4	2868.8	-3.3	413.5	-9.9	1497.2	-7.6	215.1	-14.1
11月	4518.2	-9.1	637.0	-17.8	2893.9	-7.5	408.0	-16.3	1624.3	-11.8	229.0	-20.3
12月	4492.4	-11.8	636.2	-20.1	2951.6	-9.8	418.1	-18.3	1540.8	-15.4	218.1	-23.4

2022 年江苏省进出口商品国别（地区）前 30 位总值表

进口原产国（地） 出口最终目的国（地）	进出口		出口		进口	
	人民币（亿元）	同比（%）	人民币（亿元）	同比（%）	人民币（亿元）	同比（%）
合计	54439.0	4.8	34807.2	7.5	19631.8	0.3
美国	7199.2	1.3	5913.6	–1.8	1285.6	18.8
韩国	5679.2	4.8	2418.3	16.6	3260.9	–2.5
日本	4352.0	–0.1	2247.6	4.2	2104.4	–4.4
中国台湾	3857.9	–3.1	1113.4	–5.9	2744.5	–1.9
越南	2343.9	13.0	1551.6	6.8	792.3	27.5
德国	2215.7	3.1	1280.1	9.2	935.6	–4.2
中国香港	1847.1	–19.0	1838.0	–18.8	9.1	–38.8
澳大利亚	1649.8	–2.9	817.1	15.3	832.6	–16.0
荷兰	1613.3	15.0	1514.3	17.7	99.0	–14.8
巴西	1598.5	22.0	749.5	24.6	849.0	19.8
印度	1441.6	19.2	1292.0	29.7	149.5	–29.8
马来西亚	1332.5	12.9	676.5	15.9	656.0	10.0
泰国	1271.3	6.6	817.9	16.4	453.4	–7.4
印度尼西亚	1261.2	17.7	640.7	23.4	620.4	12.4
新加坡	1149.2	15.0	732.1	34.9	417.1	–8.7
英国	881.8	–3.1	770.0	–4.5	111.9	8.1
墨西哥	860.1	15.3	725.7	16.1	134.3	11.5
俄罗斯	813.1	16.5	538.4	4.2	274.7	51.7
中国	725.3	–21.4	0.0	—	725.3	–21.4
加拿大	685.0	0.4	530.3	7.3	154.7	–17.6
法国	676.8	5.9	502.8	6.5	174.0	4.3
意大利	666.2	18.9	498.1	31.8	168.1	–7.8
菲律宾	629.3	8.4	388.6	11.6	240.7	3.7
波兰	485.5	17.2	443.1	21.1	42.4	–12.6
西班牙	433.2	7.4	372.0	13.9	61.2	–20.1
比利时	429.7	6.6	351.4	10.2	78.3	–7.0
阿联酋	414.2	22.1	383.8	23.8	30.4	3.8
沙特阿拉伯	409.4	11.7	245.3	30.0	164.1	–7.7
土耳其	400.7	22.9	378.6	28.2	22.1	–27.9
孟加拉国	319.0	6.6	313.3	7.2	5.6	–18.3

2022年江苏省进出口商品贸易方式总值表

贸易方式	进出口		出口		进口	
	人民币（亿元）	同比（%）	人民币（亿元）	同比（%）	人民币（亿元）	同比（%）
合计	54439.0	4.8	34807.2	7.5	19631.8	0.3
一般贸易	31254.9	7.1	20463.0	9.2	10791.9	3.4
国家间、国际组织间无偿援助和赠送的物资	6.4	50.8	6.4	50.8	0.0	—
其他捐赠物资	0.0	−97.8	0.0	−97.6	0.0	−100.0
加工贸易	16908.2	2.7	10875.2	8.7	6033.0	−6.5
来料加工贸易	1506.4	2.4	953.5	15.9	552.9	−14.7
进料加工贸易	15401.8	2.8	9921.8	8.1	5480.1	−5.6
寄售代销贸易	0.0	—	0.0	—	0.0	—
边境小额贸易	0.0	−100.0	0.0	−100.0	0.0	—
加工贸易进口设备	0.8	40.2	0.0	—	0.8	40.2
对外承包工程出口货物	37.9	5.2	37.9	5.2	0.0	—
租赁贸易	7.2	51.4	1.9	1.9	5.3	33.3
外商投资企业作为投资进口的设备、物品	17.3	−53.3	0.0	—	17.3	−53.3
出料加工贸易	2.3	543.5	1.3	910.2	1.0	332.1
易货贸易	0.0	−100.0	0.0	−100.0	0.0	—
免税外汇商品	0.0	—	0.0	—	0.0	—
保税物流	5758.0	−1.5	3150.8	−7.8	2607.2	7.2
海关保税监管场所进出境货物	770.1	−5.5	95.3	−15.6	674.8	−3.8
海关特殊监管区域物流货物	4987.9	−0.9	3055.5	−7.5	1932.4	11.7
海关特殊监管区域进口设备	123.9	−15.2	0.0	—	123.9	−15.2
其他贸易	322.1	43.3	270.7	56.1	51.4	0.2
免税品	0.0	—	0.0	—	0.0	—

2022年江苏省进出口企业性质总值表

企业性质	进出口		出口		进口	
	人民币（亿元）	同比（%）	人民币（亿元）	同比（%）	人民币（亿元）	同比（%）
合计	54439.0	4.8	34807.2	7.5	19631.8	0.3
国有企业	5011.1	7.2	2781.2	9.8	2229.8	4.1
中外合作企业	195.3	−11.3	95.6	−2.4	99.8	−18.4
中外合资企业	5676.6	0.5	3380.0	3.2	2296.7	−3.1
外商独资企业	21484.8	−0.1	12559.9	2.8	8924.9	−3.9
集体企业	615.6	−3.9	336.8	15.8	278.8	−20.3
私营企业	21432.4	11.4	15633.8	12.1	5798.6	9.6
个体工商户	20.1	−2.8	19.1	3.1	0.9	−55.6
报关单位	0.2	120.4	0.2	123.0	0.0	−21.3
其他	2.9	−51.1	0.7	−75.8	2.3	−30.8

2022 年江苏省进出口商品收发货人所在地总值表

收发货人所在地	进出口		出口		进口	
	人民币（亿元）	同比（%）	人民币（亿元）	同比（%）	人民币（亿元）	同比（%）
合计	54439.0	4.8	34807.2	7.5	19631.8	0.3
南京市	6291.1	0.2	3827.0	−1.8	2464.1	3.5
无锡市	7373.6	8.0	4852.6	15.0	2521.1	−3.3
徐州市	1291.0	2.9	1111.9	5.9	179.1	−12.2
苏州市	25705.5	1.5	15467.9	4.0	10237.6	−1.9
常州市	3227.9	7.5	2507.2	14.7	720.6	−11.8
南通市	3664.9	8.0	2350.4	4.5	1314.6	15.1
连云港市	1076.4	14.9	398.4	2.5	678.0	23.8
淮安市	428.3	12.4	321.4	15.5	106.9	4.3
盐城市	1372.5	23.3	926.1	33.8	446.5	5.9
扬州市	1101.0	13.9	870.7	22.3	230.3	−9.6
镇江市	1038.8	24.5	774.5	29.9	264.3	10.8
泰州市	1307.8	8.2	895.8	4.9	411.9	16.3
宿迁市	560.1	30.1	503.3	35.1	56.8	−1.7

2022 年江苏省进出口商品报关关别总值表

报关关别	进出口		出口		进口	
	人民币（亿元）	同比（%）	人民币（亿元）	同比（%）	人民币（亿元）	同比（%）
合计	54439.0	4.8	34807.2	7.5	19631.8	0.3
北京海关	127.5	31.0	92.1	32.9	35.4	26.4
天津海关	682.0	26.5	432.6	17.7	249.3	45.5
石家庄海关	61.9	–3.6	24.2	–19.1	37.7	10.0
太原海关	6.7	19.7	1.3	–66.5	5.4	205.8
满洲里海关	28.9	72.1	26.8	72.0	2.1	73.5
呼和浩特海关	15.5	–19.9	10.1	–43.0	5.4	233.5
沈阳海关	21.2	233.1	3.6	28.3	17.5	397.6
大连海关	110.0	3.0	33.0	–2.4	77.0	5.4
长春海关	3.3	–15.1	2.9	–5.8	0.4	–50.0
哈尔滨海关	28.4	174.1	27.6	174.8	0.8	149.0
上海海关	20054.8	0.9	15507.4	4.8	4547.4	–10.4
南京海关	27122.8	6.7	14307.7	8.5	12815.1	4.7
杭州海关	479.1	–3.9	197.3	16.7	281.7	–14.5
宁波海关	1109.1	82.2	918.8	104.5	190.3	19.4
合肥海关	53.8	53.6	32.2	35.8	21.5	90.9
福州海关	94.5	–23.6	15.9	14.7	78.6	–28.5
厦门海关	167.6	37.3	87.4	40.4	80.2	34.1
南昌海关	10.1	–67.1	5.1	–54.1	5.1	–74.3
青岛海关	1349.6	21.9	939.9	42.1	409.6	–8.0
济南海关	34.8	–9.5	14.3	12.3	20.5	–20.3
郑州海关	101.1	–4.5	70.0	20.5	31.0	–34.9
武汉海关	44.1	20.0	27.7	23.3	16.4	14.8
长沙海关	19.4	–12.2	12.1	–35.8	7.4	122.1
广州海关	315.3	–2.7	263.2	–6.4	52.1	21.4
黄埔海关	219.5	–1.5	63.7	1.2	155.8	–2.5
深圳海关	1271.4	–20.6	1107.4	–20.7	164.0	–20.3
拱北海关	68.0	15.5	29.5	4.0	38.5	26.3
汕头海关	45.2	–4.9	35.4	–19.4	9.9	167.3
海口海关	8.4	222.8	0.4	67.0	8.0	240.2
湛江海关	37.2	37.0	4.9	192.3	32.3	26.8
江门海关	22.0	56.1	2.1	–58.5	19.9	120.6

续表

报关关别	进出口		出口		进口	
	人民币（亿元）	同比（%）	人民币（亿元）	同比（%）	人民币（亿元）	同比（%）
南宁海关	296.0	−19.5	159.3	−32.0	136.7	2.3
成都海关	40.1	38.2	33.4	58.7	6.7	−16.0
重庆海关	102.5	22.6	70.3	24.6	32.2	18.3
贵阳海关	0.5	32.9	0.5	32.9	0.0	—
昆明海关	48.4	21.9	45.0	36.2	3.3	−49.6
拉萨海关	1.0	65.5	1.0	65.5	0.0	—
西安海关	154.8	−11.0	120.3	−1.2	34.5	−33.7
乌鲁木齐海关	81.8	92.8	79.7	89.6	2.0	462.2
兰州海关	0.0	−62.2	0.0	−62.2	0.0	—
银川海关	0.8	—	0.8	—	0.0	—
西宁海关	0.0	—	0.0	—	0.0	—

2022 年江苏省进出口商品运输方式总值表

	进出口		出口		进口	
运输方式	人民币（亿元）	同比（%）	人民币（亿元）	同比（%）	人民币（亿元）	同比（%）
合计	54439.0	4.8	34807.2	7.5	19631.8	0.3
水路运输	35394.2	8.5	24654.1	11.0	10740.1	3.2
铁路运输	568.5	–2.9	439.8	–0.6	128.7	–10.1
公路运输	1779.2	–29.8	1162.8	–29.5	616.4	–30.4
航空运输	16417.6	1.9	8276.0	3.6	8141.5	0.2
邮件运输	3.4	–51.6	0.8	–75.0	2.6	–31.9
其他运输	276.1	245.3	273.7	258.9	2.5	–33.4

2022 年江苏省进出口商品类章总值表

商品类章	进出口		出口		进口	
	人民币（亿元）	同比（%）	人民币（亿元）	同比（%）	人民币（亿元）	同比（%）
合计	54439.0	4.8	34807.2	7.5	19631.8	0.3
第一类　活动物；动物产品	191.4	–6.0	38.1	0.4	153.2	–7.4
第 1 章　活动物	1.9	29.6	1.3	17.2	0.5	75.5
第 2 章　肉及食用杂碎	108.0	–13.8	1.1	–45.3	106.8	–13.3
第 3 章　鱼、甲壳动物、软体动物及其他水生无脊椎动物	23.5	17.6	8.8	–12.2	14.7	47.4
第 4 章　乳品；蛋品；天然蜂蜜；其他食用动物产品	24.0	–3.6	1.7	–3.3	22.3	–3.6
第 5 章　其他动物产品	34.0	6.4	25.2	9.4	8.8	–1.3
第二类　植物产品	1063.8	51.4	65.5	21.2	998.3	54.0
第 6 章　活树及其他活植物；鳞茎、根及类似品；插花及装饰用簇叶	1.5	–17.7	0.8	4.9	0.7	–34.3
第 7 章　食用蔬菜、根及块茎	74.3	14.5	32.7	4.3	41.7	24.1
第 8 章　食用水果及坚果；甜瓜或柑橘属水果的果皮	19.6	19.3	2.5	–6.8	17.1	24.3
第 9 章　咖啡、茶、马黛茶及调味香料	9.6	17.1	2.4	–29.9	7.2	49.8
第 10 章　谷物	29.7	28.4	0.4	–43.2	29.3	30.5
第 11 章　制粉工业产品；麦芽；淀粉；菊粉；面筋	18.3	12.7	3.5	58.0	14.8	5.5
第 12 章　含油子仁及果实；杂项子仁及果仁；工业用或药用植物；稻草、秸秆及饲料	881.9	59.1	1.4	–43.0	880.5	59.6
第 13 章　虫胶；树胶、树脂及其他植物液、汁	26.5	79.8	20.6	114.6	6.0	15.4
第 14 章　编结用植物材料；其他植物产品	2.3	–14.4	1.3	37.0	1.0	–43.5
第三类　动、植物或微生物油、脂及其分解产品；精制的食用油脂；动、植物蜡	333.0	3.6	58.9	47.0	274.1	–2.5
第 15 章　动、植物或微生物油、脂及其分解产品；精制的食用油脂；动、植物蜡	333.0	3.6	58.9	47.0	274.1	–2.5

续表 1

商品类章	进出口		出口		进口	
	人民币（亿元）	同比（%）	人民币（亿元）	同比（%）	人民币（亿元）	同比（%）
第四类　食品：饮料、酒及醋：烟草及制品	180.3	5.3	121.2	7.0	59.1	1.9
第 16 章　肉、鱼、甲壳动物、软体动物及其他水生无脊椎动物、昆虫的制品	6.4	-34.5	5.9	-37.0	0.5	14.3
第 17 章　糖及糖食	26.2	53.2	9.1	46.4	17.0	57.2
第 18 章　可可及可可制品	4.7	-14.6	1.1	4.8	3.6	-19.1
第 19 章　谷物、粮食粉、淀粉或乳的制品；糕饼点心	22.2	-6.4	9.1	-12.6	13.2	-1.6
第 20 章　蔬菜、水果、坚果或植物其他部分的制品	33.5	0.8	31.3	2.0	2.2	-14.0
第 21 章　杂项食品	50.8	20.5	43.5	22.8	7.3	8.6
第 22 章　饮料、酒及醋	5.9	-43.8	2.0	0.1	3.9	-53.9
第 23 章　食品工业的残渣及废料；配制的动物饲料	27.8	-4.5	16.5	-8.4	11.3	1.8
第 24 章　烟草、烟草及烟草代用品的制品；非经燃烧吸用的产品，不论是否含有尼古丁；其他供人体摄入尼古丁的含尼古丁的产品	2.8	1182.3	2.8	1150.2	0.1	—
第五类　矿产品	2063.7	-6.4	56.9	-7.4	2006.8	-6.4
第 25 章　盐；硫磺；泥土及石料；石膏料、石灰及水泥	103.4	58.9	9.2	-47.9	94.3	98.4
第 26 章　矿砂、矿渣及矿灰	964.6	-25.0	3.0	-80.6	961.6	-24.4
第 27 章　矿物燃料、矿物油及其蒸馏产品；沥青物质；矿物蜡	995.7	16.6	44.8	56.7	950.9	15.2
第六类　化学工业及其相关工业的产品	5057.5	16.0	2886.9	22.5	2170.7	8.3
第 28 章　无机化学品；贵金属、稀土金属、放射性元素及其同位素的有机及无机化合物	734.7	75.0	405.7	67.1	329.0	85.9
第 29 章　有机化学品	2461.1	9.3	1437.3	19.1	1023.8	-2.1
第 30 章　药品	432.3	3.2	206.1	-1.4	226.3	7.7
第 31 章　肥料	61.2	-9.2	43.5	-26.4	17.6	115.0

续表 2

商品类章	进出口		出口		进口	
	人民币（亿元）	同比（%）	人民币（亿元）	同比（%）	人民币（亿元）	同比（%）
第 32 章 鞣料浸膏及染料浸膏；鞣酸及其衍生物；染料、颜料及其他着色料；油漆及清漆；油灰及其他类似胶粘剂；墨水、油墨	143.3	−8.4	90.6	−7.4	52.8	−10.0
第 33 章 精油及香膏；芳香料制品及化妆盥洗品	87.3	25.9	41.9	12.3	45.4	41.7
第 34 章 肥皂、有机表面活性剂、洗涤剂、润滑剂、人造蜡、调制蜡、光洁剂、蜡烛及类似品、塑型用膏、“牙科用蜡”及牙科用熟石膏制剂	127.7	10.1	67.5	16.8	60.2	3.3
第 35 章 蛋白类物质；改性淀粉；胶；酶	91.5	4.3	40.5	7.8	51.0	1.8
第 36 章 炸药；烟火制品；引火合金；易燃材料制品	4.0	−7.1	0.9	−20.0	3.2	−2.8
第 37 章 照相及电影用品	65.5	6.0	29.2	23.8	36.2	−5.0
第 38 章 杂项化学产品	848.8	20.2	523.6	36.6	325.2	0.7
第七类 塑料及其制品；橡胶及其制品	2464.7	−1.9	1561.0	2.2	903.7	−8.3
第 39 章 塑料及其制品	2163.2	−1.5	1381.0	3.0	782.3	−8.6
第 40 章 橡胶及其制品	301.5	−4.8	180.0	−3.6	121.5	−6.5
第八类 革、毛皮及制品；箱包；肠线制品	155.7	−0.6	140.1	1.7	15.6	−17.8
第 41 章 生皮（毛皮除外）及皮革	12.0	−21.6	2.1	−27.4	9.9	−20.2
第 42 章 皮革制品；鞍具及挽具；旅行用品、手提包及类似容器；动物肠线（蚕胶丝除外）制品	141.9	2.0	136.3	2.8	5.6	−13.0
第 43 章 毛皮、人造毛皮及其制品	1.8	−22.2	1.7	−22.3	0.1	−21.4
第九类 木及制品；木炭；软木；编结品	376.8	−8.5	186.5	−8.8	190.3	−8.2
第 44 章 木及木制品；木炭	369.1	−8.5	179.0	−8.8	190.1	−8.2
第 45 章 软木及软木制品	0.3	−35.5	0.1	−39.2	0.1	−30.5

续表 3

商品类章	进出口		出口		进口	
	人民币（亿元）	同比（%）	人民币（亿元）	同比（%）	人民币（亿元）	同比（%）
第 46 章　稻草、秸秆、针茅或其他编结材料制品；篮筐及柳条编结品	7.4	-6.9	7.4	-6.5	0.1	-35.5
第十类　纤维素浆；废纸；纸、纸板及其制品	519.2	0.6	244.2	17.7	275.0	-10.9
第 47 章　木浆及其他纤维状纤维素浆；回收（废碎）纸及纸板	203.1	-9.6	1.9	33.1	201.2	-9.9
第 48 章　纸及纸板；纸浆、纸或纸板制品	290.5	8.1	224.8	19.5	65.7	-18.7
第 49 章　书籍、报纸、印刷图画及其他印刷品；手稿、打字稿及设计图纸	25.6	12.9	17.4	-3.0	8.2	73.4
第十一类　纺织原料及纺织制品	3746.6	2.4	3431.9	4.4	314.7	-15.6
第 50 章　蚕丝	11.9	61.7	11.7	69.9	0.3	-45.4
第 51 章　羊毛、动物细毛或粗毛；马毛纱线及其机织物	140.8	11.5	50.6	34.2	90.2	1.8
第 52 章　棉花	257.0	-6.8	204.3	8.6	52.7	-39.9
第 53 章　其他植物纺织纤维；纸纱线及其机织物	50.4	30.3	28.9	32.9	21.5	26.9
第 54 章　化学纤维长丝；化学纤维纺织材料制扁条及类似品	377.0	13.6	341.7	15.3	35.3	-1.2
第 55 章　化学纤维短纤	201.0	7.2	186.2	10.7	14.9	-22.6
第 56 章　絮胎、毡呢及无纺织物；特种纱线；线、绳、索、缆及其制品	94.5	-9.0	79.2	-8.0	15.3	-13.6
第 57 章　地毯及纺织材料的其他铺地制品	52.2	-6.2	51.6	-6.4	0.6	17.2
第 58 章　特种机织物；簇绒织物；花边；装饰毯；装饰带；刺绣品	45.5	7.5	42.0	8.0	3.4	1.7
第 59 章　浸渍、涂布、包覆或层压的纺织物；工业用纺织制品	169.3	4.9	149.9	6.5	19.4	-6.1
第 60 章　针织物及钩编织物	300.0	2.3	290.7	2.7	9.3	-9.9
第 61 章　针织或钩编的服装及衣着附件	795.4	-0.2	771.4	1.1	24.0	-29.2

续表 4

商品类章	进出口		出口		进口	
	人民币（亿元）	同比（%）	人民币（亿元）	同比（%）	人民币（亿元）	同比（%）
第 62 章　非针织或非钩编的服装及衣着附件	804.8	9.7	779.3	11.6	25.5	-27.2
第 63 章　其他纺织制成品；成套物品；旧衣着及旧纺织品；碎织物	446.9	-11.8	444.5	-11.7	2.4	-13.2
第十二类　鞋帽伞等；羽毛品；人造花；人发品	462.7	2.7	299.3	9.7	163.4	-8.1
第 64 章　鞋靴、护腿和类似品及其零件	346.1	2.5	183.6	14.2	162.5	-8.1
第 65 章　帽类及其零件	87.9	30.2	87.3	30.7	0.6	-13.2
第 66 章　雨伞、阳伞、手杖、鞭子、马鞭及其零件	7.0	-4.3	7.0	-4.2	0.0	-47.4
第 67 章　已加工羽毛、羽绒及其制品；人造花；人发制品	21.7	-43.2	21.5	-43.4	0.2	-1.5
第十三类　矿物材料制品；陶瓷品；玻璃及制品	541.8	-1.5	418.1	2.0	123.7	-11.6
第 68 章　石料、石膏、水泥、石棉、云母及类似材料的制品	114.0	6.1	83.6	7.7	30.3	1.9
第 69 章　陶瓷产品	168.9	-4.4	142.9	-0.6	25.9	-21.2
第 70 章　玻璃及其制品	259.0	-2.6	191.6	1.5	67.4	-12.6
第十四类　天然或养殖珍珠、宝石或半宝石、贵金属、包贵金属及其制品；仿首饰；硬币	143.0	-19.2	20.7	-29.3	122.3	-17.2
第 71 章　天然或养殖珍珠、宝石或半宝石、贵金属、包贵金属及其制品；仿首饰；硬币	143.0	-19.2	20.7	-29.3	122.3	-17.2
第十五类　贱金属及其制品	3888.2	13.0	2671.7	11.0	1216.5	17.6
第 72 章　钢铁	1161.3	9.7	803.0	9.1	358.4	11.0
第 73 章　钢铁制品	1134.5	11.5	999.0	14.7	135.4	-7.8
第 74 章　铜及其制品	462.9	26.8	82.0	2.1	380.9	33.8
第 75 章　镍及其制品	103.6	111.2	9.2	50.9	94.4	119.7
第 76 章　铝及其制品	509.3	15.8	386.1	22.7	123.3	-1.6
第 78 章　铅及其制品	0.4	-20.4	0.3	2.8	0.1	-45.7
第 79 章　锌及其制品	4.3	-29.6	1.2	-30.3	3.2	-29.4

续表 5

商品类章	进出口		出口		进口	
	人民币（亿元）	同比（%）	人民币（亿元）	同比（%）	人民币（亿元）	同比（%）
第 80 章　锡及其制品	10.9	213.3	0.3	−70.0	10.6	315.2
第 81 章　其他贱金属、金属陶瓷及其制品	99.2	29.3	38.3	29.8	60.9	29.0
第 82 章　贱金属工具、器具、利口器、餐匙、餐叉及其零件	228.6	−6.4	193.5	−4.7	35.1	−15.0
第 83 章　贱金属杂项制品	173.1	−4.1	158.9	−3.3	14.2	−12.1
第十六类　机电、音像设备及其零件、附件	27824.6	7.6	18181.6	10.5	9643.0	2.4
第 84 章　锅炉、机器、机械器具及零件	9332.8	−2.0	6864.0	−1.8	2468.8	−2.4
第 85 章　电机、电气设备及其零件；录音机及放声机、电视图像、声音的录制和重放设备及其零件、附件	18491.8	13.1	11317.6	19.6	7174.2	4.2
第十七类　车辆、航空器、船舶及运输设备	2187.9	3.7	1995.1	4.8	192.7	−6.0
第 86 章　铁道及电车道机车、车辆及其零件；铁道及电车道轨道固定装置及其零件；附件；各种机械（包括电动机械）交通信号设备	369.4	−15.6	364.7	−15.5	4.7	−23.6
第 87 章　车辆及其零件、附件，但铁道及电车道车辆除外	1306.6	6.6	1122.7	8.5	183.9	−3.5
第 88 章　航空器、航天器及其零件	19.9	42.9	17.4	57.9	2.5	−14.3
第 89 章　船舶及浮动结构体	492.1	13.7	490.3	14.8	1.7	−69.5
第十八类　光学、医疗等仪器；钟表；乐器	1594.7	−31.7	822.5	−26.8	772.2	−36.2
第 90 章　光学、照相、电影、计量、检验、医疗或外科用仪器及设备、精密仪器及设备；上述物品的零件、附件	1574.4	−31.8	803.8	−26.9	770.6	−36.2
第 91 章　钟表及其零件	5.9	−33.4	5.6	−26.3	0.3	−75.6
第 92 章　乐器及其零件、附件	14.5	−16.8	13.2	−17.0	1.3	−14.5

续表 6

商品类章	进出口		出口		进口	
	人民币（亿元）	同比（%）	人民币（亿元）	同比（%）	人民币（亿元）	同比（%）
第十九类　武器、弹药及其零件、附件	2.5	–26.0	2.5	–26.0	0.0	0.5
第 93 章　武器、弹药及其零件、附件	2.5	–26.0	2.5	–26.0	0.0	0.5
第二十类　杂项制品	1581.6	–9.1	1549.7	–9.3	31.9	–0.3
第 94 章　家具；寝具、褥垫、弹簧床垫、软坐垫及类似的填充制品；未列名灯具及照明装置；发光标志、发光铭牌及类似品；活动房屋	729.9	–12.5	715.9	–12.6	14.0	–7.2
第 95 章　玩具、游戏品、运动用品及其零件、附件	691.1	–7.6	682.7	–8.0	8.4	46.3
第 96 章　杂项制品	160.5	1.7	151.0	2.9	9.5	–15.0
第二十一类　艺术品、收藏品及古物	1.5	–53.7	0.9	–51.7	0.7	–56.0
第 97 章　艺术品、收藏品及古物	1.5	–53.7	0.9	–51.7	0.7	–56.0
第二十二类　特殊交易品及未分类商品	57.9	43.0	54.0	52.7	3.9	–24.2
第 98 章　特殊交易品及未分类商品	45.1	54.3	41.2	71.0	3.9	–24.2
第 99 章　跨境电商 B2B 简化申报商品	12.8	13.5	12.8	13.5	0.0	—

2022 年南京海关在重要媒体发表文章题录

新闻标题	发布时间及媒体
【新华解读】RCEP 正式生效！协定红利带来哪些影响？	1 月 1 日新华社
《区域全面经济伙伴关系协定》正式生效（视频）	1 月 1 日中央电视台《经济信息联播》 1 月 2 日中央电视台《第一时间》
区域全面经济伙伴关系协定正式生效——推动贸易投资 促进开放合作	1 月 2 日《人民日报》
《区域全面经济伙伴关系协定》正式起航 全国各地首票首单纷纷落地	1 月 2 日中央人民广播电台《中国之声新闻和报纸摘要》
《区域全面经济伙伴关系协定》正式生效 原产地证书办理更便捷 含金量更高（视频）	1 月 2 日中央电视台《朝闻天下》
一带一路跨境电商产业园：未来可期（视频）	1 月 2 日中央电视台《新闻直播间》
（头版）全球最大自由贸易区正式启航—— 为世界经济注入新动力	1 月 3 日《经济日报》
RCEP 生效落地 激发高水平对外开放新动能	1 月 4 日《光明日报》
江苏首张 RCEP“经济护照”颁发 助企抢占市场先机	1 月 5 日《中国青年报》
RCEP 正式实施，南京海关关员解答企业相关问题（图）	1 月 7 日《法治日报》
《区域全面经济伙伴关系协定》正式生效已一周——促进双向享惠 释放加成效应	1 月 7 日《经济日报》
南京海关关员指导企业设计 RCEP 生效后的惠享方案（图）	1 月 7 日《经济日报》
中老铁路（苏州—万象）国际货运列车首发（视频）	1 月 11 日中央电视台《经济信息联播》 1 月 12 日中央电视台《新闻直播间》 1 月 12 日中央电视台《朝闻天下》
RCEP 生效有何利好？大陆台商这么说	1 月 14 日新华社 1 月 17 日《人民日报海外版》

续表 1

新闻标题	发布时间及媒体
良好开局筑牢基础 中国外贸加速转型升级	1 月 17 日《经济参考报》
更省、更快、更便利——“集团保税”释放改革红利	1 月 18 日《经济日报》
China's Jiangsu sees robust foreign trade growth in 2021	1 月 19 日新华社
南京市金陵税関、海外から郵送されたクロナガアリを押収（图）	1 月 22 日新华社
苏州—米兰中欧班列首发开行	1 月 24 日新华社
关注节前市场 RCEP 释放红利 关税下降消费升级（视频）	1 月 26 日中央电视台《朝闻天下》
2021 年海关强化监管优化服务守牢外防输入关口 “国门绿盾”专项行动截获外来物种 8473 批次	1 月 28 日《法治日报》
RCEP 下月起对韩国生效 RCEP 原产地累积规则将在更大范围内实施（视频）	1 月 29 日中央电视台《朝闻天下》
节前出口持续火热 口岸迎出货高峰（视频）	1 月 30 日中央电视台《经济信息联播》
RCEP 对韩正式生效 企业发展迎来新利好（视频）	2 月 1 日中央电视台《24 小时》
春节假期看消费 江苏太仓：RCEP“满月”进口商品价格下降销售火热（视频）	2 月 6 日中央电视台《第一时间》
政策发力 外贸开局良好（视频）	2 月 9 日中央电视台《新闻联播》
南京海关去年立案侦办走私刑事案件 180 起	2 月 11 日《法治日报》
海关护航中欧班列助“中国制造”走向世界 2021 年中欧班列开行 1.5 万列增长 22%	2 月 11 日《法治日报》
截至 1 月 25 日，全国已有 267 票 RCEP 项下进口货物通关——生效后，“RCEP 红利”让企业受益	2 月 15 日《人民日报海外版》
为“冰墩墩”体检（图）	2 月 18 日《科技日报》
直通冬奥 满足个性化需求 定制雪具受消费者青睐（视频）	2 月 18 日中央电视台《天下财经》
中国和阿联酋相互承认“经认证的经营者”方案，促进双边贸易	2 月 22 日新华社（阿拉伯文）
综保区不达标将实施退出	2 月 23 日《经济日报》
（头版）【奋进新征程 建功新时代】开放的大门越开越大	2 月 24 日《光明日报》
特别报道：在中阿合作前景光明的情况下“中国制造”的产品正在中东上市	2 月 24 日新华社（阿拉伯文）
千年枫桥，何以“业”泊（图）	3 月 1 日《经济参考报》
蘇州税関、スニーカーに隠された覚醒剤を押収　江蘇省（图）	3 月 1 日新华社

续表 2

新闻标题	发布时间及媒体
第七批全国学雷锋活动示范点和岗位学雷锋标兵名单	3 月 3 日新华社 3 月 4 日《光明日报》 3 月 4 日《经济日报》 3 月 4 日《人民日报》
严防外来物种入侵 用科技织牢国家生物安全防护网	3 月 4 日《科技日报》
我国外贸开局稳 前 2 个月同比增长 13.3%（视频）	3 月 7 日中央电视台《新闻联播》 3 月 7 日中央电视台《晚间新闻》 3 月 7 日中央电视台《新闻直播间》 3 月 7 日中央电视台《中国新闻》 3 月 8 日中央电视台《新闻直播间》 3 月 8 日中央电视台《午夜新闻》
今年前 2 个月江苏实现进出口值近 8400 亿元人民币	3 月 15 日新华社
持续强化“法治核心竞争力”苏州全力打造最优营商环境最佳比较优势	3 月 22 日《法治日报》
江苏苏州 RCEP 释放惠企红利 外贸进出口总值快速增长（视频）	3 月 26 日中央电视台《新闻直播间》
（头版）南通海关发布南通市 1—2 月外贸数据（图）	3 月 28 日《人民日报》
（头版）对外贸易：增韧性强动能	3 月 29 日《光明日报》
综合保税区管理办法 4 月 1 日正式生效	3 月 30 日《科技日报》
海关综合保税区管理办法 4 月 1 日起施行 综合保税区管理开启规范化法治化新征程	4 月 1 日《法治日报》
（头版头条）开放的大门越开越大（奋进新征程 建功新时代・伟大变革）	4 月 4 日《人民日报》
（头版头条）稳规模、提质量、促创新，持续释放政策红利 保稳提质 外贸发展信心足（稳字当头 稳中求进）	4 月 6 日《人民日报》
Exporters deal with Shanghai lockdown（图）	4 月 6 日《中国日报》
疫情下的物流 畅通水路交通 港口联动缓解出口运输压力（视频）	4 月 6 日中央电视台《经济信息联播》 4 月 7 日中央电视台《第一时间》 4 月 7 日中央电视台《天下财经》 4 月 7 日中央电视台《正点财经》
疫情下的物流 公路运输成本增加 选择“陆改水”运输企业增多（视频）	4 月 6 日中央电视台《经济信息联播》 4 月 7 日中央电视台《第一时间》 4 月 7 日中央电视台《正点财经》
中欧班列 精准调控再提速（视频）	4 月 7 日中央电视台《中国新闻》
扩大对外开放 中国外贸探索新机遇（视频）	4 月 7 日中央电视台《晚间新闻》
一季度外贸观察 布局海外仓 助力企业稳出口（视频）	4 月 8 日中央电视台《朝闻天下》

续表 3

新闻标题	发布时间及媒体
一季度外贸观察 跨省货运受阻"陆改水"保畅通（视频）	4 月 9 日中央电视台《朝闻天下》 4 月 9 日中央电视台《新闻直播间》 4 月 9 日中央电视台《天下财经》
RCEP 生效"百日"，江苏外向型企业扫描	4 月 13 日《新华每日电讯》
一季度进出口增长 10.7% 外贸开局平稳（视频）	4 月 13 日中央电视台《新闻联播》 4 月 13 日中央电视台《晚间新闻》 4 月 14 日中央电视台《新闻直播间》 4 月 14 日中央电视台《午夜新闻》
海关总署：一季度我国外贸进出口开局平稳 外贸经营主体进出口韧性足（视频）	4 月 13 日中央电视台《新闻直播间》
时空观察 开局稳 一季度外贸总值何以两位数增长？民营经济在一季度外贸进出口中表现如何？（视频）	4 月 13 日中央电视台《东方时空》
疫情下，江苏口岸如何畅通国际物流链	4 月 14 日《新华每日电讯》
南京海关强化执法协作构建知识产权大保护格局	4 月 15 日《法治日报》
进出境动植物检疫法实施三十载筑牢国门生物安全防线"十三五"以来海关截获植物有害生物 13116 种	4 月 15 日《法治日报》
江苏：一季度实现外贸进出口值 1.29 万亿元人民币 同比增长 14%	4 月 18 日新华社
疏堵保供 江苏太仓：汽车产业链复工复产 零配件扩产能保供应（视频）	4 月 18 日中央电视台《经济信息联播》 4 月 19 日中央电视台《第一时间》 4 月 19 日中央电视台《正点财经》
常州海关联合多部门保障物流链畅通稳定（图）	4 月 19 日《人民日报》
（头版）一季度货物贸易进出口总值同比增长百分之十点七——外贸稳定增长仍具坚实基础（稳字当头 稳中求进・经济长期向好的基本面没有变）	4 月 20 日《人民日报》
"云上"广交会观察"抱团合作"铺平外贸物流通道（视频）	4 月 23 日中央电视台《朝闻天下》
保护知识产权，中国积极行动——2022 年全国知识产权宣传周活动扫描	4 月 26 日《人民日报海外版》
打击侵权假冒，国门有利剑	4 月 27 日《光明日报》
保障产业链供应链安全畅通 长三角五海关携手抗疫	5 月 3 日《光明日报》
长三角五地海关联合保通保畅 助力企业复工复产	5 月 4 日新华社
常州税関、江蘇省初のミャンマー輸出用 RCEP 原産地証明書を発行	5 月 5 日新华社
锂电池行业观察 锂电池需求增势不减 一季度电池厂商扩产热度持续高涨（视频）	5 月 5 日中央电视台《经济信息联播》

续表 4

新闻标题	发布时间及媒体
交通运输部 多措并举保障农资和农产品运输服务（视频）	5 月 5 日中央电视台《新闻直播间》 5 月 6 日中央电视台《新闻直播间》 5 月 6 日中央电视台《午夜新闻》
筑牢知识产权边境保护“防火墙”去年全国海关采取知识产权保护措施逾 8 万次	5 月 6 日《法治日报》
南通海关查扣侵犯迪士尼公司米奇图案等多品牌被套（图）	5 月 6 日《法治日报》
推动“白名单”制度常态化运行	5 月 6 日《经济日报》
政策集中发力 扎实稳住经济 确保经济运行在合理区间（稳字当头 稳中求进・经济长期向好的基本面没有变）	5 月 9 日《人民日报》
前四个月我国外贸进出口总值 12.58 万亿元 同比增长 7.9%（视频）	5 月 9 日中央电视台《新闻联播》
海关总署 今年前 4 月外贸进出口总值 12.58 万亿元（视频）	5 月 9 日中央电视台《新闻 30 分》 5 月 9 日中央电视台《新闻直播间》 5 月 9 日中央电视台《中国新闻》 5 月 9 日中央电视台《24 小时》 5 月 10 日中央电视台《午夜新闻》 5 月 10 日中央电视台《朝闻天下》 5 月 10 日中央电视台《新闻直播间》
船舶市场观察 江苏靖江：新船陆续交付 出口稳步增长（视频）	5 月 9 日中央电视台《经济信息联播》 5 月 10 日中央电视台《第一时间》
迎难而上 主动作为 一线调研：“一企一策”为外贸企业纾困（视频）	5 月 10 日中央电视台《朝闻天下》 5 月 10 日中央电视台《新闻直播间》
迎难而上 主动作为 新模式新业态 助力外贸保稳提质（视频）	5 月 10 日中央电视台《朝闻天下》 5 月 10 日中央电视台《新闻直播间》
迎难而上 主动作为 稳物流 保订单 助力外贸保稳提质（视频）	5 月 10 日中央电视台《新闻 30 分》
外贸保稳提质韧性足	5 月 12 日《光明日报》
南京海关纵深推进“法治海关”建设	5 月 13 日《法治日报》
出口食品生产企业备案时限缩短至 3 日	5 月 13 日《科技日报》
江苏前 4 个月进出口同比增长 7.1%	5 月 15 日新华社
中欧（亚）班列“多点开花”助力江苏稳外贸	5 月 17 日新华社
2022 年前 4 个月江苏省收发中欧班列 700 余趟	5 月 18 日新华社（俄文）
我国贸易自由化便利化水平不断提升（视频）	5 月 18 日中央电视台《新闻联播》 5 月 19 日中央电视台《午夜新闻》 5 月 19 日中央电视台《新闻直播间》 5 月 19 日中央电视台《朝闻天下》

续表 5

新闻标题	发布时间及媒体
确保产业链供应链安全畅通，加快急需货物通关……外贸进出口企业迎来十项保稳提质红利	5 月 20 日《法治日报》
工程机械出口观察 新兴市场订单增加 工程机械出口增长	5 月 23 日中央电视台《经济信息联播》
江苏如皋："船边直提"助力高效通关	5 月 31 日新华社
南京海关关员正在对出口婴童木制品进行现场检疫（图）	6 月 2 日《经济日报》
【沿着总书记的足迹】奋力谱写江苏现代化建设新篇章（视频）	6 月 2 日中央电视台《新闻联播》
通关提速、成本减负、享惠增效——服务外资外贸企业再出实招	6 月 6 日《经济日报》
南京海关关员通过"市采通"平台对市场采购贸易进出口情况进行监测（图）	6 月 6 日《经济日报》
汽车芯片需求强 芯片上游厂商赶订单（视频）	6 月 10 日中央电视台《经济信息联播》 6 月 11 日中央电视台《第一时间》
出入境旅客如何提防猴痘病毒（海关答疑）	6 月 11 日《人民日报海外版》
我国多地海关查获外来物种（视频）	6 月 16 日中央电视台《正点财经》
精准服务助力 清洁能源快速通关	6 月 17 日《中国青年报》
新亚欧"物流动脉"崛起：中哈（连云港）物流合作基地 5 年开行中欧班列超 3500 列	6 月 23 日新华社
"营商便利度"缘何跃居全省第一——扬州优化提升营商环境观察	6 月 27 日新华社
江蘇省の農産物、RCEP の恩恵で日本への輸出に弾み	6 月 29 日新华社
打造诚信守法便利失信违法惩戒的营商环境 以诚信换红利 海关监管与企业合规实现双赢	7 月 1 日《法治日报》
RCEP 落地半年带来"真金白银"（图）	7 月 6 日《经济日报》
太仓海关关员辅导辖区企业建立符合"经认证的经营者"（AEO）标准关务系统（图）	7 月 6 日《经济日报》
RCEP 持续释放红利 助力多地外贸稳中提质	7 月 6 日中央人民广播电台《中国之声新闻和报纸摘要》
上半年江苏省 RCEP 签证出口货值位居全国首位（视频）	7 月 6 日中央电视台《新闻联播》 7 月 7 日中央电视台《朝闻天下》
RCEP 政策利好提振江苏外贸企业信心（图）	7 月 12 日新华社
江苏扬州：小众细分赛道发力 冰淇淋出口同比增三成（视频）	7 月 13 日中央电视台《正点财经》
吴江海关："一企一策"保关键设备通关（图）	7 月 14 日新华社

续表 6

新闻标题	发布时间及媒体
RCEP 落地半年给企业带来“真金白银”全国海关多形式多载体助进出口企业享惠通关	7 月 15 日《法治日报》
D 级特殊物品通关更快捷	7 月 19 日《科技日报》
RCEP 政策利好提振江苏外贸企业信心	7 月 19 日《新华每日电讯》
链式布局为新能源汽车蓄能	7 月 20 日《经济日报》
江苏上半年实现进出口总值 2.64 万亿元 同比增长 10%	7 月 20 日新华社
徐州とハノイを結ぶ「中越班列」が運行開始　中国江蘇省（图）	8 月 1 日新华社
我国前 7 个月外贸进出口总值同比增长 10.4%（视频）	8 月 7 日中央电视台《新闻联播》
海关总署公布前 7 个月外贸数据 我国外贸进出口总值同比增长 10.4%（视频）	8 月 7 日中央电视台《新闻直播间》
海关总署公布前 7 个月外贸数据 进出口总值 23.6 万亿元 同比增长 10.4%（视频）	8 月 7 日中央电视台《新闻 30 分》
7 月进出口总值 3.81 万亿元，增速提升至 16.6%　增速连续回升 外贸持续向好显韧性（图）	8 月 8 日《经济参考报》
市场采购贸易让出口“跑得快又稳”	8 月 9 日《经济日报》
南京海关启动“清邮”专项行动	8 月 12 日《法治日报》
重大项目激活存量再造发展红利	8 月 12 日《中国青年报》
7 月进出口同比增长 16.6% 我国外贸增速持续回升（经济新方位）(图)	8 月 14 日《人民日报》
江苏：“一企一策”保产业链稳定	8 月 14 日《经济日报》
中国外贸大省江苏前 7 个月进出口同比增长 11.5%	8 月 15 日新华社
有害生物智慧监测及预警系统 为农产品安全生产保驾护航	8 月 16 日《科技日报》
南京海关 破获系列化工品原料走私案 案值 5000 余万（视频）	8 月 19 日中央电视台《新闻直播间》
如何进口或选购国外的保健食品（海关答疑）	8 月 20 日《人民日报海外版》
昆山开发区：卅载蝶变再争先	8 月 21 日新华社
苏州海关驻邮局办事处邮件查验一科科长陈树雷——扎根查验一线 助力智慧邮检（奋斗者正青春）	8 月 24 日《人民日报》
江苏启东 一线调研 大船出海记（视频）	8 月 24 日中央电视台《朝闻天下》
一线调研：大船出海记（视频）	8 月 24 日中央电视台《晚间新闻》
超过 97% 改革试点任务落地 战略性新兴产业集群壮大 迎三年考 江苏自贸试验区交答卷	8 月 26 日《经济参考报》
扩大开放：谱写高水平对外开放新篇章	8 月 31 日《光明日报》

续表 7

新闻标题	发布时间及媒体
一线调研 乡村见闻 保鲜小葡萄 打开国际大市场（视频）	8 月 31 日中央电视台《朝闻天下》 8 月 31 日中央电视台《新闻直播间》
海关总署公布今年前 8 个月外贸数据 前 8 个月 7 省市外贸总量占全国 75.2%（视频）	9 月 7 日中央电视台《新闻直播间》 9 月 8 日中央电视台《新闻直播间》
海关总署公布前 8 个月外贸数据（视频）	9 月 7 日中央电视台《中国新闻》
海关总署公布前 8 个月外贸数据 我国外贸进出口总值 27.3 万亿元（视频）	9 月 7 日中央电视台《新闻直播间》
海关总署公布我国前 8 个月外贸数据 外贸进出口总值 27.3 万亿元 同比增 10.1%（视频）	9 月 7 日中央电视台《新闻 30 分》 9 月 8 日中央电视台《午夜新闻》 9 月 8 日中央电视台《新闻直播间》
前 8 个月我国外贸进出口总值同比增长 10.1%（视频）	9 月 7 日中央电视台《晚间新闻》 9 月 7 日中央电视台《新闻联播》
今年前 8 个月 我国外贸进出口总值同比增长 10.1%（视频）	9 月 8 日中央电视台《朝闻天下》
区域外贸发展观察 长三角一体化助力外贸持续向好（视频）	9 月 9 日中央电视台《朝闻天下》
中欧班列缘何逆势上行	9 月 14 日《经济日报》
中哈（连云港）物流合作基地累计运量突破 40 万标箱（视频）	9 月 14 日中央电视台《新闻联播》
中哈连云港物流合作基地中欧班列“加速”——过境运量全国领先	9 月 15 日《光明日报》
江苏前 8 个月进出口同比增长 10.6%	9 月 15 日新华社
外贸大省挑大梁 多举措激发外贸潜力	9 月 22 日《经济参考报》
金港海关关员为学生讲解食品安全知识（图）	9 月 23 日《法治日报》
多举措助推我国各地区外贸“保稳提质”（视频）	9 月 24 日中央电视台《新闻联播》 9 月 24 日中央电视台《中国新闻》
无愧于誓言 不止于平凡——二〇二二“最美基层民警”群像扫描	9 月 25 日《人民日报》
徐娟：海关缉私一线的亮丽风景线（图）	9 月 26 日《法治日报》
国庆假期·在岗位 | 他们默默奉献 诠释奋进中国 奋斗有我（视频）	10 月 7 日中央电视台《朝闻天下》
支持企业保订单拓市场（图）	10 月 9 日《经济日报》
如何防范外来入侵物种（海关答疑）	10 月 15 日《人民日报海外版》
以 20% 报关单量贡献近 35% 进出口值和超 37% 纳税额 AEO 高级认证企业成稳外贸基本盘的“压舱石”	10 月 21 日《法治日报》
综试区扩围将近 跨境电商潜力加速释放	10 月 25 日《经济参考报》

续表 8

新闻标题	发布时间及媒体
市场采购贸易方式试点再次扩围——“1039 模式”，让中小微出海变简单（图）	10 月 25 日《人民日报海外版》
新闻分析：进出口稳定增长传递出“稳外贸”落地显效	10 月 26 日新华社
海关支持糖果企业抢抓节日订单（视频）	10 月 28 日新华社
China's Jiangsu reports robust foreign trade in first three quarters	10 月 28 日新华社
储能新观察——锂电 欧洲家用储能市场“井喷”国内锂电企业加快扩产（视频）	10 月 29 日中央电视台《经济信息联播》
储能新观察 欧洲家用储能市场“井喷”国内锂电企业加快扩产（视频）	10 月 30 日中央电视台《第一时间》 10 月 30 日中央电视台《天下财经》
瞭望 | 南京：双区叠加探路服贸创新	10 月 31 日新华社
前三季度“江苏—东盟”贸易额突破 6000 亿元	11 月 2 日新华社（泰文）
江苏省持续打造市场化法治化国际化一流营商环境 国企敢干 民企敢闯 外企敢投（新气象 新作为）（图）	11 月 3 日《人民日报海外版》
今年前 10 个月我国外贸进出口总值同比增长 9.5%（视频）	11 月 7 日中央电视台《新闻联播》 11 月 7 日中央电视台《晚间新闻》 11 月 7 日中央电视台《中国新闻》 11 月 8 日中央电视台《中国新闻》 11 月 8 日中央电视台《今日环球》
海关总署公布今年前 10 个月外贸数据 我国外贸进出口总值同比增长 9.5%（视频）	11 月 7 日中央电视台《24 小时》 11 月 7 日中央电视台《新闻直播间》 11 月 7 日中央电视台《新闻 30 分》 11 月 7 日中央电视台《东方时空》 11 月 8 日中央电视台《新闻直播间》 11 月 8 日中央电视台《午夜新闻》
全国首家自行车及童车技贸基地开建	11 月 10 日《科技日报》
从“被动接受管理”向“主动自我约束”转变 海关引导企业“主动披露”尽享诚信红利	11 月 11 日《法治日报》
江苏省 RCEP 签证出口货值超 400 亿元（视频）	11 月 14 日中央电视台《新闻联播》 11 月 14 日中央电视台《中国新闻》
（头版）大省勇挑大梁　巩固外贸发展态势	11 月 15 日《经济参考报》
建设贸易强国，提速升级（图）	11 月 17 日《光明日报》
聚焦程序繁琐标准繁复优化缩减项目约 65% 新《海关高级认证企业标准》助企合规守信闯市场	11 月 18 日《法治日报》
记者观察 江苏 RCEP 签证出口货值居全国首位（视频）	11 月 19 日中央电视台《新闻直播间》

续表 9

新闻标题	发布时间及媒体
积极作为稳外贸 开放平台为外贸高质量发展注入新动能（视频）	11 月 19 日中央电视台《新闻直播间》 11 月 19 日中央电视台《24 小时》 11 月 20 日中央电视台《朝闻天下》 11 月 20 日中央电视台《新闻直播间》
我国外贸量稳质升 对世界出口贡献度稳居首位（视频）	11 月 20 日中央电视台《新闻联播》
前十月 我国对 RCEP 成员进出口增 8.4% 江苏 RCEP 签证出口货值居全国首位（视频）	11 月 20 日中央电视台《新闻直播间》 11 月 20 日中央电视台《朝闻天下》
RCEP 政策红利持续释放（视频）	11 月 21 日中央电视台《新闻联播》
苏州 1—10 月外贸实现进出口 21691.4 亿元人民币	11 月 21 日新华社
（头版）我国成为 140 多个国家和地区的主要贸易伙伴——国际经济合作和竞争新优势不断增强	11 月 23 日《人民日报》
海关政策“直达快享”助企发展（图）	11 月 23 日《经济日报》
南京海关所属太仓海关关员前往“专精特新”企业了解企业生产工艺（图）	11 月 23 日《经济日报》
我国成为 140 多个国家和地区的主要贸易伙伴——国际经济合作和竞争新优势不断增强	11 月 24 日《人民日报海外版》
关注外贸新动向 促创新 市场采购贸易“江苏模式”全国推广（视频）	12 月 3 日中央电视台《朝闻天下》 12 月 3 日中央电视台《东方时空》 12 月 3 日中央电视台《24 小时》 12 月 3 日中央电视台《新闻直播间》
今年前 11 个月我国外贸进出口总值同比增长 8.6%（视频）	12 月 7 日中央电视台《新闻联播》 12 月 7 日中央电视台《中国新闻》 12 月 8 日中央电视台《中国新闻》 12 月 8 日中央电视台《今日环球》
海关总署公布今年前 11 个月外贸数据 我国外贸进出口总值同比增长 8.6%（视频）	12 月 7 日中央电视台《天下财经》 12 月 7 日中央电视台《新闻直播间》 12 月 7 日中央电视台《中国新闻》
海关总署公布今年前 11 个月外贸数据 进出口总值同比增长 8.6% 外贸平稳运行（视频）	12 月 7 日中央电视台《新闻直播间》 12 月 8 日中央电视台《朝闻天下》 12 月 8 日中央电视台《新闻直播间》 12 月 8 日中央电视台《午夜新闻》
今年前 11 个月外贸数据公布 新数字透出何种新特点？（视频）	12 月 7 日中央电视台《东方时空》 12 月 7 日中央电视台《24 小时》
优化口岸营商环境 通关时间压缩近 60%（视频）	12 月 9 日中央电视台《新闻直播间》
前 11 个月江苏省与阿拉伯国家进出口额同比增长近两成（视频）	12 月 13 日中央电视台《新闻联播》 12 月 14 日中央电视台《新闻直播间》

续表 10

新闻标题	发布时间及媒体
中国客车服务世界杯 赛后部分可用作校车（视频）	12 月 16 日中央电视台《经济信息联播》 12 月 16 日中央电视台《天下财经》 12 月 16 日中央电视台《第一时间》
今年前 11 个月，我国进出口总值 38.34 万亿元人民币，比去年同期增长 8.6% 外贸稳中提质韧性强（消费视窗）	12 月 21 日《人民日报》
苏州前 11 月实现外贸进出口值 23746.7 亿元人民币同比增长 4%	12 月 22 日新华社
江苏张家港：进口木材中截获活体巨渴蛇（视频）	12 月 25 日中央电视台《三农报道》
张家港港码头装卸进出口货物忙（图）	12 月 26 日《经济日报》
问需纾困精准施策 推动外贸高质量发展 RCEP 实施近一年海关助企尽享政策红利	12 月 30 日《法治日报》

2022年南京海关理论研究文章获奖情况一览表

在中国海关学会征文获奖情况

主题	序号	奖项	论文标题	作者单位	作者
服务新发展格局，更好发挥海关在国内国际双循环交汇枢纽作用	1	特别奖	铸忠诚、担使命、守国门、促发展、齐奋斗——学习贯彻党的二十大精神	南京海关	吴海平
	2	优秀奖	困守与破局：海关后续监管服务新发展格局理念纠偏	苏州海关	蒋小冬
	3	优秀奖	以三实思维理性破解海关服务新发展格局实践十大关系的选择难题	江阴海关	陈解平
	4	优秀奖	识变、应变、求变——新发展格局下海关促进国际循环的目标定位和路径选择	扬州海关	黄　玲
	5	优秀奖	新发展格局下产业链供应链异动海关预警机制研究	南通海关	凌微子
	6	入选奖	交汇与枢纽：海关服务新发展格局的时代定位和作为探究	江阴海关	李志刚
	7	入选奖	定位与作为：新格局下海关特殊监管区域发展问题研究	苏州海关	孙锋铿

在中国海关学会上海分会征文获奖情况

主题／类别	序号	奖项	论文标题	作者单位	作者
直属海关领导征文	1	特别奖	铸忠诚、担使命、守国门、促发展、齐奋斗	南京海关	吴海平
	2	特别奖	浅谈食品安全发展历程及海关面临的风险挑战	南京海关	蒋　原
	3	特别奖	全面学习、把握、落实党的二十大精神 推动海关工作高质量发展	南京海关	葛燕峰
	4	特别奖	构建新时代缉私特色大监督格局视阈下缉私部门政治巡察工作路径探析	南京海关	孙　平
	5	特别奖	学习宣传贯彻党的二十大精神 高质量谋划推动南京海关党建工作发展	南京海关	陈海鸣
服务新发展格局，更好发挥海关在国内国际双循环交汇枢纽作用	6	一等奖	困守与破局：海关后续监管服务新发展格局理念纠偏	苏州海关	蒋小冬
	7	一等奖	以三实思维理性破解海关服务新发展格局实践十大关系的选择难题	江阴海关	陈解平
	8	一等奖	识变、应变、求变—新发展格局下海关促进外贸循环的目标定位和路径选择	扬州海关	黄　玲
	9	一等奖	新发展格局下产业链供应链异动海关预警机制研究	南通海关	凌微子
	10	一等奖	交汇与枢纽：双循环新发展格局中海关的时代定位与作为探究	江阴海关	李志刚
	11	一等奖	定位与作为：新格局下海关特殊监管区域发展问题研究	苏州海关	孙锋锋
	12	二等奖	刍议新发展格局下海关治理方略的变革与升级	苏州工业园区海关	薛晓星
	13	二等奖	从流动型开放到制度型开放—全国统一大市场视域下海关特殊监管区域发展研究	无锡海关	郑明辰
	14	三等奖	挑战与应对：“双循环”新发展格局下中国加入 CPTPP 的海关作为空间研究	张家港海关	张爱东
	15	三等奖	海关服务新发展格局下全国统一大市场建设空间研究	连云港海关	陈秀开 徐红兵

续表1

主题/类别	序号	奖项	论文标题	作者单位	作者
服务新发展格局，更好发挥海关在国内国际双循环交汇枢纽作用	16	三等奖	构建符合新发展格局要求的海关口岸监管体系研究	南京海关	张　睿 房对清
	17	三等奖	“链长制”在海关稳链强链中的应用研究	泰州海关	李　庚
	18	三等奖	新发展格局下海关进口属地查检业务改进和提升研究	如皋海关	课题组
	19	三等奖	优化海关合格评定制度促进贸易高质量发展路径研究	太仓海关	潘焕品
综合征文	20	一等奖	海关应对贸易碎片化趋势措施刍议	南京海关	课题组
	21	一等奖	海关顺应数字经济发展趋势实施数字监管路径研究	南京海关	胡亘宏
	22	一等奖	深化“一带一路”海关检验检疫合作促进后疫情时代国际贸易稳定发展	南京海关	课题组
	23	二等奖	探索属地型海关进一步优化营商环境的基本思路和实施路径——以苏州工业园区海关为例	苏州工业园区海关	课题组
	24	二等奖	新《行政处罚法》视角下海关知识产权行政执法的制度性解构及优化路径 *	南京海关	叶　倩
	25	二等奖	把脉与开方：海关与进出境邮件收寄件人矛盾症结与化解研究	金陵海关	李振兴
	26	二等奖	海关在固体废物行政执法中的困境与应对	南京海关	胡涛立
	27	三等奖	困境与破局：法治视角下特殊区域检验检疫工作的制度化建构	南京海关	孙飞镝 毛怡冰
	28	三等奖	破局与重塑—隶属海关监管改革思路探析	张家港海关	张正祥
	29	三等奖	刍议“三智”合作理念视角下《经修正的京都公约》全面审议对知识产权海关保护制度发展的影响与启示	南京海关	肖　春 叶　青
	30	三等奖	国外海关数字化进程研究与借鉴	南京海关	陈思洁
	31	三等奖	新发展格局下属地海关加工贸易“要素管理”风险防控机制探究	苏州海关	董　琴 万宇翔

续表 2

主题 / 类别	序号	奖项	论文标题	作者单位	作者
综合征文	32	三等奖	数字经济时代，探索构建数字贸易海关监管新模式	苏州海关	刘婧喆 杨　阳
	33	三等奖	入境高风险特殊物品全链条管理模式研究	苏州工业园区海关	徐忆琳 符丽媛 翁赟琦 孙　涛 吴景贤
“海关史”研究征文	34	一等奖	中新合作平台上的现代海关制度“先行区”、“试验田”——苏州工业园区海关改革创新历程探析	苏州工业园区海关	课题组
	35	一等奖	从应运而生到应势开新—近代中国进出口商品检验百年变迁史	金陵海关	章慕荣
	36	二等奖	中国共产党领导收回海关主权斗争的历史经验（1921—1949）	苏州海关	孙锋锋
	37	二等奖	唐代“海关”制度初探	苏州海关	朱卫忠
	38	三等奖	浅谈我国出入境检验检疫发展历程对做好海关检验检疫工作的有益启示	南京海关机关党委	郭亚飞
	39	三等奖	1873—1930 年我国大陆海港检疫发端变化、疫情感知以及主要检疫所比较研究	盐城海关 张家港海关 苏州工业园区海关 南京海关卫生检疫处	杨志俊 许剑鸣 谢春明 周鹏程
	40	三等奖	《海关医报（Customs Medical Reports）》的历史存在与现代启示	南京海关卫生检疫处 南京海关保健中心	吴海磊 胡学锋
	41	三等奖	淮安榷关税收法律制度研究	淮安海关	沙漪荷 陈　莉 骆　皎
	42	三等奖	盛唐边关制度与历史启示——基于《唐律疏议》的立法精神、立法实践与法律适用	扬州海关	曹永春

南京海关学会征文获一等奖情况

主题 / 类别	序号	奖项	论文标题	作者单位	作者
综合征文	1	一等奖	海关顺应数字经济发展趋势实施数字监管路径研究	南京海关	胡克宏
	2	一等奖	失衡与困局：海关后续监管服务新发展格局理念纠偏	苏州海关	蒋小冬
	3	一等奖	破局与重塑——隶属海关监管改革思路探析	张家港海关	张正祥
	4	一等奖	新《行政处罚法》视角下海关知识产权行政执法的制度性解构及优化路径 *	南京海关综合业务处	叶　倩
	5	一等奖	关检机构改革进入深水区后队伍建设仍需关注的问题和解决路径	苏州海关	夏　琰
	6	一等奖	把脉与开方：海关与进出境邮件收寄件人矛盾症结与化解研究	金陵海关	李振兴
	7	一等奖	新形势下海关贯彻总体国家安全观的特点、难点及策略研究	江阴海关	李志刚
	8	一等奖	隶属海关高级主办队伍建设中的管理激励问题初探	金陵海关	王　韫 杨　菊 徐凌云
	9	一等奖	困境与破局：法治视角下特殊区域检验检疫工作的制度化建构	南京海关法规处	孙飞镝 毛怡冰
	10	一等奖	海关领导干部队伍年轻化进程推进的困难分析与调试对策	苏州海关	延运波 岳　文 樊新华
	11	一等奖	入境高风险特殊物品全链条管理模式研究	苏州工业园区海关	徐忆琳 符丽媛 翁赟琦 孙　涛 吴景贤
	12	一等奖	新局势下基层海关关员职业倦怠的典型表现、成因化解路径研究	金港海关	高　阳
	13	一等奖	属地型隶属海关功能优化和高质量升级路径探析	吴江海关	李　明 沈燕培
	14	一等奖	海关基层派驻监督高质量发展路径解析与思考	南通海关	焦　剑

续表 1

主题 / 类别	序号	奖项	论文标题	作者单位	作者
综合征文	15	一等奖	浅议数字政府引领下的海关数智化重构	金陵海关	康　政
	16	一等奖	基于部分国家提前“带疫解封”的公共卫生风险分析及海关策略建议	盐城海关	杨志俊 管晓琴 陈　琳 王　静 许剑鸣
	17	一等奖	新发展格局下海关公共服务能力对比实证研究	无锡海关	邵　翊 李　蓉
	18	一等奖	RCEP 对我国现行跨境电商进口食品监管模式的影响	常州海关	李旭敏 张经天
	19	一等奖	问路与探路：关于构建进口商品通关风险协同防控体系的研究——基于泰州进口食品通关核心过程风险防控体系和信息化系统开发实例	泰州海关	乔华林 周　勇 赵新灿 李　涛
	20	一等奖	新形势下降低海关涉案财物行政支出成本的对策策研究	连云港海关	李　瑞
服务新发展格局，更好发挥海关在国内国际双循环交汇枢纽作用	21	一等奖	以三实思维理性破解海关服务新发展格局实践十大关系的选择难题	江阴海关	陈解平
	22	一等奖	交汇与枢纽：海关服务新发展格局的时代定位和作为探究	江阴海关	李志刚
	23	一等奖	定位与作为：新发展格局下海关特殊监管区域发展问题研究	苏州海关	孙锋锋
	24	一等奖	新发展格局下产业链供应链异动海关预警机制研究	南通海关	凌微子
	25	一等奖	海关服务新发展格局下全国统一大市场建设空间研究	连云港海关	陈秀开 徐红兵
	26	一等奖	识变、应变、求变——新发展格局下海关促进外贸循环的目标定位和路径选择	扬州海关	黄　玲
	27	一等奖	从流动型开放到制度型开放——全国统一大市场视域下海关特殊监管区域发展研究	无锡海关	郑明辰
红色海关记忆—人物篇	28	一等奖	老关长的红色历程——追忆新中国第一代海关人、原连云港海关关长关镜石	连云港海关	费云赋

续表 2

主题 / 类别	序号	奖项	论文标题	作者单位	作者
以“三智”引领海关贸易安全和通关便利化合作	29	一等奖	借鉴国际海关实践经验探索中国海关“三智”建设路径研究	苏州海关	孙峰锋
	30	一等奖	深化“一带一路”海关检验检疫合作促进后疫情时代国际贸易稳定发展	江阴海关 新生圩海关 南京海关综合处 连云港海关 苏州工业园区海关	李志刚 李　坤 丁瑞龙 周大卫 张　莹
	31	一等奖	刍议“三智”合作理念视角下《经修正的京都公约》全面审议对知识产权海关保护制度发展的影响与启示	南京海关法规处 南京海关综合处	肖　春 叶　倩
贯彻落实“习近平法治思想”开创海关法治建设新局面	32	一等奖	海关在固体废物行政执法中的困境与应对	法规处	胡海立
	33	一等奖	百年变局下加强海关涉外法治体系建设的路径研究	江阴海关	徐　迅 梅雁黔 李　晶
	34	一等奖	基层海关法制审核的现实困境及优化路径分析	常熟海关	仲柯峄
	35	一等奖	贯彻习近平法治思想 建设高效法治实施体系之于法治海关建设的路径选择	南通海关	赵婕娟
优化口岸营商环境	36	一等奖	探索属地型海关进一步优化营商环境的基本思路和实施路径	苏州工业园区海关	课题组
	37	一等奖	数字经济时代，探索构建数字贸易海关监管新模式	苏州海关	刘婧喆 杨　阳
	38	一等奖	优化营商环境视角下助力加工贸易企业降本增效的思考	苏州工业园区海关	柏文波 孙　静 王思卉
	39	一等奖	海关在全国统一大市场建设中应有之为和实现路径初探	连云港海关	黄　海 陈秀开 徐红兵
	40	一等奖	基于世界银行评价体系变迁试论我国口岸营商环境优化路径	昆山海关	孙书凡
强化政治机关建设，促进关税工作高质量发展	41	一等奖	基于商品实体标识的跨境电商领域知识图谱研究	南京海关关税处 张家港海关	周玉生 朱立平 易　欣 葛祥龙

续表 3

主题/类别	序号	奖项	论文标题	作者单位	作者
强化政治机关建设，促进关税工作高质量发展	42	一等奖	特殊监管区域原产地涉税风险分析和对策	南京海关关税处	原　芳 朱　珏 王　颉 夏维一 沈　力 胡国庆
	43	一等奖	RCEP 视角下的 FTA 利用分析和享惠筹划体系构建初探	苏州海关	沈　健
	44	一等奖	关于税款担保的几点思考	太仓海关	匡正波 张　语
织密筑牢口岸动植物检疫防线	45	一等奖	基层视角下如何强化“四个机制”在海关动植物检疫领域的建设	常州海关	李　浩 陈文俊
	46	一等奖	聚焦国之大者，守护种业安全	淮安海关	韩阅叶
	47	一等奖	科技赋能强化海关进境粮食安全监管的“一码通”解决方案研究	南通海关	李文潇 李道远 娄少之 脱建波
	48	一等奖	关于推进深度融合，优化动植检定期管理类核查监管的思考	南通海关	陈燕飞
	49	一等奖	建立口岸初筛鉴定室高效运行机制的思考和建议	张家港海关	王明生
	50	一等奖	跨境电商零售进口动植物及产品监管问题与对策	如皋海关	肖杰文
	51	一等奖	论海关与地方国门生物安全监测防控一体化建设	太仓海关	周奕景
强监管优服务，推动企业管理和稽查工作高质量发展	52	一等奖	数字稽查服务“双循环”发展现实策略	南京海关稽查课题组	马红兰 包黎黎 王　凡 蒋小冬 王　帅
	53	一等奖	关于基层海关以稽查业务改革统筹推进企业综合监管相关改革融合发展的对策思考	南通海关	课题组
	54	一等奖	浅议“同一涉税违规行为”	南京海关稽查处	陈　康 唐振声
	55	一等奖	海关稽查执法监督工作现状分析及发展思路研究	南京海关稽查处	刘　奇

续表4

主题/类别	序号	奖项	论文标题	作者单位	作者
强监管优服务，推动企业管理和稽查工作高质量发展	56	一等奖	落实“四个机制”强化海关稽核查执法监督工作的思考	无锡海关	周 冬
	57	一等奖	定位何处？稽查改革之下海关核查发展困境及现实选择	吴江海关	宋依波
	58	一等奖	创新与协同：新形势下属地查检执行效能研究	南京海关稽查处 常熟海关	谢 斌 刘运超 赵光音
	59	一等奖	刍议稽查部门自办简易程序和快速办理案件证据体系的构建与完善	无锡海关	冒小新
强化“四个机制”建设，推动加工贸易保税监管工作高质量发展	60	一等奖	新发展格局下属地海关加工贸易“要素管理”风险防控机制探究	苏州海关	董 琴 万云翔
	61	一等奖	加快我国自由贸易（试验）区建设研究	连云港海关	刘景明
	62	一等奖	试论集中作业模式下加工贸易监管风险防控	泰州海关	冯 岚
	63	一等奖	新发展格局下综合保税区高质量发展路径探索和建议	苏州海关	尹青晟 赏 月 李学山
	64	一等奖	集中作业模式下现场海关加工贸易监管职能定位与效能提升研究	无锡海关	周治名 葛小峰
贯彻落实“四个机制”筑牢口岸监管防线	65	一等奖	疫情背景下海关邮递物品监管改革的适配与创新	苏州海关	夏振邦
	66	一等奖	口岸大宗散货核辐射监测监管模式探索	南通海关	费虎龙
	67	一等奖	“双循环”背景下提升海关口岸监管效能的路径探究——基于风险管理视角	扬州海关	柳宇龙
	68	一等奖	“直装直取”作业模式下海关进出口干散货闭环监管研究	连云港海关	汤 滢 王远东
全面提高缉私核心战斗力	69	一等奖	走私涉案货物“交保取货”先行处置方式的探析与思考	扬州海关	徐小平
	70	一等奖	从“免税天堂”到“套代购”蔓延的缉私探究	南通海关	王亚男
	71	一等奖	走私珍贵动物及其制品定罪标准变化对缉私执法提出新要求	连云港海关	王 博

续表 5

主题 / 类别	序号	奖项	论文标题	作者单位	作者
全面提高缉私核心战斗力	72	一等奖	浅析走私犯罪案件电子数据网络远程勘验——以某走私淫秽物品案侦查实务操作为视角	江阴海关	崔　鹏
	73	一等奖	查发代购走私案件的几点体会以及打击防范的建议	张家港海关	祁夏冰
“喜迎二十大”党建思政工作征文	74	一等奖	机关党建与海关业务深度融合发展的实践与思考	南京海关企业管理和稽查处	课题组
	75	一等奖	厚植廉洁文化土壤，筑牢“不想腐”根基	苏州工业园区海关	课题组
	76	一等奖	强化基层海关党支部书记队伍建设的实践与思考	张家港海关	张爱东 施向军
	77	一等奖	思想政治工作与海关文化建设融合之路的探索研究	徐州海关	顾建涛 娄园园
	78	一等奖	“思政两专”如何更好开展谈心谈话工作	宿迁海关	陈　乐
青年跟党走 建功新时代——强化政治机关建设	79	一等奖	构筑海关青年思想引领新高地的思考——基于扬州海关扬帆青年学堂的实践视角	扬州海关	杨　南 曹永春
	80	一等奖	磨炼心境心力，永葆清澈纯粹——关于加强海关青年干部队伍建设的思考	新生圩海关	林瑜洁
	81	一等奖	海关政治机关建设过程中提高青年干部政治能力的研究	镇江海关	葛　倩
	82	一等奖	浅谈如何在海关干部教育培训实践中全方位提升青年关员政治能力	教育处	屠友财
海关国门安全与风险防控	83	一等奖	核心重设与架构迭代：试论弥合风险防控理想与现实落差的进阶之路	吴江海关	沈燕培
	84	一等奖	口岸“人病兽防”协同防范机制研究	连云港海关	刘善民 陈秀开 张　望
	85	一等奖	关于构建海关属地管理风险防控体系的探索与思考——以金陵海关“531 风险防控体系”为例	金陵海关	李剑华 毛一鸣 吴　猛
“海关史”研究专题征文	86	一等奖	盛唐边关制度与历史启示	扬州海关	曹永春

续表6

主题/类别	序号	奖项	论文标题	作者单位	作者
“海关史”研究专题征文	87	一等奖	从应运而生到应势开新——近代中国进出口商品检验百年变迁史	上海海关学院 金陵海关	李　明 章慕荣
	88	一等奖	全国第一个出口加工区发展历程——昆山之路上海关特殊监管区域发展的成功典范	昆山海关	朱平南
	89	一等奖	中新合作平台上的现代海关制度“先行区”、“试验田”——苏州工业园区海关改革创新历程探析	苏州工业园区海关	课题组
	90	一等奖	1873—1930年我国大陆海港检疫发端变化、疫情感知以及主要检疫所比较研究	盐城海关 张家港海关 苏州工业园区海关 南京海关卫生检疫处	杨志俊 许剑鸣 谢春玥 周鹏程

名词解释及缩略语

“12 个必”重点任务：海关总署党委于 10 月 24 日在全国海关学习宣传贯彻党的二十大精神视频会议上提出的工作要求，包括：口岸疫情防控海关必坚守，建设贸易强国海关必要强，促进高水平开放海关必作为，共建“一带一路”海关必贡献，海南自由贸易港建设海关必担当，确保粮食、能源资源、重要产业链供应链安全海关必尽责，防范化解重大风险海关必上心，国门生物安全关口海关必把牢，多双边合作海关必促进，建设堪当民族复兴重任的高素质干部队伍海关必力推，青年工作海关必远谋，正风肃纪反腐败斗争攻坚战持久战海关必打赢。

12360 海关热线：中国海关于 2012 年 10 月 1 日对外公布的社会公益服务号码，用于受理海关业务咨询。

AEO：经认证的经营者。在世界海关组织 (WCO) 制定的《全球贸易安全与便利标准框架》中将其定义为“以任何一种方式参与货物国际流通，并被海关当局认定符合世界海关组织或相应供应链安全标准的一方。”

API：应用程序编程接口。

CITES：濒危野生动植物种国际贸易公约。

CNAS：中国合格评定国家认可委员会。

CMA：中国计量认证。

CPTPP：跨太平洋伙伴关系协定。

CQC：中国质量认证中心。

ECFA：海峡两岸经济合作框架协议。

FSIS：美国食品安全检验局。

FDA：美国食品药品监督管理局。

FSI 系统：食品化妆品安全风险预警系统。

FTA：自由贸易协定。

H2018：新一代海关信息系统，是目前海关办理通关业务的主要应用系统。

H986：是海关大型集装箱检查系统的简称。

HB：中国海关办公平台。

HLS2017：海关内部控制与监督子系统。

IPPC：《国际植物保护公约》，是 1951 年联合国粮食农业组织通过的一个有关植物保护的多边国际协议，1952 年生效。中国于 2005 年加入该公约。

ISO：国际标准化组织。

LNG：液化天然气。

LIMS：实验室信息管理系统。

NQI：国家质量技术基础。

ODS：消耗臭氧层物质。

PCR 实验室：基因扩增实验室。

RCEP：《区域全面经济伙伴关系协定》。

SPF：无特定病原体。

SPS 协定：世界贸易组织（WTO）《实施卫生与植物卫生措施协定》。

TBT 协定：世界贸易组织（WTO）《技术性贸易壁垒协定》，由 15 个条款和 3 个附件组成。

WCO：世界海关组织。

WOAH：世界动物卫生组织。

“保税混矿”：是指特殊区域内企业对以保税方式进境的铁矿砂进行简单物理加工混合后再复运出区或离境的业务。

“船边直提”：“船边直提”改革，是以进口集装箱货物向海关提前申报为基础，企业充分利用货物在途运输时间办理报关申报、单证审核、税款缴纳等通关手续，有关进境船舶抵港后，无须海关查验的货物即可放行并实现企业车辆从船边直接接卸、提货。

“单一窗口”：参与国际贸易和运输的各方，通过单一的平台提交标准化的信息和单证以满足相关法律法规及管理的要求。

“多查合一”：海关“多查合一”改革的主要内容是，将海关后续监管职责统一归口稽查部门管理。其中首批纳入“多查合一”改革事项的内容包括了稽查业务、保税监管业务、企业管理业务、关税业务、统计业务、口岸监管业务、动植物检疫监管业务、商品检验监管业务、进出口食品安全监管业务等 9 大类 59 项作业项目。第二批纳入“多查合一”改革事项的内容在首批的基础上，增加关税业务类 2 项，动植物检疫监管类 6 项，商品检验监管业务类 2 项。

放管服：简政放权、放管结合、优化服务的简称。

“好差评”系统：是海关政务服务对象可通过线上或线下方式对海关政务机构、网上办事平台和工作人员服务情况作出评价的政务服务系统。

汇总征税：海关对进出口纳税义务人在一定时期内多次进出口货物应纳税款实施汇总计征。

“联动接卸”：一种海关监管模式，即将长江等内河沿线港口作为沿海港口的货物接卸地，成为沿海港口的延伸，可让相关进口货物在沿海港口办理进口放行手续，经专用驳船转运至内河港后直接提离；相关出口货物在内河港口办理报关手续，经专用驳船从运抵沿海港口放行后，直接搭载远洋货轮离境，实现进出口货物“一次申报、一次查验、一次放行”。

“两步申报”：企业无须一次性提交全部申报信息及单证，第一步凭提单概要申报即可提货，第二步在规定时间内完成完整申报。

“两段准入”：将进口货物准予提离口岸监管作业场所视为口岸放行，以口岸放行为界，根据“是否允许货物入境”和“是否允许货物进入国内市场销售或使用”，分段实施“准许入境”“合格入市”监管。

“两高”：高污染、高能耗。

“两简案件”：海关业务现场办理的行政处罚简易程序、简单案件。

“两轮驱动”：通过研究制订抽查方案、改进抽样标准及方法、建立科学随机抽查决策机制，推动实现科学随机抽查对安全风险防控整体面上的驱动；通过优化人工分析作业流程，实现精细化管理、拓展信息来源扩大风险分析视角、强化关联性分析能力，科学评定风险等级、建立“大数据＋智能分析”模式，用好智能分析手段等措施，提升精准布控对安全风险防控关键点上的驱动。

两用物项：商务部授权发证机关准予两用物项和技术进出口签发许可证件。进口两用物项包括监控化学品、易制毒化学品和放射性同位素三大类。出口两用物项包括核、核两用品及相关技术、生物两用品及相关技术、监控化学品，有关化学品及相关技术，导弹及相关物项和技术，易制毒化学品等两用物项和技术。

“两优一先”：在党的系列中，指“优秀共产党员”、“优秀党务工作者”和“先进基层党组织”；在团的系列中，指“优秀共青团员”、“优秀共青团干部”和“先进基层团组织”。

内控机制建设宣传“四个一”专项工作：通过“一本出版物、一部宣传片、一套节点库、一个宣讲团”，围绕“内控为什么、内控是什么、内控怎么办”，加强内控机制建设宣传力度，巩固内控机制建设成效。

“企业自查结果认可模式”改革：即由被核查企业按照核查工作要求，自主开展特定核查事项验核查证，自行确认相关经营行为真实性、合法性并形成自查结果反馈海关，海关对被核查人自查结果予以认可的一种核查作业模式。

“区港联动”：是指整合保税区的政策优势和港区的区位优势，在保税区和港区之间开辟直通道，将物流仓储的服务环节，移到口岸环节，拓展港区功能，实现口岸增值，推动转口贸易及物流业务发展。

“三查三排一转运”：即查验健康申报、开展体温筛查、实施医学检查；流行病学排查、医学排查、实验室检测排查；对有流行病学史且有发热和/或呼吸道症状的人员，按照属地联防联控的程序及时转交地方卫生健康部门。

“三个区分开来”：把干部在推进改革中因缺乏经验、先行先试出现的失误和错误，同明知故犯的违纪违法行为区分开来；把上级尚无明确限制的探索性试验中的失误和错误，同上级命令禁止后依然我行我素的违纪违法行为区分开来；把为推动发展的无意过失，同为谋取私利的违纪违法行为区分开来。

“三个问题”清零机制：工作问题清零、企业问题清零、干部职工问题清零机制。

“三实”文化：求实、扎实、朴实海关文化。

“三智”：智慧海关、智能边境、智享联通。

“双随机、一公开”：监管过程中随机抽取检查对象、随机选派执法检查人员，抽查情况及查处结果及时向社会公开。

食品安全“四个最严”：最严厉处罚、最严肃问责、最严格监管、最严谨标准。

水水中转：进出口货物办理转关运输的一种方式水路运输到指定地点，换乘交通工具后，仍然通过水路运输方式运往下一个地点。

“思政两专”：南京海关首创的“思政专员”“思政专委”队伍。

“四不两直”：不发通知、不打招呼、不听汇报、不用陪同和接待、直奔基层、直插现场。

“四德”：社会公德、职业道德、家庭美德、个人品德。

“四个盯牢”：盯牢习近平总书记重要指示批示精神和党中央国务院重大决策部署，盯牢海关总署考核指标，盯牢企业、工作、干部职工三个问题清零机制，盯牢重大风险守住底线。

“四个机制”： 2022年南京海关建立健全的关区重大风险防控、闭环运行管理、治理能力提升、责任担当落实机制。

“四强”党支部： 政治功能强、支部班子强、党员队伍强、发挥作用强党支部。

“四史”： 党史、新中国史、改革开放史、社会主义发展史。

“四责协同”： 即南京海关党委全面从严治党“四责协同”机制，是指各级党委主体责任，党委纪检组、党委派驻纪检组监督责任，党委书记第一责任，班子成员“一岗双责”等四个责任横向协同协作、纵向压力传导结合的责任落实机制。

“四自一简”： 综合保税区内企业自主备案、合理自定核销周期、自主核报、自主补缴税款，海关简化业务核准手续。

提前申报： 在进出口货物的品名、规格、数量等已确定无误的情况下，经海关批准的企业可以在进口货物启运后、抵港前或出口货物运入海关监管场所前3日内，提前向海关办理报关手续，并按照海关的要求交验有关随附单证、进出口货物批准文件及其他需提供的证明文件。

“一案双查”： 外查走私案件与内查违纪违法问题同步进行。

行政执法“三项制度”： 即行政执法公示制度、行政执法全过程记录制度、重大执法决定法制审核制度。

中欧班列： 按照固定车次、线路等条件开行，往来于中国、欧洲及“一带一路”共建各国（地区）的集装箱国际铁路联运班列。

“中国海关史料丛书”
编委会